Stefan Berkholz

# »Das ganze Ding ist ein Risiko«

Stefan Berkholz

# »Das ganze Ding ist ein Risiko«

## ROBERT HABECK

Eine Nahaufnahme

BLESSING

MIX
Papier aus verantwortungsvollen Quellen
FSC® C014496

Klimaneutral* Druckprodukt
ClimatePartner.com/14044-1912-1002

Penguin Random House Verlagsgruppe FSC® N001967

1. Auflage, 2021

Umschlaggestaltung: geviert.com, Nastassja Abel
Umschlagabbildung: © Nadine Stegemann
Redaktion: Dr. Peter Hammans
Herstellung: Ursula Maenner
Satz: Leingärtner, Nabburg
Druck und Einband: GGP Media GmbH, Pößneck
Printed in Germany
ISBN: 978-3-89667-673-3

www.blessing-verlag.de

# Inhalt

# »Das einzige Mittel: das ewige Gespräch«

## Einleitung

»Das ist wirklich so selten«, sagt eine aus der Runde, »das ist unglaublich!« Die Schauspielerin Annette Frier ist der Moderatorin Bettina Böttinger ins Wort gefallen, und gemeint ist Robert Habeck. »Sie gehören zu den wenigen Politikern …«, hatte die Moderatorin begonnen. »… die nicht reden wie Politiker!«, setzt die Schauspielerin den Satz fort. Habeck schmunzelt, Frier nickt bekräftigend.

Acht Leute sitzen um einen Tisch, auf nicht sehr bequem wirkenden Drehstühlen. Die Menschen sind mehr oder weniger prominent, sie üben sich in Small Talk. Unterhaltend soll es sein, öffentlich ist es sowieso, begleitet werden sie von mehreren Kameras. Wir befinden uns in einer Talkshow des WDR, Februar 2019. Die Moderatorin Bettina Böttinger stellt Habeck als Talkshowkönig des vergangenen Jahres vor. Er sei 2018 am häufigsten ins Fernsehen eingeladen worden. Habeck wiegelt ab, sagt, so sei das nun mal. Wenn man der Neue sei in dieser Studioszenerie und dazu noch »drei, vier gerade Sätze« spreche, dann werde man eben wieder eingeladen.

Habeck skizziert kurz seine Aufgabe als Bundesvorsitzender der Grünen, doch dann lenkt die Moderatorin ihn auf das Private, entlockt ihm im weiteren Verlauf der Sendung eine Menge persönlicher Dinge. Er spricht über seine Jugend, seine Familie, seine Berufswünsche in jungen Jahren; seine ihn prägende Arbeit als Zivildienstleistender mit Schwerstbehinderten; seine Zeit als freier Autor. Die Runde hört aufmerksam zu, die Kamera fängt hin und wieder ein Gesicht aus dem Kreis ein. Habeck zieht seine Zuhörer in den Bann.[1]

Talkshows sind etwas für Selbstdarsteller. Sie sollen unterhalten, Kamera und Publikum immer mitgedacht. Die Teilnehmenden wissen, dass viele ihnen zusehen. Unverstellt können sie kaum sein, nicht so wie zu Hause am Küchentisch. Und doch sticht hier einer heraus. Ein Berufspolitiker, der locker und offen aus seinem Leben erzählt, auf die Fragen antwortet, die ihm gestellt werden, nicht ausweicht. Er denkt nach, ehe er spricht, gibt sich selbstironisch, ist das Gegenteil eines gewöhnlichen, Floskeln verbreitenden Politikbürokraten.

Woher rührt diese innere Ruhe, diese Bescheidenheit und Geduld? Alles Kalkül und Masche, wie immer mal wieder vermutet oder behauptet wird? Pose? Gehabe? Eitelkeit? Ein Schauspieler, der seiner Umwelt etwas vormacht, um Vorteile zu erzielen? Oder einfach nur ein kluger, belesener Mensch, der höflich und natürlich geblieben ist?

Im April 2019 ist Habeck zu Gast in einer kleinen Berliner Buchhandlung in Prenzlauer Berg. »Die Lieblingsbücher« heißt die Veranstaltungsreihe, Prominente geben Einblick in ihre Lektüre. Die Buchhandlung ist rappelvoll, die Veranstaltung seit Wochen ausverkauft. Der Platz für den Gast ist ein leicht erhöht stehendes Sofa. Nach der Begrüßung durch die Buchhändlerin bedankt sich Habeck zunächst für die Einladung, fragt dann, ob er auch hinten gut zu sehen sei in diesem lang gestreckten Raum, entscheidet sich schließlich stehen zu bleiben und beginnt, gut gelaunt, ohne Notizen, in freier Rede. Die ausgewählten Bücher hat er aus Flensburg mitgebracht, er möchte sie zeigen und vorstellen, ein paar Passagen daraus vorlesen. Eine gute Stunde soll der Vortrag dauern.

Zunächst Paul Celan: »Corona«, ein kurzes Gedicht, ein Schlüssel für Habecks Denken und seinen Blick auf die Welt, wie er erklärt. Dann kommt er auf die Meridian-Rede zu sprechen, Celans Dankesrede anlässlich der Verleihung des Georg-Büchner-Preises im Jahr 1960. Vorab skizziert Habeck ein paar Lebensdaten des Dichters: Jude, in Czernowitz geboren; Arbeitslager in Rumänien, Flucht; die Eltern in einem Vernichtungslager ermordet. Mit neunundvierzig nimmt Celan sich das Leben, »am 20. April in der Seine«, am Geburtstag von Adolf Hitler also. »Und seine ganze Dichtung handelt davon, wie man nach den Ereignissen der Shoah und Auschwitz noch sprechen kann.«

Im Studium in Freiburg sei er auf Celan aufmerksam geworden, erzählt Habeck. Ein ganzes Semester lang hätten sie nur ein Gedicht besprochen, Zeile für Zeile. Und im folgenden Semester dann die Meridian-Rede von 1960, »ein ganzes Semester für zehn Textseiten«.[2]

Adorno hatte postuliert, dass die Kunst nach Auschwitz zu schweigen habe; ein Gedicht zu schreiben, sei barbarisch. Celan widerspricht. »Und so sind seine Gedichte wahrscheinlich die durchwirkteste Poetologie, die wir überhaupt im deutschen Raum haben«, sagt Habeck, »maßgeblich geprägt durch das jüdische Denken, dass nämlich das, was erreicht werden soll, nie erreicht werden kann. Und das, was man sicherlich metaphysisch auf Gott übertragen kann, ist in diesem Fall das Gegenüber, der andere, der Mensch.«

Das Fremde zwischen Menschen könne nie überwunden werden, jeder sei sein eigener Komet, von anderen auf seiner Umlaufbahn letztlich nicht zu erreichen. Aber: Verstummen, wie Adorno vorschlug, sei keine Lösung. Auch Selbstmord nicht, hatte Albert Camus ausgeführt, ein Gedanke, mit dem sich Habeck in der Schule, kurz vor dem Abitur, auseinandergesetzt hat. Das eigene Schicksal sei anzunehmen und über alle Schmerzen hinweg zu ertragen. Das Fremde zwischen Menschen aber sei ebenfalls zu erdulden. Der Mensch bleibt allein in seinem Universum, aber er kann durch das Reden mit anderen so etwas wie eine Verständigung oder Annäherung über Brücken und Gräben hinweg erreichen.

In diesem Austausch kann dem anderen begegnet werden. Achtung vor dem Fremden kann entstehen, aber keine Gemeinschaft, keine Vereinnahmung, keine Ideologie. In dieser Zuwendung entsteht ein Gespräch. Celan spricht vom »Neigungswinkel seiner Kreatürlichkeit«, und Habeck unterbricht sein Vorlesen, indem er das Publikum direkt anspricht und darauf aufmerksam macht: »Das ist unser Leben, jeweils in seiner eigenen Form. Und keiner hat den gleichen Neigungswinkel unter uns.«

»Wir können uns im Kern nicht verstehen«, fasst Habeck Celans verschlüsselte Sätze in eigene Worte, doch durch ständiges Miteinandersprechen könne zumindest diese Fremdheit, dieser leere Raum zwischen den Menschen begriffen werden. »Und das ist«, blickt Habeck aufmunternd in den Raum, »wenn Sie den Sisyphos-Essay dazu nehmen, eine gute Nachricht. Das ist eigentlich der Sinn, warum wir immer weiter diskutieren, immer weiter ringen.«

So verstehe er auch sein Wirken als Politiker. Und dieses Verständnis sei »natürlich die härteste Form gegen jede Ideologie, die im Kern immer vereinnahmen will«, eine Nation schaffen, ein Volk, ein Reich. Celan habe in seiner Rede ein »poetisches Bekenntnis zu einer Gesellschaft der Offenheit« abgelegt, die dem jeweils anderen – »und das ist durchaus religiös gemeint« – seinen Raum lässt.[3]

»Das Wesen der Demokratie ist Veränderung, das der Diktatur ist Stillstand«, schreibt Habeck in seinem Buch *Wer wir sein könnten* von 2018. Und Celans Poetik ist vielleicht bis heute »die radikalste Antwort« auf das Diktum Adornos: »... nicht aufhören, miteinander zu reden, in ein Gespräch eintreten, ohne anderen eine Form von Identität aufzuzwingen, (...) eine fragende, suchende Haltung« einnehmen. Der französische Philosoph Emmanuel Lévinas, den Habeck an diesem Abend auch vorstellt, habe daran anknüpfend formuliert: »Einem Menschen begegnen heißt, von einem Rätsel wachgehalten zu werden.«[4]

Aus seiner Lektüre habe er Folgerungen für sein Dasein als Politiker gezogen, schreibt Habeck: »Das Gegenüber zu sehen und ernst zu nehmen, frei zu reden und auf Gegenargumente einzugehen, sich im besten Fall irritieren zu lassen, Fragen nicht gleich mit Antworten zuzudröhnen, auf Widersprüche einzugehen, auf Phrasen zu verzichten, sich nicht hinter Parteiprogrammen zu verschanzen, vielleicht sogar eigene Zweifel und Ängste zu thematisieren – das sind Elemente einer solchen sprachlichen Offenheit.«[5]

Ob Literatur hilfreich sein könne in der Politik, fragt ihn im September 2019 der Herausgeber der *FAZ*, Jürgen Kaube, in einer Podiumsveranstaltung seiner Zeitung. Ob es hilfreich sei, dass er Literatur verfasst habe in seinem ersten Leben, möchte der Journalist wissen. Ob man da Dinge sehe, die andere nicht sehen. Oder denke er womöglich daran, »in einer Kammer Ihres Herzens«, seine Erfahrungen in der Politik schriftstellerisch zu verarbeiten? Habeck sieht abwehrend aus, schließt die Augen.

Er wiegt den Kopf, wirkt genervt. Er mag solche Fragen nicht mehr hören, weil die Zeit als Schriftsteller weit hinter ihm liegt, weil er seit 2009 hauptberuflich Politiker ist und als Berufspolitiker wahr- und ernst genommen werden möchte. Dann überlegt er noch einmal kurz, sagt, dass das »politische Geschäft« im Wesentlichen darin bestehe, »Rollenzuschreibungen« zu vergeben. Und da sei seine Vergangenheit sowohl hilfreich als auch hinderlich. Wenn er also angekündigt werde als Schriftsteller, dann sagen viele: »Ah, okay, ist mal was anderes.« Und die andere Hälfte sagt: »Okay, aber der ist ja gar kein Jurist, der ist ja gar kein Ingenieur, was will der mir jetzt zum Klimaschutz erzählen?« Es sei also Freud wie Leid.

Doch dann wird er grundsätzlicher, ernsthafter, wie er sagt. Und er kommt auf seine Weltsicht zu sprechen, seinen Denkansatz, seine philosophischen Lektüreerfahrungen, die er auf die Gegenwart anwendet und überträgt. Was bedeuten eigentlich Kunst oder Kultur? Seiner Auffassung nach »immer ein Stück weit Entfremdung«. Das heißt, andere, anderes in ihrer Andersheit zu erkennen und so stehen zu lassen. »Also nicht eine Übersetzung in eine komplette Identität: Wir müssen alle gleich sein, gleich reden, gleich denken, und uns dann immer nur wiederholen, weil wir ja in der Gleichheit schon alles erfunden haben.« Das gäbe es natürlich auch, aber das sei dann »affirmative Kultur, aber sicherlich keine Kunst«.

Für ihn bedeute Kunst eher die Suche nach Brüchen, also etwa, warum es zu Missverständnissen kommt, warum Irritationen entstehen. Und die einzige Chance, so etwas wie Verständigung zu erreichen, sei »das ewige Gespräch«. Wenn aber zwei der gleichen Meinung seien, sei es nur noch Selbstbestätigung, kein Gespräch. »Und Kunst und Kultur ist das ewige Weiterdiskutieren, das ewige Aufeinanderzugehen und immer wieder einen neuen Ansatz machen.« In Sprachlosigkeit dürfe das nicht enden, »dann ist man gescheitert, politisch wie als Schriftsteller oder als Künstler«. Es dürfe aber auch nicht in dauerhafter Zustimmung enden, dafür könne es nur Momente geben.

»Und wenn man das so denkt«, kommt Habeck auf sein Politikerdasein zu sprechen, dann sei seine Vergangenheit für die aufgeputschte Gegenwart vielleicht das beste Rüstzeug, das man bekommen kann: »Also zu verstehen, was gerade gesellschaftlich los ist, passt ziemlich genau zu dem, was Kunst und Kultur einem beibringen können.«[6]

Es kann also in diesem Buch nur darum gehen, Facetten einer Persönlichkeit zu streifen, eine Annäherung aus verschiedenen Blickwinkeln zu unternehmen. Wo kommt Habeck her? Was hat ihn geprägt? Wer sind seine Vorbilder, wie seine Ansichten, welche Überzeugungen prägen ihn? Wie setzt er seinen Anspruch in der Praxis um?

Robert Habeck scheint eine Sehnsucht nach Aufrichtigkeit und Redlichkeit zu wecken – aber ausgerechnet als Berufspolitiker? Wie hält einer das Politikerleben aus, der offenbar in vielem anders ist als seine Berufskollegen? Lassen sich Inhalte und Ernsthaftigkeit, die Habeck im Gespräch immer wieder einfordert, in unserer Ablenkungsgegenwart überhaupt noch transportieren? Zugleich soll auch ein Blick auf jene geworfen werden, die Habeck kritisieren oder ihn belächeln. Stimmen aus den Medien, von Konkurrenten und Gegnern. Welche Rolle spielen die Medien? Welche Funktion erfüllen Talkshows?

Diesem Buch zugrunde liegen Beobachtungen und Gespräche mit Robert Habeck, mit Kollegen und Weggefährten, die Begleitung von Wahlkampfauftritten und Podiumsveranstaltungen. Es ist die Skizzierung eines aufregenden Experiments. Des Experiments nämlich, Politik in Deutschland anders zu gestalten als bisher üblich – verbunden mit der Frage, ob Optimismus, Zuversicht und Offenheit in einem Land der Verneinung eine Chance haben. Es ist ein Experiment, sagt Habeck selbst. Aber es müsse auch möglich sein zu gehen. Die Frage ist, wie lange das Experiment trägt, wie lange er getragen wird, und ob er zu einem Kraftzentrum in Deutschland werden kann, wie er es in seiner Partei seit Anfang 2018 ist. Der Ausgang? Völlig offen.

Doch wie sagt Habeck selbst in seinem Buch von 2018: »Das ist die wahre Herausforderung: Zuversicht.«[7] Zwei Jahre nach dieser Veröffentlichung legt die Seuche das Land monatelang still. Wird es danach zu einer »Politik der Möglichkeiten« kommen, wie Habeck hofft?[8]

# TEIL I

## Navigation

*Wann, wenn nicht jetzt*
*Wo, wenn nicht hier*
*Wie, wenn ohne Liebe*
*Wer, wenn nicht wir*

Rio Reiser

# »Das ganze Ding ist ein Risiko«

## Der Waghalsige

»Es gibt, bei mir jedenfalls, eine große Bereitschaft, es zu riskieren, es drauf ankommen zu lassen«, sagt Habeck im Gespräch. Und er meint damit auch sein Engagement in der Politik.[9]

Ist er also ein Spieler? Einer, der blufft? Eine Risikonatur? Wie Yanis Varoufakis etwa, der kurzzeitige Finanzminister Griechenlands, der – angeblich – Vertreter der Spieltheorie ist? Nein, sagt Habeck, mit Spielerei habe das bei ihm nichts zu tun. Er sei keine Spielernatur, »im Sinne von Leichtigkeit«. Er halte sich eher an seine Erfahrung, »dass die Dinge dann gelingen können, wenn man voll auf sie setzt«. Also nicht einen alternativen Plan in der Hinterhand haben, einen Plan B als Ausweichmöglichkeit; sondern Plan A fassen, formulieren, strukturieren und diesen dann mit allen Konsequenzen durchziehen.

Was aber ist sein Plan? Hat er ein festes Ziel im Blick? Ist es sein oberstes Ziel, Bundesminister zu werden oder gar Kanzler? Aus seinen Äußerungen lassen sich bis Ende 2020 keine festen Absichten ablesen. Konkrete Fragen wiegelt er immer wieder ab.

Habecks Lebensstil ist sein Understatement. Hinter seiner Höflichkeit und Rücksichtnahme in der Öffentlichkeit, hinter seinem Herunterspielen, was die eigenen Bestrebungen anbelangt, brennt ein starker Wille, eine Kraft, die Einfluss nehmen will, anpacken, verändern, umkrempeln – oder »gestalten«, wie es bei Politikern häufig heißt. Ein Geist, der die Welt am liebsten aus den Angeln heben, eine gezähmte Ungeduld, die an den Schalthebeln dieser Republik rühren möchte.

In seiner politischen Autobiografie von 2016 spielt er seine Karriere herunter: »Mein Weg durch die Politik war eine wilde Mischung aus Zufall (…) und der Bereitschaft, sich auf neue Anforderungen einzulassen. Das Einzige, was gleich geblieben ist, ist das Suchen, die Suche nach Sinn und die Hoffnung, dass es ihn gibt und es einen Unterschied ausmacht, ob ich mich an der Suche beteilige.«[10]

Im Titel seiner politischen Autobiografie, *Wer wagt, beginnt*, klingt dieses Flirten mit dem Risiko bereits an. Im Vorwort heißt es: »Kein Eiferertum, aber Mut und Leidenschaft sind Tugenden – und sie werden jetzt gebraucht: Auszubrechen aus dem taktischen Korsett, offen und mit Risiko die politische Auseinandersetzung suchen und nicht aus Angst vor Niederlagen gar nichts mehr riskieren – das ist das, was jetzt ansteht. Wer wagt, muss jetzt beginnen.«[11]

Vorbild für ihn seien immer jene Menschen gewesen, die »eine gewisse Grundsätzlichkeit« hatten. Als Schriftsteller beispielsweise Albert Camus. Der habe seinen Literaturnobelpreis zurückgegeben, habe mit anderen Existenzialisten gebrochen, etwa mit Jean-Paul Sartre, weil er die ideologischen Positionen, die Verengungen und Verhärtungen nicht hinnehmen wollte. Das hat eine »hohe Konsequenz«, meint Habeck, »wenn man sagt: Ich geh meinen Weg. Ich will den erfolgreich durchführen, aber es bleibt mein Weg. Das fand ich immer besonders beeindruckend.«[12]

Ein Vorbild als Politiker ist auch Václav Havel, der tschechoslowakische Dissident, der für seine Überzeugungen mehrmals verhaftet wurde, ins Gefängnis ging und insgesamt rund fünf Jahre hinter Gittern zubrachte. Nach dem Ende des sozialistischen Regimes wurde er rehabilitiert und Staatspräsident seines Landes. Auch er: konsequent und unbeugsam. Im Gefängnis hatte Havel nach drei Jahren, im März 1982, eine Bilanz gezogen: »Einfacher gesagt: ich musste so handeln, wie ich gehandelt habe, anders ging es einfach nicht.«[13]

Habeck schreibt, seine Generation habe es nicht leicht gehabt, sich aus dem »großen Kuddelmuddel« herauszuwursteln. 1969 geboren, rechnet er sich zur 89er-Generation, der »Generation Golf«, wie Florian Illies sie beschrieben hat, »die Generation der zu spät Gekommenen«.[14] Die »Weichei-Generation«, wie Katrin Göring-Eckardt, die Fraktionsvorsitzende der Grünen, sie einst bezeichnet hat.[15]

Die 68er-Generation hat die deutsche Gesellschaft vom »Muff unter den Talaren« befreit und die Nachwirkungen des Nationalsozialismus öffentlich gemacht; zugleich ist sie anfällig für rigide Ideologien. Damit können Zwanzigjährige an der Zeitenwende von 1989 nichts anfangen. Aber wo soll der Weg für sie sein, wohin soll er sie führen? Das explodierende Atomkraftwerk von Tschernobyl rüttelt sie im Sommer 1986 aus ihrem Wohlstandsschlaf. Ihre Zukunft steht auf dem Spiel. »Materialismus als Lebensform«, das kann es nicht sein. Es habe »keinen gesellschaftlichen Idealismus« gegeben, sagt Habeck, »das musste man sich quasi selber erkämpfen«. Und der Weg in eine Partei? Nicht unbedingt angesagt in seiner Generation.[16]

Frei sollte der Weg sein, frei und ungebunden. Aber wie frei und ungebunden? Mit 27 Jahren heiratet Habeck, wird Vater eines Sohnes. Auch nicht unbedingt angesagt in seiner Generation, so jung und finanziell ungesichert eine Familie zu gründen. »Das hat mich den gesamten Freundeskreis gekostet«, sagt Habeck. »Denn mit dem hippen Leben, nachts auf Partys rumhängen, bis zum Morgen tanzen, war's vorbei. Aber damals war das ein Akt der Unangepasstheit. Meine Eltern haben die Hände über dem Kopf zusammengeschlagen, und Geld war auch nicht da.«[17] Also auch privat: ein Weg ohne Netz und doppelten Boden? »Unsere Familie basiert auf einer Mutprobe«, bekennt er und meint damit schon die erste Verabredung, die einer Wette glich, mit seiner Lebensliebe und späteren Ehefrau Andrea Paluch.[18]

Nach ihrer in einem Jahr vorgelegten Dissertation (und nun bereits mit drei Söhnen) schlagen er und seine Frau Verlagsangebote oder Universitätsjobs aus und entscheiden sich für eine Existenz als freie Schriftsteller. Ein Vabanquespiel. Welche freien Autoren können von ihrer Arbeit auskömmlich leben und das, seit 2002, sogar zu sechst, mit vier Kindern? Aber das Ehepaar geht diesen Weg, um seine Zeit mit vier Kindern partnerschaftlich zu teilen, Haushalt, Kinderbetreuung, Schriftstellerleben gemeinsam zu gestalten. »Meine Frau und ich entschieden uns (...) für das Risiko, durch Schreiben unseren Lebensunterhalt zu verdienen. Und es war die richtige Entscheidung.«[19]

Auch in der Literatur, die er rund zehn Jahre lang zusammen mit seiner Ehefrau verfasst, taucht das Wort Risiko wiederholt auf. Im ersten gemeinsam verfassten Jugendbuch von 2006, *Zwei Wege in den Sommer*, riskieren Jugendliche allerlei Abenteuer. Sie begeben sich auf die Reise ins Irgendwo, überlassen sich den Gewalten des Meeres, wagen sich ins Unbekannte, hoffen darauf, ihren Weg zu finden. Ein Aufbruch ins Ungewisse.[20]

In einem Interview wird Habeck im Juni 2007 auf seine Rollen als Schriftsteller und Politiker angesprochen. Der Journalist meint, dass ein Schriftsteller im politischen Betrieb doch wohl eher ein Exot sei. Habeck antwortet, dass der politische Jargon »eine harte Probe« darstelle und zur Anpassung verführe: »In der Politik wird eine sehr defensive Sprache gesprochen. Literatur aber muss viel riskieren. Diese Haltung versuche ich in die Politik zu retten – mal sehen, was dabei rauskommt.«[21] Noch ist Habeck Landesvorsitzender der Grünen in Schleswig-Holstein, ausgestattet nur mit einer Aufwandsentschädigung. Die Doppelbelastung nimmt zu.

Im zweiten Jugendroman, *Unter dem Gully liegt das Meer*, sind die meisten Figuren auf Risiko gepolt. Die Erzählung dreht sich um den G8-Gipfel in Heiligendamm. Die Jugendlichen kommen aus der autonomen Szene, aus der Hausbesetzerszene, sie sind anarchistisch, gewaltbereit, auf Umsturz der Verhältnisse aus. Die 19-jährige Edda ist unentschlossen, sie weiß nicht recht, wohin, fragt sich, wem sie sich anschließen, welchen Sinn die Existenz vor dem Tod haben soll. Ein Leben »mit vollem Risiko und ohne Vertagung auf das Jenseits«, überlegt sie, sei würdiger als der Glaube in einer Kirche.[22] »Ich würde sagen, das Leben ist mehr als die Summe seiner Teile. Es ist eben nicht berechenbar. Es ist die Intensität des jeweiligen Augenblicks.«[23] Und Jasper, ihr Freund, übernimmt den Gedanken, »dass man nicht umsonst lebt, dass man nicht seine Jahre auf der Erde verbringt und keine Spuren hinterlässt, dass man etwas ändert, was nur man selbst ändern kann, weil es sonst keinen Sinn machen würde, dass man da gewesen ist …«[24]

Spuren hinterlassen, sinnvoll leben, volle Kraft voraus. Wer weiß, wie weit die Kräfte reichen? Das Leben ist endlich, es bleibt keine Zeit zu vergeuden. Und in der Politik? Natürlich auch dort: volle Kraft voraus und volles Risiko. Auch seine Existenz als Politiker versteht Habeck in diesem Sinn. Man muss sich trauen, »wenn man etwas durchsetzen will. Es gibt keine Garantie, dass es gelingt. Aber dass es nicht gelingt, wenn man sich nicht traut, das ist nun mal sicher.«[25]

Merkwürdig und auch widersprüchlich wirkt es, dass Habeck just in dem Augenblick in die Politik aufbricht, als er sich so richtig wohlfühlt in seiner Familie, endlich angekommen ist nach verschiedenen Umzügen. Anfang 2002 rafft er sich auf und fährt aus seinem Wohnort Großenwiehe, einem Dorf rund zwanzig Kilometer von Flensburg entfernt, zu einer Parteiversammlung der Grünen. Habeck ist 32 Jahre alt. Sein vierter Sohn ist noch nicht geboren, der älteste Sohn ist sechs, die Zwillinge sind drei. Ist es eine Flucht aus der Idylle? »Ich suchte nach einem Resonanzraum, der größer war als eine Bibliothek oder ein Buch«, schreibt er.[26] »Ich war in meinem Leben sehr glücklich, aber es war auch sehr subjektiv. Politik ist das Gegenteil davon: Sie will etwas für die Allgemeinheit erreichen.«[27] Deutlicher wird er in einer Podiumsveranstaltung in Hamburg, als er davon spricht, »dass es einfach nicht ausfüllend ist, nur Bücher zu schreiben, sich um sich selbst zu kümmern, sein Haus zu renovieren und seinen Garten zu machen«.[28]

Anstoß ist angeblich, dass er einen Fahrradweg für die Kinder vermisst. Das ärgert ihn, er möchte es ändern. Er möchte sich einmischen, seine Stimme erheben, etwas bewegen, Verbündete suchen. Die Grünen in Schleswig-Holstein sind ziemlich am Boden, niemand hat mehr so richtig Lust, Verantwortung zu übernehmen. Habeck bringt offenbar frischen Wind in die Versammlung. Jahre später erzählt er in einem Podiumsgespräch der Wochenzeitung *Die Zeit* ausführlich von jener Nacht, die ihn in die Politik, in die Partei der Grünen führt. Kreismitgliederabend, »nicht ganz einfach rauszufinden, wann und wo der ist«, schlechtes Wetter, dunkler Abend; Landgasthof, »seit 1960 nicht mehr renoviert«, an den Toiletten vorbei ins Hinterzimmer, Resopaltische, Ernte-23-Aschenbecher auf dem Tisch. »Und ungefähr fünfzehn Leute sitzen rum, und das waren dann also die Grünen.«

Die Leute seien ziemlich traurig gewesen, erzählt Habeck, »weil ihnen gerade der Vorstand abhandengekommen war«, aus Protest gegen den Afghanistan-Krieg zurückgetreten. »Und die andern, die da waren, waren einfach nur zu faul gewesen, auch auszutreten, die hatten auch keinen Bock mehr.« In einem halben Jahr sind Kommunalwahlen, die Versammelten erkennen ein Problem, kommen auf den fehlenden Vorstand zu sprechen. »Und als ich sagte, das scheint mir auch so zu sein, ein bisschen trostlos hier, ham die gesagt, dann mach du das doch, du hast noch so viel Elan mit deinem Radweg.« Tja, Habeck zuckt mit den Schultern, er könne so schlecht Nein sagen, sage einfach zu leicht Ja. »Da hab ich dann gesagt: Tja, weiß ich nicht so genau, ihr kennt mich ja gar nicht. Wer bist du denn? Da hab ich mich kurz vorgestellt: Ich bin Robert, ich wohn in Großenwiehe, und das fanden die ganz okay. Klang irgendwie grün genug jedenfalls, und dann haben die mich zum Kreisvorsitzenden gewählt. Ich musste noch schnell eintreten, dann war das so.« Nein, den Radweg gebe es immer noch nicht, sagt Habeck auf Nachfrage, ein Kilometer Radweg koste eine Million Euro, die habe keiner in der Region übrig. Ähnlich sei es ihm übrigens bei seiner Wahl zum Landesvorsitzenden 2004 wieder ergangen. Der Vorgänger war zurückgetreten, und er ist bekannt als einer, der nicht bei drei auf dem Baum ist, neues Amt, neue Aufgabe. »Ehrlicherweise«, fügt er dann noch hinzu, »ein bisschen drängele ich ja auch, muss man zugeben.«[29]

Fortan ist er für die Partei unterwegs, anfangs ehrenamtlich, »das sind locker dreißig bis vierzig Stunden in der Woche gewesen, um so einen Kommunalwahlkampf zu organisieren, das wollte sich keiner aufhalsen«; später, ab November 2004, als er zum Landesvorsitzenden gewählt wird, mit einer bescheidenen Aufwandsentschädigung »für einen 60-Stunden-Job«.[30] Und er merkt, dass er etwas bewegt; er gewinnt Selbstvertrauen, weil er gut reden kann und keine Scheu hat aufzustehen. Er reißt mit und lässt sich mitreißen; er schafft Netzwerke und Bündnisse, die ihn tragen und stützen. »Was wie eine Bilderbuchkarriere aussah, war in Wahrheit mindestens zu fünfzig Prozent der Not und dem Elend der schleswig-holsteinischen Grünen geschuldet«, schreibt Habeck.[31]

Rasch gewinnt er an Einfluss. Als Landesvorsitzender der Grünen in Schleswig-Holstein möchte er neue Wege gehen. Gemeint ist damit das Projekt »Grüne Eigenständigkeit«, das nicht auf eine bestimmte Koalition zielt, sondern eben eine eigenständige Politik formuliert, die offen sein soll für verschiedene Bündnisse. Die Spitze der Bundespartei ist da noch anderer Ansicht: Die Bundesvorsitzenden Claudia Roth und Cem Özdemir und die Fraktionsvorsitzenden Renate Künast und Jürgen Trittin sprechen sich gegen ein Jamaika-Experiment aus, also gegen eine schwarz-gelb-grüne Koalition. Die wird erstmals Ende 2009 im Saarland erprobt. Darauf angesprochen, sagt Habeck: »Ich habe immer für ein grünes Selbstbewusstsein argumentiert und dafür, sich nicht als Anhängsel anderer zu begreifen. Das ist natürlich voller Risiko, weil es alte Pfade verlässt. Tatsächlich waren wir im Norden so was wie Vorreiter, weil wir uns erstmals überhaupt nicht an anderen orientiert haben.«[32]

Habeck ist 2009 Landtagsabgeordneter und Fraktionsvorsitzender der Grünen in Schleswig-Holstein geworden, drei Jahre später ist er Landwirtschaftsminister und stellvertretender Ministerpräsident in Schleswig-Holstein, er hat auch einen Sitz im Bundesrat. Habecks Name bekommt Gewicht in der Bundespolitik. Und er sucht neue Herausforderungen.

Im Frühjahr 2015 kommt es zu Spekulationen. Der *Spiegel* veröffentlicht Mitte April einen Artikel unter der Überschrift »Der Joker«. Es gebe viele bei den Grünen, die sagen, »er habe den Ehrgeiz, nach der nächsten Bundestagswahl Vizekanzler in einem schwarz-grünen Kabinett Merkel zu werden«. Dem Reporter gegenüber äußert Habeck sich nicht eindeutig, macht aber klar, dass er sich auch den nächsten Sprung »sehr wohl zutrauen würde«. Damit sind die Spekulationen eröffnet, zweieinhalb Jahre vor der Bundestagswahl. Der Kieler Umweltminister leide nicht unter Größenwahn, bemerkt der Journalist, er wisse selbst, »dass er kaum Erfahrung in der Bundespolitik hat«. Sein Vorteil aber: Er könnte das »alte grüne Lagerdenken« überwinden, er sei offen für jede Koalition. »Man kann das Opportunismus nennen«, urteilt der Journalist. Habeck sei eine »Mischung aus Aussteiger und Pragmatiker, er hat das Leben eines Ökoromantikers geführt, aber als Politiker geht ihm jeder ideologische Eifer ab. Er trinkt auch gern Bier aus Dosen.«[33]

Die Wochenzeitung *Die Zeit* nimmt den Ball vierzehn Tage später auf. »Habeck gilt schon lange als Talent in der Partei«, heißt es, »doch er blieb lieber in der Heimat – auch weil er kleine Kinder hatte.« Aus seinen »Ambitionen auf eine Karriere in Berlin« aber mache er schon länger kein Hehl. »Der Grüne gibt sich gern unangepasst, ist klug, thematisch vielseitig und charismatisch. Er gilt als Alternative zur etwas drögen, erfolglosen Parteispitze.« Und ein weiterer Vorteil: »Er besitzt das Rampensau-Gen.« Irgendwie schillernd also und zugleich nicht recht dazugehörend, denn: »Der Mann ist bekennender Parteitagshasser.« Und: »für eine gewisse Chaotigkeit bekannt«.[34] Zwei Tage später bescheinigt die Tageszeitung *Die Welt* Habeck »das Zeug zur politischen Rampensau, auch wenn er in eigener Sache gelegentlich recht kompliziert formuliert«.[35]

»Habeck auf dem Sprung nach Berlin«, lautet die Überschrift auf der Titelseite der *Kieler Nachrichten* vom Mai 2015. Unter dem Foto des herausfordernd blickenden Landesministers heißt es: »Der unkonventionelle Politiker geht ein hohes Risiko ein. Seine Ziele sind es ihm wert.« Habeck hat – nach einigem Zögern – auf einer Pressekonferenz bekannt gegeben, die Grünen als Spitzenkandidat in die Bundestagswahl 2017 führen zu wollen. »Es ist eine Reise ins Ungewisse«, wird Habeck zitiert, eine nötige Urwahl für diese Kandidatur sei noch gar nicht beschlossen, ihr Ablauf völlig unklar.[36]

»Der Weg dahin wäre nicht ohne Risiko«, wird in den *Kieler Nachrichten* bereits drei Wochen zuvor orakelt. Denn: »Sollte Habeck bei der Urabstimmung deutlich scheitern, wäre er wohl politisch verbrannt.« 2017 finden in Schleswig-Holstein auch Landtagswahlen statt, und Habeck setzt mit seiner Kampfkandidatur für Berlin seinen Ministerposten aufs Spiel.[37]

Dennoch erhält er auch Lob für sein Vorpreschen. »Es ist doch ein tolles Zeichen der Wertschätzung seiner Arbeit, dass er für diesen Posten gehandelt wird«, lässt sich Eka von Kalben, die Fraktionschefin im Landtag, zitieren.[38] Anke Erdmann, Kieler Landtagsabgeordnete und zwei Jahre später Staatssekretärin in Habecks Ministerium, äußert sich mit den Worten: »Er war 2012 eine Frischzellenkur für Schleswig-Holstein, das kann er auch für den Bund werden.«[39]

Und Cem Özdemir, seinerzeit Bundesvorsitzender der Grünen, der sich kurz zuvor noch frühzeitige Debatten um die Spitzenkandidatur im Bundeswahlkampf verbeten hatte, begrüßt die Entscheidung auf Twitter: »Robert Habeck ist ein Klasse-Typ. Er tut unserer Partei in jeder Position gut.«[40] Vielleicht ein vergiftetes Lob, denn zwei Jahre später werden die beiden direkte Konkurrenten in der Urwahl sein.

Ginge Habeck als Sieger aus ihr hervor, würde er zwangsläufig die Landesliste der Nord-Grünen anführen und nach der Wahl im Herbst 2017 in den Bundestag wechseln. Damit wären andere Karrieren gefährdet, unter anderem die seines politischen Freundes Konstantin von Notz, der seit 2009 im Bundestag sitzt. Die Wahlarithmetik der Grünen würde von Notz auf einen aussichtslosen Platz für den Bundestag bringen, seine Wiederwahl ist gefährdet. Habeck setzt damit eine Parteifreundschaft aufs Spiel. Zudem bahnt sich für die Partei eine »Lex Habeck« an. Denn seinen Ministerposten möchte er zeitgleich weiterführen und erst nach einer Übergangszeit beenden. Eine Unmöglichkeit eigentlich nach den Satzungen der Partei. Eine Kamikaze-Strategie? Oder kühl kalkuliert, weil Habeck damit rechnet, im Fall einer Niederlage nach Kiel zurückkehren zu können?

»Er geht begrenzte Risiken ein«, sagt Ulf Kämpfer, der Kieler Oberbürgermeister, der einst auch Staatssekretär in Habecks Ministerium war und mit ihm befreundet ist. »Er hat ja nicht gesagt, ich gebe mein Ministeramt auf, sondern: Ich bewerbe mich um die Spitzenkandidatur. Er hat sich dadurch bundesweit populär und bekannt gemacht, und er hat ein super Ergebnis gehabt, trotz der Niederlage. Rückblickend war das die Vorbereitung für den nächsten Schritt, Bundesvorsitzender zu werden. Auch da hat er gesagt, er hätte keine Rückfahrkarte, er stelle sich nicht für die Landesliste auf. Aber auch da war klar, er wäre weiter als Minister in Schleswig-Holstein gesetzt gewesen. Also auch das nur ein begrenztes Risiko. Wäre er nicht Bundesvorsitzender geworden, hätte er weiter Minister in Kiel bleiben können.« Gewisse Risiken sei Habeck immer eingegangen, meint Kämpfer, »aber es war nie bodenlos. Es gab immer eine Rückfallposition. Man sollte das nicht zu sehr heroisieren.«[41]

Auf dem Landesparteitag der Grünen spricht Habeck am 9. Mai 2015 eine halbe Stunde lang. »In 30 Minuten gelingt ein beachtlicher Dreiklang«, wird in den *Kieler Nachrichten* kommentiert: »Abbitte leisten. Zusammenhalt stiften. Aufbruch beschwören.« Er wisse, dass er »vielen Leuten Scherereien verursacht habe«, sagt Habeck, und ihm sei bewusst, dass ihn einige »für Kamikaze, naiv, verantwortungslos, ja parteischädigend« hielten: »Und einen Teil davon kann ich gar nicht ausschließen.« Doch seine Bewerbung sei keine Bewerbung gegen Schleswig-Holstein. Er sei »zuversichtlich wie nie, dass aus dieser Kandidatur etwas Gutes werden kann«. Er bittet um Vertrauen und beschwört eine Mischung aus Radikalität und Pragmatismus, für die die Nord-Grünen stünden und die in Berlin dringend nötig sei.[42]

Diesen Landesverband der Grünen in Schleswig-Holstein habe immer ausgezeichnet, »dass wir mit offenem Visier, dass wir sportlich miteinander umgegangen sind«. Die Parole dieses Parteitags lautet: »Offen und gemeinsam«, in großen Buchstaben ist sie hinter Habeck auf Leinwand gezogen. Und diesen Anspruch unterstreichen die Delegierten nach seiner Rede mit lang anhaltendem Applaus. Er wisse nicht, ob die Partei seine Kandidatur annehme. Für ihn sei das aber gar nicht die Frage, sondern – und nun zitiert er wieder, etwas verkürzt, sein politisches Vorbild Václav Havel: »Hoffnung ist die Gewissheit, dass es Sinn hat, egal wie es ausgeht.« Dieser Sinn sei doch letztlich der Grund, »warum wir bei den Grünen sind«. Das sei der Grund dafür, dass sie sich einmischten, dass sie versuchten, Alternativen herzustellen. »Und Alternativen, die entstehen nun mal nicht von allein. Sondern nur, indem man sie sucht und indem man sie schafft.«[43]

Habeck scheint alles auf eine Karte zu setzen. Ja, sein Vorgehen könnte auch und sogar als Erpressung verstanden werden, denn er deutet die Möglichkeit vom Ende seiner politischen Karriere an. »Wenn die Urwahl grandios schiefgeht für mich, muss ich das als Votum verstehen, dass ich nicht mehr gebraucht werde«, sagt er und fügt hinzu: »Die Kandidatur kann mein politisches Ende bringen.«[44]

Alles oder nichts also, gibt er vor. »Ich bin der Herausforderer«, schreibt er in einem Brief an die Parteibasis, »das schließt ausdrücklich das Risiko mit ein zu verlieren.« Er werde sich »keine Hintertür« offen lassen und keine »Rückfalloption«, sollte er nicht gewinnen.[45] Er wolle Schleswig-Holsteins grüne Erfolgsgeschichte nach Berlin tragen, denn seit Jahren liege man in seiner Heimat mit vier bis sechs Prozent über dem Bundesdurchschnitt der Partei. »Wir regieren und haben uns trotzdem eine unverkrampfte Haltung und klare Sprache bewahrt.«[46]

Warum er sich als Spitzenkandidat für die Bundestagswahl 2017 bewerben wolle, beantwortet Habeck in einem Zeitungsinterview: »Unsere Gesellschaft steht vor der Frage: Gehen wir zurück zum Nationalstaat, zu kleinem Denken und einer Angstpolitik – oder stellen wir uns den Problemen, wissend, dass es schwierig wird? Wenn man als Politiker jetzt sagt, das interessiert mich nicht, verfehlt man die eigentliche Aufgabe der Zeit. Darum.«[47]

Das Ergebnis der Kampfkandidatur kann sich sehen lassen. Der favorisierte Cem Özdemir erhält 35,96 Prozent der Stimmen, Habeck 35,74 Prozent. Allein 75 Stimmen trennen die beiden, ein blendendes Ergebnis für den Außenseiter aus der norddeutschen Provinz.[48] Doch Habeck sei niedergeschlagen gewesen, erinnert sich Arfst Wagner, der alte Weggefährte aus Schleswig-Holstein. An jenem Nachmittag habe er einen Anruf von Habeck erhalten, er laufe gerade durch die Straßen von Berlin, wisse nicht, wohin, ärgere sich und frage sich, was wäre gewesen, wenn … Wagner tröstet den Verlierer mit den Worten: »Robert, keep cool!« Seine Zeit werde kommen, so oder so. Er könne doch nun für den Bundesvorsitz kandidieren. Nein, nein, entgegnet Habeck verzweifelt, er sei doch nicht wahnsinnig und begebe sich allein in feindliches Land.[49]

»Wenn wir kämpfen, müssen wir bereit sein, alles zu verlieren«, schreibt Habeck in seinem Blog im bayerischen Wahlkampf im Juni 2018. »Nur so werden wir gewinnen.« Und er gibt die Linien vor, die sein Verhalten in der Öffentlichkeit prägen, pathetisch und klar zugleich: »Im Ton ruhig, in der Haltung gelassen, im Herz entschlossen, so erkämpfen wir Recht und Menschlichkeit.«[50]

Ende 2017 bewirbt er sich dann doch für den Bundesvorsitz der Grünen. Im Januar 2018 klappt es, ohne Gegenkandidat wird er gewählt. Zusammen mit Annalena Baerbock bildet er die neue Spitze der Partei. Nach einem halben Jahr als Bundesvorsitzender stellt er sich im gleißenden Sonnenlicht hinter dem Reichstagsgebäude den Fragen im Sommerinterview der ARD: »Das ganze Ding ist ein Risiko«, sagt er und meint nun sein neues Amt. »Hätte ich kein Risiko eingehen wollen, dann wäre ich in Schleswig-Holstein geblieben. Da habe ich noch vier Jahre

Ministeramt vor mir. Da läuft ’ne gute Regierung. Die sichere Bank wäre da gewesen …«[51] Mit Dienstwagen, allen Insignien der Macht, auf die Habeck laut eigener Aussage nicht viel Wert legt, mit der Möglichkeit, aktiv wirken zu können, Entscheidungen zu treffen, Weichenstellungen anzuregen, zudem in der Nähe seiner Familie, von seinem Amtssitz in Kiel bis nach Flensburg sind es nur neunzig Kilometer. Nun schafft die Partei für ihn so etwas wie eine »Lex Habeck«, weil er sein Amt in Kiel ein halbes Jahr neben seiner neuen Aufgabe weiterführen darf, um es dann geordnet, wie er es plant, zu übergeben. Unüblich bis dahin und in den Satzungen der Partei auch nicht vorgesehen.

»Wir leben in existenziellen politischen Zeiten«, begründet Habeck seine Ambitionen im ARD-Sommerinterview. Der nächste Bundestagswahlkampf werde, »egal, wann er kommt«, ein anderer sein. Es werde darin »um eine fundamentale Werteauseinandersetzung« gehen: »Und wer jetzt nicht versucht, den Fuß in die Tür zu kriegen und die aufzuhalten, der darf sich nicht beschweren, wenn die Tür zufällt. Und da gehe ich jedes Risiko ein, es ist mir alles recht.«[52] Mit »die« meint Habeck nicht nur die Tür, die aufzuhalten sei, sondern auch die AfD und den Aufstieg von Populisten und Autokraten in der Welt. Für die Bundespolitik gibt er nach sechs Jahren seine Posten in Schleswig-Holstein auf.

Krista Sager hat selbst lange Jahre die Unwägbarkeiten von Politik erfahren. Sie ist seit 1982 Mitglied der Grünen, sie war Zweite Bürgermeisterin in Hamburg und Bundestagsabgeordnete bis 2013. Sie kennt die Belastungen und Risiken der Berufspolitik, sie weiß, wovon sie redet, und sie ist dem Neuling Habeck einst in Wahlkampfveranstaltungen begegnet.[53] »Ich fand das sehr speziell«, kommentiert Sager, »dass jemand, der eine ziemlich große Familie hat, der sich als Schriftsteller durchkämpfen muss, sich so mit voller Wucht in die grüne Politik reingestürzt hat. Da gehört ja sehr viel Mut, Selbstvertrauen, Leidenschaft und Überzeugung dazu.«[54]

Bereits in seinem politischen Grundlagenwerk von 2010, *Patriotismus. Ein linkes Plädoyer*, schreibt Habeck: »Wenn wir nicht auch das nächste Jahrzehnt zu Nulljahren machen wollen, dann muss die gesellschaftliche Debatte nun raus aus ihren Löchern.«[55] Und tatsächlich: Die gesellschaftliche Debatte scheint bis Ende 2019 raus aus ihren Löchern zu sein. Die Schülerbewegung »Fridays for Future«, die Debatte um die Mietenpolitik, Kritik an Internetgiganten, an Millionen-Boni für unfähige Banker … Es scheint sich etwas zu bewegen, hin zu einer anderen Politik.

# »Ein Bündnis schaffen, das ist moderne Politik«

## Der Teamplayer

»Robert hat eine ganz schnelle Auffassungsgabe«, sagt Andrea Paluch. »Er kann sich superschnell einarbeiten, kann schnell und gut formulieren und ist, nicht zuletzt durch unsere Zusammenarbeit, total geschult in Teamarbeit. Also im Kompromisseschließen. Aber immer auf der Basis, das bessere Argument zu finden. Das war sozusagen unser täglich Brot zusammen. Das kann er halt gut.«[56]

Ich treffe Andrea Paluch, die Ehefrau von Habeck, im Februar 2019 in der Kantine des Berliner Ensembles. Nebenan wird zeitgleich das »Literarische Quartett« mit ihrem Mann als Gast aufgezeichnet. Beide sind Autoren, bis vor zehn Jahren haben sie Bücher zusammen geschrieben, sind also mit der Literaturszene vertraut. »Kein Interesse an der Aufzeichnung?«, frage ich. Nee, meint sie, die Sendung finde sie doof. Sie habe unsere Verabredung aber genutzt, um mit ihrem Mann zusammen herzukommen.

Paluch erzählt aus dem gemeinsamen Leben, von ihrer zehnjährigen Zusammenarbeit im Team, dem Leben in einem kleinen Dorf an der deutsch-dänischen Grenze. Anstrengend und sehr intensiv ist diese Zeit mit vier Kindern, es kommt darauf an, sich zusammenzuraufen und jede Minute zu nutzen, damit alles zu schaffen ist. Das erfordert viel Disziplin. »Es ist halt schwer, wenn man mit den Kindern zu Hause ist«, sagt Paluch, »und eigentlich nur Arbeitszeit hat, wenn die schlafen, man selber aber auch müde ist.«

Teamarbeit ist für dieses gemeinsame Lebensprojekt nötig. Alles soll geteilt werden, jeder Lebensbereich. Das heißt: ständig Kompromisse machen. Aber keine totale Geistesverwandtschaft, »wir haben bis heute in vielen Dingen nicht den gleichen Geschmack«. Die Intensität in der Gemeinsamkeit fehle heute natürlich, gibt sie zu. Andererseits hatten sie diese intensiven gemeinsamen zehn Jahre, und sie tröstet sich damit, dass niemand ihnen diese Zeit nehmen kann: »Wir waren ununterbrochen zusammen, niemand musste zur Arbeit weg, wir waren immer zu Hause, haben immer über die Bücher geredet – also, diese Intensität ist dann irgendwann so tief, dass es auch okay ist, damit aufzuhören. Noch sind wir beide voll damit.«[57]

In einem Frage-und-Antwort-Spiel für die *Kieler Nachrichten* werden die beiden, Rücken an Rücken, gefragt, wer sich besser durchsetzen könne. Er hält ein Schild mit der Aufschrift »Sie« hoch, sie dagegen ein »Er«. Wer mache nach einem Streit den ersten Schritt?, lautet eine nächste Frage. Diesmal sind sie sich, nach einigem Zögern, einig: Sie hält ein »Er« in die Luft, er ein »Ich«.[58]

Diese Teamfähigkeit setzt Habeck auch in der Politik um. Als Umweltminister in Schleswig-Holstein ist er der Vorgesetzte von rund zweitausend Staatsbediensteten. Neun Monate nach seinem Amtsantritt sagt er im März 2013 in einem Interview: »Regieren ist leichter als gedacht.« Und als er gefragt wird, wie das denn nun so sei als Chef von vielen Angestellten, antwortet er: »Was die inhaltlichen Debatten angeht, begreife ich mich gar nicht so sehr als Chef, sondern bin einem Teamgedanken verpflichtet.«[59] Die Parteifreundin Monika Heinold, Finanzministerin im Kabinett, wird drei Jahre später gefragt, wen sie in den vergangenen Jahren besonders schätzen gelernt habe. Habeck hebt sie hervor, »weil er absolut zuverlässig ist, zu seinem Wort steht und ein Teamplayer ist«.[60] Gemeinsam mit Habeck hatte Heinold die Grünen in die Regierung gebracht.

Als Habecks hauptberufliche Politiktätigkeit beginnt, ist der Landesverband der Grünen in Schleswig-Holstein am Boden. Die rot-grüne Koalition ist nach acht, neun Jahren zu Ende gegangen, weil die Kieler Ministerpräsidentin Heide Simonis durch einen Abweichler in den eigenen SPD-Reihen zu Fall gebracht wird. Es kommt zu einer Großen Koalition. Die Grünen versuchen daraufhin, sich zu erneuern, eine jüngere Generation nimmt Einfluss auf die Programmatik. Habeck wird mit 35 Jahren Ende 2004 Landesvorsitzender. Er wirbt die 33-jährige Anke Erdmann für den Landesvorstand, und es entsteht eine Clique um Eka von Kalben, damals 41 Jahre alt und ab 2012 Fraktionsvorsitzende der Grünen im Kieler Landtag, Luise Amtsberg, damals 21 und ab 2013 Bundestagsabgeordnete, und Konstantin von Notz, damals 34 Jahre alt, ab 2009 Bundestagsabgeordneter. »Eine eingeschworene Gemeinschaft«, heißt es in einem Zeitungsbericht von 2016. »Beautiful people«, nennt man sie halb bewundernd, halb abschätzig, junge Eloquente, die die Zukunft für sich reklamieren. Das kommt nicht bei allen gut an. »Sie haben sich benommen, als seien sie bei den Pfadfindern«, heißt es aus Parteikreisen.

Habeck beschließt, einen Parteirat auf Landesebene aufzubauen, um die Partei programmatisch zu erneuern. »Grüne Horizonte« lautet das Motto. Sie diskutieren über ein bedingungsloses

Grundeinkommen, über Kopftuchverbot und Kinderwahlrecht. Eine gute Zeit, sagt von Notz rückblickend: »Robert und mich verband sehr, dass wir fanden, der Landesverband brauche etwas Sauerstoff. Wir wollten ihn beleben.«[61]

Die Grundidee: Parteigrenzen überwinden, bündnisfähig für alle demokratischen Parteien werden. Daraus entsteht im Kieler Landtag 2017 »Jamaika«, ein Bündnis aus CDU, Grünen und FDP. Eine zuvor undenkbare Koalition über Parteibarrieren hinweg – ein Projekt von Robert Habeck. Als Superminister für Energie, Landwirtschaft, Umwelt, Natur und Digitalisierung holt er eine gute Freundin an seine Seite, macht Anke Erdmann zu seiner Staatssekretärin. Seit Jahren haben sie gemeinsam an politischen Ideen und Konzepten gebastelt, sie ist als Abgeordnete politisch erfahren und kennt das Ministerium als ehemalige Referatsleiterin gut von innen. Als er Anke Erdmann das erste Mal anruft, ist er noch Kreisvorsitzender. »Das muss Ende 2003 oder 2004 gewesen sein«, erinnert sich Erdmann, »ich war sozusagen der alte Hase und er war der Frischling.« Sie ist damals die persönliche Referentin des grünen Umweltministers von Schleswig-Holstein, Klaus Müller, in der rot-grünen Landesregierung mit Heide Simonis als Ministerpräsidentin. »Robert hatte da ein paar Fragen als Kreisvorsitzender, wir haben viel gelacht, und am Ende war er total verwundert, wie locker und leicht es sei, mit einer Referentin im Ministerium zu sprechen.«

Nach dem Ende von Rot-Grün brennen beide für neue Ideen. Sie telefonieren viel miteinander, wann immer es ihnen die Zeit für die Familie erlaubt. Er macht sauber, kauft ein, liest seinen Kindern Geschichten vor, »er hat ja seine Familienzeit ernst genommen, und ich am andern Ende mit meinem gerade geborenen

Sohn und dem Handy zwischen Schulter und Ohrmuschel«. In dieser Zeit sei ihre Freundschaft entstanden, »die über das Politische weit hinausgeht«. Habeck habe den Landesverband in Schleswig-Holstein sehr geprägt; er ist tonangebend, er ist derjenige, der die Richtung vorgibt, drei Jahre in der Opposition, sechs Jahre als Minister und stellvertretender Ministerpräsident. »Er hat Sachen wirklich auf die Kette gekriegt«, sagt Erdmann, »er war die Leitfigur«, und es habe im Landesverband keine Flügelkämpfe gegeben, »Realo-Fundi-Geschichten gab es in Schleswig-Holstein einfach nicht«. Die Jamaika-Koalition seit 2017 sei dann nicht etwas gewesen, »worauf wir gehofft haben«. Aber Habeck habe gesehen, »dass es keine andere Option gab«, und zusammen mit Monika Heinold, der Parlamentarischen Geschäftsführerin der Grünen im Landtag von Schleswig-Holstein, habe er das dann eingefädelt. Eka von Kalben kommt als Fraktionsvorsitzende hinzu. »Das war ein sehr gutes Dreierteam, das sich alle Schritte zugestehen konnte: Es ging nicht um das eigene Ego, es ging darum, wie kriegen wir die Kuh vom Eis? Wie schaffen wir es, dass die andern ihr Gesicht bewahren, wenn wir uns durchsetzen?«[62]

Anke Erdmann ist mit Ulf Kämpfer verheiratet, seit April 2014 Oberbürgermeister von Kiel und Nachfolger der glücklos gescheiterten Susanne Gaschke. Kämpfer ist Jurist, seit 1996 Mitglied der SPD, er war Richter in Kiel und Schleswig. 2012 wird er für knapp zwei Jahre Staatssekretär in Habecks Ministerium für Umwelt und Landwirtschaft. Die SPD ist im Mai 2012 mit 30,4 Prozent knapp zweitstärkste Partei hinter der CDU geworden, die Grünen steigern sich gemessen am Ergebnis von 2009 nur gering und erreichen 13,2 Prozent. Die Große Koalition wird abgelöst, es kommt zu einer neuen Regierung: SPD, Grüne,

SSW, der Südschleswigsche Wählerverband als Partei der dänischen Minderheit – die sogenannte Dänen-Ampel.

»Es war eine super Zeit«, erinnert sich Ulf Kämpfer, »ein Ministerium zu übernehmen, einen echten Machtwechsel umzusetzen, monatelang vorher auszubaldowern, wie organisieren wir die Abteilungen, wen bringen wir mit, das haben wir alles eng abgestimmt.« Ein Staatssekretär, der Mitglied der SPD ist, in einem Ministerium der Grünen? Ein Maulwurf der Sozis in Strategiesitzungen der Grünen? Ein rotes U-Boot zwischen grünen Seglern? »Ja, das war extrem ungewöhnlich«, sagt Kämpfer, zumal er nicht aus dem Apparat kommt und keinerlei Erfahrungen als Staatssekretär hat. »Da haben einige die Augenbrauen hochgezogen bei den Grünen.« Aber Habeck stellt sein Team damals »insgesamt sehr heterogen« zusammen: Auch der Büroleiter ist ein Sozialdemokrat, die Pressesprecherin parteilos.

Habecks Vertrauen zu Kämpfer ist groß, sie kennen sich seit Jahren, tauschen sich aus. In seinem Buch von 2010, *Patriotismus. Ein linkes Plädoyer*, bedankt sich Habeck am Ende unter anderem bei Ulf Kämpfer »für viele Anregungen, Streit und Gegenwind«.[63] Trotzdem: »Ich fand's mutig und ungewöhnlich«, sagt Kämpfer, gedanklich habe er aber in dieser Zeit seine SPD-Mitgliedschaft ruhen lassen, »weil ja klar war: Ich muss loyal zum Haus und zum Minister sein.«[64]

Für Bärbel Höhn ist diese Teamfähigkeit der Grünen ein großer Pluspunkt ihrer Partei in der politischen Landschaft. Höhn hat einst ganz andere Zeiten erlebt. Sie zählt sich zur Gründergeneration, trat 1985 in die Grüne Partei ein. Sie ist eine gestandene politische Persönlichkeit, als Habeck sich in der Politik erst freizuschwimmen beginnt. Höhn war zehn Jahre lang, von 1995 bis 2005, Ministerin in Nordrhein-Westfalen und zwölf Jahre lang, bis 2017, Mitglied des Deutschen Bundestages. Vor dreißig

Jahren, blickt sie zurück, gab es nicht so einen Druck, und Politiker konnten sich mehr Zeit nehmen, sie waren nicht der Geschwindigkeit durch das Internet ausgesetzt. Aber das politische Klima war anders. »Wir sind ja total angefeindet worden«, sagt Höhn. »Alles, was wir gesagt haben, war ja irgendwie Schwachsinn. ›Ihr habt keine Ahnung! Das geht überhaupt nicht! Und was seid ihr da für Spinner!‹ Das war die öffentliche Meinung.«

Die ganze Welt sei damals gegen sie gewesen, »deshalb waren wir auch verkrampfter«, sagt Höhn. Die heutige Generation könne da lockerer sein, und Robert sei ja ohnehin »eine coole Socke«, sagt sie. »Er ist auf der einen Seite nachdenklich, kommt auch mit neuen Vorschlägen, die manchmal überraschend sind oder ein bisschen sperrig und durchaus Kritik hervorrufen. Das heißt, er ist nicht so angepasst. Und ich glaube, das mögen die Leute.«[65] Sie sehe auch zwischen Annalena Baerbock und Robert Habeck nicht »solche Konkurrenzen«, wie sie sonst oft und bis vor Kurzem bei den Grünen an der Spitze üblich waren. Noch etwas unterscheidet Habeck von der Gründergeneration der Grünen, gibt Höhn zu bedenken: »Wir waren sehr im Lagerdenken verhaftet«, und Habeck pflege eben auch »gute Verhältnisse zu Politikern aus anderen Parteien«.[66]

»Er hat von Anfang an gesehen, dass sich etwas ändern muss und dass wir als Grüne nicht in der ökologischen Nische bleiben dürfen«, sagt Arfst Wagner, der mit Habeck einst in Schleswig-Holstein zusammengearbeitet hat. »Und daraus ist aus meiner Sicht sein systemisches politisches Denken entstanden, das ihn heute so stark macht.«[67] Wagner ist 2004 Mitglied der Grünen geworden, zwei Jahre nach Habeck. »Damals, also 2005/2006, waren die Grünen relativ am Boden«, erläutert Wagner, »die lagen bei 6,2 Prozent. Und es war immer die Frage, wie auch in den Jahren danach, wieso liegen wir eigentlich zwischen Wahlen im zweistelligen Bereich und schrumpfen vor den Wahlen wieder zurück auf relativ wenige Abgeordnete.«[68] Damals ziehen lediglich vier Abgeordnete in den Kieler Landtag ein.

Von 2015 bis 2017 ist Wagner Landesvorsitzender der Grünen in Schleswig-Holstein, Mitte 2018 verlässt er die Partei im Streit. Er fühlte sich von Habeck im Stich gelassen, räumt er ein, jedenfalls nicht ausreichend unterstützt. Wagners Einsatz für ein bedingungsloses Grundeinkommen, ein Konzept, das er einst zusammen mit Habeck entwickelte, geht einigen in der Partei wohl zu weit. »Systemisches Denken heißt«, erklärt Wagner, »dass wir in einer Welt leben, die immer komplizierter wird. Die Menschen kommen dieser immer komplexer werdenden Welt oft bildungsmäßig nicht hinterher.« Es reiche in der Politik nicht mehr aus, »an einer oder an einer andern Schraube« zu drehen, alles stehe in einem Zusammenhang. »Und dieses Zusammendenken der verschiedenen politischen Themen, aber auch der politischen Gruppen bis in die Bevölkerung hinein, bezeichnet ein gesamtgesellschaftliches Denken, das vielleicht in einem neuen Gesellschaftsvertrag endet. Das ist das, was Robert aus meiner Sicht immer vorgeschwebt hat.«[69] Habeck könne Dinge »unglaublich gut auf den Punkt bringen«, ergänzt Wagner, und er sei in der Lage, andere Menschen zu überzeugen, mit ihnen zusammenzuarbeiten. Ein Menschenfänger also. »Wenn man Teamplayer so versteht: Das kann er wirklich gut.«[70]

Konstantin von Notz kann mit dem Begriff »systemisches Denken« nicht viel anfangen. Von Notz ist seit 2009 Bundestagsabgeordneter der Grünen, seit 2013 Stellvertretender Fraktionsvorsitzender; er ist Jurist und seit 1995 Mitglied der Partei. Habeck bezeichnet von Notz in seiner politischen Autobiografie als seinen Freund.[71] Sie sind etwa gleichaltrig, beide erst mit Anfang dreißig aktiv in der Partei geworden und einem ähnlichen Ziel verbunden. »Wir waren lange im Parteirat in Schleswig-Holstein, als wir noch kein politisches Mandat hatten«, erzählt von Notz. »Und wir haben da einen Prozess angestoßen, die Grünen Horizonte, eine inhaltliche Neuverortung. Vieles davon fließt jetzt auch in das neue grüne Grundsatzprogramm ein.«[72]

»Grüne Horizonte, das beschrieb damals die Lust auf Mut«, schreibt Habeck in seiner politischen Autobiografie. »Es entstand eine Atmosphäre, die einlud. Es war allen klar, dass man Fehler begehen durfte. Sie wurden begrüßt, nicht abgestraft. Streit machte Spaß. Menschen waren bereit, auch unbequeme Entscheidungen mitzutragen, Enttäuschungen zu akzeptieren. Dass eine Demokratie nur reich wird durch die Auseinandersetzung, das habe ich damals gelernt.«[73] Von Notz und er hätten die »Formel ›Grüne Eigenständigkeit‹« geprägt, schreibt Habeck. »2007 fand der Begriff dann seinen Weg als offizielle Sprachregelung des Landesverbandes in die Presse.« Sie sprechen mit den Parteivorständen von CDU und FDP, um herauszufinden, ob andere, bisher undenkbare Koalitionen möglich seien. Unter Grüner Eigenständigkeit versteht Habeck, »dass die Grünen sich trauen müssen, die Sozialdemokratie als fortschrittsprägende Kraft abzulösen und die CDU herauszufordern«.[74] Und bereits 2010 prophezeit Habeck: »Die Zeit der Volksparteien geht zu Ende.«[75]

»Es ist an den Grünen«, proklamiert er in der Interviewreihe »Jung & Naiv«, »eine Politik zu machen, zu der sich dann die andern verhalten.« Also keine Festlegung auf irgendeine Koalition vorab, sondern eigene Politik verfolgen, das »eigene Spiel« durchbringen, »Eigenständigkeit« proben. »Diese Idee von 2005 bis 2009, Konstantin von Notz, Robert Habeck, Eigenständigkeit ist: Leute, wir gucken auf das, was wir wollen! Wir brauchen eine eigene Ansage! Und dann sollen sich die andern mal zu uns verhalten.« Das sagt Habeck im Herbst 2016, als er vor der »Urwahl« bei den Grünen steht, die er knapp gegen Cem Özdemir verlieren wird und damit nicht zu den Bundestagswahlen 2017 antreten kann.[76]

Als Habeck Anfang 2018 zusammen mit Annalena Baerbock zum Bundesvorsitzenden der Partei gewählt wird, überschlagen sich die Medien in Lobeshymnen. »Revolutionäres Konzept von Parteiführung«, heißt es in einer Überschrift des *Stern*. Von »Bündnispartei« sprechen die beiden im Interview. »Wohliges Einvernehmen zwischen den beiden Realos«, stellt die Reporterin fest, »das Miteinander ist Mittel zum Zweck, und der Zweck ist, Deutschland umzukrempeln.« Woher dieser Wunsch zur Harmonie und Fairness stamme? Baerbock habe zum Beispiel in ihrer Jugend »Synchron-Tanzen« auf dem Trampolin geübt, mit ihrem Ehemann organisiere sie ein Leben mit zwei kleinen Kindern, und Habeck sei ja bekannt für die Lebensgemeinschaft mit seiner Ehefrau Andrea Paluch.[77]

In der Wochenzeitung *Die Zeit* werden die beiden Bundesvorsitzenden im November 2019 als »Dreamteam der deutschen Politik« bezeichnet. Vor dem Parteitag der Grünen wird so etwas wie eine Bilanz der vergangenen zwei Jahre gezogen, am Wochenende geht es unter anderem um die Wiederwahl der Bundesvorsitzenden. Der Parteienforscher Michael Lühmann sagt, »eine neue Kultur der Parteiführung und der Streitmoderation (sei) bei den Grünen eingezogen«. Baerbock und Habeck hätten die Arbeitsstrukturen in der Parteizentrale gleichberechtigt umgebaut, sie teilten sich ein Büro und einen Büroleiter. So werde allein räumlich eine enge Zusammenarbeit dokumentiert, das Gegenstück zu den Vorgängern Cem Özdemir und Simone

Peter, die häufig und in aller Öffentlichkeit stritten und sich Konkurrenz- und Schaukämpfe lieferten. Zudem würden beide, Baerbock wie Habeck, den verschiedenen Positionen in der Partei, den Parteiflügeln zuhören und auch damit für Ausgeglichenheit sorgen.[78]

»Ein Bündnis schaffen, das ist eine moderne Politik«, hatte Habeck in seiner kämpferischen Bewerbungsrede für den Bundesvorsitz der Grünen im Januar 2018 postuliert. Darum geht es ihm nach innen wie nach außen. Den Menschen soll ihre eigene Meinung zugestanden werden; sie sollen für ihre Meinung anerkannt werden; so etwas wie »Gemeinsinn« solle sich daraus formen. »Das ist unsere Aufgabe für die Zukunft, und wenn wir sie stark ausüben, dann schließen wir die Lücke, die jetzt so eklatant klafft und die die SPD und die CDU in der Großen Koalition wahrscheinlich nicht schließen können und die andern wahrscheinlich gar nicht schließen wollen.«[79]

Krista Sager, seit 1982 Mitglied der Grünen, bezeichnet dieses Politikverständnis als »kleine grüne Revolution«. »Allein dass jemand kommt und versucht, anders mit den Menschen zu sprechen und sie einzuladen, mitzudenken und mitzumachen, und sie nicht mit grünen Sprechblasen zu beglücken, da habe ich damals das Gefühl gehabt, das ist der richtige Weg«, sagt sie. Und der »Respekt anderen gegenüber« sei bei den Grünen zuvor nicht selbstverständlich gewesen. Habeck sei »offensichtlich ein super Teamspieler«, der »auch zu schätzen weiß, wenn man nicht mit allem allein dasteht, wenn man ein Korrektiv hat, wenn jemand da ist, der mal eine bessere Idee hat als man selber«. Es sei ja immer schwer, einen anderen Menschen zu erreichen, im Kopf eines anderen passiere meist etwas völlig anderes als bei einem selbst. »Vielleicht ist das Wichtige, dass wir miteinander im Gespräch bleiben. Und das macht Robert.«[80]

Damit verweist Krista Sager auf Habecks eigene Überlegungen zu einem »ewigen Gespräch«.

»Grüne Politik muss einschließen, nicht abwehren«, schreibt Habeck. »Ein drittes Zeitalter für die Grünen ist herstellbar. Nicht mehr Protestpartei, nicht mehr Projektpartei, sondern Orientierungspartei.«[81] Václav Havel, sein politisches Vorbild, ist auch in dem Bestreben, Menschen zusammenzubringen, eine Leitfigur. In seinen *Betrachtungen aus dem Gefängnis* fragt er sich im April 1981: »Ist denn – zum Beispiel – meine Leidenschaft, Leute zusammenzuführen, sie miteinander auszusöhnen und als ›gesellschaftlicher Kitt‹ zu wirken, nicht ganz deutlich Ausdruck einer gesteigerten Sehnsucht nach Harmonie und der schöpferischen Funktion in ihr?«[82]

In einem langen Doppelinterview der *taz* stellen sich Annalena Baerbock und Robert Habeck im Januar 2020 Fragen zur Macht und zu ihrer politischen Partnerschaft. »Wir versuchen, es anders zu machen«, lautet die Überschrift. »Wir arbeiten in einer Welt voller Eifersucht«, sagt Habeck. »Die Wette ist aber, dass Kooperation stärker als Konkurrenz ist.« Sie würden sich »Schwächen und Ängste« eingestehen, damit kein »Kleinscheiß« entstehe.

Sie arbeiteten wie beim Doppel im Tennis, ergänzt Baerbock. Also nicht nur auf den eigenen Aufschlag achten, sondern »permanent deinen Partner mit im Blick haben«. Teamsport sei schwieriger, »macht aber auch mehr Spaß«. Ihre Schreibtische seien aneinandergerückt, es gebe einen Büroleiter für beide. »Grüne Harmonie« werde ausgestrahlt, sagen die Journalisten und wollen wissen, wie häufig sie sich denn sehen würden in diesem Zimmer. »Selten«, gibt Baerbock zu, »wir arbeiten ja de facto nicht am Schreibtisch, sondern sind die ganze Zeit unterwegs.« Aber es gebe eben nicht mehr zwei Vorsitzende mit zwei Teams und zwei Büroleitern und »eine unsichtbare Wand« dazwischen, sondern ein Team für zwei, »strategische Fragen werden automatisch zusammengeführt«.

»Ich war ein bisschen genervt«, gibt Habeck zu, als er darauf angesprochen wird, wie Baerbock Ende 2017 ihre Kandidatur für den Bundesvorsitz vor ihm bekannt gab, ohne ihn rechtzeitig zu informieren. »Natürlich hast du dich geärgert«, stichelt Baerbock. Es gab Aufregung, ja, räumt Habeck ein; sein ruhiger Familiensamstag ist erledigt, der Spielenachmittag mit seiner Familie vorbei, das Telefon steht nicht still. »Aber in der Sache dachte ich: Was für ein Move. Das ist stark.«

Die Journalisten fragen gegen Ende, was wäre, wenn eine(r) von ihnen kapitale Fehler machte und ausscheiden müsste – würde der oder die andere dann auch zurücktreten? »Gemeinsam rein ins Amt, gemeinsam raus?« Darüber hätten sie sich »noch gar keine Gedanken gemacht«, antwortet Baerbock. »Wäre doch cool«, haken die Journalisten nach. Baerbock gibt an Habeck weiter: »Robert?« Ihm fällt nur noch ein »Boah!« dazu ein. Damit ist das Interview beendet.[83]

# »Antikapitalismus ist nicht links, sondern dumm«

## Der Realpolitiker

In seinem politischen Entwurf von 2010, *Patriotismus – Ein linkes Plädoyer*, schreibt Habeck: »Antikapitalismus ist nicht links, sondern dumm.«[84] Er verabschiedet sich von starren, ideologisch geprägten Links-Rechts-Kategorien. Links sei »ein relativer Begriff, kein absoluter«, behauptet er; Linkssein stehe für den »Mut, Veränderung zu wollen und neue Antworten auf neue Fragen zu suchen. (...) Links sein, um es klar zu sagen, hat nichts mit Sozialismus zu tun.«[85] Abkehr von »theoretischer Rechthaberei«[86] also, Abkehr von ideologischem Ballast, Abkehr von politischem Frontendenken, Bündnispolitik. »Ich hasse moralischen Rigorismus und Ideologie«, sagt er im Mai 2018. Damit setzt er sich von der Generation der Alt-68er ab.[87]

Auf seine Argumente von 2010 angesprochen, antwortet Habeck im Juni 2019 im Interview für den Hörfunk: »Weil ich glaube, dass die soziale Marktwirtschaft, wohlverstanden, das effektivste und freieste System ist, sich zu entwickeln. Da bin ich voll auf den Spuren von Ludwig Erhard. Aber: Soziale Marktwirtschaft heißt im Klartext auch, dass es Spielregeln gibt, die diesen Markt fair und offen halten.«[88]

Im Januar 2018 bewirbt sich Habeck um den Bundesvorsitz der Grünen. In seiner Rede auf dem Bundesparteitag spricht er von »Umverteilung« und erhält für seine Forderung einer »härteren Besteuerung von Kapital und von Vermögen« starken Applaus der Delegierten. »Und zwar nicht, weil wir nicht gönnen können«, fügt er hinzu, »sondern weil wir nicht wollen, dass sich Menschen an den Rändern verabschieden, und deswegen nicht zulassen können, dass sich Menschen nach oben verabschieden. Wie sollen wir sonst die Gesellschaft zusammenhalten?« Habeck spricht vom »postmodernen Kapitalismus«, der »im Moment *alles*, das Privateste, Arbeit, Zeit, Glück, Intimität, Lebenszufriedenheit in Wert setzt und dieses In-Wert-Setzen ausquetscht, auswringt«. Dagegen müsse der Staat wirken und »Garantiesysteme entwickeln, die Humanität schützen, die Kreativität, die Freiheit, die Lebenszufriedenheit, Familie, Arbeit, Glück verteidigen, die der Durchökonomisierung des Privaten eine Grenze setzen.« Ein starker Staat mit festen Regeln könne und solle den Kapitalismus begrenzen und bändigen.[89]

Annalena Baerbock gibt nach ihrer Wahl zur Co-Vorsitzenden selbstbewusst zu Protokoll: »Radikal und staatstragend sind kein Widerspruch, sondern grüne Stärke.« Und sie fügt hinzu: »Wir dürfen die Entfesselung des Kapitalismus nicht hinnehmen.« Habeck assistiert in diesem Doppelinterview und fordert, »dass man Boni und Gehälter nur noch bis zu einer gewissen Höhe steuerlich absetzen darf. Das ist ein sehr moderates, aber effektives Mittel: Nichts wird verboten, aber man schafft einen Anreiz, privaten Reichtum nicht in einem unglaublichen Maß zu vermehren.«[90]

»Frisst der Kapitalismus die Demokratie?«, lautet die Fragestellung im Dezember 2018 in einer Fernsehdebatte mit dem Philosophen Richard David Precht. Als Politiker müsse er »ja daran glauben«, sagt Habeck, »dass es eine Chance gibt, die Prinzipien der Moderne neu zu formulieren, neu scharfzustellen und zu übersetzen. Und dann, wenn ich jetzt die drei Handlungsfelder nehme: die ökologische Frage, die Digitalisierungsfrage inklusive der Einhegung der großen Konzernmächte und die Finanzkapitalismus-Gerechtigkeitsfrage – dann ist es kein Voodoo mehr auf einmal.« Von einer »Sozialen Marktwirtschaft 2.0« spricht Habeck, und er denkt dabei an »strenge Regeln, die die Menschen vor Selbstausbeutung schützen und die Gewinnmaximierung auf Kosten des Gemeinwohls unterbinden«.[91]

Im Mai 2019 spricht der Journalist Peter Unfried, langjähriger Beobachter von Habeck, in der *taz* davon, »dass ein grüner Kanzler Habeck als realistisches Zukunftsszenario erscheint«. In seiner Kolumne lobt der Journalist sogenannte Verantwortungspolitiker der Grünen in den Bundesländern, nennt Winfried Kretschmann, den Ministerpräsidenten von Baden-Württemberg, Boris Palmer, Oberbürgermeister von Tübingen, Tarek Al-Wazir, den hessischen Wirtschaftsminister, Katharina Fegebank, Zweite Bürgermeisterin von Hamburg, und Monika Heinold, die Finanzministerin Schleswig-Holsteins. Und auch Baerbock und Habeck zählt Unfried in diesem Zusammenhang zu einem »Wohlstands-Fortsetzungsversprechen einer sozialökologisch transformierten Marktwirtschaft«.[92]

Die Grünen als Reparaturbetrieb des entfesselten Kapitalismus? Hans-Christian Ströbele, der Altlinke der Partei, meint, Habeck wolle offenbar Begriffe wie Sozialismus, mit denen viele Leute bestimmte Assoziationen verbinden, nicht mehr benutzen. Ihm sei es egal, wenn Habeck sich von einem Begriff wie Sozialismus verabschiede, aber er erkenne an einigen Äußerungen von ihm, dass er Dinge fordere, »die ich unter Sozialismus verstehe: also zum Beispiel dem Großkapital Grenzen aufzeigen oder auch die Frage von Vergesellschaftung, wenn Wohnraum zweckentfremdet oder wenn damit spekuliert wird«. Dazu müsse man nur im Grundgesetz nachschlagen, sagt der Jurist Ströbele, und es beim Wort nehmen. Und diese Verfassung sei ja einst »sehr stark« von der CDU gestaltet worden.[93]

In seinem Vorwort zu *Update des Kommunistischen Manifests für heute* schreibt Habeck 2019, »dass die Zeit über das Kommunistische Manifest schlicht hinweggegangen ist. Es ist historisch interessant und kraftvoll in seiner Sprache, aber politisch ist es nicht mehr zu gebrauchen.«[94] Zwei angelsächsische Akademiker, Frank Partnoy und Rupert Younger, der eine Rechtsprofessor in den USA, der andere Ökonom in Oxford, leisten sich den Schabernack, das Kommunistische Manifest von Karl Marx und Friedrich Engels umzuschreiben, alle historisch unzeitgemäßen Begriffe durch neue zu ersetzen und dem Text somit eine aktuell wirkende Version zu geben.

Habeck schreibt in seinem Text, die Autoren hätten eine »inhärente Fehlannahme« von Marx und Engels verdeutlicht, nämlich die Auffassung, ökonomische Prozesse verliefen zwangsläufig und deshalb müsse es zur Revolution und zur Herrschaft des Proletariats kommen. Ein Irrtum, so Habeck, denn der Mensch sei frei, der Mensch sei widersprüchlich und »möglicherweise nicht in dem Maß materialistisch fixiert, wie Marx und Engels es annahmen«. Und Politiker könnten »sozialen Spannungen entgegenwirken«.[95]

Das »Aktivistische Manifest« teile »eine radikale Kapitalismuskritik, ohne den Kapitalismus und den freien Markt selbst in Frage zu stellen«.[96] Habeck skizziert den Zustand der Welt: »Nie zuvor in der Geschichte der Menschheit war die Macht der Habenden so groß. Steigende Ungleichheit, stagnierende Löhne und eine neue Akkumulation an Macht durch digitale Technik, neue ›Finanzprodukte‹, Spekulationsgewinne und Datenhoheit«[97] verschärften die Spaltung der Gesellschaften und würden »das Gespenst des Aktivismus« schaffen: in Gestalt von Graswurzelbewegungen, Occupy Wall Street, Anti-G7-Protesten, Fridays for Future, Protesten gegen das eine Prozent der Reichen, denen weltweit 99 Prozent des Vermögens gehören. Aber Habeck wehrt sich gegen »Klassenidentität und ein klares Feindbild«, er möchte zu diesem einen Prozent, dem es gut geht, auch »uns« zählen: »Denn ›die‹ sind meist auch ›wir‹ – und vermutlich alle, die sich dieses Buch gekauft haben.«[98] Die eigentliche Herausforderung bestehe darin, »Gerechtigkeit in der Arbeitswelt zu realisieren«.[99] Wer Kohleförderung verteidige, verrate die Ökologie; und wer die Klassenfrage zu einer nationalen Identitätsfrage verenge, verliere internationale Solidarität aus dem Blick.

Spricht Habeck zu Beginn seines Vorworts noch davon, »dass die Zeit über das Kommunistische Manifest schlicht hinweggegangen« sei, schreibt er gegen Ende, dass Marx' Schriften »erstaunlich zeitgemäß« seien, wir aber ein neues Manifest für unsere Zeit brauchten. Die Gesellschaft befinde sich auch heute im Umbruch, »Solidarität und Freiheit« müssten neu begründet werden. Das Problem eines solchen Manifests heute aber sei, »dass jedes Programm zu schnell veraltet, dass Sprache, Herangehen und Lösungskompetenz der Politik gnadenlos analog sind, während Konflikte, soziale Spannungen, Migration, Kriege digital sind«.[100] Was es zu verteidigen gelte, sei die Demokratie, die weltweit gefährdet werde durch Populisten, Autokraten, Diktatoren. Beschränkung und Verzicht seien zeitgemäß, legt Habeck dem Leser nahe, sowie aktive Teilhabe an der Debatte, wie die Zukunft zu gestalten sei: »Nicht alles, was wir besitzen können, sollten wir haben wollen. Nicht alles, was uns die Technik verheißt, ist verheißungsvoll. Solidarität heißt, die Phantasie zu schaffen, dass es jenseits der Regierung der Ökonomie mehr zu verlieren gibt als nur Reichtum. Wer die Würde und Freiheit der Menschen will, der muss jetzt aktiv werden.«[101]

Im Interview für den SWR-Hörfunk sagt Habeck, die ökonomischen Analysen von Marx und Engels seien für ihre Zeit bahnbrechend gewesen. Doch heute sei das Problem ein anderes. Heute drängen »digitale kapitalistische Strukturen in den privatesten Bereich ein und kapitalisieren individuellste Vorstellungen«. Und das sei »das Aufregende an den Marx'schen Schriften«, dass sie noch immer Strukturen beschrieben, die auch heute festzustellen seien; die politischen Antworten allerdings seien sehr »in ihrer Zeit verhaftet« und reichten für uns heute nicht aus.[102]

»Es gibt keinen grünen Kapitalismus«, behauptet Oskar Lafontaine, nachdem er Annalena Baerbock und Robert Habeck in einer Talkshow gesehen hat. »Sie haben sich gut geschlagen«, nimmt Lafontaine die Parteivorsitzenden zunächst in Schutz. In der Talkrunde bei »Lanz« sind beide permanent vom Gastgeber unterbrochen worden, konnten kaum einen Gedanken zu Ende bringen.[103] »Dieser Mann dürfte nie eine Talkshow leiten«, wird Markus Lanz in der *Frankfurter Rundschau* kritisiert, weil er »seine Gäste mit panischer Aggressivität« anginge. Er sei »ein Moderator, der nicht moderiert, sondern Fragen abschießt«.[104] Baerbock und Habeck sind in der Show weitgehend ruhig geblieben und versuchten unverdrossen, ihre Argumente vorzutragen und Lanz' Niveau durch Sachlichkeit und politische Antworten zu unterlaufen. Deshalb das Lob von Oskar Lafontaine. Doch dann setzt dessen Kritik ein. »Im Gegensatz zu ihren Anfängen glauben die heutigen Grünen, mit dem jetzigen Wirtschaftssystem (Kapitalismus) ließe sich die Umwelt retten. Das ist ein großer Irrtum.«[105]

Die Grünen seien »vielseitig verwendbar und zu allen Schandtaten bereit«, urteilt die linke Monatszeitschrift *Konkret* in ihrer Titelgeschichte vom Juli 2019. Und Jutta Ditfurth, Mitbegründerin der Grünen und Ende der 1980er-Jahre Bundesvorsitzende, heute Ökoradikale und Frankfurter Stadtverordnete in der Wählervereinigung »ÖkoLinX-Antirassistische Liste«, fügt im Interview hinzu: »Die Grünen kommen dem Kapital wie gerufen. (…) Sie sind eine Partei zum Zwecke der Modernisierung des Kapitalismus geworden und damit für die weitere Ausbeutung und Naturvernichtung.«[106]

Wie soll der Neoliberalismus, die entfesselte Form des Kapitalismus, überwunden werden? Eine Staatsreligion, die einst, in den 1980er-Jahren, von US-Präsident Ronald Reagan und Margaret Thatcher in Großbritannien ausgerufen wurde. Ist es möglich, ein System zu reformieren, das auf Verschleiß aufgebaut ist, auf Verbrauch und Konsum, eine Wegwerfgesellschaft, die Schrottberge und Müllhalden produziert, die Ausbeutung von Natur und Ressourcen als unabdingbar reklamiert und nicht nachhaltig sein kann, weil dies im Denken von Finanzwelt und Unternehmern nicht vorgesehen ist? Kann eine Marktlogik, in der Kaufen und Wegwerfen als Mantra gilt und Haltbarkeit und Reparatur als unzeitgemäß und – vor allem – weniger profitabel, überwunden werden?

Naomi Klein, die kanadische Umweltaktivistin, fordert eine radikale Abkehr von unserer bisherigen Lebensweise, eine Abkehr vom ewigen Wachstum, eine Abkehr vom kapitalistischen System, wie sie es bereits vor Jahren in ihrem Buch *Die Entscheidung: Kapitalismus versus Klima* forderte. Anders sei die Klimakatastrophe nicht aufzuhalten, argumentiert sie.[107] Der US-amerikanische Ökonom Jeremy Rifkin hingegen spricht vom »Sozialkapitalismus«. Der Markt werde seine eigenen Auswüchse regeln, glaubt er; die gleichen Märkte, die bisher dafür gesorgt haben, dass die Menschheit über ihre Verhältnisse lebt und Raubbau an Natur und Bodenschätzen betreibt, werde die kommende Katastrophe abwenden – wenn die Politik zur Einsicht käme, vernünftig werde und erneuerbare Energie billiger werde als fossile.[108]

Die Hoffnung dahinter: Finanzmärkte und Konzerne schwenken um, ändern ihre Investitionen. Wenn Kohlekraftwerke nicht mehr wettbewerbsfähig sind im Vergleich zu erneuerbarer Energie, dann werden sie den Betrieb einstellen müssen, ehe sie sich amortisiert haben. Renditeerwartungen platzen, Verluste drohen. Versicherer oder Bankmanager erkennen auf einmal, wie risikoreich Investitionen in Gebäude sind, die in Hochwassergebieten oder Hurrikanregionen stehen. Warum sollen Ölfelder noch mit Milliardenaufwand erschlossen werden, wenn keiner sagen kann, ob das dann geförderte Öl noch genügend Abnehmer finden wird? Vermögensverwalter wie Blackrock geben erste Warnungen an Konzernchefs heraus.[109]

»Früher sollten die Kommunisten den Kapitalismus überwinden«, schreibt Michael Jäger vor der Europawahl 2019 in der Wochenzeitung *Der Freitag*, »heute könnten die Grünen den Job machen.« Wir müssten uns dem »uferlosen Konsumismus« entziehen, verlangt Jäger, »wenn wir noch eingreifen wollen«, und die »kapitalistische Zerstörung des Planeten« aufhalten. »Das wissen die Grünen, hüten sich aber, den Wählern ins Gewissen zu reden.«[110] Michael Jäger, Jahrgang 1946, war in den 1970er-Jahren Mitglied der Sozialistischen Einheitspartei Westberlins (SEW), später – zusammen mit Antje Vollmer, Ralf Fücks und Lukas Beckmann – im »Aufbruch 88«, einer Strategiegruppe der Grünen. Nach den Europawahlen schreibt Jäger

Ende Mai 2019: »Den Grünen scheint die Zukunft zu gehören, in Deutschland mindestens, wenn sie dort schon heute von den unter 45-Jährigen zur stärksten Partei gewählt werden.« Doch nun gelte es, Farbe zu bekennen, den Wählern auch unbequeme Wahrheiten zuzumuten. »Nur eine Lösung gibt es«, schreibt Jäger, »die Menge muss sinken. Und das gilt nicht nur für Autos. Eine Begrenzung der Waren ist aber mit der Logik des Kapitals unvereinbar. Das wollen die Grünen nicht wahrhaben, denn eine Politik gegen die Logik des Kapitals wäre konfliktreich und würde wohl viele Wähler und Wählerinnen auf kurze Sicht überfordern. Auf lange, ja, mittelfristige Sicht dafür umso weniger.«[111]

»Mehr wagen, um nicht alles zu riskieren«, lautet das Motto des Parteitags der Grünen im November 2019 in Bielefeld, so vielsagend wie mehrdeutig. »Wir können nicht mehr weiter produzieren wie bisher«, sagt Habeck in seiner Eröffnungsrede. »Die ökologische Krise bedeutet eine andere Produktionsform. Die Güter und Dienstleistungen, die wir die letzten Jahre und Jahrzehnte verkauft haben, werden andere sein, wenn wir den Raubbau an der Natur beenden wollen.« Und weiter: »Wir brauchen ein großes Investitionsprogramm, eine Neujustierung der Marktwirtschaft in Deutschland und Europa.« Der »Krieg der Ökonomie gegen die Natur« müsse beendet werden, fordert der Bundesvorsitzende, die »große ökologische Transformation« müsse »sozial gedacht werden«.[112]

Aber wie soll der Mensch erreicht werden? Was helfen alle Überlegungen, wenn sie nicht weiter als bis zum Verstand reichen? Können auch Gefühle geweckt werden, um Verhaltensweisen zu verändern und Handlungseinsichten zu erzielen? »Der Neoliberalismus hat die Demokratie 40 Jahre untergraben«, schreibt

Joseph E. Stiglitz, der US-amerikanische Nobelpreisträger für Wirtschaftswissenschaften, »eine geistige Orthodoxie« liege vor, »deren Hüter keinerlei Widerspruch duldeten«. Der Neoliberalismus, der »Glaube an sich selbst regulierende Märkte« werde »unserer Zivilisation ein Ende bereiten«. Die Aufklärung müsse neu belebt werden, fordert Stiglitz, »ihre Werte der Freiheit, der Demokratie und des Respekts für das Wissen« erkannt und geehrt werden. Auch dies ein Aufruf an den Verstand.[113]

Arfst Wagner, der frühe politische Begleiter Habecks in Schleswig-Holstein, fragt sich, warum der Begriff »Sozialismus« heute so verbrannt sei in der öffentlichen Diskussion. Und er verweist darauf, dass kaum noch jemand auf die Herkunft des Begriffs »Sozialismus« komme, auch Habeck nicht: nämlich auf die drei Prinzipien der Französischen Revolution, also Freiheit, Gleichheit, Brüderlichkeit. Habeck habe erkannt, dass die Linke ihre Orientierung in der deutschen Gesellschaft verloren habe, sagt Wagner, und nun versuche er so etwas wie einen »bürgerlichen Anarchismus der Mitte«, um die Menschen aus ihren Denkgewohnheiten zu locken und breite Schichten anzusprechen. Doch ein neues, ein radikal anderes Gesellschaftssystem, also das, was die kanadische Umweltaktivistin Naomi Klein oder der US-amerikanische Ökonom Joseph Stiglitz, Oskar Lafontaine oder der Publizist Michael Jäger in der Wochenzeitung *Der Freitag* fordern? Nein, so scharf und eindeutig würde sich Habeck wohl eher nicht äußern.[114]

»Er hat ein großes Gerechtigkeitsempfinden«, sagt Habecks Parteifreund, der Bundestagsabgeordnete Konstantin von Notz. »Und er bejaht grundsätzlich die soziale Marktwirtschaft. Er träumt nicht vom Umbau unserer Gesellschaft und der Abschaffung von Systemen, sondern von einer Verbesserung und gerechteren Optimierung des Systems, in dem die Ökologie sehr hohe Relevanz hat.«[115] Habeck selbst möchte »die richtigen Lehren« aus der rot-grünen Regierungsphase zwischen 1998 und 2005 ziehen. Damals hätten die Grünen »erkennbar mit den Institutionen, mit dem Staat gefremdelt«, sagt er im Interview für den Rundfunk. Das ginge aber nicht, wenn man in der Regierung stünde. Entweder oder, entweder Opposition oder Regierung. »Es ist einfach schwer zu sagen: Ich bin Repräsentant der Gesellschaft, aber eigentlich finde ich die Gesellschaft doof. Das funktioniert nicht.«[116]

Für sein Bekenntnis zum Staat und zur Marktwirtschaft bekommt Habeck im Januar 2020 Lob von höchster industrieller Seite. Zum Neujahrsempfang der Industrie- und Handelskammer Düsseldorf ist er als Redner eingeladen. IHK-Präsident Andreas Schmitz zitiert zur Begrüßung den Philosophen Bertrand Russell, der einst postuliert habe: »Wer in der Jugend kein Kommunist war, hat kein Herz. Und wer es im Alter immer noch ist, hat keinen Verstand.« Habeck spricht zum Klimaschutz und zu den Konflikten um die Klimapolitik, er dringt darauf, das Schienennetz und die digitale Infrastruktur auszubauen, mahnt einen Strukturwandel in der Autoindustrie und ganz allgemein im Verkehrssystem an, sagt: »Haben Sie keine Angst vor dem Wandel, den hat es schon immer gegeben.« Am Ende bedankt sich der IHK-Präsident mit den Worten: »Nicht jeder Unternehmer wird Ihre Thesen unterschreiben, aber wir sind beeindruckt von der Begründung und freuen uns über Ihr Bekenntnis zur Marktwirtschaft.«[117] Habeck wird anschließend mit den Worten zitiert: »Ich glaube, dies ist der Beginn einer wunderbaren Freundschaft.«[118]

Während Habeck noch mit Industriellen und Kaufleuten in Düsseldorf flirtet, braut sich etwas zusammen, was die gewohnten Mechanismen des Kapitalismus über Wochen, ja Monate aushebelt. Innerhalb von zwei Monaten kommt es zum Stillstand. Autofirmen stellen die Produktion ein, Kreuzfahrtschiffe liegen auf Reede, Flugzeuge bleiben am Boden. Die Corona-Pandemie zeigt, wie anfällig der Kapitalismus sein kann. »Im vollen Lauf erwischt«, sagt Habeck im Interview mit der Wochenzeitung *Die Zeit* im April 2020. »Sorgen um den Hyperkapitalismus« mache er sich nicht, erklärt Habeck, »im Gegenteil: Ich halte es für notwendig, unsere Wirtschaftsweise zu ändern.« Der Kapitalismus müsse gezähmt, »eine sozial-ökologische Marktwirtschaft« durchgesetzt werden. Jene Unternehmen, die nun staatliche Unterstützung erhielten, müssten »die Managergehälter deckeln«, fordert er, sie dürften »keine Dividenden an die Aktionäre auszahlen und kein Geld in Steueroasen anlegen«. Und »sehr Wohlhabende« sollten sich aus seiner Sicht »stärker am Steueraufkommen beteiligen müssen«.[119] Moralische und ethische Forderungen, die selbstverständlich sein sollten. Doch wie weit wird fortan noch auf ihn gehört werden? Wie anhaltend werden seine Sympathiewerte in Umfragen sinken? Und wann werden die Stimmen der Jugend wieder vernehmbar sein, jene, die der älteren Generation jahrzehntelange Versäumnisse in der Klimapolitik vorwerfen und die in der Zeit der Seuche weitgehend still bleiben, weil besondere Rücksicht auf die Älteren genommen werden muss?

# TEIL II

## Anker lichten

*Passing through, passing through.*
*Sometimes happy, sometimes blue,*
*Glad that I ran into you.*
*Tell the people that you saw me passing through.*

Leonard Cohen

# »Verpetzt hat einen eigentlich niemand«

## Der Schüler

»Er wollte sich ausprobieren«, erinnert sich Norbert Sieverding, »und er war nicht jemand, der sich versteckt hat. Aber den Larry raushängen? Nein, das wollte er nicht. Ich hab ihn als Teamplayer erlebt.« Norbert Sieverding leitet die Theater AG an der Heinrich-Heine-Schule in Heikendorf sechzehn Jahre lang, von 1985 bis 2001. Es ist ein freiwilliges Angebot. Einmal in der Woche kommen die Schülerinnen und Schüler am Nachmittag für zwei Stunden zusammen, eine Note gibt es nicht, nur einen Vermerk auf dem Zeugnis: »hat teilgenommen«.

Eine Gruppe ist zu organisieren, bis zu dreißig Darstellerinnen und Darsteller machen mit. Und wenn die Premiere naht, also im Frühjahr, muss täglich geprobt werden. Ausdauer und Disziplin sind erforderlich, auch Leidenschaft und wohl der Drang, sich darzustellen, vor Publikum zu spielen, Reaktionen zu bekommen. Eine Bühne als Übung fürs Leben?

Norbert Sieverding unterrichtete in Heikendorf Deutsch und Englisch, doch den Schüler Habeck sieht er vier Jahre lang ausschließlich als Laienschauspieler, von 1985 bis 1989, von der zehnten Klasse bis zum Abitur. Mit sechzehn probt Habeck bei

Sieverding Max Frischs *Andorra.* »Diese Judenthematik«, sagt der pensionierte Lehrer, »du sollst dir kein Bildnis machen.« Ein Drama vom Anfang der 1960er-Jahre, eine Parabel, in der Frisch über Vorurteile, Schuld und Identität nachdenken lässt, ein Stück über Antisemitismus. Habeck hat eine Nebenrolle, weitgehend stumm; er spielt einen der schwarzen Soldaten, namenlos, bedrohlich, gewaltbereit.

In der zweiten Aufführung wird es kniffliger für den 17-Jährigen: Brechts *Dreigroschenoper.* Habeck hat eine Hauptrolle, er ist Peachum, der Bettlerkönig, »ein mit allen Wassern des Zynismus gewaschener Machtmensch, Sinnbild des skrupellosen Kapitalismus«, schreibt er in seiner politischen Autobiografie. Großartig sei diese Rolle gewesen, doch es gibt einen Haken: Es muss gesungen werden. Habeck kann aber eigentlich nicht singen, er kann auch keine Noten lesen, und überhaupt: Er sei nicht sehr musikalisch. Ein Problem für ihn, jedenfalls bei diesem Stück. Er übt und übt und übt – doch auf der Bühne, während der Proben, ist er verkrampft, trifft keinen Ton, fürchtet, seine Rolle zu verlieren.

Wie machen das denn andere?, fragt er sich. Und vor allem, wie macht es der Typ, der als Mackie Messer so selbstbewusst wirkt und seine Lieder wie selbstverständlich zu Gehör bringt? Der kann doch auch keine Noten lesen, weiß Habeck, er könne eigentlich auch nicht singen, warum klingt es bei ihm dann so gut? Wie überwindet der sich, wie schafft er es, über seinen Schatten zu springen? Wieso kriegst du das so super hin?, spricht Habeck ihn schließlich direkt an. »Lass dir das nicht anmerken«, gibt ihm der Schüler mit auf den Weg. »Du musst dir vornehmen, selbstbewusst zu sein, um selbstbewusst zu werden.« Selbsthypnose also? Lass dir deine Nervosität nicht anmerken? Spring über deinen Schatten? Mach einfach, und du wirst schon sehen. »Ich probierte es – und es ging.«[120]

Dieser Ratschlag eines Mitschülers ist beinahe so etwas wie ein Lebensmotto für Habeck geworden, eine Einsicht, die ihm heute vor größerem Publikum immer noch hilft. Mach einfach, und du wirst schon sehen … Jan Päben spielt damals den Mackie Messer. Er ist drei Jahre älter als Habeck, und er hat mit ihm auch bereits in Shakespeares *Sommernachtstraum* gespielt, eine Aufführung, die noch von Sieverdings Vorgänger betreut worden ist.

»Ja, er mochte gern mit den Größeren spielen«, erinnert sich Jan Päben, »und er hat immer was zu sagen gehabt, das war damals schon so.« Es könne sein, dass er Robert damals ermutigt habe, so genau erinnere er sich nicht mehr daran, sagt Päben. Er ist ja der Ältere, »und Robert war sich nicht zu schade, einen anzusprechen: Ej, wie gehst du damit um?« Das kann draußen in den Dünen bei Laboe gewesen sein, dort, wo sie zusammensitzen und feiern und abhängen und trinken. Kann sein, dass er dann geantwortet hat: »Ej, Robert, das musst du anderen doch nicht sagen, dass du dich nicht traust, dann riechen die doch schon den Angstschweiß. Ist doch Wurst, wie es in dir aussieht, einfach enthemmt raus damit!«[121] Die Einstellung macht Habeck sich zu eigen.

»Wir waren Strandjungs«, beschreibt Habecks Schulfreund Kristian Dittmann ihre Clique an der Kieler Förde. »Wir sind halt am Strand groß geworden, das heißt: Wir waren zum Beispiel nie auf einem Spielplatz. Am Strand hast du alles gemacht: In der Sonne liegen, die erste Kippe rauchen, surfen, baden, Strandpartys. Und wenn du am Strand groß wirst, dann kriegst du ein Gemüt geschenkt. Du kannst dich da einfach austoben.« Alkohol? Auch das. Aber Streit? Rangeleien? Prügel? »Wir sind nachts baden gegangen«, sagt Dittmann. »Und wenn du dann aus dem Wasser rauskommst, es ist pechschwarz, vierzehn Grad, dann bist du nüchtern. Und fährst ganz friedlich nach Hause.«[122]

Habeck erinnert sich in seiner politischen Autobiografie ähnlich. »Den Sommer meines letzten Schuljahres habe ich quasi am Strand in Heikendorf, meinem Heimatort an der Kieler Förde, verlebt. Wir haben da Feuer gemacht, übernachtet und sind mit Sand zwischen den Zähnen und salzpappigen Haaren direkt in den Englischunterricht gefahren, nur um danach am Strand weiter fürs Abi zu üben. Ein Leben in kurzen Hosen und mit Schlafsack.«[123] In einem Podiumsgespräch bezeichnet er sein Leben in Heikendorf rückblickend als »frei, wild, aber auch derbe behütet«.[124]

Bei Habecks geht es sehr geordnet zu, Mutter Hildegard hat alles im Griff. Sie umsorgt ihre beiden Söhne, den zwei Jahre jüngeren Hinrich und Robert, »damit im Leben ihrer Jungs alles rundläuft«, erzählt die Schulfreundin Janne Prinz. Sie ist seit der dritten Klasse bis zum Abitur mit Habeck zusammen in der Schule, sie ist jene »Klassenkameradin aus dem gelben Haus, mit der ich Ideen entwarf, wie wir später leben wollten«, verrät Habeck.[125]

Selten sei sie bei Robert zu Hause gewesen, erinnert sie sich, aber als er das erste Mal in ihr Elternhaus kommt, ist er ganz begeistert. »Das ist so schön chaotisch bei euch«, ruft er – »dabei hatte meine Mutter kurz vorher aufgeräumt«, fügt sie lachend hinzu.[126]

Habecks Eltern stammen aus armen Verhältnissen, sie waren Flüchtlinge, Vertriebene, Halbwaisen. Die Großeltern waren Bauern, nach dem Zweiten Weltkrieg »hof- und mittellos«. Bildung in jenen Zeiten? Purer Luxus. Also spät in die Schule gekommen, lässt Habeck ein paar Informationen zu, »gegen alle Widerstände einen höheren Bildungsstandard erkämpft, Studien vom Mund abgespart, unter härtesten Bedingungen« und dann stolz darauf, »diesen leichten Wohlstand« mit einer Apotheke erlangt zu haben. Ein Wohlstand, »in den ich wie selbstverständlich reingeboren wurde«. Und dann eröffnet er schließlich seinen Eltern nach dem Abitur, dass er studieren wolle, nicht für einen »ordentlichen Brotberuf«, nicht Jura, nicht Betriebswirtschaft, nicht Architektur, sondern: Philosophie. Die Eltern hatten zu schlucken, und sie schluckten es. Bis heute scheint Habeck ein leichtes Schuldgefühl mit sich zu tragen, denn: »Ich wollte, als ich mit der Schule fertig war, einfach nur raus aus dieser behüteten Welt.« Damit habe er seine Eltern auch gekränkt, denn er habe ihnen signalisiert, »das, was ihr euch aufgebaut habt – für mich ist das nicht das Richtige.« Luxus nennt er es und hochnäsig zugleich. Auch wenn sein Weg für ihn goldrichtig gewesen sei und er diesen heute genau so wieder gehen würde.[127]

Als Kind sei er nicht sehr mutig gewesen, räumt Habeck in einem Podiumsgespräch ein, Konflikten oder gar Keilereien sei er eher aus dem Weg gegangen. Das ändert sich, als er gegen Ende seiner Schulzeit zum Schülersprecher gewählt wird. Da entsteht so eine Art politischer Mut, benennt er es rückblickend, »Freude daran, aufzubegehren und für eine Klasse etwas durchzusetzen«.[128] Janne Prinz bestätigt das. Sie habe ihn als Grundschüler eher angepasst erlebt. Er habe gewusst, was die Lehrer hören wollten, sei charmant und »total schnell im Denken, Schreiben und Machen, schulisch relativ gut« gewesen. Aber Kunst beispielsweise ist nicht so seines, Musik auch nicht. Im Nachhinein erscheinen ihr die Jahre in der Grundschule zu glatt und angepasst, »fast langweilig«. Aber: »Man fühlte sich sehr geborgen und gut aufgehoben.«

Ob Robert ein Mädchenschwarm war, möchte ich wissen. Nein, eher nicht, sagt sie. Für sie ist er der Kumpel, der gut zuhören kann, mit dem sie spintisieren und träumen und eine wilde, bunte Zukunft ausmalen kann, sie tauschen sich wie Geschwister aus. Später kommt der Drang hinzu, etwas verändern zu wollen im Muff der konservativen Zeit, »aber ich will es mir auch nicht verspielen«, sagt er, schließlich möchte er Abitur machen.

Als er dann Theater mit den Großen spielt, in der Oberstufe, stellt Janne Prinz eine »Wesensveränderung« bei ihm fest. Er wird mutiger, geht Konflikten nicht mehr aus dem Weg und lernt als Schülersprecher schließlich, mit Lehrern zu verhandeln, auch mit dem streng konservativen Schuldirektor, der den spielerischen Elan der Schüler streng und regelbewusst erstickt. Und auf einmal ist Habeck der einzige Junge in ihrem Jahrgang, der eine Liebe hat, die sogar ein oder zwei Jahre über ihm in der Schule ist. »Die war toll, hübsch, schlau, konnte Klavier spielen«, irgendwie beneidenswert.[129]

In einem Artikel von 2006 schreibt Habeck, mittlerweile ist er Landesvorsitzender der Grünen in Schleswig-Holstein, wie er als Zehnjähriger einen Oberschüler zum Vorbild hatte, »einen großen, blonden, schlaksigen Schülersprecher mit Vornamen Martin, der vor einer großen Versammlung Erwachsener frei, selbstbewusst und sympathisch reden konnte«.[130] Es ging damals um eine Provinzposse, die freilich hochpolitisch war im konservativen Schleswig-Holstein.

»O ja«, erinnert sich Rainer Petermann, auch er ehemaliger Lehrer und seit 2014 pensioniert, »das war eine heiße Zeit. Und Heikendorf kam sogar in den *Spiegel.*« Schleswig-Holstein wird damals seit einer Ewigkeit von äußerst konservativen Christdemokraten regiert. Entsprechend eng und rückschrittlich ist das Klima im Land. Der Schulleiter ist ein knöcherner Typ, frischer Wind in seinem Gymnasium wenig erwünscht. Der Geist der 68er weht erst nach und nach in die Betonfestung. Petermann kommt 1976 an die Schule, ist Mathematik- und Physiklehrer, »nicht Roberts Stärke«, urteilt er knapp. Die Schule hat zu dieser Zeit noch den Namen »Kreisgymnasium Heikendorf«. Ein Betonkasten aus den 1970er-Jahren. Im November 1972 ist Richtfest für den ersten Bauabschnitt, knapp vierhundert Schüler sind es anfangs an dem »Gymnasium im Entstehen«. 1977 ist der dritte Bauabschnitt beendet, heute lernen dort rund tausend Schüler. Ein abschreckender Bau, der umfassend saniert, ja, neu errichtet werden soll.[131]

Er habe damals, Ende der 1970er-Jahre, den Vorschlag gemacht, die Schule nach Heinrich Heine zu benennen, sagt Petermann. Ein Sturm der Entrüstung erfasst Politik und Verwaltung. Selbst in Hamburg hört man von dem erbitterten Streit, auch die Wochenzeitung *Die Zeit* berichtet. »Oh Schilda, mein Vaterland«, ist der Text überschrieben. Heine? Ein Vaterlandsverräter, jedenfalls für die Kreispolitiker der CDU, ein Jude, ironisch und spöttisch, »bis heute umstritten«, schreibt einer in die Verwaltungsvorlage. Kein Vorbild für die deutsche Jugend. Wolf-Rüdiger von Bismarck, Sohn des Generalmajors Georg von Bismarck und Landrat im Kreis Plön, befürchtet damals, es »könne ›Unfriede‹ ins bisher so beschauliche Schulleben der 800-Seelen-Gemeinde an der Kieler Förde getragen werden«. Deutschnationale Ansichten eines Korpsbruders und in Heikendorf wohnenden Lokalpolitikers der CDU. Wir befinden uns Ende der 1970er-Jahre in der norddeutschen Provinz, im Gemeindeparlament regiert die CDU mit absoluter Mehrheit.[132]

Schließlich ist der öffentliche Druck zu groß, die Konservativen knicken ein. »Ich war damals in der siebten Klasse, der

Untertertia, wie etwas weihevoller gezählt wurde«, erinnert sich Habeck im erwähnten Zeitungsartikel von 2006. Er habe damals »den Ordner mit den vergilbten Kopien« einsehen können: »Wie eine Trophäe wird der Ordner mit den Dokumenten über den Namensstreit des Winters 1980/81 verwahrt.« Es geht hin und her, die Wogen schlagen hoch, eine Schulkonferenz beschließt, der Kreistag weist zurück, Unterschriften werden gesammelt, der NDR berichtet, *Die Zeit*, die Schülerzeitung *Heulboje* sowieso; von Kulturkampf wird gesprochen. »Der Kreistag musste nochmals beraten«, erinnert sich Habeck fünfundzwanzig Jahre später, »und verlegte seine Sitzung aus Platzgründen nach Heikendorf in Kählers Gasthof (wo wir früher in den Pfützen auf dem Parkplatz Wunderkerzenbomben zündeten)«. Und Schülersprecher Martin steht in dieser erhitzten Atmosphäre unerschütterlich wie ein Baum. »Ich wollte auch so werden«, schreibt Habeck und gibt die damalige Stimmung wieder: »Wir gegen sie.« Abstrakt sei das durchaus nicht gewesen, sondern »greifbar und konkret, sonst hätte ich es nicht verstanden«. Ein Professor habe damals einen Vortrag gehalten und mit den Worten geschlossen: »Heine macht Mut, die politischen und gesellschaftlichen Verhältnisse nicht einfach so hinzunehmen.« Die Wende ist erreicht, schließlich »waren wir alle Heinrich-Heine-Schüler«. Und keine Büste, keine Bronzetafel könnte besser an Heine erinnern, schreibt Habeck am Ende seines Artikels, »als die leibhaftige Borniertheit« jener Monate – »und ihre Niederlage«.[133]

Fünf oder sechs Jahre später, im Sommer 1986, ist Habeck selbst Schülersprecher. Rainer Petermann ist in jener Zeit Verbindungslehrer, ein »Vertrauenslehrer, dem man wirklich vertrauen konnte«,[134] sagt Habeck, und ein Jahr lang sind sie so etwas wie »Partner«. Sie sprechen sich ab, wenn es um Aktivitäten in der Schule geht, Disco, Veranstaltungen, Feste – oder Ärger mit Graffiti. »Robert war sehr engagiert«, sagt Petermann, »er hat viel organisiert, war aktiv beteiligt, wenn Bäume gepflanzt werden sollten oder Müll beseitigt.« Öko-Tag nennt sich das, extra anberaumt. Er habe Habeck immer optimistisch erlebt, sagt der pensionierte Lehrer, »er war kein Miesepeter«. Und er hatte Ideale, »wie eine Welt aussehen könnte«. Auch für ein Kulturprogramm sorgt der Schülersprecher, organisiert Lesungen mit selbst verfassten Gedichten und Texten, lässt den Film *Die Brücke* in der Schule zeigen, Bernhard Wickis Antikriegsfilm von 1959, das Schülerdrama aus den letzten Tagen des Zweiten Weltkriegs.[135]

Petermann hat ein rotes Quartheft dabei. Es ist eine Jahresschrift der Heinrich-Heine-Schule, der Titel: »Jetzt wohin?« nach einem Gedicht von Heinrich Heine, die Jahresschrift von 1986/87. Habecks Jahr als Schülersprecher ist um. Auf zwei Seiten ist ein Text von ihm abgedruckt, eine Art Rechenschaftsbericht, aus dem hervorgeht, wie ernst er seine Aufgabe genommen hat. Liest man den Text genau, kann man bereits den Politiker Habeck erkennen. Der 17-jährige Gymnasiast stellt sich als kompromissbereit dar, als Moderator, der Regeln befürwortet, als einer, der Entscheidungen zu treffen hatte und dabei Konflikte zu bestehen: »… zwischen Verrat und Kompromiß, realem Ziel und Wunschdenken, Repräsentationsauftrag und Eigenverantwortlichkeit, zwischen notwendiger Ordnung und Veränderung abzuwägen, war nicht immer leicht für mich. Ich hoffe, es ist mir wenigstens annähernd gelungen.«

Es klingt wie eine kleine Regierungserklärung. Konkret wird der Gymnasiast Habeck darin nicht, er gibt keine Beispiele aus dem Schulalltag. In groben Zügen aber erläutert er seine

Strategie und zieht so etwas wie eine schulpolitische Bilanz. Auch dies wirkt wie eine Übung für den späteren Politiker. Habeck bezeichnet das zurückliegende Jahr als »das schönste meiner Schulzeit«. Er drückt seinen Respekt und Dank »an alle!« aus, spricht von einer »tollen Zusammenarbeit« und der Hilfe vieler, und er schreibt auch hier schon beinahe demütig und selbstkritisch zugleich: »Es war nicht alles so einfach, wie ich es mir vor Beginn meiner Amtszeit ausgemalt hatte. Oftmals stieß ich schnell an Grenzen, nicht zuletzt an meine eigenen. Oftmals war ich gezwungen, umzudenken und mich mit Neuem auseinanderzusetzen. Aber auch diese Seite des letzten Jahres möchte ich nicht missen.«

Von Selbstverleugnung spricht er in Anführungszeichen, von Kompromissen, einem Wort, das »den verächtlichen Beigeschmack von ›Halbheit‹ und ›Verrat‹ hatte«, und von der Einsicht, »daß Kompromiß nicht immer nur Verzicht auf eigene Vorstellungen ist, sondern auch Toleranz und Zugeständnis an andere Ansichten sein kann«. Rechte sollten für alle gelten, und Neues könne immer nur dann entstehen, »wenn Ideen und Meinungen von verschiedenen Seiten her aufeinanderprallen und miteinander konkurrieren«. Das eigene Ziel müsse deshalb nicht aus dem Blick geraten: »Um das Mögliche zu erreichen«, schreibt der Gymnasiast, »muß immer wieder das Unmögliche versucht werden.« Und er spricht sich für »eine gewisse Ordnung« aus, für Regeln, an die sich jeder zu halten habe, die allerdings stets mit der Praxis verglichen werden sollten. »Es ist immer leichter, sich zu verweigern und nein zu sagen, als sich den Aufgaben zu stellen und – so gut es eben geht – Änderungen zu bewirken.« Ein Satz, der für sein Leben und seine spätere Zeit als Politiker gültig bleiben wird. Er habe seine Aufgabe als »Vermittlerfunktion« begriffen, heißt es in der Jahresschrift weiter, er wollte »einseitige politische Stellungnahmen oder allzu extremes Verhalten« erklären und womöglich einbinden.[136]

Kristian Dittmann erinnert sich, wie Habeck eine »Clique aus Stellvertretern« um sich scharte. »Da fanden wir zusammen, ich glaub, sechs Stellvertreter und er. Und da war Robert natürlich der Anführer.« Aber ein Anführer im Team, präzisiert Dittmann.[137] »Wenn ich diesen Text lese«, sagt der pensionierte Lehrer Norbert Sieverding, »dann sehe ich eine ziemlich grade Linie von dem, was er hier schreibt, zu dem, was er heute als Politiker sagt.« Auch Sieverding hat das rote Quartheft aufbewahrt, er hat den Text erneut gelesen. »Wie erreiche ich Ziele? Wie kriege ich Leute ins Boot? Das überlegt er hier in diesem Text, ich sehe da keinen großen Bruch zur Gegenwart.«[138] Fünfzehn Jahre werden vergehen, ehe Habeck den Schritt in die aktive Politik wagt und 2002 Mitglied der Grünen wird. Und noch einmal neun Jahre später, er ist nun Fraktionsvorsitzender im Kieler Landtag und befindet sich im Wahlkampf, sagt er im September 2011: »Ich sehe mich nicht als großen Zampano, sondern verstehe mich eher als Klassensprecher.« Der Journalist bestätigt: »Wer Habeck kennt, weiß: gespielt oder aufgesetzt ist das nicht. Laute Töne vermeidet der grüne Philosoph. Lieber sind ihm das politische Moderato und das Gespräch über Inhalte.«[139] Im März 2017 notiert Habeck in seinem Blog den Wunsch, »dass Politiker nicht ›die da oben sind‹, sondern welche von uns. Klassensprecher vielleicht, aber keine Manager oder Lehrmeister.«[140]

1988 übernimmt Habeck in der Theater-AG eine Hauptrolle in Andreas Gryphius' Komödie *Horribilicribrifax*, einem »Scherzspiel« aus dem 17. Jahrhundert, in dem es um verwickelte

Liebesgeschichten und Verwechslungen, Prahlerei und Feigheit geht. In seinem letzten Jahr an der Schule steht der Abiturient dann noch in Arthur Millers *Hexenjagd* von 1953 auf der Bühne und spielt Thomas Danforth, den Stellvertreter des Gouverneurs im puritanischen Neuengland am Ende des 17. Jahrhunderts. Kristian Dittmann ist in dieser Inszenierung dabei, und er erinnert sich, wie lautstark Habeck diese Rolle aufführen wollte. »Robert hatte als Richter Danforth in der ›Hexenjagd‹ nicht nur eine zentrale Funktion, sondern auch diese Perücke, und damit wirkte er, wann immer er auf die Bühne kam, wie im Wald die Stammeiche. Und er malte sich aus, dass dieser Richter sehr autoritär sein muss. Und von Anfang an brüllte er in den Proben herum und haute dazu lautstark auf den Tisch.« Nach und nach hätten sie ihm beibringen müssen, dass etwas weniger Lautstärke dem Stück guttäte, denn »die Gerichtsszenen dauern ewig und so brachten wir ihn dazu, erst gegen Ende der Aufführung mit dem Brüllen zu beginnen«.[141]

»Ja, er hat sehr verschiedenartige Rollen übernommen«, erinnert sich Norbert Sieverding. »Und er hat sich da sehr reingekniet und dies als Experimentierfeld für sich betrachtet. So wie er in der Oberstufe ohnehin Chancen gesucht hat, Möglichkeiten des Lebens auszuloten. In Philosophie zum Beispiel auch.« Bloß nicht festlegen oder gar festnageln lassen, ausprobieren, experimentieren, neue Wege gehen, Risiken in Kauf nehmen. »Er war kein Lautsprecher, der ständig tönte«, sagt Sieverding, »sondern er hörte sehr genau zu, hatte auch ein gutes Maß an Selbstkritik und äußerte sich erst dann, wenn er eine Position gefunden hatte. Das habe ich immer sehr an ihm geschätzt. Er war erkennbar auf der Suche und kam nicht mit fertigen Botschaften rüber.«[142]

Zeichnet sich Habecks Weg in die Politik hier schon ab? Wenn einer in eine Theater-AG geht, dann hat er einen Hang zur Bühne. Wenn einer Schülersprecher wird, kann er reden, auch mitreißen womöglich, dann hat einer keine Scheu, aufzustehen und vor Leuten zu sprechen. Alles beste Voraussetzungen, um Politiker zu werden. Ja, überlegt Norbert Sieverding, rückblickend könne man das so sehen, und auch dieser Text in der Jahresschrift von 1986/87 spreche ja eine sehr eigene Sprache, die in eine bestimmte Richtung gehe. Trotzdem könne man nicht sagen, dass er tatsächlich schon damals als Schüler vorhatte, eines Tages Politiker zu werden. Und an einen bestimmten Berufswunsch von Habeck könne er sich nicht erinnern.

»Für ihn war, glaube ich, zum Ende seiner Schulzeit wichtig, dass er sich nicht sofort für etwas entscheiden muss«, sagt Sieverding. »Der Begriff Freiheit – das war für ihn entscheidend. Frei sein hieß für ihn: keine Schule mehr; kein Elternhaus mehr; sondern erst mal leben, erleben können.«[143] Also raus aus Heikendorf, diesem Ort für den »Geldadel von Kiel«,[144] raus aus seinem »bürgerlich-konservativen Elternhaus«,[145] weg von einem Dorfplatz an einer Durchgangsstraße, der im Backsteincharme der 1980er-Jahre gehalten ist, viel Rot, wenig Grün, weg aus dem Dasein als Sohn des Apothekerehepaars. Heikendorf war und ist so etwas wie der »Kieler Speckgürtel«, viele Anwälte, Ärzte, Architekten wohnen dort, »Immobilienleute mit eigenem Tennisplatz«, und die Heinrich-Heine-Schule hatte einen »guten Ruf und ein hohes Niveau«. Schwächere Schüler gingen nach Kiel, um dort leichter durch die Schule zu kommen.[146] Heikendorf – »einer der ältesten Wohnplätze an der Kieler Förde«, heißt es auf der Homepage der Gemeinde. Heute ist es eine Siedlung voller Reihen- und Einfamilienhäuser.

Heikendorf wurde durch Bomben der Alliierten zu großen Teilen zerstört, heute leben dort rund achttausend Einwohner.

»Die Heinrich-Heine-Schule war damals eine sehr strenge, konservative Schule«, erinnert sich Habeck 2016 im Fernsehen, aber sie sei »hervorragend« gewesen, und sie hätten auch »hervorragende Lehrer« gehabt. Er sei »wirklich gerne zur Schule gegangen«, bekennt er,[147] und an die Schüler erinnert er sich als verschworene Gemeinschaft: Wurde »irgendwelcher Schabernack« gemacht – »verpetzt hat einen eigentlich niemand«.[148] Diese Stimmung nimmt er später in seinem Jugendroman *Zwei Wege in den Sommer* auf. »Das Verblüffende war, dass keiner schummelte. (…) Ziemlich ehrliche Aktion. Und ich glaube, sie zeigt auch irgendetwas über die Mentalität meiner Generation. Sie zeigt, dass selbst Arschlöcher wie ich nicht immer nur ihren eigenen Vorteil suchen, sondern dass wir alle im Grunde unseres Herzens danach hungern, dass es aufrichtig zugeht. (…) Ich würde sagen, es geht um Ehrlichkeit – auch sich selbst gegenüber.«[149]

Aufmüpfig und rebellisch also ist er als Schüler eher nicht, sondern vermittelnd und diplomatisch. Doch Hartmut Tödt, sein Philosophielehrer, meint, sich an eine Abiturrede von Robert Habeck zu erinnern, die den konservativen Direktor der Schule dermaßen erbost, dass er nicht zum anschließenden Abiturientenball kommt. »Relativ schonungslos« sei diese Rede gewesen, sagt Tödt. Sie zeigte Habecks Fähigkeit, »Dinge zu decouvrieren, also diagnostisch zu durchleuchten, und sie beim Namen zu nennen«.[150] Janne Prinz, die Mitschülerin, erzählt die Geschichte genauer. »Er hat sie geschrieben«, sagt sie, »aber er hat sie nicht gehalten.« In Abiturreden sind seinerzeit in erster Linie Worte des Dankes zu vernehmen, wie toll alles war, wie viel die

Schüler gelernt hätten, wie anregend und erfüllend die Zeit. Habeck aber habe gesagt, »wir müssen alles anders machen«. Und so sammeln sie in der Gruppe verschiedene Aspekte und Argumente, und Habeck schreibt einen Text, der so etwas wie ein Theaterstück ist. In verteilten Rollen wird nicht nur Dank ausgesprochen, sondern auch Kritik geübt. Sie selbst, Janne Prinz, habe die Position des Dankes vorgetragen, und eine »zurückhaltende, brave, ganz normale Schülerin«, bekannt für ihr Cellospiel, übernimmt den »Kontrapunkt«. Eine gelungene Provokation in Form eines Dialogs, die vertauschten Rollen verstärken offenbar die Wirkung. Ein Paukenschlag zum Abschied.[151]

Ein halbes Jahr, nachdem Habeck sein Abitur gemacht hat, fällt die Mauer. Er bekommt es nicht richtig mit, erkennt den geschichtlichen Moment nicht. Den Sommer über war er auf Reisen durch Europa, hat die Freiheit genossen, wollte einfach nur leben, ohne Gedanken an die Zukunft, den Augenblick genießen, schauen, was das Leben bringt. Im November 1989 ist er im Zivildienst in Hamburg, kümmert sich um schwerbehinderte Menschen in einem Spastikerheim, »anstrengend, aufregend und intensiv« sei es gewesen, »ich hatte so viel Dinge zu begreifen, dass ich mich nicht um die deutsche Einheit kümmern konnte, leider«.[152] Nebenbei schreibt er an seinem ersten Roman *Traumblind*, versucht sich an Gedichten, träumt davon, Schriftsteller zu werden.

# »Klug schnacken und in der Tonne liegen«

## Der Philosoph

Habeck hat Glück. In der Schule trifft er auf Lehrer, die entscheidend sind für sein weiteres Leben. Da ist die Theater-AG mit Norbert Sieverding, die ihm auf die Bühne hilft. Da ist der »Lehrer im Geschichtsleistungskurs, der mir den Unterschied zwischen Ursache und Auslöser erklärte und politische Haltung vermittelte«, wie Habeck in einem Fragebogen der *Süddeutschen Zeitung* hervorhebt.[153] Und da ist Hartmut Tödt, der ihm erste Einblicke in philosophisches Denken vermittelt, jener »grandiose Philosophielehrer«, von dem Habeck noch in einem Vortrag vom April 2019 in einer Berliner Buchhandlung schwärmt.

Als ich das Wohnzimmer von Hartmut Tödt im Dezember 2019 betrete, fällt mein Blick auf das Standbild im großen Fernseher: Habeck in Großaufnahme, ein Bild aus der Aufzeichnung einer Talkshow von 2016. Tödt hat dieses Standbild eingestellt, um seine Erinnerungen anzuregen, er benennt »das dem Menschen Zugewandte, dieses Lächeln, die Freude am Leben und Dasein, auch das Spielerische und der Schalk im Nacken, dieses gewinnende und immer noch leicht spitzbübische Gesicht und eine wunderbare Wahrhaftigkeit, ein Ausdruck, der heute gar nicht mehr so en vogue ist«. Habeck ist gewiss ein Lieblingsschüler von Hartmut Tödt gewesen, so wie Habeck womöglich von Tödt als wichtigstem Lehrer seiner Schulzeit spricht. Habeck lasse den anderen gelten, sagt Tödt, er gebe ihm Raum, höre zu, »ich seh ja, wie er zuhört, während andere schon beim Formulieren nächster Sätze sind«. Und diese Verantwortlichkeit, seine Disziplin, Freude und Gestaltungsfähigkeit seien bereits bei dem 19-Jährigen zu erkennen gewesen.

Tödt, Jahrgang 1953, hat Germanistik, Geschichte und Philosophie, Existenzphilosophie, studiert, »ich war im Grunde Althistoriker«, sagt er. Er sei zu Ausgrabungen gefahren, habe römische Siedlungen gesehen und Rom natürlich sowieso. Im Internet stellt er sich als »Vertreter einer aussterbenden Gattung« dar, nämlich als einen humanistischen »polyglotten Philologen«, der sieben Sprachen beherrscht.[154] Zehn Jahre lang studiert Tödt, weitere sechs Jahre, bis 1992, lehrt er an der Universität. Daneben gibt er Literaturkurse an der Volkshochschule in Heikendorf, unterrichtet am Abendgymnasium Erwachsene und an der Heinrich-Heine-Schule Oberschüler.

»Allein die Tatsache, über Kant ins Abitur zu gehen, ist ja schon enorm schwer«, sagt Tödt. Die Idee der Freiheit zu begründen setze intensive Kenntnisse voraus und sei auch sprachlich eine höchst anspruchsvolle Aufgabe. Habeck habe sie gemeistert. Zwei Jahre lang bis zum Abitur gibt Tödt Habecks Jahrgang Philosophieunterricht. »Wir haben Sartre behandelt: ›Der Mensch ist zur Freiheit verdammt‹.« Dann Camus natürlich: »Wie ertrage ich das Leben? Der Mythos vom Sisyphos, der Fremde, Tantalos, die Sage des Prokrustes, die fünfzig Danaiden …« Camus, unterbreche ich Tödt, Camus sei für Habeck ja zu einem seiner wichtigsten Leitbilder geworden. Ich erzähle

Tödt von Habecks Vortrag in einer Berliner Buchhandlung, bei dem er seine »Lieblingsbücher« vorgestellt hat, unter anderem *Der Mythos des Sisyphos* von Camus. »Richtig beinharten Philosophieunterricht« hätten sie an der Schule bei diesem »grandiosen Lehrer« gehabt, sagt Habeck, und dieser Lehrer habe den Selbstmord eines Jungen »bei uns in der Parallelklasse« zum Anlass genommen, die Lektüre von Camus vorzuschlagen. Der ganze Jahrgang und die Schule seien aufgeschreckt gewesen, es wurde viel über diesen Suizid gesprochen. Er habe sich dann förmlich auf diesen »Abschnitt aus dem Essay über den Selbstmord von Camus« gestürzt und den Text verschlungen, um das Unfassbare verstehen zu können, zu begreifen, eine Richtung gewiesen zu bekommen. »Und ich war dann total enttäuscht. Weil Camus in diesem Essay den Selbstmord als mögliche Tat letztlich verwirft und ablehnt.« Nach Camus gelte es, »die Existenz anzunehmen, zu bejahen, das Beste daraus zu machen. Und dann sich voll umfänglich den Herausforderungen zu stellen.«[155]

In ihrem gemeinsamen Jugendroman von 2006, *Zwei Wege in den Sommer*, verarbeiten Robert Habeck und seine Frau Andrea Paluch zwanzig Jahre später den Selbstmord eines Jugendlichen literarisch. Albert Camus, der französische Existenzialist, kommt darin ausgiebig zu Wort. Und es wird eine Schulsituation geschildert, die Habeck so ähnlich erlebt haben wird. Schüler erhalten eine Literaturliste zum Thema Freitod, der Erzähler Max bekommt »Camus aufgebrummt«, ist vollkommen gefangen von der Lektüre. »Obwohl ich es eigentlich gar nicht wollte, begann ich zu lesen. Ich setzte mich an einen Tisch und hatte nicht das Gefühl, allein zu sein, so stark war der Text.«[156] Der Roman ist letztlich unter anderem eine Auseinandersetzung mit diesem Text und der Frage, was Leben ist, was den Sinn von Leben ausmacht. Folgerichtig endet das Buch mit der Erkenntnis: »Camus schreibt, dass Freiheit nicht interessant ist. Das Einzige, was interessiert, ist die Frage, ob der Mensch frei ist. Wenn etwas egal ist, dann hat es keine Bedeutung. Es erlangt Bedeutung, nicht indem man es tut, sondern indem man es nicht tut.«[157]

Tödt, der pensionierte Lehrer, erinnert sich anders. Er sei damals in seiner Heimatstadt Bad Segeberg auch in der Jugendarbeit aktiv gewesen. Und in diesem Kreis von Schülern sei es zu einem Freitod gekommen. »Und weil ich mich selbst sehr viel mit Suizidologie befasst hatte, brachten mir Mitschüler dieses Buch von Camus, ›Der Versuch über das Absurde‹, mit.« Es ist das Exemplar, das jener Schüler, der sich das Leben genommen hatte, gelesen und mit ungezählten Anmerkungen und Anstreichungen versehen hatte, »so als ob er bei Camus eine Art Legitimation für den Suizid finden könnte. Die hätte er bei Seneca finden können, aber nicht bei Camus. Und diese Anmerkungen mit Ja! und Nein! und Durchstreichungen wurden im Verfolg dieser Lektüre immer wütender, immer martialischer ging dieser Clemens über den Text hinweg, weil die Legitimation eben nicht kam.« Und mit diesem Exemplar sei er dann in die Schule nach Heikendorf gegangen, meint Tödt sich zu erinnern, um dieses Thema mit Habecks Jahrgang zu besprechen. Bei Camus ginge es gerade darum, das Leben als ein zu ertragendes anzunehmen. Wie in *Der Mythos des Sisyphos* ausgeführt. Wie der Protagonist in *Der Fremde*, der seine Schuld akzeptiert und als Teil seiner selbst annimmt. »Du hast dich selbst zur Aufgabe«, erläutert Tödt, »ich bin mir selber Werkstoff, den ich selbst gestalte. Und damit findet eine ganz kategorische Ablehnung des Suizids statt.«

Es gebe bei Habeck so etwas wie eine »Entwicklungslogik«, meint Tödt. Bereits im Schüler Habeck waren viele Anlagen zu erkennen, und diese seien in den folgenden dreißig Jahren weiter ausgeformt und vertieft worden. Bei Platon gebe es den Begriff »Hexis«, führt Tödt weiter aus. Das meint eine bestimmte Haltung. Lebensfreude, gelebte Toleranz, »nicht Gleichgültigkeit«, Gewissen, Vernunft, »die abgegrenzt werden muss vom Verstand«, Aufmerksamkeit, Disziplin, Solidarität – »all das hat Habeck mit seiner Frau und seinen vier Kindern gelebt«. Und darauf baue nun sein Leben als Politiker auf. Sein Buch von 2018, *Wer wir sein könnten*, lässt Habeck mit den Worten enden: »Das ist die wahre Herausforderung: Zuversicht.«[158] Auch das mache Habecks »Programmatik« aus: Zuversicht. Zuversichtlich sein und Zuversicht verbreiten, unter die Leute bringen, aufmuntern, anregen, fördern. »Habeck denkt in Entwicklungen«, sagt Tödt, »er denkt in Bewegungen, er drängt zum Aufbruch, fordert den Mut, aufs Meer hinauszufahren …«

Anfang 2019 wird der Zwischenbericht zum neuen Grundsatzprogramm der Grünen vorgelegt, das Ende 2020 verabschiedet werden soll, der Arbeitstitel lautet: »Veränderung in Zuversicht«. Habeck wird auf einem »Grünen-Konvent« in Berlin im März 2019 mit den Worten zitiert: »Man vertrete ›bestimmt nicht nur apokalyptische Aussichten‹ nach dem Muster: ›Mit wem reitest du in den Untergang?‹ Die Grünen setzten vielmehr auf Vertrauen und Zuversicht: ›Wer will schon bei einer Nörgeltruppe mitmachen?‹«[159]

Er hätte damals mit Habecks Jahrgang Staatsphilosophie und Existenzphilosophie durchgenommen, »ganz zentrale Dinge«, so Tödt. Platon beispielsweise stelle die Frage nach der Gerechtigkeit, eine zentrale Frage in jedem Gemeinwesen, in jeder staatlichen Verfassung. Und Platon habe postuliert: »Jeder tue das Seine auf bestmögliche Weise an dem ihm zukommenden besten Ort zum Wohle des Ganzen.« Er, Tödt, habe seinen Schülern mit auf den Weg gegeben, Widerstand zu leisten gegen die Dummheit. Dazu habe er auch einen seiner Aphorismen verfasst: »Es ist unmöglich, dass die Dummheit sich begreift.«

Tödt erinnert sich an die Wahlveranstaltung vom November 2019. Annalena Baerbock und Robert Habeck wurden als Bundesvorsitzende der Grünen wiedergewählt. Da habe er in der Fernsehaufzeichnung diese unbändige Freude bei Habeck gesehen und auch »fast eine gewisse Schüchternheit, ja, eine gewisse Beschämung«. Auch das mache Habeck bis heute aus, »was man vielleicht gar nicht erwartet. Er sagt, ich bin nicht der große Zampano, ich habe hier nicht irgendwo im Ärmel irgendetwas stecken. Ich bin Robert Habeck. Ich komme mit dem, was ich kann. Und vielleicht kann ich einiges ganz gut. Das werdet ihr mir schon sagen.«

»Ja, es war eine sehr intensive, nachdenkliche, auch lustige, heitere, solidarische Zeit zwischen einem Lehrer und seinem Schüler«, erinnert sich Tödt. Später, nach dem Abitur, hätten sie noch zusammengesessen, um Habecks ersten Roman, *Traumblind*, zu besprechen. »Absolut euphorisch« sei er gewesen in jener Zeit, voller Elan und bereit zum Aufbruch. Gemeinsam entwickeln sie damals ein »grobes Gerüst« für das literarische Debüt, Handlungsstränge, Figuren und so weiter. »Es ging um eine Bahnfahrt in den Süden, über Jugoslawien nach Griechenland«, erinnert sich Tödt. Habecks Schulclique mit Kristian Dittmann und Janne Prinz sind die Vorbilder, es geht um Freiheit, »raus aus dem Alltag und hinein in eine schöne, warme, sinnliche Welt«, die Situation unmittelbar nach dem Abitur eben.

Auf der Rückseite des Romans sind neben einem Foto des Autors, einem blonden Jugendlichen, ein paar biografische Daten aufgelistet: »Jahrgang 1969, 1989 in Kiel Abitur, danach Zivildienstleistender in Hamburg. *Traumblind* ist sein erstes Buch.« Rasch geschrieben offenbar, womöglich schon unterwegs, auf Reisen, und dann in Hamburg, nach der Fahrt durch Europa. In seiner politischen Autobiografie, *Wer wagt, beginnt,* heißt es: »Es war ein unglaublicher Sommer, und ich hatte das unbändige Gefühl, dass mir die Welt gehört. Ich hatte das Abi in der Tasche, das Leben vor mir, Freiheit im Herzen und das Interrailticket als Freifahrtschein durch Europa im Rucksack. Parallel zu meinen Nächten auf dem Bahnsteig in Korinth, dem wilden Zelten über Skopje und den Nachtfahrten nach Cannes fand die dritte Wahl zum Europaparlament statt. (...) In diesen Sommermonaten wurde ich europäischer Patriot.«[160]

In *Traumblind* schildert Habeck das Lebensgefühl Freiheit suchender Jugendlicher. Grenzenlosigkeit erfahren, die Welt aus den Angeln heben. Ausgelassen feiern und lieben. Schmetterlinge im Bauch. Reisen aufs Geratewohl. Ein Pärchen, Sabeth und Ole, macht sich nach Frankreich auf, die anderen beiden, Kalita und Max, zieht es nach Griechenland. Sie haben Horror vor dem Alltagstrott der Alten. Sie haben rasende Angst davor, etwas zu verpassen. Sie suchen nach Auswegen, nach einem Anderssein, haben Angst, sich zu binden, denken über den Sinn des Lebens und die Liebe nach.

Max, der Ich-Erzähler, grübelt unter der gleißenden Sonne Griechenlands: »Viel zu viele Menschen sagen angesichts der Umweltzerstörung oder der Wettrüstung: ›Ich kann da ja doch nichts tun.‹ Ich finde, man kann. Es geht dabei gar nicht darum, allein riesige Erfolge zu erzielen, es geht darum, daß man selbst merkt, man tut etwas. Was kann ich schon tun? – Alles! Es ist doch so leicht, Idealismus zu haben, wenn man nur lange genug brät. Ich begann jedenfalls zu schreiben. Und da kam die Prinzessin vom Bahnhofsklo. Sie strahlte, trug Pferdeschwanz. Ich bin verliebt.«[161]

1990 wird das Buch veröffentlicht, Habeck ist 20 Jahre alt. Einige Leitlinien seines Denkens sind unübersehbar: Man kann alles, wenn man es nur versucht. Es hilft nichts, dazusitzen und nichts zu tun. Die Abgründe in der Welt sind niederschmetternd und unüberschaubar, doch Fatalismus hilft auch nicht weiter. Camus' Philosophie schimmert durch, das Glück des Sisyphos, die Aufgabe, das Leben anzunehmen und zuversichtlich zu bleiben, tatkräftig, idealistisch, menschenfreundlich, frei im Denken und Sein, »das Unmögliche wagen«.[162]

Am Ende von *Traumblind* schreibt Ole einen Brief an die Freundin, die er verlassen hat, und kündigt seine Rückkehr an: »Freiheit ist so einsam«, schreibt er. »Lachst du noch wie früher? Ich bin nicht mehr lang allein …«[163] So endet dieser erste literarische Versuch. Er wirkt noch unausgegoren und ist doch veröffentlicht worden. Gerade erst hat er sein Abitur gemacht, der Zivildienst liegt hinter ihm, das Studium vor ihm, doch Habeck hat bereits eine erste, sehr frühe Probe als Autor vorgelegt. Vom eigenen Schreiben leben zu können, war »tatsächlich so was wie ein Jugendtraum«, sagt Habeck im Interview, »auch weil Literatur, die lange Form, Geschichten zu erzählen, ja im besten Fall immer auch was über die Gesellschaft sagt. Das wollte ich immer.«[164]

»Klug schnacken und in der Tonne liegen«, antwortet Habeck in der Fernsehtalkshow »Kölner Treff« auf die Frage nach seinem Berufsplan. »Das Coole bei Philosophie« sei gewesen, »keinen Plan zu haben. Und da ist natürlich Philosophie das brotloseste

Studium, das man sich ausdenken kann. Was willst du werden? Philosoph! Na, super!«[165] In seiner politischen Autobiografie streift er auch sein Philosophiestudium in Freiburg: Wie er sich in den Bibliotheken verliert und mit Hegel und Kant, Heidegger und Derrida, Novalis, Kleist und Schlegel die Welt zu verstehen sucht; wie er sich mit Ohropax die Ohren verstopft, um sich abzuschotten und voll zu konzentrieren auf unverständliche Texte; wie ihn die laut summenden Neonröhren stören. »Ich las stundenlang die gleiche Seite, bis ich endlich glaubte, sie verstanden zu haben.«[166]

Irgendwann beschäftigt er sich näher mit Heidegger, schließlich zählt dieser Philosoph zu den Heiligen in Freiburg, hatte dort einst gelehrt. Ein Irrweg für sein Leben, erkennt Habeck später. Denn Heidegger meint, »in einer irgendwie altfränkisch anmutenden Form«, dass der Mensch geprägt sei durch die Welt, die er vorfindet. Also keine Möglichkeit habe, einen eigenen Weg zu finden. Freiheit sei nur im Rahmen der vorhandenen Welt möglich. Dann kann ein Einzelner also nichts machen, die Welt ist so, wie sie ist, letztlich unveränderbar, Amen. Ein Gedanke, den Habeck später aufs Heftigste ablehnt, dem er aber damals, in Freiburg, offenbar etwas abgewinnen kann.[167] »Dieses Erschrecken über meine damalige Rigidität hält bis heute an«, schreibt er. »Ich hoffe, ich habe meine Lektion gelernt, und werde auf ewig skeptisch gegenüber allen Welterklärern und Besserwissern sein, vor allem, wenn sie im moralischen Gewand einer höheren Wahrheit daherkommen.«[168]

Mit 27 beendet Habeck seine Magisterarbeit über Casimir Ulrich Boehlendorffs Gedichte, »eine stilkritische Untersuchung«.[169] Casimir – wer? Ein weitgehend unbekannter, ein vergessener Poet aus der Zeit Goethes. Habecks Schwerpunkt im Philosophie- und Literaturstudium ist die deutsche Romantik, also Goethe und Schiller, Herder, Humboldt und die jeweilige Sprachphilosophie. In einem sprachpoetischen Text von Friedrich Hölderlin, »wahrscheinlich der komplexeste Aufsatz seiner Zeit«, so Habeck, gibt es zwei Briefe an jenen verschollenen Dichter Casimir Ulrich Boehlendorff (1775–1825). Man nennt sie »die sogenannten Boehlendorff-Briefe von Hölderlin, Schlüsseldokumente des deutschen Idealismus«. Darin erläutert Hölderlin seine Poetik. Das interessierte viele Geisteswissenschaftler, und viele haben sich damit abgemüht und Studien darüber verfasst. Bloß wer war dieser Boehlendorff? Danach fragt – bis zu Habecks Spurensuche – offenbar niemand, jedenfalls nicht so hartnäckig wie der Magisterstudent. Wieso schickte Hölderlin ausgerechnet diesem Boehlendorff seine Erläuterungen?

Habeck begibt sich auf die Suche. Bücher von Boehlendorff existieren nicht, an die Texte ist schwer heranzukommen. Der Student muss sich mit Faksimiles begnügen, monatelang wartet er auf Reproduktionen aus polnischen Universitäten. Habeck reist in Archive. Texte muss er sich übertragen lassen, weil sie in Fraktur geschrieben sind. Unbekanntes Terrain also, niemand zuvor hat sich diese Gedichte vorgenommen und sie interpretiert, es gibt keine Sekundärliteratur. »Es war so ein bisschen wie mit *Der Name der Rose* von Umberto Eco«, erinnert sich Habeck, »in alten Bibliotheken stöbern, alte Literatur entdecken. Na ja, es ging gut, es wurde eine beachtete Arbeit, die sogar veröffentlicht wurde. Und mir hat es Mut gemacht, den Weg weiterzugehen. Sonst hätte ich wahrscheinlich nicht promoviert.«[170]

Habeck versinkt vorübergehend in dieser universitären Welt. »Dieses Gefühl, abgeschirmt zu sein von der Außenwelt, dieses Alleinsein im eigenen Kopf, das man hört, wenn man sich Wachskügelchen in die Ohren steckt, das war das Sinnbild für mein

Studium«, fasst Habeck seine Studienzeit in Freiburg zusammen.[171] Diese Universitätswelt mit ihren Fremdwortlawinen spiegelt sich auch in seiner Dissertation, die er mit dreißig in Hamburg vorlegt. *Die Natur der Literatur. Zur gattungstheoretischen Begründung literarischer Ästhetizität*, lautet der Titel.[172] Im Leitblatt der rechten Bewegung, *Junge Freiheit*, macht sich ein Autor in einer Polemik ein Vergnügen daraus, seinen Lesern einen Satz aus Habecks Dissertation zum Abschmecken vorzulegen: »... die Ikonizität der visuellen Medien ist formal als die Analogizität von Räumen unter Zuhilfenahme des Zeitfaktors semiotisch analysierbar«.[173] In einem zornigen Pamphlet rechnet der Herausgeber einer Literaturzeitschrift, Joachim Vahland, mit »Robert Habeck als Autor« ab und nimmt sich auch *Die Natur der Literatur* vor: »Besonders in den theorielastigen Teilen der Dissertation läuft ihr Verfasser zur Hochform eines hermetischen Jargons auf, der es in der Kunst, Unverstandenes unverständlich weiterzureichen, weit gebracht hat.«[174]

In der Wochenzeitung *Die Zeit* hingegen wird ernsthaft und zustimmend geurteilt. »In einer soliden literaturwissenschaftlichen Reihe« sei die Dissertation veröffentlicht worden, keine »Alibipromotion« liege vor, stellt der Autor fest: »Zu speziell ist der theoretische Rahmen, in den Habeck sich einzuschreiben versucht. Zu einheitlich der sprachliche Stil, der sich durch die gesamte Arbeit zieht. Zu tief die Fachdiskussionen, die er prüft und referiert.« An der akademischen Sprache stört sich der Autor nicht, schließlich ist es eine Dissertation, da schreibt man nun mal so. Habecks Interesse drücke sich darin aus, fasst der Autor zusammen, die Literatur daraufhin zu untersuchen, wie sie die Welt umstürzen, wie der Leser durch Literatur verwandelt werden kann. »Einfach gesagt: Man liest ein Buch, und plötzlich ist die Welt eine andere.« Er bezeichnet die wissenschaftlichen Studien als Vorteil für den Politiker Habeck: »Nie war die Rede dringlicher, dass sich in den kommenden Jahren alles grundstürzend ändern werde, dass Klimawandel, Digitalisierung und eine wie auch immer geartete Globalisierung die Grundlagen unserer aller Leben transformieren würden.«[175]

Habeck schließt das Studium geläutert ab. In seiner politischen Autobiografie *Wer wagt, beginnt* bewertet er sein Philosophiestudium und räumt einen Nutzen auch für sein Leben als Berufspolitiker ein: »Als ich Philosophie studierte, dachte ich, dass das brotlose Kunst sei. Das machte gerade ihren Reiz aus. Heute denke ich, Philosophie ist das Schwarzbrot meiner Politik.«[176] Im Gespräch erklärt er, was er damit meint. Er habe Moralphilosophie studiert, also Kant und andere Ethiker, und manchmal könne er dann »die konkreten Diskurse über Regulation von künstlicher Intelligenz oder neuer Gentechnik auf eine größere Ebene beziehen«.[177]

Doch sein Studium führt ihn nicht direkt in die Politik, obwohl er sich auf verschiedenen Ebenen gesellschaftlich und politisch engagiert hat. Habeck ist Schülersprecher gewesen, er hat eine Polit-AG gegründet, für die Schülerzeitung geschrieben; er hat auf der Bühne gestanden, in der Theater-AG in der Schule, in der Theater-AG im Studium in Freiburg; er engagiert sich politisch in Bürgerinitiativen und Studentenausschüssen, denkt politisch, denkt gesellschaftlich, verweigert den Wehrdienst, leistet, bevor er sein Studium aufnimmt, Zivildienst in einem Spastikerverein – und doch entscheidet er sich für ein Familienleben in einer dörflichen Idylle. Seine Lebensliebe Andrea Paluch und er vollenden im selben Jahr ihre Dissertation in Hamburg, sie sind Anfang dreißig. Es folgen rund zehn Jahre gemeinsame Elternzeit und eine Existenz mit dem Kindergeld für vier Söhne und den Honoraren aus gemeinsamer Schriftstellertätigkeit.

Sein Traum ist die Arbeit als Schriftsteller. Schreibend etwas über seine Zeit aussagen und gesellschaftlich etwas bewegen. Mit Anfang zwanzig hat er neben seinem Debütroman *Traumblind* weitere Versuche veröffentlicht, einen Gedichtband, Märchen, Kindergeschichten. Mit zweiunddreißig geht er in die Politik, ehrenamtlich zunächst, mit einer geringen Aufwandsentschädigung. Mit vierzig dann hauptberuflich, zunächst als Fraktionsvorsitzender im Kieler Landtag und seit 2012 als stellvertretender Ministerpräsident und Landwirtschaftsminister in Schleswig-Holstein. Er ist also kein typischer Berufspolitiker, der nie in einem anderen Beruf gearbeitet hat.

Rührt daher Habecks ungebundene Gebundenheit? Sein Freiheitsdrang und seine Eigenwilligkeit im Politgeschäft? Sein kritischer Blick in einen Betrieb, der oft um sich selbst zu kreisen scheint? »Ich war immer Klassensprecher«, fasst Habeck zusammen, »ich war Schülersprecher, ich hab die Selbstorganisation der Zivildienstleistenden gegründet, ich war in den Asten in der Uni, ich habe mich immer um die Sachen gekümmert, die ich gerade gelebt habe – und bin nicht in eine Partei eingetreten.«[178] Er sei also »immer hochpolitisch« gewesen, so wie Millionen andere Menschen auch, spielt er sein Engagement gleich wieder herunter. Im Geschichtsunterricht habe er Lektionen über attische Demokratie oder römische Republik immer darauf bezogen, »wie organisiert man heute Demokratie«.

Sein politisches Denken und seine politischen Aktivitäten beginnen nach dem GAU im Atomkraftwerk von Tschernobyl im April 1986. Da ist Habeck sechzehn. Aber er schreckt davor zurück, sich parteipolitisch zu engagieren, weil er befürchtet, sich einer Ideologie, einer bestimmten Weltanschauung unterordnen zu müssen. »Das war für mich und meinen Freundeskreis irgendwie befremdlich, ein bisschen spießig, miefig, vorgekaut«,[179] schreibt er und spielt damit auf die *Generation Golf* an, die Florian Illies beschrieben hat: unbeschwert in den Tag hinein leben, Bequemlichkeit und Konsum genießen, möglichst sorgenfrei leben, eigene Erfahrungen machen, sich ausprobieren.

In Freiburg trifft Habeck Andrea Paluch, sie heiraten und bekommen vier Söhne. Ein Lebensweg, der für den Freundeskreis befremdlich wirkt. So früh sich binden, mit Mitte zwanzig? So früh Kinder in die Welt setzen, in diese Welt, die so bedrohlich, so beängstigend scheint seit der Explosion in Tschernobyl? Ja, so früh binden sie sich und leben dann lange gemeinsame Jahre in Hamburg, Lüneburg, Großenwiehe, Flensburg.

# »Wenn man achtzehn oder neunzehn ist«

## Der Zivildienstleistende

Er könne nicht töten, habe er in seinen Antrag auf Verweigerung, »Dienst an der Waffe« zu leisten, geschrieben. »Ich weiß gar nicht, ob das stimmt«, schränkt Habeck in seinem *Patriotismus*-Buch von 2010 ein. Am stärksten sei sein Widerwille gewesen, Befehlen gehorchen zu müssen. Die Männergesellschaft mit »Pornogucken und Biersaufen« schreckt ihn ab. Er hat keine Lust, sinnlose Aufgaben erfüllen zu müssen oder sich von Uniformträgern anbrüllen zu lassen. »Außerdem hasste ich Uniformität jeder Art. Genau sie aber ist der zentrale, patriotische Gedanke der Wehrpflicht.«[180] Seine Verweigerung habe er »mit dem Kalten Krieg begründet«.[181]

»Ich hatte, ehrlich gesagt, damals keine besondere Lust auf den Zivildienst«, erinnert sich Habeck in seinem Blog. »Aber ich hatte noch weniger Lust, zur Bundeswehr zu gehen. Zusammen mit zwei anderen betreute ich in Hamburg-Bergedorf acht Menschen, die schwerst- und mehrfachbehindert zugleich waren. Ich habe damals Körper eingecremt, wie ich nie wieder welche gesehen habe. Und ich habe so viel Körperexkremente abgewischt und abgeduscht, dass ich mir fünf Jahre später, als ich Vater wurde und wieder Windeln wechseln musste, vorkam wie im Paradies.«[182]

In seinem ersten Roman *Traumblind*, 1990 veröffentlicht, also kurz nach Antritt des Zivildiensts, findet sich eine Passage, die an Tucholskys »Soldaten sind Mörder« erinnert. Die Abiturientin Sabeth kommt mit ihrem Freund Ole in Frankreich an einem Kriegsdenkmal vorbei. Sie vertieft sich in die Gedenktafeln und die Namen französischer Soldaten, sie studiert Todesdaten, blickt auf Fotos von Leichen. Blutjunge Soldaten gaben ihr Leben für einen sinnlosen Krieg. Jeder gegen jeden, lautet die Parole, entweder du oder ich, nur das Überleben zählt im Krieg. Sabeth trägt in ihr Tagebuch ein: »Welch Wahnsinn, welch Irrsinn! Welches Morden! Welche Gewalt! Keiner wollte sterben, alle wollten leben. Ich glaube nicht, daß es einen großen Unterschied zwischen gemeinem Mord und dem Töten im Krieg gibt. Oder doch: Im Krieg mordest du auf Kommando, bist für dein Tun nicht zu verantworten. Soldaten im Krieg sind nichts als Instrumente zur Lebensvernichtung.«[183]

1989/90, also zu jener Zeit, als Habeck seinen Roman schreibt und veröffentlicht, wird Tucholskys Wort immer noch heftig debattiert in der Bundesrepublik. Die Gemüter erhitzen sich, Juristen beschäftigen sich mit dem Satz, Gerichte fällen mal diese, mal jene Verfügung, es wird demonstriert, die Presse berichtet ausführlich. »Kaum ein Schriftstellerwort hat so massive Reaktionen ausgelöst«, heißt es im Vorwort einer Dokumentation, »kaum ein Satz hat je eine solche Wirkung gehabt.« 1989 sei »der erste Höhepunkt in der öffentlichen Auseinandersetzung erreicht« worden.[184] Möglich, dass Habecks Gedanken eine Reaktion auf die Debatten jener Zeit sind.

Welche Bedeutung Tucholsky für Habeck hat, deutet er in seiner politischen Autobiografie an, und er zitiert ihn mit den Sätzen: »Es gibt einen Organismus, Mensch geheißen, und auf den kommt es an. Und ob der glücklich ist, das ist die Frage. Dass er frei ist, das ist das Ziel. Es kommt nicht darauf an, dass der Staat lebe, es kommt darauf an, dass der Mensch lebe!«[185] Und er lässt dem Tucholsky-Zitat die Sätze folgen: »Das entspricht dem, was ich empfunden habe, als damals Tschernobyl in die Luft flog, nur konnte ich es nicht so schön formulieren. Das war der Antrieb, mich überhaupt politisch zu engagieren. Das ist die Anforderung, sich nicht zurückzuziehen.«[186]

Also Zivildienst in einem Wohnheim mit Schwerstbehinderten, 1989/90, achtzehn Monate lang; einen Tag vor seinem zwanzigsten Geburtstag, am 1. September 1989, tritt er die Arbeit an. »Wenn man da achtzehn oder neunzehn ist«, sagt Habeck in der Talkshow »Kölner Treff«, und er macht sich damit etwas jünger, als er in Wirklichkeit war, »kennt man ja nackte Körper, die auch nur achtzehn oder neunzehn sind.« Intakte Körper, gesunde Körper, ansehnliche Körper. »Ich hab da Körper gesehen wie nie wieder. Und da auch Sachen gemacht, die ich jetzt hier nicht erzählen möchte. Jede Form von Grenze wurde da überschritten durch den Dienst. Und es war dadurch total intim natürlich und total einnehmend und prägend.« Habeck hält inne, sucht nach Formulierungen, denkt über die Wirkung dieser Zivildienstzeit für sein späteres Leben nach und kommt zu dem Resultat: »Das hat eine Empathie geschaffen zu diesen Menschen – nach anderthalb Jahren waren das Freunde!« Und er lässt ein Plädoyer für Alten- und Krankenpfleger folgen, schließlich kann er die schwere Arbeit aus eigener Erfahrung einschätzen. »Was ich nur nicht verstehe, ist, warum wir alle«, er blickt in die Runde, »wahrscheinlich einigermaßen anständig verdienen, und die Pfleger und Pflegerinnen so wenig. Da ist doch was kaputt in der Gesellschaft eigentlich.« Das Publikum und die Talkrunde am Tisch applaudieren stark und anhaltend.[187]

»Die Scheiße von anderen« ist ein Kapitel in seiner politischen Autobiografie überschrieben. Darin stehen jene Sätze, die er auch in seinem Blog veröffentlicht. Und er fügt hinzu, es sollte zum Leben dazugehören, »schon einmal Scheiße an den Händen gehabt zu haben, die nicht seine eigene ist«.[188] Knochenarbeit sei das gewesen, schreibt er in seinem *Patriotismus*-Buch. Um vier Uhr dreißig klingelt der Wecker, die Bewohner müssen geweckt werden, er macht sie startklar für die Werkstatt, hilft, die Rollstuhlfahrer in den Bus zu bringen. Der Dienst habe ihm genützt, schreibt Habeck, er habe gelernt, was das heißt: verantwortlich sein, das Leiden aus nächster Nähe erfahren, helfen können, begleiten, betreuen. Er »habe hohen Respekt vor allen, die heute ein freiwilliges soziales oder ökologisches Jahr leisten«.[189] Dienst am Gemeinwohl könne zu Identifikation und Solidarität beitragen und »aus Jungen moderne Männer« machen, »aus Frauen keine Karrieretussen und aus Machos und Angebern vielleicht nachdenklichere Menschen mit Gespür für die Bedürfnisse anderer«.[190]

Auch in seinen literarischen Büchern gibt es Hinweise auf seine Hamburger Zeit im Zivildienst. Eine Behinderten-Wohngruppe wird in dem Roman von 2001, *Hauke Haiens Tod*, erwähnt, »ein Zivildienstleistender mit gepiercter Lippe schob ihm eine Frau im Rollstuhl in die Arme, die gerade dabei war, sich ein Hörnchen unzerkaut in den Mund zu pressen«.[191] Im autobiografisch gefärbten Liebesroman von 2005, *Der Tag, an dem ich meinen toten Mann traf*, erwähnt die Ich-Erzählerin einen Freund, der »vor fast zwanzig Jahren (...) in Hamburg Zivildienst machte«.[192] Und im Jugendroman von 2006, *Zwei Wege in den Sommer*, wird die Debatte unter Jugendlichen über Wehrdienst oder Ersatzdienst angesprochen, und der 18-jährige Ich-Erzähler Max denkt zufrieden darüber nach, was es ihm bedeutet hat, »den Pappkameraden im Kreiswehrersatzamt mitzuteilen, wie sehr ich nicht bereit war, für mein Land zu sterben«.[193]

»Die meisten verweigerten«, fasst Habecks Schulfreund Kristian Dittmann die Stimmung in ihrem Jahrgang zusammen, »nur einer ging zum Bund. Dieser ganze Kommiss, dieses Militärische und: Was? Nur Männer? Seid ihr alle? Ich soll in so eine stinkige Kaserne? Nee!« Pazifismus also. Das Konzept »Soziale Verteidigung« ist ein Thema für ihre Generation, gewaltloser Widerstand, Prager Frühling, 1968. »Robert schleppte das auch an. Aha, man kann sich verteidigen ohne Panzer? Ja! Indem du Straßenschilder abschraubst, indem du den Soldaten Blümchen umbindest, indem du die Moral der Truppe unterwanderst und Ähnliches.« Sie seien eine friedfertige Generation, »wir wollen gar nicht mehr pöbeln«. Diese Kämpfe sind von anderen vor ihnen ausgefochten worden. Und Landesgrenzen verteidigen? »Absurde Nummer! Robert hätte früher gesagt, warum soll ich denn hier die Grenze schützen? Wogegen denn? Dass der Russe kommt? Dann lade ihn doch ein! Ja, dann klaut der Russe aber. Na, dann klaut er eben, aber wir müssen ja miteinander reden. Ein Europa der Regionen ist doch viel geiler als Schlagbäume und Grenzkontrollen. Wir waren diese Interrail-Jugendlichen. Und es machte halt enormen Spaß, sich in Europa auszukennen. Das war unser Lebensgefühl.«

Der Wunsch nach Freiheit überwog alles – und der Zivildienst sei die letzte Pflicht gewesen. »Bei uns hieß es: Gibt es ein Leben vor dem Tod? Was kommt jetzt? Wir waren ja zunächst noch im Zivildienst, die Mädchen waren schon weiter, aber dann hieß es: Betriebswirtschaft? Bist du alle? Jura! Was willst du denn damit? Leben! Wir müssen mal raus hier!« Er habe seinen

Zivildienst in einem Krankenhaus gemacht, er habe auch Menschen sterben sehen, »das prägt«, sagt Dittmann. »Die Auseinandersetzung mit dem Tod beziehungsweise dem Sterben war für uns kein Tabu.«[194]

In einem Interview in der Wochenzeitung *Die Zeit* erwähnt Habeck zwar einen Vorbereitungskurs für den Zivildienst. Doch auf die Realität, auf den Alltag im »Hamburger Spastikerverein« konnte der nicht wirklich vorbereiten. »Ich wurde nach zwei Tagen zum ersten Mal für die Nachtschicht eingeteilt und war mit den Bewohnern allein. Das war die bisher größte Herausforderung in meinem Leben. Ich bezweifle seitdem, dass es gut ist, sein Leben durchzukeulen, Abitur zu machen, zu studieren, einen Beruf zu ergreifen und schon mit 24 ein gutes Einkommen zu haben. Alles dem Maßstab der Verwertbarkeit zu unterwerfen, finde ich fürchterlich. Es ist wichtig, dass man sich Zeit nimmt, das Leben auch in seinen Abgründen mitzubekommen. Also lasst euch nicht hetzen, Leute!«[195]

1989/90 ist auch in Hamburg eine politisch hitzige, aufgeladene Zeit. Autonome und Anwohner im Schanzenviertel haben das ehemalige »Concerthaus Flora« besetzt, verteidigen es über die Jahre, ohne Miet- oder Kaufvertrag, gegen jede staatliche oder spekulative Übernahme und bauen es zu einer »linksautonomen Trutzburg«[196] aus, in der Konzerte, Partys und politische Veranstaltungen stattfinden. Für Habeck eine beliebte Adresse in dieser Zeit, »ich hing da manchmal mit meinen Mitzivis rum«, schreibt er in seinem Blog.[197] Einer seiner Bekannten aus Freiburg spricht von seiner »Punkphase«,[198] seine Mitschülerin Janne Prinz nennt den Slogan »Macht kaputt, was euch kaputt macht« aus dem Song von Rio Reisers Anarchoband »Ton, Steine, Scherben« als prägendes Motiv, also »das große Ganze verändern, aber nicht auf dem parteipolitischen Weg«.[199]

»Es ist immer die Frage, ob man das Richtige im Falschen leben kann«, antwortet der Aktivist und Sprecher der »Roten Flora«, Andreas Blechschmidt, in einem Interview mit der *taz*. »Aber indem wir – unter anderem – keine Verträge mit der Stadt abschließen, zeigen wir zumindest, dass wir keinen Frieden mit den Verhältnissen schließen. Nicht den Weg vom Straßenkämpfer zum Außenminister gehen.«[200] Andreas Blechschmidt ist so »legendär wie umstritten«, heißt es in einem Text der Wochenzeitung *Der Freitag*. Blechschmidt verweist auf eine Protestbewegung, die seit vierzig Jahren »klare Kante« zeigt: »Wir distanzieren uns nicht im Grundsatz von militanten Aktionsformen und auch nicht von bewußten Regelübertretungen«. Das sei in der Geschichte der Protestbewegung ein Mittel der 68er Studentenbewegung gewesen, das sei auch ein politisches Mittel der Anti-AKW-Bewegung der 70er-Jahre, »mit dem Ziel des Ausstiegs aus der Atomkraft«. Und die Wochenzeitung *Die Zeit* habe »erst letztens« die militante Hausbesetzer-Bewegung der 80er-Jahre »geadelt«, weil »einer überhitzten Stadtteilpolitik damals auch ein wichtiger Riegel vorgeschoben wurde«.[201]

In Habecks Büchern finden sich zu diesen Protesten einige Hinweise. Der Jugendroman von 2007, *Unter dem Gully liegt das Meer*, ist im anarchistischen, linksradikalen, autonomen Milieu angesiedelt und spiegelt die Proteste gegen den G8-Gipfel in Heiligendamm wider. Von Rasterfahndung ist die Rede, von der Hamburger Hafenstraße und Berlin als »Hausbesetzereldorado«,[202] von Straßenkrawallen, von der »Abscheu vor dem Zustand der Welt« und dem »Gefühl der Schuld«,[203] vom »Kesseltreiben« der Polizei[204] und vom »großen Selbstversuch Leben«.[205]

Revolutionsromantik? Habeck liebäugelt in jener Zeit damit. In einem frühen Artikel über den Politiker Habeck findet sich in den *Kieler Nachrichten* ein Hinweis: »Sein Weg führt ihn zunächst in Hamburgs autonome Szene.«[206] Nur dieser eine Satz, mehr steht dazu nicht. Als Habeck schon Bundesvorsitzender der Grünen ist, weicht er, angesprochen auf diese Zeit, der Reporterin der *Süddeutschen Zeitung* aus. »›Kann mich nicht erinnern‹, sagt er und lacht. Kunstpause. ›Wenn man jung war und politisch links, dann war man halt auf Demos und für die Flora‹, sagt er dann. ›Das war vielleicht interessiertes Mitläufertum.‹«[207]

Ob Habeck von einem anarchistischen Impuls angetrieben sei, geprägt in früher Zeit, will ich von Anke Erdmann wissen, seiner ehemaligen Staatssekretärin. »Ja, klar«, antwortet sie spontan, »ich glaube schon.« Doch dann weicht sie aus und verliert sich in Überlegungen zu einem tief verwurzelten »Anti-Establishment-Gefühl« der Grünen und Habecks Widerständen gegen Hierarchien.[208] »Deswegen bin ich jedenfalls mal in die Grünen eingetreten«, schreibt Habeck in seiner politischen Autobiografie, »um herauszufinden und zu erproben, ob Politik auch anders sein kann.« Überraschend nämlich, geradlinig, widerständig und mit dem Versuch, »ein gewisses plebejisches Element wieder zu ihrem zu machen«.[209]

Joscha Zmarzlik hat einst, Anfang der 1990er-Jahre, mit Habeck in Freiburg studiert, er belegt mit ihm zusammen ein Seminar über Robert Walser. Habeck habe seinerzeit nicht an eine »Reformfähigkeit des Systems« geglaubt, erinnert sich Zmarzlik. Er selbst engagiert sich in einer Bürgerinitiative gegen eine vierspurige Transitstraße in Freiburg. Habeck hingegen habe sich »aus den Niederungen der praktischen Politik« herausgehalten und lieber theoretisiert, über Foucault, Derrida, Lacan debattiert, poststrukturalistische Systemtheorie gewälzt.[210] »Der Poststrukturalismus ist das Theoriegebilde zur Generation Golf«, sagt Habeck in einem Interview im April 2010, als sein *Patriotismus*-Buch gerade veröffentlicht ist.[211] »So habe auch ich lesen gelernt. Es gibt keinen Wahrheitskern, alles ist symbolisch. Das streite ich intellektuell auch nicht ab. Das Außen bestimmt den Kern, anders kann man soziale Wahrheit nicht erläutern.« Das bedeute aber nicht, fügt er hinzu, dass wir keinen Kern benötigten. Es gebe richtig und falsch, »wir entscheiden darüber und jetzt holen wir uns eine gute Erzählung zurück«. Und er meint »nicht die deutschnationale, sondern eine gute linksliberale von Heinrich Heine über Tucholsky bis 68«.[212]

»Brillant versponnen« habe er ihn als Student in Erinnerung, sagt Zmarzlik, »im politischen Sinne aber relativ weltabgewandt und unkonkret«. Motto: Wenn Wahlen was ändern würden, wären sie verboten. »Interessant ist«, schreibt Zmarzlik, »dass aus dieser Verpuppung der Schmetterling des reform- und praxisorientierten Politikers hervorgegangen« ist.[213]

Kreativ, witzig und spielerisch gibt sich Habeck im Dezember 2011. Er ist damals Spitzenkandidat der Grünen in Schleswig-Holstein, im Mai 2012 wird es zu Neuwahlen kommen. Auf YouTube und Facebook wirbt er für sich, lässt jeden Tag ein Adventstürchen öffnen und stellt in einem kurzen Video ein Zitat vor. Dann fragt er seine Zuschauer, von wem dieses Zitat stamme. Am folgenden Tag gibt er jeweils die Auflösung. Eine gewitzte Idee, an verschiedenen Orten in Kiel ins Bild gesetzt, mit schauspielerischen Einlagen des Protagonisten. Habeck gibt sich locker, munter, entspannt. Es macht ihm sichtlich Spaß, Darstellung und jeweilige Auflösung drücken Hintersinn und Ironie aus, sein geistiger Horizont wird kenntlich, politische, gesellschaftliche und auch anarchistische Impulse blitzen auf.

Im dritten Adventstürchen stellt Habeck folgendes Zitat in den Raum: »Das kapitalistische Wirtschaftssystem ist den staatlichen und sozialen Lebensinteressen des deutschen Volkes nicht gerecht geworden. Eine Neuordnung von Grund auf ist geboten.« Wer hat's gesagt?, fragt Habeck seine Zuschauer, »KPD? Liebknecht? Wagenknecht?«[214] Das Zitat stammt »aus dem Ahlener Programm der CDU von 1947«, löst er die Fragen am nächsten Tag auf. Die Kamera schwenkt auf das Parteischild des Landesverbandes der CDU. Landesvorsitzender ist damals Jost de Jager, Landesgeschäftsführer Daniel Günther, der spätere CDU-Ministerpräsident.[215]

Im verregneten Kiel stellt Habeck das nächste Zitat vor: »Neun Monate Winter und drei Monate keinen Sommer – und das nennen die Deutschen Vaterland.«[216] Ein Zitat von Napoleon Bonaparte. Für das fünfte Türchen stellt sich Habeck im leeren Kieler Plenarsaal hinter das Rednerpult, legt einen Packen Papier darauf, den er für seine frei gehaltenen Reden ja gar nicht benötigt, lässt das Pult auf Knopfdruck hochfahren, spricht die nicht anwesenden Abgeordneten sowie den Landtagspräsidenten an und stellt dann das nächste Zitat vor, ein Bonmot zur Realpolitik: »Wenn man sagt, dass man einer Sache grundsätzlich zustimmt, so bedeutet es, dass man nicht die geringste Absicht hat, sie in der Praxis durchzuführen.«[217] Auflösung: Otto von Bismarck.

Am nächsten Tag steht Habeck vor einem Zeltlager in der Kieler Innenstadt. Die Kamera schwenkt über Transparente, Protestschilder, Plakate mit Aufschriften wie »Geld regiert die Welt, doch wer regiert das Geld?«, »Occupy Kiel«, »Trau dich« oder: »Das System ist das Problem«. Dann stellt er ein weiteres Zitat vor: »Was die Weltwirtschaft angeht, so ist sie verflochten. (…) Jede Wirtschaft beruht auf dem Kreditsystem, das heißt auf der irrtümlichen Annahme, der andre werde gepumptes Geld zurückzahlen. Tut er das nicht, so erfolgt eine sogenannte

›Stützungsaktion‹, bei der alle, bis auf den Staat, gut verdienen. Solche Pleite erkennt man daran, dass die Bevölkerung aufgefordert wird, Vertrauen zu haben. Weiter hat sie ja dann auch meist nichts mehr.«[218] Wer könnte das gesagt haben? Vielleicht Peer Steinbrück, der den Bürgerinnen und Bürgern gemeinsam mit Angela Merkel im Oktober 2008 versprach, dass ihre Spareinlagen sicher seien? Nein, es war Kurt Tucholsky, und zwar 1931 in einem Aufsatz über die Nationalökonomie, klärt Habeck am nächsten Tag auf.

»In der ganzen Naturgeschichte kenne ich kein ekelhafteres Lebewesen als die Sozialdemokratische Partei«, lautet das Zitat im zehnten Türchen des Adventskalenders.[219] Gesagt hat das: Gustav Landauer 1903. Der Anarchist wurde 1919 nach der gewaltsamen Niederschlagung der Münchner Räterepublik von Freikorps ermordet.

Habeck kennt sich in der anarchistischen Literatur aus. Auch Erich Mühsam, ein Mitstreiter in der Münchner Rebellion von 1919, hat er gelesen. Im Juni 2003 – Habeck ist seit einem Jahr Mitglied der Grünen – bespricht er in der *Welt am Sonntag* eine Werkausgabe mit den Schriften des Anarchisten. »Mühsam hat sich wie vielleicht außer ihm nur noch Bertolt Brecht äußerlich zu dem Bürgerschreck stilisiert, als der er der Gegenwart und Nachwelt erscheinen wollte«, schreibt er. »Tatsächlich aber und trotz eines in jeder Hinsicht radikalen Lebens sind Mühsams Motive für seinen linksrevolutionären Anarchismus im Kern bürgerliche Sehnsüchte des achtzehnten und neunzehnten Jahrhunderts.« Habeck bezeichnet Mühsam als »einen Romantiker, der dem ›Taugenichts‹ Joseph von Eichendorffs entstiegen sein könnte« und zitiert ihn mit dem Satz: »Ich suche meine Gefühle, die mir Wahrheit sind, in das Gefühl des Nebenmenschen zu verpflanzen.« Habeck kommentiert: »Das ist so naiv wie radikal.« Das Verdienst der vorliegenden Auswahl von Mühsams Schriften sei es, den »zentralen Antrieb von Mühsams Anarchismus« zu verdeutlichen: »das Bedürfnis eines Individuums nach möglichst freier Selbstbestimmung«.[220]

Im Spätsommer 2016 befindet sich Habeck im Zwiespalt zwischen seinen Überzeugungen und seinem Amt als Minister von Schleswig-Holstein. Im Dienstwagen lässt er sich zur »Roten Flora« in Hamburg fahren. Er ist dort zum 99. *taz*-Salon eingeladen, soll mit Olaf Scholz debattieren. »Bizarr« empfindet er die Situation, wie er »aus dem fetten, überlangen Audi« aussteigt, er ist verunsichert, schämt sich beinahe für seinen Auftritt – »es ist ein krasser Moment der Ungleichzeitigkeit«.

Als er seinen Zivildienst antrat, war das Gebäude »gerade frisch besetzt«, erinnert sich Habeck an den »Freiraum« mitten in der Stadt. »Und der Schlitten, dem ich an diesem *taz*-Abend zur Diskussion mit Hamburgs Erstem Bürgermeister Olaf Scholz entstieg, stand 25 Jahre vorher für alles, was damals abzulehnen war: für das Establishment. Für die Uneigentlichkeit von Politik. Für Macht und Unverständnis. Und all das sollte jetzt ich verkörpern? Hier, vor der Roten Flora? Habe ich meine Jugend und meine Ideale verraten? Von außen passte nichts zusammen. Das Seltsame ist aber, dass ich mich selbst an diesem Abend gar nicht anders fühlte als damals. Es war, als würde man ein Buch wiederlesen, das einen mit achtzehn umgehauen hat. Und jetzt sieht man all die damaligen Anstreichungen und Unterkringelungen und auf einmal laufen zwei Zeiten parallel zueinander. Man trifft jemanden aus der Vergangenheit, der man einmal war. Und man spürt, dass man nicht der geworden wäre, der man ist, ohne diese Vergangenheit.«[221]

In einem Bericht der Tageszeitung *Die Welt* wird Habeck damals als Politiker bezeichnet, »der das Amt des Vizekanzlers ganz unverhohlen anstrebt. Habeck kämpft derzeit mit seinem Parteichef Cem Özdemir und dem Bundestagsfraktionsvorsitzenden Anton Hofreiter um die Spitzenkandidatur für die Bundestagswahl. Danach würde er am liebsten Außenminister werden. Bund statt Land, Berlin statt Kiel oder Hamburg, das ist für Habeck nicht Spielerei, sondern Ambition.«[222] Doch im Februar 2017 unterliegt er Özdemir schließlich knapp in einer Urwahl und bleibt zunächst weiter Minister in Schleswig-Holstein.[223] Seinen Eintrag im Blog von 2016 lässt Habeck mit den Worten enden: »Heute bin ich froh, dass ich wenigstens knapp zwei Jahre in meinem Leben Menschen konkret geholfen habe. Ich versinke seitdem jedesmal vor Scham, wenn jemand meinen derzeitigen Beruf als besonders verantwortungsvoll bezeichnet.«[224]

# »Die Welt umarmen«

## Der Liebende

»Wie grün ist die Liebe?«, lautet die Überschrift 2014 im Umweltmagazin der *taz*, zeo2. Und: »Warum hält Ihre Beziehung?« Die Fragen gehen an beide, an Robert Habeck und an seine Frau Andrea Paluch. Wer denn die Heizung abdrehe, fragt der Interviewer, wer »der größere Öko« sei, wer einkaufe und wie es womöglich krache, möchte der Journalist wissen. Ja, und der Dienstwagen von Minister Habeck? Eine einzige Dreckschleuder? Wo bliebe der »Öko« im Amt?

»Ich hatte ihn auf Krawall gebürstet«, antwortet Andrea Paluch, »und er ist dann ganz mutig zu seinem Fahrer gegangen und hat gesagt: Diese Autos gehen ab jetzt nicht mehr.« Fortan sei er im »grünsten dieser Dienstwagen« unterwegs gewesen. Lieber nehme er allerdings den Zug, ergänzt Habeck, »aber noch lieber sehe ich meine Familie«. Zwänge eines Ministers in Schleswig-Holstein in den Jahren 2012 bis 2018. »Er ist ein Sehnsuchtstyp«, sagt Paluch, »er muss nach Hause kommen. Nicht, weil wir das unbedingt wollen, sondern weil er das braucht.«

Liebe und Sehnsucht. »Ich habe mich in Andrea verliebt«, sagt Habeck, »weil sie Freiheit als Lebensmotto verkörpert. Andrea hat alles in Frage gestellt, nicht nur den Stundenplan der Uni und den Alltag, sondern alle Konventionen.« Gelebtes Glück sei das, fügt Habeck hinzu, »Dinge nicht so zu machen, wie man sie immer gemacht hat«.[225]

Habeck kommt von der Ostseeküste, Paluch aus Hannover. Im Süden der Republik begegnen sie sich, in Freiburg. Er studiert an der Albert-Ludwigs-Universität Philosophie, Germanistik und Philologie, sie Literaturwissenschaft, Linguistik und Englische Philologie. Freiburg ist ein kurzes Intermezzo für beide. Anfreunden können sich die Norddeutschen mit dieser Stadt nicht. »In Freiburg war eine sehr konservative Universität«, erzählt Habeck im dänischen Fernsehen, »sehr autoritär geführt. Die Professoren hat man eigentlich als kleiner Student gar nicht gesehen. Man musste immer ›Bitte‹ sagen und aufgucken. Auch die Lernmethode war sehr konservativ: Die Professoren haben geredet, man musste mitschreiben, zusammenfassen, abgeben, so ungefähr. Also der klassische Frontalunterricht.«[226]

Nach einem Jahr in Freiburg ziehen sie zurück in den Norden. In einer ihrer Kolumnen schreibt Andrea Paluch über die kurze Zeit in Freiburg: »Das hatte viel Gutes. Es war dicht an Europas Süden. Frankreich in Radtournähe, die Toskana nur eine Mitfahrgelegenheit von der Mensa entfernt und die Schweiz vor der Haustür. Außerdem gab es dort nette Jungs, einen von ihnen habe ich behalten. Und es gab eingebildete Professoren, wie sonst vielleicht kaum mehr in der deutschen Republik. Die Schlimmsten waren die Schüler des Philosophen Martin Heidegger.«[227]

Er fällt ihr beim Tanzen auf – obwohl er doch eigentlich unmusikalisch ist. Sie beeindruckt ihn mit ihrer Unabhängigkeit und ihrem Ungebundensein. Er ist der Typ, der mit offenen Armen und offenem Blick durch die Welt zieht. In der Fernsehplauderrunde »Kölner Treff« ist im Februar 2019 ein Foto des jungen Robert Habeck zu sehen: schlabbriges dunkles T-Shirt, helle Hose, strohblonde Haare, Halskette. Die Moderatorin Bettina Böttinger fragt, wie dieser junge Mann, damals vielleicht achtzehn, neunzehn Jahre alt, tickte und was er von der Welt wollte. »Alles«, antwortet Habeck spontan. Und fügt dann hinzu: »Aber nichts, das man sich kaufen konnte. Aber die Welt umarmen, in ihrer vollen Breite.«

In einer Theater-AG hätten sie sich in Freiburg getroffen, erzählt er, sie seien ins Gespräch gekommen, hätten sich über ihre norddeutsche Herkunft und ihre Gefühle in der Fremde ausgetauscht. Und dann seien sie auf eine verwegene Idee für die Sommerferien gekommen: »Wir haben uns im Grunde verabredet: Wer zuerst nach Italien fährt, muss dem andern Bescheid sagen, und der muss dann auch mitkommen.« Ihm ging es gerade nicht so gut, er habe sich in einer »Problemphase« befunden und sei mit allerlei abgelenkt oder beschäftigt gewesen, doch plötzlich erhielt er den Anruf: »Ich bin gerade in Luzern, und morgen habe ich eine Mitfahrgelegenheit nach Pisa, um zehn Uhr musst du da sein. So war die Abmachung.«

Im Sommer 1991 muss das gewesen sein. Habeck ist in heller Aufregung. Er will hinterher, aber wie? Viel Zeit hat er nicht, und es sei auch nicht ganz einfach gewesen, von Freiburg zu trampen, erzählt er. Aber so ist nun mal das Lebensgefühl damals, anders geht es nicht. »Es war ja wild«, sagt Habeck, »es sollte ja wild und gefährlich sein.« Also nach Luzern trampen. An die Autobahn stellen. »Das klappte überhaupt nicht«, erzählt er. Drei Stunden an der Autobahn, nichts tut sich. Die Zeit rast davon. Hin zum Bahnhof, aber der Zug nach Luzern ist gerade weg.

Also zurück zur Autobahn. Die Hoffnung schwindet von Minute zu Minute, doch dann, als es schon fast zu spät ist, »hielt ein Cabrio an, und zwei junge Frauen haben mich nach Luzern gefahren«. Er findet den Treffpunkt, fährt mit Andrea weiter nach Pisa. Sie hat ihre Querflöte dabei, macht Straßenmusik, spielt vor dem Dom in Pisa, und das Kleingeld der Passanten sitzt locker. »Dann haben wir das Geld abends versoffen und aufgegessen. Und als dann die Frage kam, was machen wir, wenn der Alkohol alle ist, war doch klar, dass wir zusammenbleiben müssten.«[228]

In *Wer wagt, beginnt* beschreibt Habeck den Beginn ihrer Liebe ganz ähnlich. Die Theatergruppe habe er einst initiiert, mit einem Zettel am Schwarzen Brett, »ein Jahr später führten wir Dürrenmatts ›Panne‹ auf«. Er spricht von einer »Mutprobe« und meint damit die Abmachung mit Andrea. Etwas anders erzählt er im Buch über die wilde Fahrt und das Hoffen und Bangen, doch das Happy End klingt so strahlend und eins mit sich, wie er es in der Talkshow angedeutet hat: »Als ich ankam, stand ein alter R4 vor dem Haus, Andrea grinste mich an und sagte: ›Oh, hey, wir wollten gerade los.‹ Und dann fuhren wir nach Pisa, trampten nach Siena und Volterra, tagsüber spielte Andrea Querflöte vor alten Marmordomen, um den Wein des Abends zu finanzieren, nachts schliefen wir in Plantagen außerhalb der Städte. Und irgendwie, trotz des Alltags, trotz all der Bürgerlichkeit, Haus, Auto, zwei Katzen und vier Söhnen, die jetzt auch schon einer nach dem anderen erwachsen werden, ist die Freiheit geblieben.«[229]

»Es war superromantisch«, erinnert sich Habeck an die Tage in Italien. Und Andrea Paluch denkt an »einen goldenen Ohrring und ein rotes Halstuch, das gefiel mir. Ich wusste, an dem

Mann führt kein Weg vorbei.«[230] In einer ihrer Kolumnen für die *Kieler Nachrichten* erwähnt Paluch ihre frühen Anfänge als Straßenmusikerin, wie sie mit Schulfreundinnen durch »die Urlaubsbäder an der Nordsee« tingelte. In einem schwarzen Hut mit buntem Band sammelten sie das Geld. Diesen Hut hat sie auch in Italien dabei. Und dann erzählt sie von einem Missverständnis, das in eine Liebeserklärung mündet. Robert habe sie damals, vor dem Antritt der Reise, nach dem Zweck des Hutes gefragt, und sie habe geantwortet: »Mit dem Hut in der Hand kommst du durch das ganze Land!« Eine Lebensweisheit ihrer Großmutter. Als sie dann abends in Pisa, nach der Straßenmusik, beim Abendbrot sitzen, habe sie diese Weisheit stolz wiederholt. Denn schließlich war es ihre Querflöte, die ihnen zu Brot, Wein und Tomaten verhilft. Und plötzlich sind sie im besten philosophischen Streit.

»Mein damaliger Freund und jetziger Mann blickte mich scheel an und wischte sich das Tomatenmesser an der Hose ab. Er war nämlich mit dem gleichen Spruch aufgewachsen. Allerdings mit einer komplett anderen Bedeutung. Hieß er für meinen Mann – und ich befürchte, das ist die richtige Interpretation –: ›Wenn du höflich bist und immer den Hut ziehst, dann ist dir Erfolg und Achtung sicher‹; hieß er für mich: ›Wenn du jemanden um etwas bittest, hilft er dir auch.‹ Wir stritten uns damals ein wenig darüber. ›Lieber Bettler als Spießer‹, sagte ich. Und er sagte, dass er mich genau wegen dieser Haltung liebe.«[231]

Ein Jahr später, 1992, ergreift Habeck die Initiative. Diesmal ist Kopenhagen der Treffpunkt. Paluch nennt es »das Weichenjahr« ihres Lebens. »Vieles, wenn nicht alles, was heute ist, ist damals entstanden.«[232] In einem Podiumsgespräch erzählt Habeck im April 2018 diese Episode genauer. Er zieht von Freiburg nach Kopenhagen, wieder einen Tag vor seinem Geburtstag, am 1. September 1992, und »ich wusste nicht, wohin mit meinem Leben, war das alles richtig mit Kopenhagen?« Allein ist er weitergezogen, Andrea hat er zurückgelassen, Krise. »Ich war jung und Freiburg war toll, aber auch kompliziert«, kurz: Er flieht aus Freiburg, hat ein Erasmus-Stipendium bekommen, einen Studienplatz in Roskilde bei Kopenhagen; Reformuniversität, freies, offenes Klima, ganz anders als an Freiburgs Universität, »da herrschte noch Zucht und Ordnung«.

Kopenhagen soll es sein, nicht Roskilde, denn Kopenhagen ist cool, da wohnt man. Aber freie Wohnungen sind rar. Intensive Wohnungssuche also. Sieben Wohnungen an einem Tag besichtigt, öde Zimmer, Wohnheimzimmer, weit draußen, »alle mehr oder weniger doof«; die letzte aber ist »eine ganz kleine, romantische dänische Wohnung. Mit zwei Kerzen im Fensterbrett und einer weiß gefliesten Dusche und einem alten, abgehobelten Holztisch«. Die Vermieterin will ein halbes Jahr nach Deutschland gehen, Handschlag, fertig. »Und das war so ein fantastischer Moment«, schwärmt Habeck, »das war wie eine Injektion von Endorphinen. Auf einmal ist alles wieder gut. Das war wie ein warmer Glücksstrahl.« Dann ruft er Andrea an, »ich hab grad eine geile Wohnung in Kopenhagen geholt, willst du nicht dazu kommen? Und wir probieren unser Leben gemeinsam zu leben. Und Andrea hat gesagt, ja, das mache ich. Und am nächsten Tag war sie da. Und seitdem sind wir glücklich.«[233]

Andrea Paluch nennt eine ihrer Kolumnen »Winter in Kopenhagen«. Sie erinnert sich an die Wohnung, die ihr Mann im Podiumsgespräch auf der Bühne des Hamburger Schauspielhauses selig als warmen Glücksstrahl bezeichnet hat. »Wir lebten in einer Wohnung mit einfach verglasten Scheiben, die morgens von innen gefroren waren«, schreibt Paluch. »Wenn wir abends noch lasen und für die Uni arbeiteten, hatten wir unsere Mäntel an, und zusätzlich waren wir in Decken gewickelt. Wir wärmten unsere Hände über dem Toaster, damit die Finger beweglich genug waren, um zu schreiben. Immer war es kalt, eisig geradezu. Sonntags gingen wir zu den unsäglichsten Matineen, nur weil die Museen warm waren. Dieser Winter gehört zu Kopenhagen.« Und sie bezeichnet Kopenhagen als »die kälteste Stadt, die ich kenne«.[234]

2014 erscheint in der Frauenzeitschrift *Brigitte* ein fünfseitiges »Beziehungsporträt«. Habeck ist seit zwei Jahren stellvertretender Ministerpräsident und Landwirtschaftsminister in Schleswig-Holstein, doch bundesweit prominent wird er erst drei, vier Jahre später. Das Ehepaar erzählt der Reporterin, was sie am anderen jeweils mögen und schätzen. Habeck benennt ihren »starken inneren Kompass«, ihre »Prinzipientreue«; sie mag seine Dynamik, seine Neugier, seine Überraschungen. »Mir gefällt es, dass wir unser Leben immer wieder infrage stellen«, sagt sie. »In der Tendenz bin ich bei uns eher der Spießer, halte mehr fest. Ohne Robert wäre ich wahrscheinlich viel zwanghafter.«[235]

In einem Video-Quiz der *Kieler Nachrichten*, einem hurtigen Frage-und-Antwort-Spiel, lassen Paluch und Habeck vergnügt ihre Partnerschaft durchleuchten. Die Reihe heißt »Sagen Sie mal …« Rücken an Rücken sitzen die beiden Befragten, sie sollen jeweils mit einem »Ja-« oder einem »Nein-Schild« antworten. Wer den ersten Schritt gemacht habe, lautet die Eingangsfrage. Er hält das »Sie« in die Luft, sie das »Er«. Wer sich besser durchsetzen könne, lautet die zweite Frage. Wieder sind sie gegensätzlicher Meinung. Die Stimmung der beiden steigt, fröhlich und ausgelassen geht es weiter. Und wer ist strenger? Erneut sind sie nicht einer Meinung. Wer könne besser kochen? Sie hält ein rosafarbenes »Ich« hoch, er bestätigt mit einem »Sie«. Wer habe den besseren Musikgeschmack? Einigkeit in der Uneinigkeit: Beide halten ein rosafarbenes »Ich« hoch. Und wer sei »der größere Öko«? Einigkeit: Sie. Längeres Zögern dann bei der Frage, wer nach einem Streit den ersten Schritt mache, schließlich Einigkeit: Er![236]

Seit 2004 ist Habeck Landesvorsitzender der Grünen in Schleswig-Holstein und häufiger politisch unterwegs, hat immer weniger Zeit für die Familie. In ihrem gemeinsamen Roman von 2005, *Der Tag, an dem ich meinen toten Mann traf*, macht das Schriftstellerpaar diese Entwicklung zum Thema. Robert Habeck und Andrea Paluch sind damals Mitte dreißig. Der erste Sohn ist neun, die Zwillinge sind sechs, und der vierte Sohn ist drei. Im Roman heißt die verschwundene Hauptfigur Robert, wie der Autor. Eine ungewöhnliche Entscheidung und sicher auch ein Wagnis. Das Thema: eine Frau auf der Suche nach sich selbst – und nach ihrem verschwundenen, vermutlich toten Mann.

Der Roman spielt sich vor allem im Kopf von Helene, der Ich-Erzählerin, ab. Ihr Mann ist verschollen, aus dem Meer nicht mehr aufgetaucht, aber seine Leiche ist nicht gefunden worden. Helene, nun alleinerziehende Mutter, hat sich irgendwie mit dem Tod abgefunden. Doch dann begegnet sie bei einem Konzert Torben, einem Typ, der ihrem verschwundenen Mann auf verblüffende Weise ähnelt. Helene entwickelt Visionen, Fantasien, sie bekommt Wahnvorstellungen, ist besessen von ihrer verlorenen Vergangenheit, will nicht wahrhaben, dass die Zeit vergangen ist. Ihre Suche wird zur Obsession.

Man kann sagen, dass dieses (später verfilmte) Buch der Liebesroman von Robert Habeck und Andrea Paluch ist. Denn letztlich behaupten sie, dass Liebe nicht vergeht, ja selbst über das Verschwinden eines Partners hinaus Bestand habe. Und es finden sich Sätze und Stimmungen in diesem Roman, die aus dem realen Leben des Schriftstellerpaars stammen könnten. »Alles war richtig. Mareike atmete tief, die Erde war schwer, die Katze lag auf den warmen Steinen und beobachtete mich aus schläfrigen Augen. So war unser Leben. Schlafwandlerisch glücklich. Wenn wir uns das klarmachten, Robert und ich, dann hatten wir Angst, irgendwelche antiken Götter würden uns beobachten und neidisch werden. Selbst daß wir älter wurden und die Zeit rasch verging, erlebten wir als Gemeinsamkeit und konnten es hinnehmen ...«[237]

Der Roman hat wenig von der Beschwingtheit und Fröhlichkeit späterer Jugendbücher, hier ist die Stimmung melancholisch. Es ist ein Buch über das Älterwerden, Trauer über die verlorene Jugend und die Vergänglichkeit, das ewige Sehnen nach Erfüllung. Und wer genau liest und die Hintergründe kennt, wird autobiografische Anklänge an das Leben der beiden Autoren bemerken. Dazu viele Zeilen über die Unerklärlichkeit von Liebe. »Ich habe überlegt, wann ich mich in Robert verliebt habe. Ich habe darüber nachgedacht, wann wir uns zum ersten Mal begegnet waren, wir glaubten ja, uns von irgendwoher zu kennen. Zu fragen, wann Liebe anfängt, ist so, als wollte man festlegen, wann der Regen beginnt. Man sieht einzelne Tropfen auf dem Pflaster, aber sie sind schon lange vorher aus dem Himmel gefallen.«[238]

Ein Motto von Max Frisch ist dem Roman vorangestellt: »Daß ein Leben ein wirkliches Leben gewesen ist, es ist schwer zu sagen, worauf es ankommt. Ich nenne es Wirklichkeit, doch was heißt das! Sie können auch sagen: Daß einer mit sich selbst identisch wird. Andernfalls ist er nie gewesen!«[239]

Im Frühjahr 2012 erscheint *Zwischen den Jahren.* Es ist der erste Roman, den Andrea Paluch allein geschrieben hat. Habeck ist seit 2009 Fraktionsvorsitzender der Grünen in Schleswig-Holstein. Er ist der grüne Spitzenkandidat und wird im Sommer 2012 nach Neuwahlen Minister. *Zwischen den Jahren* ist ein nachdenklicher Roman, der Titel spielt auf die Tage zwischen Weihnachten und Jahreswende an. Jahresendzeitblues, angelehnt an Shakespeares *Twelfth Night*, auf Deutsch: *Was ihr wollt.* Eine Verwechslungskomödie, »in der eine Frau aus Versehen den falschen Mann heiratet«.[240] Die Ich-Figur ist eine Frau, die Bilanz zieht, ihren vierzigsten Geburtstag hat sie gerade hinter sich. Was ist aus den Lebensplänen geworden? Und wie sieht es mit romantischen Ideen aus? Bloße Illusion? Was sollte jetzt noch kommen? Kann überhaupt noch etwas kommen, oder wird alles weitergehen im gewohnten Trott? Die Frau stellt vieles infrage. Sie dichtet dem Ehemann Affären an, geht selbst fremd, um auszubrechen, um sich auszuprobieren, um sich zu revanchieren. Eifersucht ist das Thema, Misstrauen, Entfremdung. Auseinanderlaufen, Vertrauen, Schuld, Scham.

Der Mann im Buch macht Karriere, ist wenig zu Haus, steht in der Öffentlichkeit, wird populär. Kein Politiker wie Habeck, sondern Fernsehmoderator. Einer, der reden kann wie kein anderer, einer, »der den Menschen die Welt erklärt«,[241] attraktiv noch dazu, »plötzlich für viele wichtig«.[242] Kennengelernt hatten sie sich im Studium. Er hatte Gedichte vorgelesen,[243] der Saal war gerammelt voll gewesen, »von Anfang an war er der Selbstdarsteller, als den man ihn heute kennt«.[244]

»Mein Mann war eitel, eitel in einer Weise, die mich beeindruckte. Ein ganz und gar durchschnittlicher Typ machte das, was er machte, mit einer Inbrunst, die ihn von den anderen abhob. Und je mehr er beim Publikum ankam, desto besser wurde er. Man konnte zusehen, wie seine Selbstsicherheit sich entwickelte, sie ihm zugesprochen wurde. Bis heute macht er es so, der Showmaster im doppelten Sinn. Er versuchte mir beizubringen, wie man über Frege redet, ohne ihn verstanden zu haben, wie man Antworten gibt, bei denen es egal ist, ob sie stimmen oder nicht, aber die dadurch, dass sie gegeben werden, Teil der Lösung sind.«[245]

Andrea Paluch lehnt natürlich, wie die meisten Schriftsteller, jegliche Bezüge zwischen ihren Figuren und der eigenen Person ab. »Machen Sie nicht den Fehler, die Autorin des Buches mit dessen Ich-Erzählerin zu identifizieren«, warnt sie den Reporter der Tageszeitung *Die Welt.* Doch Habeck, mitten im Wahlkampf, wirft ein, dass der Roman sehr wohl »unsere Lebenssituation« spiegele, wenn auch nicht im Detail, sondern eher im Groben. »Wie es eben so sei, wenn die Gleise gelegt, die Kinder aus dem Gröbsten raus und die Rollen gut aufgeteilt sind. Wenn Wege wieder auseinanderführen können.« Er sei wohl schon mal zufriedener gewesen mit sich und der Welt, gibt Habeck damals im Gespräch mit dem Journalisten zu. »Das Damals – die Kinder, der Zusammenhalt, das gemeinsame Schreiben – das sei die deutlich ›spektakulärere‹ Zeit gewesen«, sagt er, als er mitten im Wahlkampf als grüner Spitzenkandidat in Schleswig-Holstein steckt, »nicht das Wegsein, Unterwegssein, Verplantsein. Politikersein«.[246]

Im Roman von Andrea Paluch hingegen klingt das Lebensgefühl anders: »… auch wenn wir weniger Zeit miteinander verbrachten, war ich mit meinem Leben nie zufriedener. Vielleicht war ich gerade deshalb zufrieden, weil unsere gemeinsame Zeit knapp wurde. Das zeigte doch, dass das Leben intensiver wurde, dass sich der Erfolg, den wir nie wollten, ausweitete; dass es immer mehr Dinge gab, auf die ich stolz sein konnte, was nie der Plan war.«[247] Sie schreibt über Erfahrungen eines Familienlebens, über Ansichten und Einsichten zu einem Leben mit Kindern, über Generationsfragen, über die Ehe, über die Liebe: »Liebe funktioniert nur, wenn beide auf Unentschieden spielen. Wenn einer gegen den anderen gewinnen will, dann muss man entweder gehen oder kämpfen. Und ich, ich würde nirgendwohin gehen als zurück nach Hause. Ich stapfte auf, als müsste man der Welt in den Hintern treten.«[248]

Doch die Autorin wehrt sich gegen eine Überfrachtung ihres Romans. Es ginge »um eine normale Frau, die gerne normal ist und gerne ein normales Leben führen will«, erklärt Andrea Paluch ihren Roman gegenüber der *taz*.[249] »Dies ist eine Geschichte über mich«, heißt es zu Beginn. »Und sie endet gut«, wird bereits im zweiten Satz verraten. Denn die Liebe hält, das Zutrauen in Leben und Liebe ist nicht zu brechen. Die Geschichte endet mit denselben Sätzen, mit denen sie begonnen hat.[250]

Die Liebe scheint zu halten. Im Oktober 2019 zeigt *Stern View* das Foto des strahlenden Paars auf einer ganzen Seite. Die Kinder gehen ihrer Wege, Habeck ist in der Politik verschwunden, aber er sucht immer wieder die Stille in der Natur und an der Ostsee zum Luftholen. Paluch arbeitet als Dozentin, Lernberaterin und Autorin. Vertreter der Regenbogenpresse sehen sie als Glamourpaar, wollen Interviews und Homestorys, die Anfragen häufen sich. Doch noch geben sich die beiden dafür nicht her. Zu schlau für das Gewerbe, zu zurückhaltend, zu vertraut miteinander. Die Guttenbergs, die Wulffs – abschreckende Beispiele dafür, wie Ehe- und Familiengeschichten für die Öffentlichkeit ausgeschlachtet werden, gibt es genug. Auch wenn Habeck sich ins gleißende Scheinwerferlicht begeben hat und als öffentliche Person schwer Schutz findet in seiner Privatsphäre – noch sind die letzten Dämme nicht gebrochen, noch bleibt die Familie weitgehend geschützt und unbekannt.[251]

# »Wann ist der Mann ein Mann?«

## Der Vater

»Eigentlich sind Väter glückliche Menschen«, lässt Habeck sein Männerbuch 2008 enden, doch die Emanzipation der Frau könnte tatsächlich erst dann vollständig erreicht werden, fügt er hinzu, wenn auch der Mann sich emanzipierte und seine alleinige Versorgerposition hinter sich ließe. Dazu bedürfte es veränderter gesellschaftlicher Bedingungen wie eines Grundeinkommens beispielsweise, das gleichberechtigte Kindererziehung ermöglichen könnte.[252] Der Titel seines aufwendig recherchierten und mit umfangreicher Literaturliste versehenen Buchs lautet: *Verwirrte Väter. Oder: Wann ist der Mann ein Mann.* Ohne Fragezeichen, nach einem Song von Herbert Grönemeyer. Das Buch widmet Habeck seinen vier Söhnen: Jakob, den Zwillingen Anton und Konrad und Oskar – »ohne die ich nicht wäre, der ich bin«, sowie seinem Vater Hermann Habeck, »der das für mich war«.[253]

»Ich schreibe dieses Buch als Vater von vier Söhnen«,[254] stellt er sich vor. Es ist also auch eine Bestandsaufnahme aus eigener Sicht. Habeck veranschaulicht und kritisiert das deutsche Familien- und Steuerrecht, schreibt darüber, wie schwer es ist,

Familie und Arbeit in Einklang zu bringen und beide Partner zufrieden und glücklich zu machen. Viele Väter würden gerne mehr Zeit mit der Familie verbringen, doch es gebe weder genügend Halbtagsbeschäftigungen noch eine Grundsicherung für eine gewisse Zeit, um partnerschaftlich erziehen zu können. Die ungleiche Bezahlung von Frauen und Männern führe dazu, dass Frauen ihre Männer in die Arbeit drängten, weil sie dort eben besser verdienten als sie selbst. Ein Teufelskreis.

Er selbst hat mit seiner Frau lange Jahre ein gleichberechtigtes Familienleben gestaltet, als freie Autoren konnten sie gemeinsam Arbeit, Haushalt und Erziehung bewältigen. »Mit dem Eintritt in den Landtag 2009 ist dieses Familienmodell final kaputtgegangen«, sagt Habeck im Fernsehtalk »DAS!«, »da habe ich unser Modell verraten«, so drückt er es aus. Im Männerbuch lassen sich Anhaltspunkte finden, warum Habeck für »extreme Reibungsverluste« in der Familie gesorgt hat.[255] Das Buch ist in einer Zeit entstanden, in der er sich zunehmend politisch engagiert. Mehrmals in der Woche fährt er als Landesvorsitzender der Grünen von Großenwiehe bei Flensburg nach Kiel. Aufreibend ist das und weitgehend ehrenamtlich noch, und sowohl Habeck als auch seine Frau bezeichnen diese Jahre zwischen 2005 und 2009 als schwierig, »für uns als Familie die undankbarste« Zeit.[256]

2005 nimmt Habeck an den (schließlich gescheiterten) Koalitionsverhandlungen mit der SPD und Heide Simonis in Schleswig-Holstein teil. Es ärgert ihn, dass diese Verhandlungen am Nachmittag beginnen und bis in die späte Nacht fortgesetzt werden. Frauen und Männer ohne Kinder sitzen da und scheinen alle Zeit der Welt zu haben, andere haben »eine sorgende Hausfrau zu Hause«, oder sie sind bereits in einem Alter, in dem die Kinder eigene Wege gehen. Habeck aber, Vater von vier kleinen

Jungen, sitzt wie auf Kohlen. »Damals hatte ich nicht den Mut, das ganze Verfahren in Frage zu stellen. Ich fuhr nur nachts zornig und übermüdet nach Hause – zornig über mich selbst, weil ich mich nicht traute, dagegen aufzubegehren (...), und übermüdet, weil ich morgens selbstverständlich die Kinder zur Kita brachte.«[257]

»Noch heute denke ich, dass die Nachtfahrten zwischen Lübeck und Flensburg, zwischen Itzehoe und Niebüll zu dem Gefährlichsten gehörten, was ich in meinem Leben je gemacht habe«, behauptet er 2016 in seiner politischen Autobiografie. Unkonzentriert, abgelenkt, erschöpft, zu schnell und so übermüdet, »dass ich mir auf den Fahrten nach Hause dauernd ins Gesicht schlug, um nicht einzuschlafen«.[258]

Verrat also am selbst gewählten Lebensmodell? In seinem Männerbuch schreibt Habeck, dass er mit sich und seiner »Vaterarbeit halbwegs im Reinen sei«, weil »ich mich durch das Leben mit den Kindern wieder zum Jungen gemacht habe, der all die Dinge tut, die er mit 12 oder 16 tat: Lagerfeuer anzünden, Fußball spielen, Sportschau gucken, Ritterburgen aufbauen.« Durch seine Söhne sei er zu einem »sehr jungenhaften Vater« geworden.[259] Wenn er mit seinen Söhnen ein Baumhaus baut, hat er so viel Spaß dabei wie sie; und wenn er ein Badezimmer renoviert, fordert er die Jungen auf, mit ihm zusammen eine Wand einzureißen. Die Frage stelle sich aber, fügt Habeck hinzu, ob er als Vater von vier Mädchen so ähnlich sprechen würde, »oder ob ich gar Jungen und Mädchen anders ansprechen oder behandeln würde«.[260]

Joscha Zmarzlik hat mit Habeck in Freiburg studiert. Er bezeichnet ihn als »interessant widersprüchlichen« Typ: auf der einen Seite ein »intellektueller Autonomer«, auf der anderen

Seite »eine ganz bodenständige, pragmatische Person, die Dinge geregelt kriegen will und auch geregelt kriegt«.[261] Dazu passen Schilderungen in Andrea Paluchs Zeitungskolumnen. Sie spricht darin zum Beispiel vom »akkuschraubenden Mann auf meinem Dach« und vom »Heimwerkerstolz des Mannes, mit dem ich zusammenlebe«;[262] sie erwähnt, wie ihr Mann »die Weihnachtstage (...) mit Vorschlaghammer und Spitzhacke verbracht (habe), um den alten Fußboden aus dem Schuppen heraus- und in Container hineinzustemmen«;[263] oder sie schildert humorvoll seinen Kampf mit einem überflüssig gewordenen Teich auf ihrem Grundstück.[264]

Neben seiner Zerrissenheit zwischen Politik und Familie und der Notwendigkeit, mit freier schriftstellerischer Arbeit Geld zu verdienen, neben drängenden tagtäglichen Problemen also, deutet Habeck auch Situationen an, die es einem Vater in der Öffentlichkeit nicht leicht machen. »Wer jemals mit seinen Sprösslingen beim Kinderturnen oder in einer Krabbelgruppe war, weiß um die problematische Situation, wenn ein Mann mit 17 Frauen zusammen in einem engen Raum sitzt und zum Abschluss ein Weihnachtslied singen soll. Man kommt sich fast unausweichlich lächerlich und fehl am Platz vor und wird entweder zum Clown, Verweigerer oder Macho.«[265]

In seinem Fall sei »das leicht auszuhalten«[266] gewesen, fügt er hinzu, aber gefremdelt habe er in solchen Situationen wohl doch. Gestärkt habe ihn, dass er irgendwie eine Ausnahme gewesen sei: Er habe ja seine Arbeit am Schreibtisch angeben können, die ihm diese Zeit mit den Kindern erlaubte, »ich würde ja ›nur anders‹ arbeiten«, wurde dann angenommen, »also nachts oder kreativ, vielleicht auch noch, wenn ich gedankenverloren auf dem Spielplatz vor mich hin schlenderte«.[267] Doch selbst er habe ganz »altmodische« Ängste verspürt, gibt er auf einem

Podium rückblickend zu. Die freie Schriftstellerei war prima, sagt er; er hat sie sich gewählt, es ist sein Traum, vom Schreiben zu leben und damit in der Gesellschaft vielleicht etwas zu bewegen. »Das war das Lebensglück, das wollte ich immer haben.« Doch als das erste Kind da ist, plagen ihn Existenzängste, und er fürchtet die Rolle des Versorgers. »Und ich hab wirklich, ungelogen, lange nachts wach gelegen und gedacht, was ist, wenn das Ding nicht genommen wird? Dann arbeitest du jetzt drei Monate lang und wenn du das nicht an einen Verlag kriegst, dann: was? Was passiert dann? Wie lange kannst du das durchhalten?«[268]

Warum er sich als »Hausmann« bezeichnet, wird er in der *taz* gefragt, im Jahr bevor sein Männerbuch erscheint. Ob das der »grüne Gegenentwurf« zur »Hausfrau« sei, der in eher konservativen Kreisen genutzt werde. »Ein großer Teil meines Lebens besteht nun mal darin«, antwortet Habeck, »Kindern den Hintern abzuwischen, die Hausaufgaben durchzugucken, einzukaufen und den Fußboden zu wischen.« Der konservative Begriff gerate »aber ins Schwimmen, wenn man ihn auf Männer anwendet. Wie können sie Kinder und Karriere vereinen? Diese Frage stellen Konservative nicht. Und darum geht es mir: von ihnen besetzte Begriffe nicht abzuwerten, aber ihnen nicht zu überlassen.«[269] Also das Gleiche, was er zwei, drei Jahre später mit dem Begriff »Patriotismus« vorhat.[270]

Im Frühjahr 2007 hatte Habeck für die *taz* einen Aufsatz zur Familienpolitik verfasst, die Redakteure aber möchten ihn lieber interviewen. »Ich gab ein freches, aber unbedarftes Interview«, schreibt er im Vorwort zu seinem Männerbuch. Es entsteht ein Buch daraus, das im August 2008 erscheint, eines, das nicht nur das beschreiben will, »was war oder ist«, sondern auch das, »was sein soll«, politische und gesellschaftliche Forderungen also.[271] Sein eigenes Familienleben habe er »aus einer Protesthaltung heraus« begründet, sagt er im Interview, obwohl der Eindruck ein ganz anderer sein könnte: »Obgleich Schriftsteller: Ich habe Kinder, eigene. Ich wohne auf dem Land, das Haus irgendwann gekauft, alles total spießig.« Sein Protest richtet sich »gegen den Trott«, sagt Habeck: »Es war so etwas wie eine Abwehrreaktion gegen das erwartbare Leben, das jetzt anfing, zuzuschlagen.« In ihrem akademischen Freundeskreis sei ihre Entscheidung schräg angesehen worden, viele hätten »dumm geguckt und sich gefragt, was wir damit denn wollen«. Er und seine Frau »haben zwar auch promoviert, aber vor allen Dingen, um gemeinsam mit dem ersten Kind zu leben«. Und als dann drei Jahre später die Zwillinge dazukommen, »da haben wir gemerkt, dass wir mit dem Kindergeld so weit abgesichert sind, dass wir es selbstständig als Schriftsteller versuchen können und die Unilaufbahn wieder sausen lassen«.[272] Ein Jahr später verdeutlicht er: »Entstanden ist das alles eher aus dem Wunsch, es nicht so zu machen, wie es vorgezeichnet war. Frühes Kind statt Festeinstellung, Schriftsteller statt Lektor, dänische Grenze statt Hamburg, weil da das Geld reicht, so zu leben, wie wir wollen – ich find meine bürgerliche Kleinfamilie eigentlich ganz cool.«[273]

Politische und gesellschaftliche Forderungen also. Tatsächlich sind in dem Männerbuch von 2008 Gedanken und Überlegungen enthalten, die zwölf Jahre später ins Grundsatzprogramm der Grünen Eingang finden. Beinahe wörtlich liest man im Buch Formulierungen, die Habeck 2019 in einem Vortrag in einer Berliner Buchhandlung wählt. Dass der Familienbegriff nicht nur Vater, Mutter, Kind umfasse; dass Patchworkfamilien ebenso gemeint seien wie schwule Partnerschaften oder auch Lebens-

und Solidargemeinschaften ohne Kind; dass das Kind »nicht die Summe der Eltern«, sondern als Fremder anzusehen sei und somit kein Eigentum und damit auch keine Tauschbeziehung bestehe,[274] kurz: »Wo Menschen füreinander da sind – unabhängig von Geschlechts-, Alters-, Abhängigkeitsverhältnissen, da sind Familienverhältnisse. (…) Vielleicht ist die beste Antwort die, dass Familie da ist, wo man den Alltag teilt, und das mit der Perspektive einer gewissen Dauer.«[275] Diese Definition müsste in die Gesetzgebung und Steuerpolitik eingehen, fordert Habeck.[276]

»Die Krise der Väter ist ein starkes Indiz für die Krise der Arbeitswelt und eines Systems des Immer-mehr-haben-Wollens«, sagt er in einem langen Interview in der *taz* nach Erscheinen seines Buchs. Er spricht sich für »ein Maß an Lebenszufriedenheit und Balance« aus, hofft auf »weniger Macht für alle«; beide Geschlechter sollten »weniger auf Macht und weniger auf Geld sehen«, und Familie sollte eine Freiheit ermöglichen, »so zu leben, wie ich will«. Und warum habe er sein Buch *Verwirrte Väter* allein geschrieben und nicht gemeinsam mit seiner Frau, möchte der stellvertretende Chefredakteur, Peter Unfried, wissen. »Tatsächlich scheinbar ein Widerspruch!«, gibt Habeck zu. »Ich schreibe ein Buch über die Möglichkeit eines geteilten Zusammenlebens und breche genau damit mein eigenes. Der Grund ist: Wir haben schlicht mehr Zeit, seit die Kinder sich selbst in den Schlaf lesen. Meine Frau gründet eine Band, ich engagiere mich politisch ein wenig – und schreibe ein Buch. So gesehen ist es eher Erweiterung der gemeinsamen Möglichkeiten als ihre Einschränkung.«[277]

Im Mai 2009, am Vorabend des Vatertags, ist Habeck in die Fernsehtalkshow »hart aber fair« eingeladen. Noch ist er nicht bundesweit bekannt, noch ist er Landesvorsitzender der Grünen in Schleswig-Holstein; ein paar Monate später kommt es zu Neuwahlen, und er wird hauptberuflich Politiker. Im Jahr zuvor hat er noch eine Kandidatur zum Bundesvorsitz der Grünen – als Nachfolger von Reinhard Bütikofer – abgelehnt, weil er Zeit für seine Familie haben will und nicht nach Berlin möchte. »Man kann nicht vier Kinder zeugen und sich dann in die Politik verabschieden«, begründet er seine Entscheidung im Frühjahr 2008.[278] Eine »halbe Legende«, rückt Habeck diese Geschichte zehn Jahre später etwas zurecht, denn eine wirkliche Chance auf den Posten habe er damals noch gar nicht gehabt. Er sei in einen »Topf der möglichen Kandidaten« hineingeraten und plötzlich als einer unter anderen genannt worden. Doch in Wirklichkeit sei er »nur das kleine Licht aus der Provinz« gewesen, »niemand hat da doll nach mir gerufen«. Seine Aussage in dem Interview wird dann später vielfach als Begründung für einen Verzicht kolportiert.[279]

In der Talkshow vom Mai 2009 ist Habeck als Experte zu Gast, denn sein Buch, das aus der Zwangslage eines überforderten Vaters entstanden ist, hat Aufmerksamkeit erzielt. Zudem ist das Thema angesagt, Habeck steht mit seinem Buch nicht allein da. Die Frage, die in der Talkshow diskutiert werden soll, lautet: »Ewig Kind, häufig Macho, schließlich Sugardaddy – sind denn Männer nie normal?« Habeck sitzt zwischen Katrin Müller-Hohenstein, der Sportmoderatorin, und Ursula Engelen-Kefer, der langjährigen DGB-Chefin. Dabei sind außerdem der Journalist Hellmuth Karasek, der ehemalige Box-Weltmeister René Weller und Harald Euler, Professor für Psychologie.

»Moderne Frauen mögen Männer wie mich, denn ein Kraftprotz ist dauerhaft nicht sexy.« Das hat Habeck der Redaktion vorab mitgeteilt, mit diesem Satz wird er zu Beginn der Sendung vorgestellt. Moderator Frank Plasberg weist darauf hin, dass er

Bundesvorsitzender der Grünen hätte werden können, aber er habe gesagt: Nein, mache ich nicht, wer vier Kinder in die Welt setzt, der kann »nicht über Familienpolitik schwafeln«, der sollte lieber zu Hause bleiben. Habeck nickt. »Für einen unsicheren Job für zwei Jahre nach Berlin gehen«, das wäre für seine Familie eine Zumutung gewesen. »Auf Kosten meiner Familie in irgendein Abenteuer stürzen? Das war nie eine Variante, so haben wir nie gewettet.« Seine Partnerschaft bezeichne er auch als »politisches Projekt«, hakt der Moderator nach. »Heißt das, dass politische Projekte auch erotisch sind?« Habeck schmunzelt und sagt dann: »Politik hat auf jeden Fall … hat was! Es ist durchaus charmant, da mit den Rollen zu spielen.« Er sei ja quasi hobbyhalber Politiker und hauptberuflich Schriftsteller. »Und das war bewusst eine Entscheidung, ein Leben zusammen mit meiner Frau zu gestalten. Es ist einfach die Entscheidung gewesen, sich nicht die Karriere im Erfolg oder Misserfolg gegenseitig vorzurechnen.«[280]

Auf die Frage, wie erfolgreich testosterongesteuerte Männer, also Machos, seien und ob die Grünen nicht ebenso anfällig seien für deren Bewunderung, widerspricht Habeck. Joschka Fischer sei »charismatisch« gewesen, aber eine »Reibefigur für die Partei«. Niemand habe da gesagt, »boh, endlich mal ein Mann, der diese scheiß Frauenquote weghaut und zeigt, wie es geht. Das fanden sie alle an der Grenze des Erträglichen. Joschka Fischer ist ein guter Außenminister, aber als Mann war er ein Problem.«

»Was hält die Welt zusammen und am Laufen?«, fragt Hellmuth Karasek rhetorisch, und Habeck murmelt: »Die Frauen.« Später wehrt er sich gegen biologische Erklärungsmuster des Psychologie-Professors und meint, gesellschaftliche Einflüsse seien stärker. Aufgabe der Gesellschaft wäre es, gegen die Biologie so etwas wie Gerechtigkeit herzustellen. »Wenn Männer einen Bierbauch kriegen, dann sagt man doch nicht, na ja, das sind halt die Gene, die trinken gern Bier. Die kriegen einen Bierbauch, weil sie Bier trinken, nicht, weil die Gene so sind. Die Biologie als Erklärung führt in eine totale Sackgasse in der Diskussion. Dann ist jede Handlungsfreiheit völlig am Ende.«

Habeck kommt auf »die Krise der Männlichkeit« zu sprechen. Die Rollenerwartungen hätten sich verändert. Keiner könne sich noch »auf diese Pascharolle« zurückziehen und fordern oder behaupten, Frauen müssten nicht lesen und schreiben können, denn das habe die Natur nicht vorgesehen. Und »die meisten Männer, die dann Kinder haben«, wollten auch eine neue Rolle annehmen, »ohne zu wissen, wie man dafür belohnt wird, was man dafür als Achtung bekommt, wenn man auf einen Beruf verzichtet ...« »Spricht daraus auch eigene Angst bei Ihnen?«, unterbricht ihn der Moderator. »Nö«, entgegnet Habeck. »Ich sitze ja jetzt bei ›hart aber fair‹ und kriege Anerkennung dafür, dass ich mich genauso verhalten habe.« Aber viele Männer gerieten in einen Zwiespalt. Einerseits wünschten sie eine gleichberechtigte Beziehung und viel Zeit mit den Kindern. Andererseits trieben sie Existenzängste: »Und dann fangen sie auf einmal wie blöd an zu arbeiten.«

»Kann es sein, dass die Rolle der Frau sich ändert, wenn ein Kind da ist?«, nimmt der Moderator den Ball auf und möchte wissen, ob »es dann in eine andere Richtung geht als vorher?« Es ginge zurück »in die eingeübten Rollen«, antwortet Habeck. »Und das ist das Drama. Niemand will es so. Die Frauen wollen es nicht, die Männer wollen es nicht, jedenfalls mehrheitlich nicht. Dann kommen Kinder dazu, dann wird die Zeit eng, dann wird das Geld knapp. Man hat das Gefühl, man steht auch am existenziellen Limit ein Stück weit. Und dann, wenn es schwierig wird, und unter dem Druck hält man seinen eigenen Idealen nicht mehr stand. Und das ist das gesellschaftliche Problem. (...) Dazu kommt die Lohnungleichheit, man weiß, wie stark Bildung am Einkommen der Eltern hängt, wie wichtig Bildung für die Zukunft der Kinder ist. Und wenn dann die Lohnungleichheit so groß ist, dann muss man nur eins und eins zusammenzählen und sagt: Ja, wenn du mehr Geld für die gleiche Arbeit kriegst, dann geh du doch arbeiten. Also: Die Gesellschaft ist rückständiger, als die Menschen sind, und das ist das Drama und das ist das Dilemma.«[281]

»Für uns kam der Einschnitt schon 2004 mit dem Landesvorsitz der Grünen«, sagt Andrea Paluch in einem gemeinsamen Interview mit ihrem Mann. »Ab da hat Robert full time und außer Haus gearbeitet. Das war neu.« Habeck ergänzt, dass er sich »öfter als Rabenvater« fühle. Tagsüber sei er auch in jener Zeit weiterhin zu Hause gewesen, sagt Habeck, er »habe den Alltag voll miterlebt (...). Nervig war nur, dass ich parallel tagsüber auch Parteiarbeit erledigen musste. Ich war da, aber doch nur so halb.« Und abends verschwindet er häufig zu Parteiveranstaltungen, kehrt todmüde in der Nacht zurück und ist morgens unausgeschlafen. »Es muss eine finanzielle Grundsicherheit geben«, fordert Habeck, »Zeit sollte teilbar sein, Arbeit und Erziehung sollten gleichzeitig gelebt werden können.«[282]

Sie hätten anfangs ein Promotionsstipendium gehabt, dazu kamen Kindergeld und zwei Jahre Erziehungsgeld und Honorare aus schriftstellerischer Tätigkeit sowie Lesungen. »Riesensprünge« waren damit nicht zu machen, sagt der Freund Ulf Kämpfer.[283] »Das hat dicke gereicht«, behauptet hingegen Habeck im *Stern*-Interview von 2015.[284] Damals, in Hamburg noch, mit ihrem ersten Kind, seien sie »plötzlich sozial isoliert« gewesen, sagt

Andrea Paluch. Sie bewegten sich in einem »Freundeskreis, der sehr akademisch war«, die Universität war das Ziel, promovieren, habilitieren, Karriere in der Uni. »Ich wollte damals Professor werden«, sagt Habeck. Ihre frühe Entscheidung für Kinder und ein gemeinsames Leben stieß auf Befremden. Mit Ende zwanzig heiratete man in ihren Freundeskreisen nicht, und auch Habecks Eltern waren nicht begeistert von dieser frühen Bindung. »Aber ich glaube, heute ist ihnen das sehr unangenehm«, fügt er hinzu.[285]

Wie sein Alltag als junger Vater aussah, deutet Habeck in seinem Männerbuch an: »Ich habe meinen ersten Roman und meine Doktorarbeit in einem solchen Zustand geschrieben, mit einem Fuß auf dem Kinderwagenrad wippend, damit der Kleine nicht wach wird, nachdem ich mich gerade mit drei Kannen Espresso wach getrunken hatte. Eine Tagesmutter konnten wir uns nicht leisten, eine Kita gab es nicht.«[286] Als »Freelance-Proletarier« hatte eine Autorin in der *taz* diese Lebensform bezeichnet.[287] Was das Vatersein für ihn bedeutet, fasst er in die Worte: »Wenn man Vater wird, hat man keine Ahnung, was auf einen zukommt. Vater zu werden, das ist wie ein Sprung in die See. Genauer, es ist wie ein Sprung von Bord, in der Hoffnung, dass sich unter einem ein Meer befindet. Und dann stellt sich heraus, dass das Meer gar nicht klar und materiell und immer schon vorgefertigt daliegt, sondern erst durch die Schwimmbewegungen entsteht, die man macht. Da gibt es keinen Horizont und keine Umrisse, nur immer weiter werdende Kreise. Vaterschaft ist nicht, sie entsteht. (…) Vater zu werden, ist eine komplette Öffnung für eine ungewisse Zukunft.«[288]

Habecks Eltern hätten eine klare Vorstellung von seiner Zukunft gehabt, ergänzt Paluch im *Stern*-Interview: Karriere sollte sein. »Heute machen wir alle sechs jeweils unser Ding«, sagt Paluch, »und als Paar, so ist mein Gefühl, haben wir ein übervolles Zeitkonto.« Sie hätten so viel Zeit miteinander verbracht, »dass wir nicht danach lechzen, nun ständig zusammen sein zu müssen«. Und der Rabenvater? Dieses Gefühl, als Politiker, nun seit drei Jahren Stellvertretender Ministerpräsident und Minister in Schleswig-Holstein, den Ansprüchen zu Hause nicht mehr zu genügen, die meiste Zeit einfach außer Haus zu sein? Ja, er habe Mitleid mit sich, gibt Habeck zu. »Wenn ich weg bin, habe ich noch immer das Gefühl, ein Rabenvater zu sein. Dann bekomme ich Heimweh nach der Familie. Aber wenn ich voller Sehnsucht nach Hause komme, sind die Jungs beim Handball, Andrea bei Redaktionssitzungen und auf dem Tisch liegt ein Zettel: ›Robert, kannst du die Katzen füttern?‹« Er würde Andrea gerne öfter auf Veranstaltungen mitnehmen, sagt Habeck: »Aber da habe ich die falsche Frau für. Die hasst diesen politischen Zirkus.« Sie sieht ihre Aufgabe und die ihrer Söhne darin, »Robert wieder zu erden, wenn er nach Hause kommt«. Allein dieser »Politik-Sprech! Schrecklich.« Es sei ganz gut, dass sie »in unterschiedlichen Welten leben«, fügt sie hinzu.[289]

Ein Jahr später, 2016, sagt Habeck: »Mein jüngster Sohn ist 13 Jahre alt, der Älteste ist 19 und macht im Ausland Abitur. Nach klassischen Kriterien – Essen vorbereiten, Kinder ins Bett bringen – werde ich gar nicht mehr so gebraucht.« Doch gerade jetzt habe er das Gefühl, »dauernd was zu verpassen«. Er vermisse den Familienalltag. Dass ein Sohn nach Hause kommt und er ihn fragen könne, na, wie war's denn heute so? Er habe ja »eine intensive Zeit mit meinen Jungs« gehabt, »als sie klein waren. Der Akku ist voll.« Doch unterwegs, auf Reisen, kriege er den Blues. »Gleich muss ich nach Berlin«, sagt er im Gespräch mit dem evangelischen Magazin *Chrismon.* »Mir graut es davor, nachts in das kalte, leere Bett in der schleswig-holsteinischen Landesvertretung zu steigen.« Am nächsten Tag werde die Familie zu seinen Schwiegereltern nach Hannover fahren. Das sei nicht unbedingt der Knaller, eine Autofahrt, »viele Stunden, mit Stau vorm Elbtunnel«, und dennoch: »Ich könnte heulen, dass ich nicht dabei bin, wenn die Bande zusammen ist.«[290] Wenn er von seinem »Wertekompass« sprechen soll, dann nennt Habeck seine Familie: »In dem Moment, wo mir meine Familie sagen würde, du verrätst permanent das, was du eigentlich bist, würde ich sagen: Okay, dann lasse ich es. In dem Moment, wo mir meine Kinder sagen, wie kannst du nur das oder das richtig finden, würde ich ins Stottern kommen.«[291]

Andrea Paluch schreibt in einer ihrer Kolumnen, warum sie als Mutter von vier Kindern und Ehefrau von Robert Habeck ganz zufrieden, ja sogar glücklich sei mit der Zerrissenheit der Männer. Tatsächliche Emanzipation könnte möglich werden. »Die Väter kämpfen also den Kampf der Frauen um Emanzipation – nur in umgekehrter Richtung. Die Frauen wollen einen gerechten Teil am Erwerbsleben, die Väter eine faire Chance, ihre Kinder beim Aufwachsen zu begleiten. Das hat nichts mit Weichei oder Hausmann zu tun, sondern mit einer neuen Stärke, gerade weil das starke Geschlecht Schwäche zugibt. Wir Frauen brauchen diese Väter, um ein gleichberechtigtes Gesellschaftsbild zu verwirklichen, die Väter aber brauchen uns, damit sie Zeit finden, mit den Kindern zu spielen. Und deshalb macht mich ihr Unglück beinahe glücklich.«[292]

»Das Grundmissverständnis ist immer dieser Vorwurf der Gleichmacherei«, sagt Habeck in der Talkrunde »hart aber fair«. »Darum geht es überhaupt nicht. Ich würde nie sagen, es geht um geschlechtliche Androgynität, also Verwischung der Sachen.

Es geht um eine aufgeklärte Geschlechtlichkeit. Und ich brech mir keinen Zacken aus der Krone, wenn ich Tränen wegwische, früher den Hintern abgewischt hab, was Frauentätigkeiten sind. So denke ich gar nicht. Ich glaube ja, dass dieses ›So sind Männer, so sind Frauen‹, falsch ist. Dass es nicht relevant ist, sondern wie will man miteinander leben? Und dann gibt es wahrscheinlich Leute, die anders leben; es gibt aber auch immer mehr Leute, die wollen gemeinsam ihr Leben auf die Reihe kriegen. Und zwar in der Familie und im Beruf. Und wenn das der Plan ist, dann habe ich gar kein Problem, eine Männlichkeit, wie Herr Weller sie hier vertritt, beweisen zu müssen. Ich muss mein Motorrad nicht auf Hochglanz polieren, damit meine Frau mich liebt. Hoffe ich jedenfalls nicht.«[293]

# TEIL III

## Fahrt aufnehmen

*Heute hier, morgen dort*
*Bin kaum da, muss ich fort*
*Hab' mich niemals deswegen beklagt*
*Hab' es selbst so gewählt*
*Nie die Jahre gezählt*
*Nie nach Gestern und Morgen gefragt …*

Hannes Wader

# »Hat ja geklappt!«

## Der Schriftsteller

»Das klingt so nach Birnbaum und träumerischer Welt«, Habeck lächelt, »aber es war hochdiszipliniert. Wir haben uns die Zeit förmlich abgerungen!«[294] Von 2001 bis 2010 veröffentlichen Robert Habeck und seine Ehefrau Andrea Paluch als Autoren zehn Bücher: Liebesromane, Kinder- und Jugendromane, dazu Übersetzungen, Essays, Rezensionen, Radiogeschichten,[295] ein Theaterstück.[296] Es ist eine Lebens- und Arbeitsgemeinschaft im eigenen Haus auf dem Land im Norden Schleswig-Holsteins, nahe der dänischen Grenze. Die Partner teilen sich alle Bereiche des Lebens und sind bald zu sechst; sie bekommen vier Kinder, vier Söhne. Ein Leben im Dorf, wenig Ablenkung, volle Konzentration, aufs Wesentliche fokussiert, ehe sie Anfang 2010 nach Flensburg weiterziehen.

In ihrem Buch *Wundervolles Dorfleben* von 2015 beschreibt Andrea Paluch ein Leben in der Stille: »Die Luft stand still und unbeweglich, jedes Wort riss eine Wunde; ohne es zu bemerken, flüsterte man. (…) Lautlosigkeit war der Hintergrund für das bewegte Leben und nur im Stillstand wahrzunehmen. (…) Diese Stille machte sensibel. Sie gehörte einem nicht, und man konnte sie sich nicht einfach nehmen. Sie war etwas Großes, das groß war aufgrund von Abwesenheit. Und das man zerstörte, wenn man etwas hinzufügte. Das war es, was man in der Stadt nicht hören konnte.«[297]

Großenwiehe, 2.900 Einwohner, zwanzig Kilometer von Flensburg und der Ostsee entfernt, dreißig, vierzig Kilometer bis zur Nordsee. Doch ganz so beschaulich und romantisch, wie es in Andrea Paluchs Beschreibungen klingt, wirkt der Ort bei näherer Betrachtung im Jahre 2020 nicht. Eine Durchgangsstraße führt durch das Dorf, viel Pflaster, viele Lastwagen, Trecker, SUVs; Einfamilienhäuser, Bungalows, auf dem Reißbrett entworfene Siedlungen, ein richtiger Dorfkern ist nicht zu erkennen. Das weiße Haus mit der Nummer 13 aber erinnert an Bullerbü, also doch.[298] Ein Eckgrundstück, grüne Fensterläden, ausgebauter Dachstuhl, ein kleiner verwunschener Garten unter alten Bäumen.

»Die große Wohnküche der Habecks in Großenwiehe bei Flensburg sieht verdächtig aufgeräumt aus«, notiert eine Reporterin im Januar 2009. »›Sie waren ja auch noch nicht oben‹, sagt Robert Habeck beim Kaffeekochen. Oben im ersten Stock wohnen seine vier Söhne Jakob (12), Oskar (6) und die Zwillinge Konrad und Anton (9), und da sieht es aus, wie es eben aussieht, wenn Sportsachen, Spielzeug, Klamotten und Hefte in Ablage F (wie Fußboden) landen. Das Playmobil-Alter mit überall verstreuten Kleinteilen haben die Jungs zur Erleichterung ihres Vaters fast hinter sich.«[299]

Ja, es sei so etwas wie ein Jugendtraum gewesen, sagt Habeck: vom eigenen Schreiben leben, Geschichten erzählen, »im besten Fall auch was über die Gesellschaft sagen«.[300] Sie seien da so »reingewachsen«, erzählt er in einer Talkshow gewohnt untertrieben. Als sie noch studieren, fangen sie mit der Übersetzung englischer Lyrik an. Paluch ist Anglistin, und er »hatte immer Spaß an Gedichten, an der Sprache«. Sie haben Zeit, sie nehmen sich die Zeit, sie bieten die Übersetzungen an, sie werden »sehr schnell von Verlagen entdeckt und genommen«. Die Konkurrenz ist nicht sehr groß, viele übernehmen diese zeitaufwendige Arbeit nicht, »ist auch miserabel bezahlt«. 1997 liegt ein Gedichtband von Roger McGough übersetzt vor,[301] ein Jahr später bringen sie die *Birthday Letters* von Ted Hughes ins Deutsche,[302] es folgen Gedichte von William Butler Yeats.[303] Als sie mit dem Studium fertig sind, ihre Dissertationen abschließen, »haben wir gesagt, so, jetzt ziehen wir uns zurück, leben unser Familienleben und versuchen das, was wir bei der Übersetzung gemacht haben, auf die lange Strecke, in Prosa zu übersetzen«.[304]

Sie bekommen ein Stipendium und gehen Ende 1999 das Wagnis ein. Sie verfassen, ohne Vertrag, ohne Verlag, ein Romanmanuskript: *Hauke Haiens Tod*. Darin versetzen sie Theodor Storms Novelle *Der Schimmelreiter* aus dem 19. Jahrhundert, eine düstere, heute sprachlich ein wenig verstaubt wirkende Erzählung, in die Gegenwart und spinnen sie weiter. »Es gibt nur spärliche Möglichkeiten, dem Leben einen Sinn zu geben«, lassen sie eine von Storm entliehene Figur, den Schriftsteller Johann Pappe, grübeln. »Hat man eine von ihnen ergriffen, steht das Schwierigste erst bevor. Man muss die Reinheit seiner Tat bewahren. Dagegen aber steht ein mächtiger Feind. Die Vergänglichkeit der Zeit selbst. Gegen einen solchen Gegner hilft nur List. Man muss sich die Waffen des Feindes aneignen. Das Leben hingeben, um zu einer Legende zu werden, um Dauer in der Flüchtigkeit zu behaupten.«[305]

Andrea Paluch kann es heute noch nicht fassen, dass das Experiment geklappt hat und dass ihr Buch veröffentlicht wird. »Ich wäre gern Musikerin geworden«, sagt sie. Querflöte hätte sie gerne studiert, doch dann läuft ihr in Freiburg Robert mit seinen

Flausen über den Weg, und sie beginnen, sich in die Literatur zu träumen.[306] »Das war ja völlig verrückt«, sagt sie, damit konnte keiner rechnen. »Die Geschichte von unserem Debüt – das ist wie ein moderner Mythos!«[307] Manuskript fertiggestellt, unaufgefordert an drei große Verlage geschickt, Zusage bekommen. Der Fischer Verlag veröffentlicht den Roman im Herbst 2001. In der *Frankfurter Allgemeinen Zeitung* wird die »clevere Romanidee« gelobt, »die verknappte, bildkräftige Sprache, die raschen Schnitte und die geschickt verschachtelte, in kleine szenische Episoden fragmentierte Handlung«, gerügt werden freilich »gelegentliche sprachliche Schnitzer«.[308] Der Rezensent der *Süddeutschen Zeitung* empfiehlt das »rasante Melodram«, spricht von einem »aufgeräumten und aufräumenden Heimatroman«, tadelt ein wenig die »klischeebewusste und wirkungsbedachte Pfiffigkeit«, gesteht aber letztlich seinen Spaß bei der Lektüre.[309]

Ein gelungener Auftakt für das junge Schriftstellerpaar. Sie beschließen, von Lüneburg aufs Land umzuziehen. Auf den Geschmack gekommen sind sie durch das Stipendium. Mehrere Monate haben sie in jenem Haus verbracht, in dem Bertolt Brecht in den 1930er-Jahren im Exil untergekommen war: ein umgebauter Kuhstall in Svendborg auf der dänischen Insel Fünen, reetgedeckt, großer Garten. Ein Traum in der Stille. Dort haben sie an *Hauke Haiens Tod* geschrieben. »Für uns war das einer der entscheidendsten Momente in unserem Leben«, verrät Habeck im dänischen Fernsehen.[310]

Ein Vorbild für ihren Roman ist Peter Høegs Bestseller *Fräulein Smillas Gespür für Schnee*. Ein »ganz starkes Buch«, findet Habeck. Dieser Roman sei der Anstoß gewesen zu sagen, »so was Ähnliches wollen wir auch versuchen«. Eine »Kombination aus Krimi (...) und Kulturgeschichte«. In Deutschland sei das

»eher unüblich«, erläutert er, hier gebe es eine strenge Trennung zwischen ernster E-Literatur und unterhaltender U-Literatur. In Skandinavien hingegen oder im englischsprachigen Raum sei diese »enge Trennung« nicht vorhanden.[311]

Die gemeinsam mit seiner Frau geschriebenen Romane, sagt Habeck, handelten im Kern letztlich alle von der einen Frage: Wie weit ist man frei zu handeln, zu lieben, Entscheidungen zu treffen, und wie weit kann man aus der Geschichte, den Konventionen oder der Gesellschaft ausbrechen. »Das ist im Grunde die große Frage der Literatur von Schicksal und Geschick, die sich da spiegelt in kleineren und konkreteren Geschichten.«[312] Andrea Paluch bringt die Bücher mit drei Fragen auf einen Nenner: »Wer bin ich? Wo komme ich her? Was ist meine Identität, meine Verantwortung?«[313]

Vor *Hauke Haiens Tod* erscheint im Frühjahr 2001 noch ihr gemeinsam geschriebener Jugendroman *Jagd auf den Wolf*. Ein Buch, das in den folgenden Jahren immer wieder neu aufgelegt wird, mit verändertem Titel und überarbeitet im Text. Im Frühjahr 2019 liegt der Roman in einer (erneut überarbeiteten und leicht gekürzten) Neuausgabe vor, der Titel: *Ruf der Wölfe*. Habeck erinnert sich in seiner politischen Autobiografie, dass er mit der »Rückkehr der Wölfe«, wie er schreibt, erstmals 1999 konfrontiert worden sei, als die Familie noch in Lüneburg wohnt. »Ich schnappte einen Bericht darüber auf, dass die Wölfe zehn Jahre nach dem Ende der deutschen Teilung wieder nach Deutschland kämen. Die Selbstschussanlagen, Zäune und Minen der innerdeutschen Grenze waren weg. Die Rückkehr der Wölfe war ein Ergebnis der deutschen Wiedervereinigung und symbolisierte damit eben auch Freiheit in einem besonderen Maß.«[314] Er sei damals mit seinen Zwillingen und einer

»Joggingkarre« durch die Gegend gelaufen, »zwei Stunden am Tag«, mitunter weite Strecken durch den Wald. Zeit, um den Geist frei zu bekommen, nachzudenken, zu fantasieren. In der Nähe von Lüchow-Dannenberg habe man schon Wölfe gesichtet, heißt es damals. Habeck stellt sich vor, wie es wohl wäre, »einem solchen sagenumwobenen Tier zu begegnen«. So entsteht die Idee zum ersten Kinderbuch des Schriftstellerpaars. Ist der Wolf ein Problemtier und ein Feind des Menschen, ist er also zu jagen und zu töten? Oder haben wir es im Gegenteil mit einem sehr nützlichen Wesen zu tun, das für den Naturkreislauf wichtig ist? Ein Thema, das heute hitziger debattiert wird als vor zwanzig Jahren. Ein Thema, das im Kinderbuch von Habeck und Paluch von verschiedenen Seiten beleuchtet wird.[315]

Im Herbst 2001 folgt dann *Hauke Haiens Tod*. Der Roman verkauft sich gut; es ist eine Art Rettung für die Familie, erzählt er im dänischen Fernsehen, sie hätten so etwas wie einen »Freiraum« erhalten und Mut gefasst, fortan vom Schreiben zu leben. Zwei weitere Romane folgen kurz aufeinander, *Der Schrei der Hyänen* (2004), eine Familiensaga über die Niederschlagung des Herero-Aufstands in Namibia, »der am meisten unterschätzte Roman«, sagt Habeck,[316] und ein Jahr später *Der Tag, an dem ich meinen toten Mann traf*, jenes Buch, das er für eines ihrer besten hält, auch deshalb, weil es »am meisten von mir oder von uns erzählt«.[317] Diese Jahre seien letztlich »gelebtes Glück« gewesen.[318] Das Paar lebt in der Idylle, teilt sich alle Lebensbereiche, hat Zeit für sich, die Kinder und die Arbeit. Sie können schreiben, ihre Texte werden veröffentlicht, sie leben konzentriert, mit dem Blick aufs Wesentliche. Aber Menschen sind widersprüchlich. Ende 2004 wird Habeck Landesvorsitzender der Grünen in Schleswig-Holstein. »Als er da angefangen hat mit dem Landesvorsitz – das war ja wie ein Hobby«, erzählt Andrea Paluch. »Das war quasi ehrenamtlich, aber sehr zeitaufwendig. Jedenfalls hat Robert volle Pulle losgelegt. Das war wie eine Doppelbelastung, schon blöd. Da hat sich das eindeutig abgezeichnet, dass das auf Dauer nicht geht. Man kann nicht zwei Fulltime-Jobs haben. Das geht nicht.«[319]

Und dennoch setzen die beiden ihr gemeinsames Schreiben bis 2009 fort. Dafür haben sie eine ungewöhnliche Form gefunden, es ist tatsächlich ein Schreiben und Denken zu zweit. »Wir entwickelten quasi eine Stimme«,[320] sagt Andrea Paluch. Es stärkt den Teamgeist, ist aber zugleich sehr anstrengend, erfordert viel Disziplin, auch Kompromissbereitschaft. Sie schreiben wechselweise, lesen es sich dann gegenseitig vor. »Abwechselnd Kind und Schreibtisch«, lacht Paluch. »Das war super!«, erzählt sie begeistert. »Immer wenn man beginnt, mit etwas genervt zu sein, nach vier Stunden Kind, denkt man, so, jetzt könnte man auch mal was anderes machen. Dann, zack, kommt der Wechsel. Dann sitzt man vier Stunden am Schreibtisch, nach vier Stunden denkt man, ah, jetzt könnt ich aber auch gut wieder mal irgendwas anderes machen. Und dann wechselt man wieder. Also, es war perfekt. Bevor es umschlug in ein bisschen Genervtsein, konnte man wechseln. Das war super!«[321]

Habeck erinnert sich an viele schlaflose Nächte, »wir waren permanent übermüdet«. Er habe nie so viel und so starken Kaffee getrunken wie damals. Mitunter hilft nicht einmal das. Kurz vor Mitternacht hätten sie sich beispielsweise noch mal »mit Kaffee wachgedopt – und was passiert genau dann, wenn man sagt: Jetzt kann ich wieder?! Irgendeiner fängt an zu plärren, irgendwo sitzt ein Pups quer. Und dann war alles wieder umsonst. Und dann lag man mit seinen Kindern im Bett, konnte nicht mehr einschlafen, weil man sich so voller Koffein gepumpt hat.«[322]

»Wir haben im Gespräch alles entwickelt«, erklärt Paluch ihre Arbeitsweise. Die Hauptfiguren mit ihren Vorlieben und Lebensläufen festgelegt, sich auf Metaphern, die sie nutzen wollen, geeinigt, die Handlung festgezurrt. Dann legen sie los, immer abwechselnd. »Text dreschen«, nennt das Paluch, die Geschichte aufschreiben, einzelne Worte müssen in dieser ersten Fassung noch nicht stimmen. »Man musste nicht lange überlegen, nur dreschen. Rohfassung erstellen, 1000 Seiten, und am Ende blieben 200 über oder so.« Am Küchentisch lesen sie sich diese Fassung dann Satz für Satz vor. »Dann rumkritisiert, Vorschläge gemacht, irgendwann sich auf eine Version geeinigt, die beide gut fanden, aufgeschrieben, nächster Satz.«[323] Es entsteht eine »dritte Autorenstimme«, sagt Habeck in einem Podiumsgespräch, »spartanisch oder reduziert«, nennt er sie, »die Potenz aus uns beiden«. Er selbst fabuliere, Andrea mache das Gegenteil. Sie formuliere genau auf den Punkt. Daraus entsteht eine »Mischung aus hohem Ton, aber sehr geerdet, in flacher, neutraler Sprache«.[324] Der Ton sei »manchmal sehr knapp und präzise und pointiert«, sagt Andrea Paluch, »andererseits manchmal auch sehr rührend. Manchmal kommt es mir vor wie eine Wanderung auf dem schmalen Grat zum Kitsch, zu Tränen rührend, das finde ich besonders an dem Paluch-Habeck-Ton.«[325]

Das zweite Buch, das Habeck heute noch besonders am Herzen liegt, ist der Jugendroman *Zwei Wege in den Sommer* von 2006. Ein Roman voller Lebenslust und Lebenshunger über Jugendliche kurz vor dem Abitur. Von Melancholie und Ausgelassenheit wird erzählt, vom Verliebtsein und von Eifersucht, von Schuld und Verstrickung, von Todessehnsucht, kurz: dem Lebensgefühl von Jugendlichen an der Schwelle zum Erwachsensein, vom Streben nach Freiheit und Selbsterkenntnis, der Suche nach Glück.[326]

Es gibt darin die Figur eines Politikers, die so etwas wie eine Warnung für den Realpolitiker Habeck sein könnte. Die Jugendlichen machen sich über den Vater lustig, glauben, er habe seine Ideale längst verloren, sei Teil des Systems geworden, kümmere sich nicht um das, was ihnen auf den Nägeln brennt, ein ewig beschäftigter und abwesender Funktionär eben. »Oles Vater sah alles in allem aus, wie Politiker eben aussehen. Die Haare in Würde ergraut, eine Ziegenledertasche unter dem Arm, der Ausdruck irgendwie I-am-deeply-concerned-mäßig ...«[327] Da wiegelt Habeck heute ab. Er würde »viel großmütiger« auf seinen Beruf schauen und meinen, dass sich alle irgendwie bemühen, »aber aus der Sicht von Achtzehnjährigen wirken Politiker eben wie Politiker. Da muss man sich nichts vormachen, ich auch nicht. Wir sind die Trottel aus dem Fernsehen, die in gestelzten Sätzen nicht zum Punkt kommen.«[328] Auch über die Eitelkeit spotten die Jugendlichen in diesem Roman, über Politiker, die glauben, sie seien unerreichbar in ihren klimatisierten Zonen, und wer einst protestiert habe und engagiert gewesen sei, würde in Parteistrukturen rasch angepasst und opportunistisch. Diese Haltung habe ihn einst tatsächlich geprägt, gibt Habeck zu. Heute würde er diesen Jugendlichen gern widersprechen. »Aber den Gedanken, dass man sich entfernt von dem, wofür man eigentlich kämpft, wenn man in einem beruflichen System agiert, wie es Politik ja eben auch ist, den habe ich natürlich heute auch noch.«[329]

Mit ihrer gemeinsamen Arbeitsmethode gelingen Robert Habeck und Andrea Paluch mehrere Jugendromane. Ein Jahr nach *Zwei Wege in den Sommer* erscheint *Unter dem Gully liegt das Meer*. Vor dem Hintergrund des G8-Gipfels in Heiligendamm dreht sich – neben der Liebe – in der linken Polit-Szene alles um

Globalisierungskritik und das Engagement für eine gerechtere Welt. Der Roman wirkt am politischsten, weil er in der autonomen Szene spielt und die Frage von Gewalt aufwirft. Dennoch meint Habeck, für ihn sei *Zwei Wege in den Sommer* politischer. »Wie soll ich eigentlich leben – das ist existenzieller«, sagt er, »wie kriege ich Ideale und Reinheit von Idealen und die Durchschnittlichkeit des Lebens überein.«[330]

2009 erscheinen drei weitere Jugendbücher. *SommerGIG* ist die Geschichte um eine Schülerinnen-Rockband, einen Musikwettbewerb in Kopenhagen, erste Küsse, Schmetterlinge im Bauch. Ein Roman über das Lebensgefühl von 17-Jährigen. Und Andrea Paluch, die einst von einem Musikstudium geträumt hat, vielleicht auch als Musikerin auf einer Bühne stehen wollte, verwirklicht sich einen weiteren Traum: Sie singt tatsächlich mit einer Band, die »Penny or Dime« heißt, wie im Roman. Videos finden sich im Internet. »Was bedeutete denn Penny or Dime mir? Was bedeuteten diese langen Nachmittage und dieser Sommer? War es nur eine aufgeschobene Zeit, bevor wir uns alle trennen und aus den Augen verlieren würden? War das Ganze hier der vorgezogene Abschiedsschmerz? Oder war es bereits die Erfüllung all dessen, was das Leben für einen bereit hielt? Erlebten wir gerade das, was wir später ›unsere Jugend‹ nennen würden? Oder hofften wir auf anderes, was diese Zeit letztlich entwertete?«[331]

Im selben Jahr erscheinen *Bevor du mit dem Teufel tanzt*, eine Urlaubsgeschichte, die auf der griechischen Kykladeninsel Santorin angesiedelt ist,[332] und *Felix und Lea – Der Turm ohne Türen*, eine Abenteuergeschichte – das schwächste ihrer Jugendbücher.[333] Die Luft scheint raus zu sein. Habeck wird 2009 Fraktionsvorsitzender der Grünen in Schleswig-Holstein, ein Jahr später legt er sein politisches Grundlagenwerk vor: *Patriotismus.*

*Ein linkes Plädoyer*. Er nimmt Abschied von der Literatur und vom gemeinsamen Schreiben mit seiner Frau.

Dennoch erscheint 2010 ein weiteres, ein letztes gemeinsames Jugendbuch, *Felix und Lea – Jagd auf den Falken*. Kinder auf der Suche nach Wahrheit und beim Aufspüren des Bösen, auf der Spur von Gier und Korruption Erwachsener – ganz in der Tradition von Erich Kästners *Emil und die Detektive*. Politiker kriegen auch hier wieder ihr Fett ab. »Der Mann, der vorne steht, hat einen Anzug an und sieht aus wie ein Politiker. Ich hatte mir Umweltschützer nicht wie die Manager der Deutschen Bank vorgestellt. Er begrüßt alle sehr herzlich im Namen irgendeiner Umweltschutzorganisation und stellt sich als Organisationsleiter für Deutschland vor. Ich bin enttäuscht. Der Mann strahlt nichts Wildes und Kämpferisches aus. (…) Und obwohl er so aalglatt aussieht, muss ich zugeben, dass alles, was er sagt, gut und richtig klingt.«[334]

Als Robert Habeck Anfang 2018 zum Bundesvorsitzenden der Grünen gewählt wird, nimmt sich ein Autor in der Tageszeitung *Die Welt* dessen Bücher vor und beginnt zu mosern. Schon lange sei ja kein deutscher Politiker mehr so angehimmelt worden wie Habeck, stellt der Autor zunächst fest. Die »Schwärmereien« hätten freilich »wenig mit Habecks politischem Wirken und viel mit seiner Ausstrahlung zu tun«, behauptet der Autor. Dann kommt er auf dessen Literatur zu sprechen. Ob Habeck ein bedeutender Schriftsteller sei? »Eher nicht«, antwortet der Kritiker, er werde »nicht einmal als Fußnote in die Literaturgeschichte eingehen«, falls er sich nicht »zu einem fulminanten Spätwerk aufrafft«. Seine Bücher seien »zu sehr von Genre-Konventionen bestimmt und zu wenig Dichtung«, urteilt der Journalist und kommt zu dem Schluss: »Habeck ist es offenkundig nie darum gegangen, von Feuilletonisten oder der Jury des Bachmannpreises wahrgenommen zu werden. Vielleicht könnte man es literarische Unambitioniertheit nennen.«[335]

In der *Neuen Zürcher Zeitung* betreibt ein Journalist im Dezember 2018 »rhetorische Erbsenzählerei«, wie er selbstkritisch einräumt. Die Bücher für Erwachsene? »Nicht gut genug.« Sprachliche Patzer, verunglückte Metaphern, ärgerlich und verdrießend. Der Kritiker empfiehlt aber die Jugendbücher, die seien »schnörkellos erzählt, mit perfektem Gespür für Dramaturgie und einer ordentlichen Prise Humor«, und er lobt auch Habecks politische Literatur, »einen Meinungstext«, das könne er »außerordentlich gut«.[336]

Literarische Unambitioniertheit? Sprachliche Patzer? Verunglückte Metaphern? Vielleicht kann man einfach feststellen, dass die gemeinsamen Bücher von Habeck und Paluch anspruchsvolle Unterhaltungsliteratur sind, klar geschrieben und leicht zu lesen. Sie mögen sprachlich nicht immer höchsten Ansprüchen genügen, enthalten aber Ideen und Überzeugungen, die auch den Politiker Habeck prägen. Ihm selbst liegt es völlig fern, die Bücher als Bewerbung für den Bachmannpreis zu sehen. »Wahrscheinlich haben viele Leute weit bessere Bücher geschrieben als wir oder als ich, die nie veröffentlicht wurden«, sagt er und fügt hinzu, das gemeinsame Schreiben mit seiner Frau sei »ein ganz starker Moment der Selbstverwirklichung gewesen, Selbst- und Familienverwirklichung in unserem Fall, weil wir das ja zusammen gemacht haben«.[337]

Die Ideen hinter der Literatur mögen stärker sein als die Sprache. Das spricht nicht gegen die Ideen: Es geht um die Suche nach dem Sinn des Lebens, um Aufrichtigkeit, Redlichkeit, Ehrlichkeit, um das Streben nach Freiheit und das Bewusstsein der Vergänglichkeit. Um Selbsterkenntnis, Mut und Risiko, darum, mit dem Üblichen zu brechen, um zu handeln, sich einzumischen, Einfluss zu nehmen, sein Leben und seine Umwelt zu gestalten.

## Exkurs

## Der Leser

### »Kant hat mir die Kritik beigebracht ...«

Habecks Philosophielehrer schwärmt noch heute von der Aufgeschlossenheit und dem hohen Anspruch des Oberschülers in seinem Leistungskurs und seiner Abiturprüfung über Kant. Die Idee der Freiheit zum Thema zu nehmen und dies auch sprachlich zu meistern, sei hoch gegriffen, meint Hartmut Tödt, seiner Meinung nach für Habeck aber nicht zu hoch.[338]

In Habecks politischer Autobiografie heißt es: »Meine Abiturprüfung legte ich später über Immanuel Kants ›transzendentale Ideen‹ ab. Die sind so etwas wie die abstrakte Theorie der Saint-Exupéry'schen ›Sehnsucht nach dem Meer‹. Denn nachdem Kant vernunftkritisch Begriffe wie ›Seele‹, ›Welt‹, ›Gott‹ als nicht real verworfen hat, schafft er sie als ›transzendentale Ideen‹ oder ›Vernunftideen‹ neu. Diese Begriffe erfüllen nach Kant ihren Sinn in einem positiven, regulativen Gebrauch. Sie geben unserem Leben im Alltag und der Empirie eine Richtung.«[339] Habecks Weg ist damit vorgezeichnet. Kant und Camus werden seine Leitbilder, es folgt ein Philosophiestudium.

Viel zitiert (und von ihm selbst häufig wiederholt) ist Habecks Bekenntnis in seiner politischen Autobiografie: »Kant hat mir die Kritik beigebracht und Camus den Zweifel.«[340] Wenige Seiten zuvor schreibt Habeck: »Was ich mit achtzehn las, bestätigt sich für mich heute mehr denn je. Denn im Kern fordert Kants Philosophie das unermüdliche Hinterfragen von behaupteten Wahrheiten, den Zweifel als Grundmotiv von Politik – und dass man Unvernunft mit Vernunft stellen kann.«[341] In dem Videotalkformat »Jung & Naiv« erzählt er im September 2016 anderthalb Stunden lang über sein Leben und Denken und kommt auch auf Camus und Kant zu sprechen. Kant habe alles hinterfragt: »Wenn du sagst, es gibt Gott, dann sagt er: Aha, wie kommst du da drauf? Und er hatte auch mächtig Ärger mit der Kirche.« Er bevorzuge die »Kant'sche Variante«, fügt Habeck hinzu: »Kant hat gesagt, man kann Gott nicht beweisen. Er war ja Rationalist, Kritiker und Aufklärungsphilosoph, also hat er Gott verworfen. Er hat gesagt: Gott gibt es nicht. Es gibt auch nicht so etwas wie das ewige Himmelreich. Es gibt auch nicht so etwas wie die Sicherheit, dass wir alle erlöst werden.«

Kant sei aber dann einen Schritt zurückgegangen und habe überlegt, was das für die Gesellschaft bedeuten würde, wenn es all das nicht mehr gäbe: »Das wäre ziemlich trübe, hat er gesagt, und ziemlich doof, weil wir ja gar nicht wüssten, ob es sich lohnt, moralisch gut zu sein. Warum sollen wir uns nicht ausrauben, vergewaltigen, totschlagen? Also hat er Gott wieder eingeführt. Nicht, weil er glaubt, es gibt ihn, sondern weil er gesagt hat, wir sind besser dran, so zu tun, als würde es Gott geben. Es macht Sinn, daran zu glauben.« Er selbst sei nicht gläubig, fügt Habeck hinzu, aber er würde die Argumentation teilen, dass es Sinn mache, »an etwas allgemein Gutes zu glauben«. Er sei nicht in der Kirche, er glaube nicht an einen Gott als höheres Wesen: »Ich glaube aber, dass wir in unserem Leben schon selber klarkommen müssen auf der Welt und dass wir besser klarkommen, alle miteinander, wenn wir uns darauf verpflichten, dass es Werte gibt, die uns alle einen. Und wenn einige dazu Gott sagen, dann ist das fein für mich.«[342]

In den »Gesprächen über den Staat« erinnert Habeck an die »regulativen Ideen« von Kant: »Freiheit, Gerechtigkeit, Solidarität«. Ideen begeistern Menschen, sagt Habeck, sie verpflichten, sie werden freilich häufig zu spät verteidigt, und erst dann vermisst, wenn sie verlorengegangen sind, wie die Wahl Trumps in den USA bewiesen habe, die »die politische Wertedebatte auf die andere Seite kippen« ließ, oder der Brexit, der die Jugend in Großbritannien auf die Straße zum Protest brachte.[343]

## »... und Camus den Zweifel ...«

In »Jung & Naiv« fragt der Videoreporter, wie Habecks Wunsch entstanden sei, Schriftsteller zu werden. Womöglich habe ein Foto von Albert Camus den Ausschlag gegeben, antwortet Habeck. Auf einem Buchumschlag war der französische Schriftsteller in einer Weise zu sehen, die es dem Oberschüler Habeck angetan hatte: »Der saß über 'ner Schreibmaschine, hatte 'ne Kippe im Mund und hatte so 'ne eigentümliche Mischung aus vergeistigt und cool. Und da dachte ich: Okay, egal was wird, so willst du am Ende auch aussehen. Ich glaube, deswegen bin ich Schriftsteller geworden.«[344]

Ob er es geschafft habe, hakt der Reporter nach. »Das müssen andere entscheiden«, antwortet Habeck, »aber es fühlt sich gut an.« Ob er also rauche? »Nein, nein, das tue ich nicht.« Er habe dann Philosophie und Literatur studiert, »also brotlose Kunst«. Das heißt, er sei jetzt Philosoph, fasst der Reporter zusammen. »Das würde ich nicht sagen«, entgegnet Habeck, »aber ich habe Philosophie studiert. Wer kann schon von sich sagen, dass er Philosoph ist?«[345] Diese Frage, ob er nun promovierter Philosoph oder promovierter Literaturwissenschaftler sei, beantwortet Habeck im März 2020 in einer öffentlichen Veranstaltung genauer. Er habe in Hamburg studiert, dort sei »analytische Philosophie« gelehrt worden, also Wittgenstein, Frege und andere. Nicht seine Linie offenbar. So habe er seine »philosophische Arbeit in der literaturwissenschaftlichen Abteilung geschrieben«. Und er nennt die Namen Hegel, Kant, Novalis, Hölderlin, die darin bedeutungsvoll sind.[346]

In seiner politischen Autobiografie nennt Habeck auch den Titel jenes Buchs, auf dem der cool wirkende Schriftsteller zu sehen ist: *Unter dem Zeichen der Freiheit*, eine Essaysammlung von Albert Camus. Darin: *Der Mythos des Sisyphos*, ein Text, der zu einem Leitbild für Habecks Leben wird.[347] In seinem Buch von 2018, *Wer wir sein könnten*, kommt Habeck auf »das Absurde als Grunderfahrung der Moderne« zu sprechen. Uneindeutig sei die Welt, zweischneidig und moralisch zwiespältig in allen Lebenslagen. »Der Wunsch, möglichst vielen Menschen Wohlstand zukommen zu lassen, und das Wissen, dass wir dafür unseren Planeten weiter plündern müssen; die Versprechen von Biotechnologie, Gentechnik und Digitalisierung und ihre Gefahren; die Feststellung, dass man zu viel Staat haben kann, aber auch zu wenig, dass wir uns schuldig machen, wenn wir in kriegerische Konflikte eingreifen, aber auch, wenn wir es nicht tun – all das bedeutet, permanent abwägen zu müssen. Statt Entweder-Oder ist unsere Welt oft ein Einerseits-Andererseits.«[348] Habeck fordert »das Verstehen des Fremden«, das »Übersetzen«, und er bezeichnet dies als »eine politische Haltung«, seine politische Haltung.[349]

Auch der Sozialdemokrat Franz Müntefering spricht von Camus als Wegbegleiter. In seinem Buch von 2019, *Unterwegs: Älterwerden in dieser Zeit*, schreibt er: »Albert Camus war und blieb mir einer von denen, die spannend waren von Anfang an.«[350] Camus' Texte seien für ihn »Steinbrüche für Zuversicht und

Mut, Skepsis und Zweifel, Leben und Aufklärung, Humanität«. Seit Ende der 1950er-Jahre sei Camus wichtig für ihn, da ist Müntefering noch nicht zwanzig, er befindet sich in der Ausbildung zum Industriekaufmann.

Im Gespräch sagt Müntefering, er frage immer wieder Menschen, wie sie denn leben möchten. Selbstbestimmt, höre er oft. Ja, das ist gut, antwortet er dann und fügt hinzu: »Aber als zweiten Satz darfst du dann nicht sagen: Staat, mach mal! Sondern, wenn du selbstbestimmt leben willst, musst du selbst bestimmen, das ist das Problem dabei.« Ein Anspruch, den Müntefering mit Habeck teilt. Eine mühsame Aufgabe und eine Zumutung für Menschen, die es gern bequem haben wollen, konfliktfrei, unbeteiligt. In seinem Buch *Unterwegs* hat Müntefering zu dieser Anforderung an jeden Einzelnen einige Leitsätze verfasst. »Die Mitverantwortung ist jedem und jeder von uns sicher«, heißt es darin, das sei so ein Lebensgesetz. Und die »Politik ist ein Teil davon«.[351] Da käme Rosa Luxemburg ins Spiel, sagt Müntefering im Gespräch: »Wo sie recht hat, hatte sie recht. Meine Freiheit endet an deiner. Das heißt, ich bin frei, aber du auch. Und es kann sein, dass unsere Freiheiten aufeinander stoßen, und dann müssen wir uns verständigen. Du auch und du auch und du auch, wir alle.« Das sei die Freiheit, die wir hätten, und darüber kämen wir nicht hinaus: dass der andere in seiner Freiheit zu akzeptieren ist. Daraus entstehen Konflikte, und dafür haben wir »die Demokratie, die sich Regeln gibt, wie man mit dieser wild wuchernden Freiheit, die den andern nicht übertölpeln darf, umgeht. Nach welchem Gesetz macht man das? Wie macht man das? Nach welchen Bestimmungen?«[352]

Hier liegt Müntefering mit Habeck auf einer Linie. In den *Gesprächen über den Staat* sagt Habeck 2017: »Freiheit ohne Verantwortung ist asozial, im besten Fall. Freiheit ohne Gerechtigkeit ist unsozial, im besten Fall. Freiheit ohne Verbindlichkeit ist egoistisch usw. Wenn Du dich völlig frei, regellos ausleben willst, bist Du beziehungsunfähig. Und der Staat gibt uns die Möglichkeiten, genau das, was wir im Privaten ganz selbstverständlich wissen, auch einzuhegen oder einzusetzen. So gewinnt man ja Freiheit oft erst durch staatliche Gewährleistungen. Darf der Staat meine Daten haben? Welche Rechte darf er mir nehmen? Das muss natürlich diskutiert werden. Aber auf der formalen Ebene ist es vollkommen in Ordnung, dass staatliche Institutionen eben auch persönliche Freiheiten einhegen.«[353]

Drei Jahre zuvor beruft sich Habeck in einem gemeinsamen Beitrag mit der Bundestagsabgeordneten der Grünen, Franziska Brantner, ausdrücklich auf Camus, als er einen neuen Freiheitsbegriff für die Grünen postuliert. »Camus hat genau das, was die Grünen jetzt brauchen«, heißt es in dem Aufsatz vom Mai 2014 im konservativen Monatsmagazin *Cicero*: »Aus einem tief gegründeten Humanismus speisen sich seine Lebensbejahung und Bevormundungsverneinung: (...) Wertgeleitete Haltung ohne Ideologieklappe, das wäre die grüne Freiheit. ›Programmatische Schärfe‹ und ›radikales Augenmaß‹. Genau so sollten die Grünen sein.«[354]

Mit Habecks Überlegungen zum »Absurden als Grunderfahrung der Moderne« ist Müntefering jedoch nicht einverstanden – »aber da mache ich ihm denselben Vorwurf, den ich Camus auch mache«.[355] In seinem Buch *Unterwegs* schreibt Müntefering: »Weshalb soll unser Leben absurd sein, wenn es keine Schöpfungsgeschichte hat, die Sinn verleiht? Wir Menschen selbst geben der Sache doch Sinn. Wir sind doch Wesen, die zur Sinngebung fähig sind. Sind Menschen, die zum Beispiel zu Menschenrechten fähig sind. Das ist nicht absurd. Es ist doch nicht so, dass die allgemeinen Menschenrechte schon immer anerkannt wurden, bevor sie 1948 Teil der UN-Charta wurden. Nein, Menschen setzten sie. Was mehr an Sinn könnte denn gesetzt werden?«[356]

Im Interview skizziert Müntefering die verschiedenen Phasen in Camus' Denken. Die Absurdität unseres Daseins sei die erste Stufe. »Es hat keine Schöpfung gegeben, sagt Camus, es gibt keinen Gott, es gibt niemand, der dem Leben einen Sinn gibt. Das müssen wir also selbst machen und das sei absurd. Aber das ist schon ein Teil der Antwort. Denn wir Menschen geben dem Leben einen Sinn.« In Camus' Essay *Der Mensch in der Revolte* ginge es dann darum, sich nicht abzufinden mit den Gegebenheiten, wie sie sind, sondern sie besser machen zu wollen, »den Stein zu rollen«.

»Maß und Verantwortung« sei schließlich die dritte Stufe in Camus' Erkenntnisprozess. »Da argumentiert er im Grunde wie ein Politiker«, sagt Müntefering, »so wie ich es versucht habe, so wie Habeck das anscheinend auch versucht. Das heißt, dass derjenige, der selbstbestimmt, also frei leben will, dass der auch mitverantwortlich ist und Verantwortung zu übernehmen hat.« Und als Fundament: Gesetze, Regeln, eine Volksvertretung. »Camus«, sagt Müntefering, »ist derjenige, von dem ich am meisten gelernt habe, was eigentlich die Grundlage für Demokratie und für ein gutes Miteinander sein kann.« Die Sinngebung menschlichen Daseins sei zum Beispiel in den Menschenrechten festgelegt, in Deutschland im Grundgesetz, Artikel 1: »Die Würde des Menschen ist unantastbar.« Müntefering spricht von einem »Glaubensbekenntnis«, in dem »diese Gleichwertigkeit der Menschen« verkündet ist. »Die Wahrheit ist: Wir Menschen sind nicht allmächtig. Wir sind auch nicht ohnmächtig. Menschen haben Einfluss. Dass wir Einfluss haben, ist auch eine

Verpflichtung, eine Verantwortung. Dass wir handeln und zwar richtig handeln. Nach den Vorstellungen, die wir uns selbst geben, nämlich nach der Gleichwertigkeit der Menschen.«[357]

In den *Gesprächen über den Staat* formuliert Habeck 2017 sein idealistisches Konzept und skizziert zugleich ein freundliches Bild vom Menschen: »Wir als Kinder der Aufklärung müssen uns orientieren an dem Gedanken und dem Vertrauen darauf, dass Dinge sich besser entwickeln können, dass nicht der Mensch böse ist, sondern dass sich vielleicht das Böse schneller Bahn und Gewalt bricht, weil es immer schwerer ist zu verhandeln, aber dass dieses Verhandeln, Einigung und Gemeinschaft zu wollen, sich selbst also auch zähmen zu wollen, in unserem Charakter angelegt ist. Dass wir also einen Überschuss an Idealismus haben, der artikulierbar und umsetzbar ist. Der Staat hat also keine Raison aus sich selbst. Mit ihm kann man keine Entscheidungen rechtfertigen. Es sind immer Menschen, die Verantwortung haben. Daraus entlässt uns niemand.«[358]

Und als die große Seuche viele Gedanken und Konzepte über den Haufen wirft, empfiehlt Habeck im März 2020 die Lektüre von Albert Camus' Roman von 1947, *Die Pest.* Im Nachkriegsjahr stellte Camus das Manuskript fertig, fünf Jahre lang hatte er daran gearbeitet, zeitweise lungenkrank, im Belagerungszustand im besetzten Paris, im Versteck vor den Deutschen. Er registrierte die Kriegsereignisse, suchte die eigene Angst zu bewältigen. Es ist also so etwas wie die Bilanz einer Weltkatastrophe, ein Ratgeber für unsere Tage. Auch wir werden uns nach dem Ende der Seuche in einer Nachkriegswelt wiederfinden, sagen viele, und Habeck zeigt »das Buch zur Krise«, hält das rote Taschenbüchlein in die Kamera, benennt Camus erneut als den »Philosophen, der mich vielleicht am stärksten geprägt hat«. Dann skizziert er den Inhalt: wie zunächst gewarnt wird und die Leute es nicht wahrhaben wollen; wie »social distancing« in einer anderen Form stattfindet. »Und es endet mit einem ganz schönen Satz und Vergleich«, sagt Habeck: »Am Ende haben die Menschen gemerkt, sie können nicht alle Heilige sein, aber sie können versuchen, Ärzte zu sein.«[359] Hinwendung zum Humanismus also, ein Plädoyer für Solidarität, Freundschaft und Liebe, eine Weiterentwicklung von Camus' Philosophie des Absurden aus dem *Mythos des Sisyphos*.

## »Meine Lieblingsbücher«

Im April 2019 beginnt Habeck seinen Vortrag in einer Berliner Buchhandlung mit Max Frisch. Sechs Bücher hat er für die Veranstaltungsreihe »Die Lieblingsbücher« ausgewählt, prägende Titel für ihn, »und das sind halt nicht die, die man am amüsiertesten gelesen hat, sondern die etwas mit einem gemacht haben«, sagt Habeck einleitend, darunter Texte seiner Leitfiguren Albert Camus und Paul Celan.[360] Zum Auftakt aber eben *Homo Faber* von Max Frisch, auch deshalb, weil es »am eingängigsten« ist. Schullektüre in der elften Klasse – »und das Buch hat alle Umzüge überlebt«. Er hält es in die Luft und zeigt es dem Publikum. Anmerkungen und Unterstreichungen aus der Schulzeit seien in seinem Exemplar noch vorhanden, und im Schultheater habe er zudem in einem Stück von Frisch mitgespielt, *Andorra*. »Ich hab Max Frisch geliebt«, sagt Habeck, »er war der Autor meiner Jugend.«[361]

Später, als er dann studiert und selber schreibt, habe er Bücher von Max Frisch »irgendwie klischeehaft und man würde heute wahrscheinlich sagen: alt, weise und männlich« gefunden. In einer dritten Phase habe er genauer auf die Sprache von Frisch geachtet und »unglaublich schöne Passagen« entdeckt. Ausgewählt hat er

Zeilen über eine Nachtwanderung in Korinth, »eine der schönsten Passagen und Beschreibungen, die es wahrscheinlich im Hagel der Metaphern überhaupt gibt«. Einerseits schreibe Frisch in seinem Roman den abendländischen Mythos bis zu Ödipus fort, andererseits sei das Buch auch »ein bisschen kitschig«. Deswegen also diese »komplizierte Beziehung zwischen mir und Max Frisch«.

Bereits rund zehn Jahre zuvor hat Habeck die Leser der *Kieler Nachrichten* auf diese Szene in *Homo Faber* aufmerksam gemacht. Er ist damals noch Fraktionsvorsitzender im Kieler Landtag. In der Serie »Ein fantastisches Wochenende« werden »Persönlichkeiten aus der Region« aufgefordert, ihr ganz spezielles »Traumwochenende« zu beschreiben. Habeck fantasiert sich nach Griechenland, träumt sich in einen langen Abend, gegessen ist schon, es folgt der Ouzo, die Nacht ist etwas klamm und kühl, »wir dürfen die Decken nicht vergessen«, sagt er. Wann diese Szene spiele? »Irgendwann, wenn ich als freier Mann der Politik wieder den Rücken gekehrt habe. Nicht geflohen«, fügt er hinzu, »sondern nach hoffentlich getaner Arbeit dem Nächsten den Vortritt« überlassen. Und wo spiele diese Szene? Selbstverständlich in Korinth. Denn dort, am Tempel der Aphrodite, ereignet sich ein betörendes Schauspiel. Frisch skizziere in dieser Episode die wichtigsten beiden Entwürfe seines Lebens: »die Schriftstellerei und das Wesen der Liebe«. Eine Nacht in Griechenland also. Gerüche von Salbei, Thymian und Oleander liegen in der Luft, Bergsilhouetten verschwimmen allmählich, der Mond beleuchtet Scherenschnitte in der Natur, das Meer versinkt im Dunkel. »Sternschnuppen zählen, bis man nicht mehr weiß, was man sich wünschen soll.« Habeck ergänzt: »Das ist mein Gefühl, meine Vorstellung von Freiheit.« Und er fügt einen

Satz zum »Grundtenor in meinem Leben« hinzu: »Ein Stück vom Rausch des Lebens zurücktreten und das Sein in seiner Fülle genießen.« Oder eben: Die Welt umarmen.[362]

In der Berliner Buchhandlung folgt auf Frisch ein langer Block zu Habecks Leitfiguren der Philosophie: Camus, Celan, Emmanuel Lévinas.[363] Danach stellt Habeck das schmale Buch eines Schweizer Schriftstellers vor, Klaus Merz. So etwas wie ein Geheimtipp aus jüngerer Zeit. *Jakob schläft* heißt der Roman, in dem über eine Familie erzählt wird, die einen Sohn verloren hat. Es geht wieder um den »Neigungswinkel der Kreatürlichkeit«.[364] Wie es bei Celan heißt: »Den jeweils anderen Menschen in seinem Dasein zu begreifen.« Und dafür sei Klaus Merz' schmaler Roman genau der richtige. Er erfülle diese Aufgabe von Literatur aufs Innigste. Habeck liest eine längere Passage vor, hält nach einer prägnanten Stelle inne, wendet sich wieder ans Publikum: »Sehen Sie, das ist das Leben. Drei, vier Sachen werden erwähnt, und schon hat man eine Idee, was das für ein Mensch ist, ohne ihn wirklich zu kennen.« Die Worte in dem Roman lauten: »Er konnte zaubern, schwere Motorräder fahren. Und fliegen.«[365]

Ich treffe Klaus Merz Ende Juli 2019 in Berlin, draußen am Wannsee, im Literarischen Colloquium. Er wirkt gerührt, als ich ihm von Habecks Bemerkungen über seinen Roman erzähle. »Ja, das ist berührend. Und er hat es genau verstanden, ganz genau. Wunderbar, freut mich sehr!« Als ich Habecks »Lieblingsbücher« aufliste, gibt sich Merz verwundert: »Die Autoren und die Bücher, die er wählt – für mich sind das Lebensbegleiter.«[366] Auch das Buch seines Landsmanns Adolf Muschg, *Der Rote Ritter*, schätzt Merz sehr. Habeck stellt diesen Wälzer von über tausend Seiten in der Berliner Buchhandlung vor, weil ihn diese »Legende von Parzival« sein Leben lang begleitet habe. Schon im Studium müht er sich mit dem mittelhochdeutschen Dichter Wolfram von Eschenbach ab. Muschg aber erzähle diese Ritterfahrt in einer Weise, dass man den Umfang des Romans kaum bemerke, ihn förmlich verschlinge. Muschg psychologisiere seine Figuren, und der Leser lebt mit ihnen mit. »Liebe gab's nicht immer«, klärt Habeck sein Publikum auf, »täuschen Sie sich nicht. Liebe ist kein Gefühl, sondern eine Gefühlsdeutung, die wir uns angeeignet haben. Ich hoffe, ich enttäusche Sie nicht.« Dann liest er aus Muschgs Roman zwei Seiten über Kindheit. »Kindheit ist nicht erzählbar«, heißt es dort, »Kindheit ist uns immer neu. Sie ist exakt das, was uns fehlt.« Und: »Erzählen ist Kindheit, eine Wiederholung, die es nicht gibt.« Dies sei für ihn der Schlüsselsatz, sagt Habeck. »Wir erzählen und erzählen und erzählen uns unsere Kindheit, wir hören uns gerne zu in unserer Sehnsucht nach geteilter Heimat, weil sie was in uns zum Klingen bringt. Es wird aber immer fremd bleiben. Und das ist fast der politische Gedanke von Literatur und sprachlicher Ausgestaltung.«[367]

Zwei Jahre vor dieser Veranstaltung stellt Habeck »die zehn Bücher, die mich prägten« in der Tageszeitung *Die Welt* vor. Zwanzig Bücher habe er im Kopf gehabt, teilt er der Redaktion mit, für zehn entscheidet er sich in seinem Aufsatz. Vorneweg Albert Camus, *Unter dem Zeichen der Freiheit*, ein Lesebuch, das er sich mit 16 Jahren gekauft habe. »Ich las zum ersten Mal anders«, schreibt Habeck, »nicht zur Unterhaltung, sondern um zu verstehen.«[368] An die zweite Stelle in seinem Zeitungsaufsatz setzt er Brechts *Dreigroschenoper,* und er erinnert an seinen Auftritt im Schultheater.[369] An dritter Stelle steht *Die Ästhetik des Widerstands* von Peter Weiss. Nicht etwa deshalb, weil dieser Stoff ihn so beeindruckt hätte. »Ehrlich gesagt finde ich es ziemlich unlesbar«, schreibt er. Es sei die tausendseitige »Kopfgeburt eines linken Konzeptautors (…), so unzeitgemäß wie langweilig«; ein Buch, das »anhand von Kunstwerkbeschreibungen so etwas wie die intellektuellen Erkenntnisse aus 200 Jahren Arbeiterbewegungen ins Wort zu bannen« versucht. Aber das Buch ist Pflichtlektüre im Sommersemester 1991 in Freiburg. »Und in dem Seminar saß ein Mädchen aus Hannover«, Andrea Paluch, seine spätere Frau. »Streber, der ich war, kämpfte ich mich durch den Text, dem jede Literarizität abgeht, während sie lieber in der Sonne döste. Und ich dachte, wem professorale Autorität so egal ist, der leistet eine eigene Form von Widerstand. Und verliebte mich also. Und so wurden die beiden orangenen Suhrkamp-Wälzer Rücken an Rücken im Buchregal zu einem echten Nebeneinander.«

Habeck ist im Norden Deutschlands aufgewachsen, er hat in Dänemark studiert, er kann Dänisch sprechen, er wohnt an der Grenze zu Dänemark. So lernt er auch die nordische Literatur schätzen. Astrid Lindgren beispielsweise oder Peter Høeg. *Die Kinder aus der Krachmacherstraße* schenkt ihm einst »das Mädchen aus Hannover« zum Geburtstag und schreibt ihm vorne ins Buch: »Lieber Robert! Ich glaub, das ist ein super Buch und wer weiß, für was noch alles nützlich …« Da ist Habeck gerade 24, drei Jahre später bekommen sie ihren ersten Sohn Jakob. Und zum Vorlesen können sie Lindgrens Buch dann wirklich gut gebrauchen, weil darin so etwas wie »ein Entwurf fürs Glücklichsein« gezeichnet werde. »Die zugewandte Aufmüpfigkeit, die lässige Menschlichkeit, die freche Menschenfreundlichkeit von Astrid Lindgrens Mia-Maria und Lotta, die ernste Ironie der Eltern« – all das ist etwas, das er mit seiner Familie im norddeutschen Bullerbü in Großenwiehe zehn Jahre lang auskostet.[370]

# »Sehnsucht nach dem Meer«

## Der Norddeutsche

Im Februar 2019 treffe ich Robert Habeck zu einem ersten Interview für den Hörfunk. Er kommt aus einem anderen Termin gehetzt, weiß nicht, was ihn erwartet, ahnt nichts von einem Hörfunkporträt, in dem nicht die Tagespolitik im Vordergrund stehen soll. Der Mensch hinter dem Amtsträger soll kenntlich werden, ich stelle auch persönliche Fragen. Habeck weicht aus, möchte Privates offenbar lieber im Verborgenen halten. Seit einem Jahr ist er nun in Berlin, im »Haifischbecken«, wie man so sagt, zerrissen zwischen dem Vorsatz, bei sich selbst, authentisch zu bleiben, und den Ansprüchen einer Journalistenmeute, die darauf lauert, jede Unsicherheit zur Schlagzeile zu machen, einen Ausrutscher groß rauszubringen.

Habeck ist bei unserem ersten Treffen professionell auf Betriebstemperatur, erwartet gewöhnliche Fragen im Routinemodus. Nach einer knappen Vorstellung meines Projekts fängt er sich, holt tief Luft, schaut mich erwartungsvoll an. Er bleibt professionell, ist konzentriert, aber nicht wirklich offen für private Einblicke. Auf die Frage, wie es ihm nach einem Jahr in Berlin gehe, behauptet er, alles sei easy, alles sei cool, ein paar mehr Menschen gibt es, natürlich, auch mehr Ministerien, mehr Politiker, mehr Presse, aber sonst: alles wie gewohnt eigentlich. »Mir geht's erst mal super«, meint er, wie könnte es anders sein, nach diesem Jahr, das hinter ihm liegt, seit der Wahl zum Bundesvorsitzenden der Grünen?! Es ist die flunkernde Antwort eines Politprofis.[371]

Man muss nur Jürgen Leinemanns Klassiker von 2002 zur Hand nehmen. Darin berichtet der Journalist über den *Höhenrausch* (so der Titel) und gibt einen Einblick in *Die wirklichkeitsleere Welt der Politiker* (so der Untertitel). Man bekommt eine Ahnung davon, unter welcher Glocke sich die politische Klasse und der Tross von Medienvertretern bewegen. »Wahrgenommen, bemerkt und anerkannt zu werden, ist das Hauptziel jedes Süchtigen«, schreibt Leinemann. »Es ist auch das Bestreben jedes Politikers in der Medienwelt. Alle wollen sie bemerkt und gemocht und am Ende natürlich gewählt werden. Das Fernsehen habe die Politik nicht nur deshalb so tiefgreifend verändert, glaubt Altkanzler Helmut Schmidt, weil es die Politiker zur Oberflächlichkeit verführt: ›Es macht sie auch sympathiesüchtig.‹ Die Versuchung zum Opportunismus, ohnehin immer eine Gefahr für die demokratisch gewählten Vertreter des Volkes, werde übermächtig. Schmidt: ›In der Demokratie werden Sie nämlich nur gewählt, wenn Sie sich ausreichend angenehm machen.‹ Das heißt: Der Politiker sagt Dinge, von denen er glaubt, dass seine Zuhörer sie denken. Vor allem sagt er nicht, was sie nicht hören wollen.«[372]

Ein halbes Jahr nach meiner ersten Begegnung mit Habeck gibt er sich in einem Fernsehinterview in seiner Heimat Schleswig-Holstein aufgeschlossener: »Ich habe lange nicht verstanden, was die immer meinen: Berlin ist so hart und anstrengend und so weiter ...« Er hält inne, grinst, lacht die Reporterin schließlich an: »Jetzt hab ich's begriffen! Kleine Sachen werden halt groß.« Und er analysiert die Mediensituation in der Hauptstadt: »Es gibt eben nicht drei oder vier Zeitungen oder zwei oder drei Sender, sondern es gibt dreißig. Und aus einer Binnenlogik heraus müssen die auch alle was Neues schreiben. Das heißt, es gibt so eine Art Überbietungswettbewerb. Und wenn man dann stolpert, liegt man halt am Boden, und alle trampeln über einen rüber. Und wenn man aber hoch springt, dann sagen alle, guck mal, der kann ja fliegen.« Er versuche, diese Mechanismen zu verstehen: »Die Wette ist im Grunde, sich nicht drauf einzulassen. Aber ob es gelingt? Offener Ausgang, würde ich denken.«[373]

In meiner ersten Begegnung bestreitet Habeck im Februar 2019, dass er vom Apparat aufgefressen wird, dass er nicht mehr er selbst sein kann. »Der Sog unterzugehen«, sei da, gibt er zu, ja, der sei sogar »enorm stark«. Interviewanfragen ohne Ende, Verpflichtungen, Termine, Einladungen. Aber er habe immerhin noch die Wahl, dieses Interview zu geben und jenes abzulehnen oder sich für einen Abend in Zittau mit dreißig Zuhörern zu entscheiden, anstatt wieder in eine Talkshow zu gehen, um ein paar Millionen Zuschauer zu erreichen. Ist das noch persönliche Freiheit? In seiner politischen Autobiografie schreibt er, dass er sich als Minister »wie ferngesteuert« gefühlt habe, denn »mein Kalender wird von anderen geführt«. Privatheit? »Ziemlich reduziert«, bekennt er.[374]

Das ist in Berlin nicht anders, im Gegenteil: noch enger getaktet und in höherem Tempo angelegt. Auf meine Frage, ob ihm in dieser Stadt voller Mauern und Fassaden nicht der freie Blick aufs Meer fehle, der Blick zum Horizont und die Zeit zum Nachdenken und Lesen, sagt er zögernd: »Fehlt ein bisschen.« Und dann: »Immer wenn ich nach Schleswig-Holstein fahre, wo ja die Familie noch wohnt ... Und wenn ich dann vom Laptop hochgucke und ab Neumünster die Windkraftmühlen sich drehen sehe … Und wenn der Himmel zu diesem Meereshimmel wird … Dann geht mir das Herz auf. Da habe ich Heimweh nach der Heimat.«[375]

In der Fernsehtalkshow »3 nach 9« schwärmt Habeck im März 2018 vom Natur- und Heimaterlebnis auf der Hallig Hooge. »Halligen sind keine Inseln«, erklärt er zunächst, »weil Inseln in der Regel eingedeicht sind. Halligen werden überspült. Das heißt: Zehn Mal im Jahr ist Sturmflut und die Nordsee steht auf dem Land und die Häuser sind auf Warften, also Hügeln, gebaut.« Das schaffe »eine besondere Natur, eine besondere Landschaft« und einen »Vogelreichtum, der so wahrscheinlich an keinem anderen Ort in Deutschland zu finden« sei. Es gebe »keinen ausgesetzteren Ort als diese Halligen«. Man gelange entweder mit dem Schiff dorthin oder eben zu Fuß, durchs Watt. Und nach einem langen Sommertag »dann draußen zu schlafen, sich da hinzulegen und einfach weg zu sein, das ist einer der glücklichsten Momente, die man sich schenken kann«.[376]

»Das Meer ist zunehmend eine Metapher für meinen Blick auf Politik geworden«, schreibt Habeck in seiner politischen Autobiografie. Er ist am Meer, an der Kieler Förde, mit weitem Blick zum Horizont aufgewachsen; er ist als Minister in Schleswig-Holstein verantwortlich für den Meeres- und Küstenschutz gewesen; er hat Konflikte zwischen Naturschützern und Fischern geschlichtet und sechs Jahre lang so etwas wie ein Heimatministerium geführt. Er zitiert den französischen Schriftsteller Antoine de Saint-Exupéry, der in seinem »so melancholischen wie visionären Buch *Die Stadt in der Wüste*« eine Sicht geprägt habe, die er auch für sein eigenes Leben gelten lasse. Wenn ein Schiff gebaut werden soll, schreibt Saint-Exupéry, dann beschaffe man nicht einfach Holz und teile die Arbeit ein, »sondern lehre die Männer die Sehnsucht nach dem weiten, endlosen Meer«.[377] In seinem kurzen Gastspiel als Student in Freiburg habe er gelernt, dass er ein Norddeutscher ist, schreibt Habeck. »Zuvor war mir das egal gewesen und ich wollte eigentlich nichts lieber, als wegzuziehen aus dem schlechten Wetter und der Randlage in Deutschland.« Doch kaum in Süddeutschland, identifiziert er sich auf einmal »mit dem zurückgelassenen Raum«, versucht seinen badischen Freunden klarzumachen, dass Detlev-Buck-Filme lustig sind, fängt an, Dänisch zu lernen und nicht – wie alle in Freiburg – Italienisch.[378]

Was zeichnet den Norddeutschen aus? Lässt sich überhaupt ein Typ charakterisieren? Eine menschliche Eigenschaft verallgemeinern? Arfst Wagner, an der Nordsee, auf Föhr groß geworden, auf der westlichen Seite Schleswig-Holsteins also und nicht am Binnenmeer Ostsee, fragt sich, ob sein ehemaliger Parteifreund Habeck überhaupt als Norddeutscher oder Schleswig-Holsteiner bezeichnet werden kann. »Irgendwie ja, irgendwie nicht«, meint er. »Roberts Denken ist so licht wie das eines Norddeutschen, aber eben nicht so begrenzt wie das ›angestammte‹ norddeutsche lichte Denken. Er hat es weltoffener, bewusster gemacht.« Vermutlich auch befördert durch sein Philosophie- und Literaturstudium.[379]

Habecks Schulfreund Kristian Dittmann spricht vom Glück. »Statistisch glücklich«, heißt ein Eintrag in seinem Blog. Und er verweist darauf, dass die Schleswig-Holsteiner in einem sogenannten Glücksatlas mehrfach »zu den glücklichsten Deutschen gekürt worden« seien, »mit weitem Abstand vor den Hamburgern – der Rest tummelt sich auf den Plätzen«. Gibt es dafür Gründe? Das Bundesland zählt nicht zu den reichsten, ganz im

Gegenteil; aber es hat allerlei Besonderheiten. Schleswig-Holstein ist das einzige Bundesland, das sich geografisch von anderen abgrenzt, schreibt Dittmann; zudem sei hierarchisches Denken nicht norddeutsch. »Warum? Weil am Strand alle gleich groß sind.« Und weil der Blick zum Horizont den Kopf klarmacht, das Bewusstsein an der Küste zur Ruhe kommt. Als Schleswig-Holsteiner »bist du instant da, wo andere erst hinfahren müssen«, schreibt Dittmann, »ohne Anmeldung, ohne Warteliste, ohne Geld«. Wie auch jeder Grieche den Deutschen vorhält: Ihr habt das Geld, aber wir haben das Meer. Unbezahlbar eben. Grundlage für eine andere Lebensweise, eine andere Einstellung zum Leben. »Denn tatsächlich verdient bei uns der Strand das Geld. Wir machen nur drum herum.« Eisbuden, Fischbrötchen, Bootsverleih.[380] Und Kristian Dittmann selbst hat aus dem, was er am Strand findet, ein sehr auskömmliches Geschäft gemacht. Er fabriziert aus Seegras Kopfkissen. Die sind nicht nur nachhaltig, sondern vertreiben auch Nackenschmerzen, sind gut für Allergiker, und selbst das Schnarchen ginge zurück, behauptet Dittmann auf seiner Homepage.[381]

Im Gespräch sagt er, dass für seine Kinder Ferien immer dann seien, »wenn die Autos mit den vier Auspuffrohren kommen, wenn also der Reichtum aus Deutschland herkommt, diese ganzen Stress- und Reichtumsflüchtlinge«. Die suchten genau dieses verlangsamte Leben im Norden, das einfachere und gewöhnliche Leben, die saubere, frische Luft, die Natur. Aufgeblasen sei hier allenfalls der Wind, die Menschen kämen selten so eitel daher wie anderswo.[382] Schulfreund Habeck hat den Glücksatlas natürlich auch im Blick. In seinem Blog heißt eine Notiz »Glück als politischer Auftrag«. Darin erzählt er, wie er aufs Geratewohl mit dem Fahrrad aufbricht, ohne Handy, ohne Termine, freie Zeit. Menschen, denen er begegnet, sind nett zu ihm, erkennen ihn, den Minister, grüßen ihn. »Ich wusste, ich gehörte zu diesem Land, zu diesen Menschen. Und das Wort Glück wurde ein innerer Zustand.« Und warum die glücklichsten Deutschen in diesem Bundesland leben (und in Skandinavien die glücklichsten Europäer), sucht Habeck auch zu erklären. Er nennt es »Identifikation mit der Gesellschaft und mit der Natur«. Zudem seien die Einkommensunterschiede nicht so groß wie anderswo, Neid und Missgunst damit der Nährboden entzogen.[383]

»Die Schleswig-Holsteiner sind so ähnlich drauf wie die Bayern«, sagt Habeck im bayerischen Kommunalwahlkampf im März 2020: »Da ist ne Sperrigkeit manchmal in der Kommunikation. Aber wenn man es schafft, miteinander auf eine Gesprächsebene zu kommen, dann hat das eine sehr hohe Verbindlichkeit.«[384]

Noch etwas anderes kommt für ihn hinzu: die Randlage, die Nähe zur Grenze, die Nachbarschaft zu Dänemark. Als er mit seiner Frau Ende der 1990er-Jahre ein Stipendium im dänischen Svendborg erhält, begreift er seine Zugehörigkeit. »Irgendetwas passierte dort mit mir«, schreibt Habeck. »Es war ein gutes Lebensgefühl, nicht mittendrin zu sein, sondern am Rand, außerhalb. Nicht geflohen wie Brecht, aber doch ausgesetzt. Dieses Lebensgefühl nahmen wir mit zurück.« Nur zehn Kilometer sind es bis zur Grenze von ihrem Haus in Großenwiehe – »und nach Berlin ist es weiter als nach Schweden«.[385]

Und er macht sich einen Spaß daraus, im Garten hinter dem Haus eine dänische Flagge zu hissen, »um jeden Morgen das Gefühl von Urlaub zu spüren«. Manche Leute verstehen das nicht, sie nehmen es übel. »Guck mal die Neuen«, hört er sie tuscheln, »das sind Dänen, wie ätzend.« Seinerzeit, Anfang der 2000er-Jahre, ist dieser »verkrampfte Nationalismus« noch in manchen

Köpfen, doch rund fünfzehn Jahre später, als er das Interview im August 2018 für eine Handballzeitung in Flensburg gibt, glaubt Habeck an eine junge Generation, die sich von solchen Ressentiments nicht mehr leiten lässt. Er beschreibt »das heutige Selbstverständnis«, diese Leichtigkeit und diesen Stolz, »in der Zweisprachigkeit und einer Zwei-Kulturen-Region zu leben«. Daraus erwachse Toleranz, denn: »Es ist fast poetisch, dass man hier alles übersetzen muss.« Er liebe Dänemark, obwohl manche politischen Entwicklungen ihm dort mittlerweile Sorgen bereiteten. Aber: »Das Wir und die Gemeinschaft hochzuhalten als Idee von Gesellschaft fand ich immer ansprechend und bezaubernd.« Er habe ein Bild von Dänemark vor Augen, in dem »Freundlichkeit verbunden mit Naturstolz« vorherrsche, »sommerlich und Lachen aus offenem Fenster, das verbinde ich mit Dänemark«.[386]

In dieser Region um Großenwiehe oder Flensburg wächst man zweisprachig auf. Habeck kann sich auch auf Dänisch verständigen, seine Söhne sind in den dänischen Kindergarten gegangen, sie sind in dänischen Schulen unterrichtet worden, sie studieren in Dänemark. »Wenn man selbstverständlich mit zwei Sprachen lebt«, meint Habeck, »dann wird das Springen zwischen den Sprachen ein Übersetzen, das andauernd daran erinnert, dass die Dinge auch anders gesagt werden können.«[387]

In einem gemeinsamen Text für die *taz* berichten Habeck und Paluch 2006 vom Leben und Schreiben in der norddeutschen Provinz. »Dort, wo es am billigsten ist, ist Schleswig-Holstein auch am freiesten.« Das habe viel mit der Sprache zu tun, Dänisch, Plattdeutsch, Friesisch – und dem Dorfklatsch als eigene Sprache. Eine Schule auch für ihr Schreiben. »Und wenn Literatur heute eine gesellschaftliche Relevanz hat, dann den

Konservativen den Begriff der Heimat zu zerschreiben – und alles, was mit ihm aus sich heraus und ohne Grund bestehen soll. In der Heimatsprache, der Dorfdynastie, dem Ort, wo jede jeden kennt, wo Deutschland vermeintlich am tümelndsten ist, wird Heimat zur Fremde und unheimlich.«[388]

In seiner norddeutschen Heimat ist Habeck viel unterwegs, zu Fuß, auf Wanderungen direkt vor der Haustür oder bei Ausflügen zu den Inseln. Auf der nordfriesischen Insel Föhr, gut eine Stunde von Hallig Hooge entfernt, ist er häufig zu Gast. Nach dem Abitur versucht die Clique um Habeck zunächst, weiter zusammenzubleiben. Im elterlichen Ferienhaus einer Schulfreundin proben sie an Wochenenden eine Wohngemeinschaft. Der Versuch wird zum Debakel. »Total bedrückend« sei es gewesen, »plötzlich gab es Regeln und Personenauswahlverfahren – nichts für mich«, erinnert sich Habeck. Er macht sich rasch aus dem Staub, sein Freund Kristian Dittmann zieht mit.[389] Ende Mai 1990 trägt Habeck ins Gästebuch ein: »Mit jedem Luftzug Träume und Ideale getankt und wieder rausgelassen. In Zukunft die Zukunft!«[390] Es ist sein Abschied von der Idee einer Wohngruppe mit Schulfreunden, doch der Kontakt zu einigen von ihnen reißt nie ab.

Im Sommer setzt er auch immer wieder gern nach Föhr über. Er stellt dort seine Bücher vor und liest daraus. Er unternimmt als Umweltminister – im Sommer 2015 – eine mehrstündige Wattwanderung zwischen Amrum und Föhr, einen Journalistentross im Schlepptau, der Anlass: das dreißigjährige Bestehen des Nationalparks Wattenmeer.[391] Im Sommer 2016 informiert er sich beim BUND auf Föhr über den Verkauf von regionalen und nachhaltigen Lebensmitteln, die ohne Verpackung angeboten und verkauft werden.[392] »Eine Art Stammgast« überschreibt die

Redaktion des örtlichen *Insel-Boten* den Besuch Habecks im Sommer 2019. »Föhr ist tatsächlich so etwas wie ein kleiner Fixpunkt für mich«, sagt er im Interview. Fünfzehn Jahre zuvor hatte er mit seiner Frau in der Wyker Stadtbücherei »eine unserer ersten Lesungen«, erinnert er sich.[393]

»Heimat ist der Raum, in dem wir leben und den wir gestalten«, sagt Habeck im Oktober 2017, »egal, woher wir kommen. Heimat ist unser Zusammenleben.«[394] Im Wochenmagazin *Stern* antwortet er: »Heimat ist das Gegenteil von Hotel: Dort ist man nicht zu Hause, trägt keine Verantwortung. Man wirft das Handtuch auf den Boden und lässt das Bett machen. Das macht man nicht, wenn man für etwas Verantwortung empfindet. In diesem Sinne ist meine Heimat nicht in erster Linie Schleswig-Holstein, wo ich zwischen Meeren und Deichen lebe, sondern Europa. Das ist der Bezugsraum, in dem ich denke, damit verbinde ich die Freiheit, für die ich mich verantwortlich fühle. Heimat ist also für mich kein konkreter Ort, sondern ein Versprechen, ein Horizont.«[395] Zwei Monate später: »Heimat hat etwas mit meiner Kindheit zu tun, Heimat ist Geborgenheit oder Liebe: Also, ja, Heimat ist etwas Individuelles.« Zudem habe Heimat für ihn »ein utopisches Potenzial«, fügt er hinzu. Utopie bedeute ja »Nicht-Ort«, und so verstehe er den Begriff von Heimat. Ein Widerspruch? Ja, einige würden das wohl sagen. »Aber gerade darin liegt auch der Reiz. Ich kämpfe für diesen Begriff, weil der Politik das Utopische fehlt.« Und: »Es gibt ein Heimweh nach einer Politik, die mehr ist als das Durchwursteln durch das Tagesgeschäft.«[396]

Im Musikmagazin *Rolling Stone* definiert Habeck: »Heimat meint ein utopisches Versprechen und nicht den Zaun um ein Land und völkische Identität.«[397] Oder auch einen »Ort, wo man Halt sucht«. Heimat sei für ihn weniger ein konkreter Ort, sondern dort, »wo die Menschen sind, mit denen ich mich verbunden fühle«. Er habe mal gelesen, Heimat sei da, »wo man doof sein kann. Das klingt komisch, aber ich finde es genau richtig: Mit Menschen zusammen zu sein, wo man nicht erklären muss, wer man ist. Das ist für mich Heimat, und die finde ich in meiner Familie, mit meiner Frau und meinen Kindern.«[398]

In einer ihrer Kolumnen beschreibt Andrea Paluch einen spontanen Ausflug mit ihrem Mann. Alle Kinder sind gleichzeitig auf Klassenfahrt. Die Eltern haben frei. Beide haben keine Termine. »Tatsächlich hatte auch der allerälteste meiner Jungs sich gegen den Trott gestemmt und diese Tage freigehalten. Und noch während ich es nicht so ganz glauben konnte, polterte er schon die Treppe herunter, den alten Rucksack auf dem Rücken, mit dem ich ihn kennengelernt hatte, und ein Honigkuchengrinsen quer über die Backen.« Sie packen rasch das Nötigste für ein paar Tage zusammen, stopfen T-Shirts, Zahnbürsten, ein Buch in den Rucksack. »Wir wanderten. Wir tauchten für vier Tage ein in das unbekannte Land direkt vor unserer Haustür.« Hügel, Kühe, Düfte, die Eigenarten der Landschaft, »das Geißblatt mit seinem süßen Abendduft«, Früchte am Wegesrand, Erdbeeren zum Beispiel – und dann: »Meine eigene und die Erschöpfung des Mannes neben mir (der tapfer und stolz seinen Rucksack mit meinen Klamotten schleppte), die große Freiheit vor der Haustür. Wir stiefelten aufs Geratewohl und voll Gottvertrauen in den Abend und fragten bei Zeltplätzen nach Hütten oder Zimmern – und fanden wunderschöne, preisgünstige und romantische Plätze.« Entdeckungen und Abenteuer ums Eck.[399]

In seinem sprachanalytischen Buch *Wer wir sein könnten* leitet Habeck das Wort Heimat von seinen Ursprüngen ab und kommt zu dem Schluss: »Heimat sucht, wer Heimweh hat.«[400]

Und im März 2018, politisch gewendet: »Ein Teil der Menschen hat als Reaktion auf dieses Heimweh rechtsradikal gewählt.« Deshalb gelte es, »ein Feuer für eine progressive links-liberale Bewegung zu entfachen«.[401] Der Denkfehler der AfD sei »die Verklärung einer Vergangenheit, die es so nie gegeben hat«, sagt er. »Früher war eben nicht alles besser, auch wenn die Menschen das seit der Vertreibung aus dem Paradies gern glauben.«[402]

# »Vaterlandsliebe fand ich stets zum Kotzen«

## Der Provokateur

»Solche Aussagen von Herrn Habeck sind dumm und falsch«, urteilt der 26-jährige Philipp Amthor im Oktober 2019 und hat damit zunächst die Schlagzeilen für sich. Im Interview mit dem *Focus* fordert der CDU-Politiker Amthor einen »gesunden Patriotismus«. Er warnt vor der Ablehnung von Nationalsymbolen und hat sich – zur Bekräftigung seiner Position – Worte von Robert Habeck aus dem Jahr 2010 vorgenommen. Der habe einmal gesagt, »Vaterlandsliebe sei ›zum Kotzen‹«.[403]

Amthor ist ein Politfunktionär seit Kindertagen, könnte man sagen. Mit sechzehn ist er bereits Mitglied der CDU und der Jungen Union. Sein Studium der Rechtswissenschaften lässt er sich von der parteinahen Konrad-Adenauer-Stiftung finanzieren. 2017 erringt er in Mecklenburg-Vorpommern ein Direktmandat für den Bundestag. Damit ist er der jüngste Bundestagsabgeordnete, der einen Wahlkreis gewonnen hat, und fortan das zweitjüngste Mitglied im Deutschen Bundestag. Ein Bonbon für die Medien. Vielfach wird er als hoffnungsvolles Nachwuchstalent der CDU bezeichnet, ehe er im Juni 2020 infolge einer Lobbyismus-Affäre abstürzt und auf verschiedene Posten verzichten muss.[404] Amthor gibt sich deutschnational. Er trägt gern eine schwarz-rot-goldene Brosche am Revers und akkuraten Scheitel. Der Politiker sieht aus wie Muttis Zögling, ist sich für keinen Auftritt zu schade, nimmt jeden Spott gelassen hin. Doch wie ein Alter versteht er sich auf politische Winkelzüge. Im Interview mit dem *Focus* betont er: Die Jugend »denkt und tickt durchaus konservativer, als viele glauben. Ich habe nicht den Eindruck, dass junge Menschen per se auf linke Parteien stehen.«

Wenig später legt CDU-Generalsekretär Paul Ziemiak nach und wettert ebenfalls gegen Habeck. Auf der Jahresversammlung der Jungen Union 2019, dem sogenannten Deutschlandtag, sagt er: »So jemand darf nie Verantwortung für dieses Land bekommen und in einem Parlament sitzen! Wie soll man den Grünen dieses Land anvertrauen, wenn sie mit diesem Land nichts anzufangen wissen und immer kotzen, wenn sie patriotische Symbole sehen?«[405]

Männerfreundschaft liegt diesem Gleichschritt zugrunde, ein Geistesbündnis, eine Agitpropkameradschaft. Auf diesem Niveau werden Kampagnen zusammengeschustert. Ziemiak wird als Freund Amthors bezeichnet, geradezu schwärmerische Worte über das CDU-Nachwuchstalent sind überliefert: »Er ist auch ein Stück weit Kult«, behauptet Ziemiak über Amthor. »Er ist völlig authentisch, er ist wirklich so, wie er ist – in seiner Einzigartigkeit.«[406] Markus Söder, der bayerische Ministerpräsident, stößt ins gleiche Horn, übernimmt die CDU-Vorlage von Amthor und Ziemiak und sagt beim Politischen Aschermittwoch im Februar 2020 in Passau: »Wenn Herr Habeck einmal gesagt hat, Vaterlandsliebe finde ich zum Kotzen, da kann ich nur sagen: Wer sein Land nicht liebt, kann sein Land nicht führen.«[407]

Und Habeck? Wehrt er sich? Schlägt er zurück, wie es üblich ist im politischen Geschäft? Nein, das ist nicht seine Art. CDU-

Generalsekretär Ziemiak beispielsweise straft er nicht polemisch oder mit tödlichem Schweigen. Im Gegenteil: Keine vier Wochen später lobt er ihn sowie die CDU-Chefin Kramp-Karrenbauer auf dem Parteitag der Grünen ausdrücklich namentlich dafür, ein Bündnis der CDU mit der AfD (nicht nur) in Thüringen kategorisch auszuschließen, ja, zu untersagen.[408] Habecks Vorgehen ist trickreich: umgarnen, einspinnen, einbinden. Ist das Taktik? Eine Masche? Menschenfreundlichkeit? Gläubigkeit? Der politische Gegner jedenfalls steht leicht bedeppert da, mit offenem Mund und vielleicht sogar beschämt – und Habeck macht weiter in seinem Programm.[409] Habecks politischer Standpunkt ist spätestens seit dem Erstarken der AfD scharf umrissen und eindeutig: Nur diesseits der AfD sind alle Demokraten. Damit unterscheidet er sich von manchen Bayern und anderen leichtsinnigen Gemütern, die damit liebäugeln, ein bürgerliches Lager inklusive der AfD schmieden zu können.[410]

Angriffe gegen Habeck wegen seiner Bemerkungen zur sogenannten Vaterlandsliebe sind nicht neu. Als er im März 2019 im sächsischen Glashütte eine Uhrenmanufaktur besucht, verteilt die AfD Handzettel und Hauswurfsendungen. Darin wird unter anderem ebenfalls mit jenen Worten zur Vaterlandsliebe Stimmung gemacht. In rechtsradikalen Internetforen geistert diese Stimmungsmache ohnehin herum. Habeck spricht von »AfD-Trollen«, die ihr Unwesen treiben.[411] Als Vorlage für diese Angriffe können womöglich Artikel im Kampfblatt der rechten Szene, *Junge Freiheit*, ausgemacht werden. Unter der Überschrift »Mit Deutschland weiß er nichts anzufangen« kommt dort im Juni 2018 eine Polemik zum Abdruck. Darin wird Habeck als »fundamentalistischer Antideutscher« bezeichnet, als »brennend ehrgeizige(r) Machtmensch« in der Rolle eines »lässigen, Nonkonformismus simulierenden und ›Gebrochenheit‹

mimenden Punkers im Ministersessel«; eine »verstörende Wirklichkeitsferne des Politikers« wird attestiert, kurz: »Primitivität als Weltanschauung« – zitiert nach Thomas Mann. Als »Kernaussage« werden jene beiden Sätze aus Habecks Buch von 2010 bezeichnet, die ein Jahr später Philipp Amthor und Paul Ziemiak fast gleichzeitig aufgreifen.[412]

Möglich, dass der CDU-Politiker Jens Spahn diesen Artikel gelesen hat. Denn der Gesundheitsminister hatte bereits Ende November 2018 versucht, Habeck in einer Talkrunde bloßzustellen. Eigentlich geht es in der Sendung um die Themen Grundeinkommen, Hartz IV und Armut, die Frage der Redaktion lautet: »Wer stoppt die Spaltung des Landes?« Gegen Ende plädiert Habeck leidenschaftlich für den Zusammenhalt in der Gesellschaft und wirbt für ein Vertrauen in die liberale Demokratie. Daraufhin kommt Spahn auf Werte zu sprechen, auf »ein Wir-Gefühl und idealerweise einen gemeinsamen Patriotismus«. Und er zeigt auf den ihm direkt gegenübersitzenden Habeck und sagt: »Ich weiß gar nicht, wie Sie Zusammenhalt schaffen wollen und gleichzeitig, was haben Sie gesagt? Patriotismus finden Sie zum Kotzen!? Ich glaub schon, zu einem Zusammenhalt gehört mit dazu ein gemeinsames Wir-Gefühl, gemeinsame Werte, eine Sprache, gemeinsame kulturelle Pflege. Natürlich gehört auch dazu: sozialer Zusammenhalt, und dass man sich darauf verlassen kann, wenn ich mich anstrenge, wenn ich was mit einbringe, dann hab ich auch eine Chance auf mehr Erfolg …« Habeck, der Vaterlandsverräter also? Nach einigen Schrecksekunden reagiert er, nennt dann den Titel seines acht Jahre zuvor erschienenen Buchs, fasst den Inhalt kurz zusammen und entgegnet: »Sie fallen nur immer wieder auf die AfD-Propaganda rein, Herr Spahn. Sie haben das Buch erkennbar nicht gelesen und halten mir irgendwelche AfD-Posts vor. Und das ist für jemand, der irgendwann Bundeskanzler werden will, echt armselig, muss ich sagen.«[413]

Was hat Habeck nun 2010 geschrieben? »Patriotismus, Vaterlandsliebe also, fand ich stets zum Kotzen. Ich wusste mit Deutschland nichts anzufangen und weiß es bis heute nicht.« So lauten zwanzig Worte in dem 200-Seiten-Buch *Patriotismus. Ein linkes Plädoyer*, eingebettet in die Überlegungen zu einem »positiven Gesellschaftsverständnis«. Als »linken Patriotismus« bezeichnet Habeck ein Engagement, »das auf Veränderung setzt, auf Gerechtigkeit und Internationalität«.[414] Rechter Nationalismus grenze aus, schreibt er, setze ein »Wir« gegen die »Anderen«, benötige den Fremden, »um sich seiner selbst zu vergewissern«. Linker Patriotismus hingegen funktioniere grundsätzlich anders: »Er organisiert die Integration in die Gesellschaft. (…) Ein linker Patriotismus ist ein rationaler Gesellschaftsvertrag.«[415] Regeln und zugleich Freiheit könnten nur von einem starken Staat und einer starken Politik garantiert werden. Staatstragend sind diese Überlegungen allemal, »staatstragend und aufbegehrend« zugleich, so möchte er sie verstanden wissen.[416] »Linker Patriotismus ist Verfassungspatriotismus. Das heißt, er strebt eine Gesellschaft von Bürgern an, die sich ihrer Rechte, aber auch ihrer Pflichten bewusst sind.«[417] Und weiter: »Um starke Regeln durchzusetzen, muss man optimistisch sein und glauben können, dass sich Einsatz lohnt. Idealismus, Visionen, Aufbruch, sie sind in die Zukunft gerichtet. Patriotismus muss eine Idee vom guten Leben artikulieren – im besten Fall vom guten Leben in einer guten Gesellschaft. Und deshalb ist Patriotismus eigentlich ein linkes Projekt. Jedenfalls war er das mal.«[418]

Habecks Begriff von Patriotismus benötigt »Deutschland« nicht. Er wehrt sich dagegen, »dass es etwas Deutsches gibt, was sich in den nationalen Symbolen oder der Sprache oder einer Kultur zum Ausdruck bringt«. Tatsächlich sei es genau umgekehrt: »Die Anwendung der Symbole definiert, welch Geistes Kind der Patriotismus ist.«[419] Sind das mehr als Floskeln und Worthülsen? Mehr als eine Thesensammlung mit fragwürdigen Umsetzungsmöglichkeiten? Nicht mehr als gut gemeint und idealistisch, moralisch und schöngefärbt? Oder lassen sich in dem *Patriotismus*-Buch grundlegende Linien für Habecks Denken ablesen?

Arfst Wagner, der frühe Parteifreund, sagt, das Buch habe »damals die Partei teilweise gespalten«. Denn Patriotismus werde immer mit Nationalismus in Verbindung gebracht, eine unheilige Allianz, die nicht in das Weltbild von Linken passt. Auch wenn er das Buch nicht zu Ende gelesen habe, hätte er doch verstanden, was gemeint ist und worauf Habeck hinauswolle, nämlich: »... durch diese Diskussion neue politische Gruppen an die Grünen heranführen«. Menschen bräuchten ein Gefühl von Heimat, das Gefühl, irgendwo zu Hause zu sein, weil sie sich sonst entwurzelt fühlten. »Und ich fand das genial, wobei mir die Zweischneidigkeit dieser Debatte klar war. Aber ich bin sehr sicher, dass Robert diese Zweischneidigkeit ganz bewusst aufgemacht hat, um das Thema an die Oberfläche zu bringen.«[420] Habecks Parteifreund Konstantin von Notz, Bundestagsabgeordneter, stellt sich uneingeschränkt hinter die Sicht Habecks. »Wollen wir uns das Land und die Fahne, den integrativen Moment, den die Nation hat, von rechten Extremisten klauen lassen? Da würde ich strengstens abraten.« Er befürworte deshalb Habecks Argumente, auch weil er glaubt, »wir haben da als Partei eine extrem gute, sehr relevante Erzählung mit Europa und

Deutschland und unserem Blick auf die deutsche Geschichte und Verantwortung«.[421]

Die Reaktionen beim Erscheinen des Buchs sind zwiespältig, es kommt zu (spöttischen) Verrissen. »Unklar« und »unglücklich« urteilt eine Diplom-Politologin in einer Kieler Fachzeitschrift.[422] »Ohne Grammatik und innere Sprachlogik«, wird im konservativen Politmagazin *Cicero* geurteilt, »ein Urbild des Sprachnichtens der deutschen Politikerkaste« liege vor, »viele Worte, keine Richtung«, der Leser könne »einen Blick in den Abgrund des Wuscheldenkens« werfen. Hier schriebe einer, »der in der Dummheit des politischen Betriebs verloren gegangen ist«, und: »Es bleibt der starke Eindruck, hier einen guten Menschen vor sich zu haben, der rastlos unsere Ängste ansprechen will und vor lauter eifrig apportierter Harmlosigkeit keinen Gedanken fassen kann.«[423]

Habecks Buch ist, als es im Frühjahr 2010 erscheint, eine Art Provokation – aus linker Sicht, aber auch nicht nur aus linker Sicht. »Ich weiß, während ich diese Sätze schreibe, dass ich dafür Prügel beziehen werde«,[424] sagt Habeck voraus, »das Risiko der Empörung nehme ich in Kauf.«[425] So ist es bis heute geblieben, auch wenn vor allem bloß zwanzig Worte für die Empörung genutzt werden. In der *taz* wird gespöttelt, Habeck schwinge sich dazu auf, »den kleinen Obama zu geben«. Aber: »Es sei ihm verziehen – besser mehr als zu wenig linker Ehrgeiz.«[426] Auf konservativer Seite hingegen wird gewarnt, »hier trachtet jemand nach dem konservativen Tafelsilber. Die Unionsparteien müssen reagieren.«[427]

Im Musikmagazin *Rolling Stone* bezeichnet Habeck seine Worte vom »linken Patriotismus« später halb als »Provokation der Rechten« und halb als »Versuch, die Aufgabe des linksliberalen Spektrums zu umreißen. Wir müssen Gemeinsinn stiften.« Eine Aussage, die den Interviewer zum Lachen und zum Protestieren bringt. Worauf Habeck mit »Dialektik« antwortet. Politik und Gesellschaft hätten sich damals, als die 68er-Generation auf die Straße ging, »entfremdet«, die Politik sei nicht mehr »auf der Höhe ihrer Zeit« gewesen. So ähnlich sei es heute wieder: Die Politik müsse neue Wege gehen, um die Gesellschaft zu einen.[428]

Doch auch wenn Habecks Überlegungen von 2010 heute noch provokant klingen mögen: Es ist darin viel Bindendes, Verbindendes. Wer genau liest, findet sein Credo auch für die Gegenwart: Linker Patriotismus grenzt nicht aus, sondern schafft Bündnisse. Nicht der Nationalstaat steht im Vordergrund oder gar das völkische, das rassistische »Blut und Boden«, sondern Internationalität und Gerechtigkeit. Eine Gemeinschaft soll sich bilden, die dem Gemeinwesen verpflichtet ist. Ist das naiv? Gutgläubig? Menschenfremd? In jedem Fall selbstgewiss und im tiefsten Innern verwurzelt in einem freundlichen Menschenbild. Bereits in seinem ersten Roman *Traumblind*, 1990 erschienen, lässt Habeck eine seiner Figuren in ihr Tagebuch schreiben: »Diese leidige Vaterländerei, die Nationenstolz noch in der Schuld sucht. Es ist doch alles gleich. Grenzen verschwinden.«[429] Habeck ist zwanzig, als er das Buch veröffentlicht.

Der Begriff »Patriotismus« sei »verhunzt und verbraucht wegen seiner völkischen Verwendung«, gibt Habeck im Interview mit der Tageszeitung *Die Welt* im April 2010 zu, doch sei »das Wort heute leer, genau wie ›links‹ und ›rechts‹«. Deshalb versuche er, das Wort »mit Bedeutung zu füllen« und »einen scharfen Begriff daraus zu machen«. Einfach nur Patriot sein, das geht nicht, sagt Habeck, »das ist zu belastet«. Und einfach nur Linker sein, geht auch nicht mehr, »weil man nicht weiß, was das sein soll und der Begriff objektiv seinen Sinn verloren hat. Aber die Mitte zwischen beiden funktioniert, das ist der Ort, an dem ich mich politisch zu Hause fühle.« Er plädiere für Vertrauen in die staatlichen Institutionen; dieses Vertrauen müssten »die linken Politiker wieder neu fassen«. Und: »Nur ein starker Staat ist der Garant von Freiheit.«[430]

»Je mehr Migranten wir einbürgern, desto patriotischer sind wir«, bringt Habeck seinen Begriff vom »linken Patriotismus« im Interview mit der *taz* auf den Punkt.[431] Fünf Jahre später, als er seine Bewerbung zum Spitzenkandidaten der Grünen bekannt gegeben hat, wird seine Politik in der *taz* mit den Worten umrissen: »Dass die Grünen eine Volkspartei werden können und sollen, war für ihn immer Grundlage seiner Arbeit.«[432]

»Ich bin sehr dafür, dass wir Grüne Begriffe wie Heimat und Deutschland nicht der AfD überlassen«, sagt Habeck in einem Interview mit der *FAZ* im Oktober 2017. »Wir müssen sie mit unseren Geschichten füllen. (…) Wir müssen uns trauen, über Begriffe wie Heimat und Patriotismus zu reden, sie für uns zu reklamieren und sie definieren. Heimat ist der Raum, in dem wir leben und den wir gestalten, gleich, woher wir kommen. Heimat ist unser Zusammenleben.«[433] Daraufhin wettert Jutta Ditfurth, die ehemalige Grüne, auf ihrem Facebook-Account: »Robert Habeck u. a. Grüne auf dem Weg weiter nach rechts. Mit Heimat und Patriotismus rechte Wähler einfangen. Die werden das Original wählen, die AFD. Der AFD entgegenkommen bekämpft diese nicht, sondern stärkt die AFD und treibt die Gesellschaft weiter nach rechts. Der Rechtsruck der Gesellschaft ist der Nährboden der Nazis.«[434] Im Europawahlkampf legt Ditfurth nach und notiert im Mai 2019: »Ich muss mich korrigieren. In den letzten Wochen habe ich gespottet, dass die beiden grünen Vorsitzenden wie das Projekt einer PR-Agentur auftreten. Mit viel heiteitei und Dauerlächeln und Dahinplappern alles übertünchen, was harte soziale Realität ist und wofür die Grünen mit Kriegen und Naturzerstörung, mit Kapitalfreundlichkeit und Verelendungspolitik, Rassismus und Demokratieabbau (Polizeigesetze) in Bundes- und Landesregierungen längst mitverantwortlich sind.« Ihre Wege führten sie »ins erzkonservative Lager«, führt Ditfurth weiter aus, »und das gilt nicht nur für Winfried Kretschmann, Boris Palmer und Tarek Al-Wazir. Robert Habeck, der ewig Lächelnde, glaubt nicht nur an ›Patriotismus‹ und ›Heimat‹ als etwas fortschrittlich Besetzbares. Er verehrt Rechtskonservative und präfaschistische Ideologen, wenn er schreibt: ›Auch Konservative oder Reaktionäre schreiben literarisch bedeutsame Werke. Manchmal sogar großartige. Oft sogar, weil sie konservativ oder reaktionär sind, wie die von Knut Hamsun, Ernst Jünger, Botho Strauß, Martin Heidegger.‹«[435]

In seinem Blog hatte Habeck im März 2018 Stellung genommen zu einer Podiumsdiskussion mit dem Schriftsteller Uwe Tellkamp und sich darüber gewundert, dass jener über mangelnde Meinungsfreiheit klagt, obwohl er zu Wort kommt und in der Öffentlichkeit steht. Seine Meinung sei »geduldet, erwünscht ist sie nicht«, sagt Tellkamp. Habeck verweist auf die Aufgabe des Schriftstellers, nicht im Meinungsstrom mitzuschwimmen, sondern als einzelne Stimme wahrgenommen zu werden. »Es ist ja gerade das Schreibethos der meisten Schriftsteller, meinungsstark auch gegen den Mainstream sein zu wollen. Eine Welt zu zeichnen, die eine Distanz baut zur Normalität. Das gilt auch für Welten, die zum Beispiel mir politisch nicht behagen.« Dann folgen die Sätze, die Ditfurth zitiert und aufgespießt hat, ohne Habecks Distanzierung zu erwähnen. Habeck spricht in seinem Blog im Folgenden davon, dass es Tellkamp um Gesinnung ginge, »die unabhängig von Fakten ist«, und er untersucht die »totalitäre, verdinglichende, entmenschlichende« Sprache der AfD, die »wie Gift in unseren Diskurs« sickert.[436] Habeck versucht, Orientierung im Dickicht von Debatten zu geben.

»Ich versteh das voll, wenn jemand sagt, Heimat ist belastet, ist verhunzt, und wenn man das benutzt, bereitet man rechten Gedanken den Boden«, sagt Habeck in einem Podiumsgespräch im Mai 2018. Aber im Grunde seien »alle Begriffe irgendwie belegt«. Verantwortung, Freiheit, Deutschland, Europa – auch diese Worte würden von Neoliberalen oder Faschisten für ihre Propaganda reklamiert. Für ihn sei das kein Grund, diese Begriffe »der anderen Seite« zu überlassen. Er wolle »um die Begriffe kämpfen, sie zurückholen und nicht aufgeben«.[437] Politik sei »nicht nur das, was im Amtsblatt steht«, gibt er zu bedenken, »sondern auch die gesellschaftsphilosophische Auseinandersetzung mit der Welt«. Als den »Kern von Politik« bezeichnet er den Streit um die Bedeutung von Begriffen. »Wenn man nicht engagiert um Deutungshoheit kämpft, gibt man Begriffe auf und damit Politik.«[438]

»Ist Robert frech und eloquent?«, wird im Februar 2018 in einem Blog der Grünen Jugend Münster gefragt, und die Antwort lautet: »Auf jeden Fall! Ist er ein großer progressiver Erneuerer? Ich habe so meine Zweifel.« Vor der Bundesdelegiertenkonferenz der Grünen, in der Habeck zum Bundesvorsitzenden gewählt werden soll, hat der Autor (oder die Autorin) des Blogs sich über den Bewerber informieren wollen, sich seine Publikationsliste angeschaut und jenes Buch bestellt, »das mich am meisten provoziert hat«: das *Patriotismus*-Buch von 2010.

Habeck setze in dem Buch Kapitalismus und Marktwirtschaft gleich, er fordere von einer Linken die Zustimmung zu Staat und Gesellschaft, da es sonst keine Erneuerung »einer verkrusteten passiven Gesellschaft« geben könne. Kritisiert wird Habecks Deutung und Bewertung des Begriffs »Patriotismus«: »Um den Begriff ›Patriotismus‹ von seiner unappetitlichen Herkunft aus (Blut-)Gemeinschaft, Exklusion und Chauvinismus zu lösen, bezieht er sich zum einen sehr selektiv auf positive Beispiele.« Das sei zwar verständlich, denn Habeck wolle ja den Begriff neu bewerten. Er begebe sich aber in »Gefahr, durch die Rehabilitierung dieses Begriffs auch sein semantisches Feld zu dekontaminieren«. Gegen Ende heißt es, »Roberts Buch strotzt vor kernigen Sätzen und Überschriften«, wirke »zum Teil halbstark«. »Deutlich besser geworden wäre es, wenn es schlicht »Aktivierende Politik – Eine Ideensammlung« geheißen hätte. Habeck liefere »geschickt verpackte Ideen (…), auch wenn sie für sich nicht wirklich alle neu oder der große Wurf sind«.[439]

Im Juni 2019, auf das Zitat und die Angriffe von rechter Seite angesprochen, macht Habeck zunächst eine Einschränkung: »›Kotzen‹ würde ich heute nicht mehr sagen. Das war Slang. Keine Ahnung, warum das vom Lektorat nicht rausgeflogen ist.« Doch dann formuliert er scharf und eindeutig: »Wenn ein grüner Politiker ein 200-seitiges Buch schreibt, das heißt: *Patriotismus. Ein linkes Plädoyer*, also Plädoyer, ein Werben für einen Patriotismus aus linker Sicht – wovon mag das Buch wohl handeln? Mal kurz die grauen Zellen anwerfen! Dann kommt man vielleicht auf die Idee, dass es darum geht, aus linker progressiver Sicht ein positives Verhältnis zu Staat und Institutionen zu entwickeln. Davon handelt das Buch.«[440]

»Ich bin europäischer Patriot, weit mehr als deutscher Patriot«, sagt Habeck im Interview mit dem Kieler Landtagsdirektor Utz

Schliesky. Auf seiner Interrail-Zugreise nach dem Abitur sei er Europäer geworden und seine Heimat sei »die Fremde oder die Entfremdung«.[441] Habeck spricht sich für internationalisierte Institutionen aus und fragt: »Wird es dann noch Deutschland geben? Ich weiß es nicht. Wäre das schlimm, wenn wir dafür ein geeintes Europa hätten oder eine Weltdemokratie? Eher nicht, oder?«[442]

Das Thema »Heimat und Vaterland« ist seit ein paar Jahren en vogue in Deutschland.[443] Es gibt mittlerweile ein Heimatministerium, Bücher zum Thema stapeln sich, hitzige Debatten werden in den Medien ausgefochten, Habeck wird wiederholt aufs Podium gebeten. In Hamburg sagt er im Mai 2018 im »*Spiegel*-Gespräch« zum Thema »Heimat heute«: »Wenn Heimat der Ort ist, wo wir erzählen können, wer wir sein können, dann würde ich einschlagen.«[444] Zwei Monate später bei einer Podiumsveranstaltung auf der lit.COLOGNE: »Linker Patriotismus definiert sich über die zu lösenden Probleme mit Blick auf Werte wie Gerechtigkeit, Zusammenhalt, Frieden. Das kann im nationalstaatlichen Rahmen erfolgen, es kann aber auch in einem größeren Rahmen erfolgen, mit der gleichen Leidenschaft, wie wir sie vor 150 Jahren den Nationalstaaten zugesprochen haben.«[445]

»Wie wir sprechen, entscheidet darüber, wer wir sind. Und wer wir sein könnten«, schreibt Habeck in seinem Buch von 2018. Immer wieder werde über die Frage debattiert, »ob auch liberale, progressive, linke Politikerinnen und Politiker verhunzte oder mindestens beschwerte Begriffe wie ›Heimat‹, ›Gemeinwohl‹, ›Gemeinschaft‹, ›Patriotismus‹ oder sogar ›Deutschland‹ verwenden dürfen. Ich meine, dass sie es sollten. Denn wenn wir auf Begriffe verzichten, weil sie im Lauf der Geschichte missbraucht und in anderen Kontexten anders interpretiert wurden, könnten wir auch nicht mehr über ›Freiheit‹, ›Leistung‹, ›Verantwortung‹ oder eben ›Liebe‹ sprechen. Die Forderung, jedes Wort aus unserem Sprachschatz zu streichen, das schon einmal politisch anders verwendet wurde, wiederholt implizit eine falsche Annahme über das, was Sprache ist und macht. Sprache repräsentiert nicht etwas, was ohne sie da wäre, sondern bringt aktiv Wirklichkeit hervor.«[446]

Im traditionell linken politischen Spektrum wird anders argumentiert. Hans-Christian Ströbele beispielsweise, einer der Altlinken der Grünen, lehnt es ab, über den Begriff Patriotismus aus linker Sicht zu debattieren, diesen Begriff neu zu besetzen. Spreche man über Heimat, klinge bei ihm da gleich die Heimatfront an, die Heimatvertriebenen aus den Ostgebieten mit ihren Ansprüchen kämen anmarschiert, nein, er wolle da keine neue Deutung draufsetzen. Er habe, in Deutschland, auch etwas gegen das nationale Fahnenschwenken, »ich fühle mich da in der Magengegend nicht gut«. All diese Begriffe seien in Deutschland zu »beschmutzt«, man sollte die »hinten anstellen«.[447]

»Heimat hat man«, sagt Joschka Fischer im Gespräch mit Robert Habeck, »die muss man doch nicht wie eine Monstranz vor sich hertragen! Und zu glauben, dann würden die Nationalisten weniger – das halte ich für einen Irrglauben.«[448] Fischer ist Jahrgang 1948, von 1998 bis 2005 war er deutscher Außenminister und Vizekanzler. Ist die Debatte also eine Generationsfrage?

Die linke Monatszeitschrift *Konkret* veröffentlicht im Juni 2019 eine Polemik. Habecks *Patriotismus*-Buch von 2010 bezeichnet der Autor als »Machwerk«. Und fragt: »Wozu der ganze Zirkus« um einen linksliberalen Patriotismus? »Nationalstolz und Heimatliebe in all ihren grässlichen Schattierungen waren in Deutschland nie Mangelware.« Aber: Habeck wolle die Grünen zur »Volkspartei« führen, da gehörte seine Argumentation dazu. Nähe zum Volk sei also nötig. »Nur lässt sich dessen ›Heimat‹ eben partout nicht progressiv besetzen.«[449] Thomas Ebermann, von 1987 bis 1989 Fraktionssprecher der Grünen im Bundestag, hat ein Buch zum Thema *Linke Heimatliebe* verfasst und dem Titel den Zusatz *Eine Entwurzelung* hinzugefügt. Darin analysiert der Publizist, dass jeder Heimatbegriff rechte Ideologie in sich trage und selbst Größen wie Tucholsky oder Ernst Bloch davor nicht gefeit gewesen seien. Kein Begriff wie Heimat siedele so nah an der Volksgemeinschaft, der Begriff gehöre den Rechten und möge dort auch verbleiben.[450]

Ist das mehr als eine Scheindebatte? Wozu dieser Kampf um Begriffe? Aus Furcht vor den Rechten? Als Antwort auf die Unübersichtlichkeit der Gegenwart? Als Schaukampf unter Intellektuellen? Oder ist diese Debatte tatsächlich von wirklicher Bedeutung, verbirgt sich dahinter gar blutiger Ernst?

Habeck ist 2019 viel im Osten der Republik unterwegs. Am 1. September finden Landtagswahlen in Brandenburg und Sachsen statt, Ende Oktober wird in Thüringen gewählt. Im Juni 2019 erzählt Habeck vor dem Max-Planck-Institut in Berlin aus seinen Erfahrungen im Wahlkampf und bekennt dann, beinahe nebenbei: »Wenn ich kurz aus meinen sächsischen Erfahrungen berichten darf … Da gibt es ganze Orte, wo das Schweigegefühl, man kann nicht alles sagen, genau andersrum ist. Da wehen die Reichsbürgerfahnen von den Balkonen, und wenn man sagt, wir machen heute hier einen Stand von einer Partei, die irgendwie grüner gefärbt ist, hast du Schiss, durchaus.«[451]

Im Oktober 2019 melden die Agenturen eine Morddrohung gegen Habeck. Mitarbeiter des Landeskriminalamts haben in

Thüringen zwei Wohnungen durchsucht. Schusswaffen werden nicht gefunden. Einem 41-jährigen »polizeibekannten Rechtsextremen« wird illegaler Schusswaffenbesitz vorgeworfen, gegen einen zweiten, 27-jährigen Mann ermittelt die Staatsanwaltschaft »wegen des Verdachts der öffentlichen Aufforderung zu Straftaten«. Im Oktober 2019 werden auch Morddrohungen gegen Claudia Roth und Cem Özdemir bekannt. Habeck erklärt in der *Süddeutschen Zeitung*, für viele Politiker sei »das Leben mit Bedrohung inzwischen Alltag geworden«, man versuche, »das aus dem Kopf zu kriegen«. Doch zurückziehen? Aufgeben? Klein beigeben? »Wenn Menschen aus Angst um sich und ihre Familien aufhören müssen, Politik zu machen, dann hat in Deutschland der Faschismus gewonnen. So weit darf es nicht kommen.« Das gesellschaftliche Klima habe sich »weiter polarisiert«, sagt er. In Thüringen wurde in den Wahlkampfveranstaltungen herumgebrüllt, »teilweise mit Megafonen in geschlossenen Räumen«. Er sei ratlos, wie in einem solchen Klima überhaupt noch Menschen zu erreichen seien.[452]

In einer Rede auf dem Gemeindetag des Zentralrats der Juden betont Habeck im Dezember 2019: »Die Strategien des Antisemitismus haben sich verbürgerlicht.« Damit meint er zum einen die immer salonfähiger werdenden Verunglimpfungen und zum anderen die Tendenzen, die AfD zum bürgerlichen Lager zu zählen. Eine Teilung in »Ihr« und »Wir« dürfe es nicht geben, »eine Teilung von jüdischem Leben und nichtjüdischem Leben in Deutschland ist der erste Denkfehler, der nicht einreißen darf«. Habeck benennt die »Sprachverwirrung«, die Wahrheit und Lüge vertauschbar erscheinen lässt; er benennt die »Verrohung der Sprache« und die Scheinheiligkeit von Tätern, die sich zu Opfern stilisieren. Er benennt ein Klima, wie es George

Orwell in *1984* beschrieben hat, verfasst Ende der 1940er-Jahre und brennend aktuell im Jahre 2019. Er kommt auf die internationale Ebene zu sprechen und verweist auf Allianzen mit einem Autokraten wie Viktor Orbán, der in Ungarn Wahlkampagnen »mit antisemitischem Propagandamaterial« bestreitet. In Deutschland machten ihm Institutionen Sorge, die rechtsradikal und antisemitisch unterwandert werden, und er fordert, »mit der konsequenten Härte des Dienstrechts, des Beamtenrechtes gegen diese Strukturen vorzugehen«.

Schließlich erzählt er, wie sehr er persönlich geprägt worden sei durch jüdische Denker und die jüdische Kultur, von Martin Buber, Walter Benjamin, Emmanuel Lévinas oder Paul Celan, »die mich immer wieder beschäftigt haben«. Auch auf dem Gemeindetag des Zentralrats der Juden veranschaulicht Habeck die Bedeutung Celans nicht nur für sein Denken, sondern auch für sein alltägliches und sein politisches Handeln. Celan habe darum gerungen, das Fremde zwischen den Menschen in Worte zu fassen: »Und er hat diese verstümmelten Gedichte geschrieben, die so schwer zu verstehen sind, wo die Sätze abreißen, wo die Leerstellen bleiben, wo jedes Wort im Grunde das Schweigen führt. Aber in dem Schweigen ereignet sich etwas.« Im Unterschied zu abendländischer, deutscher Philosophie bleibe der Andere bei Celan immer ein Fremder. Es könne also keine Synthese geben, keine »identitäre Gemeinschaft«. Daraus folge aber eben kein Stillstand, kein Schweigen; die Aufgabe sei vielmehr zu reden. »Gerade weil wir wissen, dass Menschen unterschiedlich sind, dass Kulturen und Glauben und Identitäten nicht einfach übersprungen werden können, müssen wir miteinander reden, müssen wir diskutieren, müssen wir zuhören, müssen wir lernen, müssen wir immer wieder sprechen, auch in dem Wissen, dass wir manchmal uns missverstehen, und müssen wieder neu ansetzen.« Das sei »eine Anleitung für Demokratie«, schließt Habeck. Am Ende seiner (frei gehaltenen) Rede schließt er sich den Worten von Josef Schuster, dem Präsidenten des Zentralrats der Juden, an: »Wer nicht verstanden hat, wie sehr wir als Gesellschaft insgesamt und gemeinsam zusammenstehen müssen, wem es nicht passt, dass dieses Denken, dass jüdisches Leben Raison dieses Staates ist, *der* kann dieses Land und diesen Staat jederzeit verlassen.«[453] Eine Replik auf Andreas Kalbitz von der AfD, der unter anderem mit diesem Satz bekannt geworden ist: »Wer Deutschland nicht liebt, soll Deutschland verlassen.«[454]

Zwei Monate später, am Vormittag des 20. Februar 2020, überschlagen sich die Nachrichten: »Shisha-Bar-Massaker«; »Terrorist Tobias R. (43) tötete 10 Menschen«; »Bekennerschreiben entdeckt«. In Hanau sind neun Menschen erschossen worden, unter den Opfern: viele Kurden. Habeck fordert nach dem Attentat eine Überwachung der AfD durch den Geheimdienst. »Diese Partei schürt Rassismus und leistet Rechtsextremismus Vorschub«, stellt er fest, »Höcke und sein ›Flügel‹ sind längst in der Mitte der AfD angekommen. Entsprechend ist die gesamte Partei ein Fall für den Verfassungsschutz.«[455] In der Talkshow von Anne Will fordert Habeck, rechtsextremistische Unterwanderung in Behörden unter die Lupe zu nehmen, das Internet zu durchleuchten, Waffenlager auszuheben – »da muss der Staat mit der vollen Härte rangehen«.[456]

Eine Woche nach dem Attentat von Hanau werden Markus Söders »Attacken« gegen Habeck beim Politischen Aschermittwoch bekannt: »Wenn Herr Habeck einmal gesagt hat, Vaterlandsliebe finde ich zum Kotzen, da kann ich nur sagen: Wer sein Land nicht liebt, kann sein Land nicht führen.«[457] Am selben Tag erfährt die Öffentlichkeit auch, dass Robert Habeck und Anton Hofreiter namentlich als Anschlagsziele von Rechtsterroristen genannt worden sind.[458]

Vaterlandsloser Geselle, Vaterlandsverräter – das sind Vorwürfe, die in früheren Zeiten tödlich enden konnten. Wut und Hass werden damit auch heute geschürt. Man schaue sich im Internet auf AfD-Kanälen um oder nehme Leserbriefspalten beispielsweise in der *Welt* oder im *Focus* zur Kenntnis. Im Oktober 2020 gesellt sich Jörg Meuthen, Bundessprecher der AfD und Mitglied im EU-Parlament, zu den öffentlichen Agitatoren. Auf Facebook verkürzt und verfälscht er das Zitat und urteilt, Habeck sei »eine reale Bedrohung für die weit überwiegende Mehrzahl aller Deutschen«. Und fügt hinzu: »Höchste Zeit, den grünen Spuk zu beenden.«[459]

Gleich zwei Mal lassen die Herausgeber eines Aufsatzbandes, der im Oktober 2020 veröffentlicht wird, die bekannte Demagogie unkommentiert durchgehen. Sowohl Florian Hahn, der stellvertretende Generalsekretär der CSU,[460] als auch die Publizistin Hatice Akyün[461] unterstellen Habeck etwas, was er nicht meint. Erneut werden die zwanzig Worte von Robert Habeck über Vaterlandsliebe, Kotzen, Heimat und Patriotismus in einer Weise verwendet, wie von AfD bis CSU und CDU, von AfD-Trollen und Hasspredigern im Internet über Jörg Meuthen und Markus Söder, Jens Spahn und Paul Ziemiak vorgegeben. Dabei unterschlagen diese politischen Gegner häufig nicht nur den Titel von Habecks Buch, nämlich: *Patriotismus – Ein linkes Plädoyer*; allen gemeinsam ist zudem, rund zweihundert Buchseiten zu ignorieren, auf denen Habeck einen neuen Begriff von Patriotismus zu begründen versucht, der sich von Nationalismus und Flaggenstolz radikal unterscheidet.

Als auch Friedrich Merz im Januar 2021 in einer Talkshow in die Mottenkiste politischer Propaganda greift,[462] nimmt dies ein Journalist in der *taz* zum Anlass, genauer zu analysieren und zu kommentieren. In seiner Textanalyse heißt es, Habeck nehme »das Geständnis, dass er Patriotismus zum Kotzen ›fand‹ (Imperfekt!), ausdrücklich als Ausgangspunkt für die These, dass sich auch Linke positiv auf die deutsche Gesellschaft beziehen müssten. Anders gesagt: Er korrigiert seine alte Position ausführlich und öffentlich.« Auf gut 200 Seiten werbe er in seinem Buch von 2010 »für Verfassungspatriotismus, für Begeisterung fürs Gemeinwohl, für gemeinsame Ideale, kurz: für einen linken Patriotismus. Er war einer der Ersten überhaupt, der der deutschen Linken diesen Gedanken schmackhaft machte. Die Stoßrichtung des Grünen ist also genau die gegenteilige als die von Merz, Ziemiak oder der AfD unterstellte.« Und, so resümiert der Journalist: »Wenn das das intellektuelle Niveau des Bundestagswahlkampfes werden soll, dann gnade uns Gott.«[463]

# TEIL IV

## Bewegte Zeiten

*I've had enough of reading things*
*By neurotic psychotic pig-headed politicians*
*All I want is the truth*
*Just gimme some truth*

John Lennon

# »Ein Moment der Selbstbestimmung und Freiheit«

## Der Redner

Im Januar 2019 ist Habeck in der Berliner Urania eingeladen, es soll in einer neuen »Bürgerplattform für gesellschaftliche Debatten« diskutiert werden. Die Urania ist eine gemeinnützige Bildungseinrichtung, sie bietet so etwas wie ein gehobenes Volkshochschulprogramm. Vorträge finden statt, Filme und Podiumsdiskussionen, Tagungen werden abgehalten, Kongresse, Fachmessen.

Der Moderator Jürgen Wiebicke erläutert zunächst den »Demokratiesalon«. Dann wendet er sich der politischen Gegenwart zu, beschreibt einen »merkwürdigen Schwebezustand«. Hängende Köpfe auf der einen Seite, latente Depression im Lande, »die Verhältnisse erodieren«. Auf der anderen Seite gebe es eine Aufbruchsstimmung, eine »Repolitisierung«. Haltung zeigen sei angesagt, Stellung beziehen gehöre zum guten Ton. Die Blüte der Volksparteien sei verwelkt, Streit sei nun erforderlich, um der Demokratie auf die Sprünge zu helfen. Doch wo seien die Grenzen der Toleranz, in Zeiten von Hass und Gewalt? Wie und vor allem wo könnten verschiedene Positionen noch miteinander in Wettstreit treten? Die Debatte auf der Bühne plätschert zunächst dahin, über Habecks Abschied von

Twitter und Facebook eine Woche zuvor wird länger gesprochen, als dem Publikum lieb ist. Habeck erwähnt den Datendiebstahl und seine persönlichen Befürchtungen und Ängste; er benennt eigene Fehler in einem Video für die Grünen in den Twitter-Kanälen. Ein Wort sei ihm darin in der Eile verrutscht, damit habe er Thüringen faktisch zu einem undemokratischen Land erklärt. »Das klang sehr bevormundend und super von oben herab«, räumt er ein, und blöderweise sei ihm das schon einmal so ähnlich passiert, in Bayern nämlich.

Die digitalen Medien verändern einen, ist er sich sicher, und das nicht zum Guten, nicht zum Besseren. Kurzatmigkeit und Emotionalität stünden in diesen Medien im Vordergrund, es werde dort in Gut und Böse unterschieden, in doof und gescheit, Daumen hoch, Daumen runter, Like und Dislike. All das zum Wohle des Werbe- und Profitsystems der Mediengiganten.

Dann kommt Habeck auf die »Vertrauenserosion in die Institutionen von Politik und Demokratie« zu sprechen. Die digitale Entwicklung sei enorm, betont er, aber wir lebten »in einer analogen Demokratie«. Er sei ja nun ein paar Jahre Minister in Schleswig-Holstein gewesen und wisse, wovon er spreche. Ein gutes Gesetz auf den Weg zu bringen dauere anderthalb bis zwei Jahre. Doch in zwei Jahren sei die Welt schon wieder eine ganz andere, das heißt, der Gesetzgeber könne unmöglich Schritt halten mit den Momentaufnahmen und Schnellschusskampagnen im Internet. »Niemand weiß, ob wir in zwei Jahren oder in fünf noch Handys haben oder vielleicht in die Haut eingelassene Chips.« Und dann spricht er über eins seiner Lieblingsthemen: »Sprache ist in der Demokratie eine Institution«, sagt er. Sprache schaffe die Welt, Sprache schaffe die Wirklichkeit, Sprache gestalte und forme die Politik. Es komme darauf an, wie einer rede oder schreibe, ob er Wirkung erziele, Veränderungen befördere.[464]

Der Moderator schneidet daraufhin das Format von Talkshows an. Nach der Veranstaltung in der Urania werde Habeck später noch zu »Maischberger« eilen, um dort neben Christian Lindner auf einem unbequemen Studiosofa zu sitzen. Was passiere eigentlich »im Maschinenraum« einer Talkshow, möchte der Moderator wissen. »Talkshows sind keine klassischen Institutionen der Demokratie ...«, stellt Habeck zunächst klar, um dann die Gesetze einer möglichst auf Krawall gebürsteten Talkrunde zu beleuchten: »... aber sie haben seit ›Sabine Christiansen‹ die Demokratie verändert.« Es seien eben Shows, wie im Namen bereits ausgewiesen, sie basierten auf einer eigenen Logik: »Sie sollen möglichst unterhaltsam sein.« Und da die durchschnittliche Aufmerksamkeitsspanne eines Zuschauers nur rund 45 Sekunden betrage, müsse eben etwa alle 45 Sekunden »etwas Neues passieren«, damit der Zuschauer nicht abschaltet. Es müsse also relativ regelmäßig zu einer Provokation kommen, »irgendetwas Emotionales, irgendetwas Überraschendes«. Aber, fügt Habeck hinzu: »Demokratie ist das, was wir daraus machen. Und das ist eigentlich die beste Nachricht, die es geben kann.«

Nach einer halben Stunde bittet der Moderator den Gast, eine kleine Rede für das Publikum am Stehpult zu halten. Habeck scheint überrumpelt zu sein. Davon habe er nichts gewusst, er sei gänzlich unvorbereitet, bekennt er. Was nun? Programmpunkt gestrichen? Andere Form finden? Weiter im Dialog? Der Moderator ist unschlüssig, möchte nicht drängen. Habeck findet eine Lösung, er wendet sich ans Publikum. »Wenn Sie mir helfen, rufen Sie mir jetzt drei Worte zu, und ich versuche, daraus dann eine Rede zu machen.« Es wird gelacht, applaudiert. Erste Worte fallen, Habeck versucht sie aufzugreifen. »Mut« ist das erste, »Klima« das zweite, dann ruft jemand »Bürgerbeteiligung«. »Nee, nicht ›Bürgerbeteiligung‹!«, widersetzt sich Habeck. »Das kann ich nicht sprechen.« Dem nächsten Stichwort, »Jugend«, stimmt er zu. »Mut, Klima, Jugend, okay!«, sagt er, steht auf, geht zum Rednerpult und hält dann rund zehn Minuten eine Mut machende, hoffnungsfrohe, komplett improvisierte Rede. Das Publikum ist begeistert.

So nimmt Habeck spätestens während und nach dieser Rede den ausverkauften Saal mit rund 850 Gästen für sich ein. Es ist ein Publikum, das sich keineswegs bloß aus Anhängern der Grünen zusammensetzt, sondern einfach neugierig ist auf einen Mann, der im Gespräch ist. Er habe ja eigentlich mit der Politik und ihren Vertretern längst abgeschlossen, erklärt ein Zuhörer, zu Veranstaltungen wie diesen hier ginge er normalerweise schon lange nicht mehr, er könne die Lügen nicht ertragen. Nun glaube er freilich, nach dem, was er gehört habe, tatsächlich einen Politiker mit Überzeugungen vor sich zu haben. Habeck meine es ernst mit dem, was er sage, ihm ginge es nicht allein um Macht, er sei anders als gewöhnliche Berufspolitiker.[465]

Habeck scheint dieses Lob unangenehm zu sein. Er hebt zu einer Verteidigungsrede an, nimmt die gesamte Klasse der Berufspolitiker in Schutz, spricht ihr Überzeugungen und Ideale zu. Drei Wochen später wiederholt er seine Argumente im Gespräch, auch deshalb, weil er sich gegen »die implizite Abwertung des Systems Politik« wehre. Die Politikverdrossenheit rühre seiner Meinung nach eher daher, dass das Politiksystem »auf Selbstbestätigung ausgerichtet« sei. Als Parteivorsitzender habe er, wie seine Kollegen auch, einen Arbeitsvertrag unterschrieben, in dem sinngemäß stehe, dass er »die Interessen seiner Partei« zu vertreten habe, »nach innen wie nach außen«. Das heißt, rede er in der Öffentlichkeit, dann habe er für eine

Minderheit von rund 75 000 Parteimitgliedern der Grünen zu sprechen und treffe dann, im Parlament, in Podiumsdiskussionen oder in Talkshows, auf Kollegen, die ihren Arbeitsvertrag auch zu erfüllen hätten. Die Konsequenz: Man rede nicht miteinander, sondern aneinander vorbei. Das mache die Debatten zäh und für Zuschauer oder Zuhörer eher uninteressant. »Wir haben quasi zwei Welten, die nicht zueinanderpassen«, bringt Habeck es auf den Punkt: »Die Karrieren in der Politik sind darauf angewiesen, dass man in seinen eigenen Laden hinein gut performed. Und als Bürger haben wir die Erwartung, dass man gerade das nicht tut. Und das ist das Problem.«[466]

Andererseits ist Habeck ein Politiker, der, gerade auch in Talkshows, versucht, die Gartenzaunmentalität zu überwinden, um miteinander ins Gespräch zu kommen. Als Redner auf Podien bezieht er einen Teil seiner Überzeugungskraft daraus, seine Reden frei zu halten. Das erlaubt ihm, sein Publikum im Blick zu behalten, spontan zu reagieren, Stimmungen aufzugreifen. Als er 2012 Minister in Schleswig-Holstein wurde, habe er sich entschieden, seine Reden künftig frei zu halten. Zuvor, als Fraktionsvorsitzender im Landtag, habe er Reden noch aufgeschrieben und dann, »halb frei«, nach dem Manuskript vorgetragen. »Und als ich Minister wurde, habe ich gesagt: Das lässt du jetzt! Du musst eine Überprüfung haben, ob du das verstanden hast, ob du dir die fachlichen Themen angeeignet hast. Und vor allem willst du den Leuten in die Augen gucken, wenn du redest, und nicht immer aufs Blatt Papier runter.«[467]

Damit gehört Habeck zu einer Minderheit unter den Berufspolitikern. Die freie Rede ist eine Kunst – und er beherrscht sie virtuos. Selbst im Bundestag wird häufig noch vom Blatt abgelesen. Dabei können frei gehaltene Reden die Auseinandersetzung lebendiger machen, spontaner, angreifbarer. Es hat schon Initiativen gegeben, solche frei gehaltenen Vorträge im Parlament zur Bedingung zu machen und vorzuschreiben. Habeck gibt zu, dass es »ganz schön schwer am Anfang« gewesen sei, anspruchsvolle Inhalte zu transportieren und sich verständlich zu machen. Natürlich könne es dann auch zu Fehlern kommen, eine Zahl würde vielleicht nicht stimmen oder Ähnliches. Und dennoch: In einer Debatte ginge es »nicht um Zahlen, sondern um eine Energie, die im besten Fall zwischen Menschen entsteht«.[468]

Es sei »ein Moment der Selbstbestimmung und Freiheit, Ideen und Entscheidungen aus dem Moment und aus eigener Kraft heraus zu treffen«, schreibt Habeck in seiner politischen Autobiografie. Freie Reden reduzierten »komplexe Inhalte auf das Wesentliche«, behauptet er und postuliert: »Empathie und Leidenschaft, das Ringen um Lösungen, das Zusehen beim Denken und nicht das Aufsagen von Meinungen, machen gute Reden aus. Das, was wir alle wollen, sollte die Reden von Politikern bestimmen: angesprochen werden.«[469]

Möglich, dass seine Beobachtungen in Washington Anfang 2009 Ansporn für ihn sind. Kurz nach Barack Obamas Machtantritt ist Habeck eine Woche lang in Washington, beobachtet die politische Szene, spricht mit Leuten, versucht, die Stimmung im Land in einer Phase des Aufbruchs zu erfassen. Darüber schreibt er ein Tagebuch. Die *taz* veröffentlicht eine Serie, die parteinahe Heinrich-Böll-Stiftung publiziert die Notizen in längerer Version. Im Februar 2009 verfasst Habeck eine »Kleine Ikonografie der Obama-Rhetorik«. Er skizziert die Körpersprache Obamas, bemerkt, dass der US-Präsident als »begnadeter Rhetor« gilt, benennt sein Charisma, das »zum Teil der Ausstrahlung, der Jungenhaftigkeit, dieser sympathischen Wirkung Obamas« zu verdanken sei, schaut auf seine Strategie und die Ausleuchtung seiner Auftritte und widmet sich dann seiner »Präsenz in der gesprochenen Rede«. Hillary Clinton sei die Fachpolitikerin, schreibt Habeck, Obama aber glaube man einfach. »Unmittelbarkeit, Glaube, Vertrauen, Hoffnung – eine erstaunliche Rückbesinnung auf Werte in der Welt des Virtuellen.« Er studiert Obamas Reden im Internet und gelangt zu Erkenntnissen, die wie eine Blaupause für sein eigenes späteres Wirken als Redner erscheinen. »All das Gerede von medialer Manipulation stößt an seine Grenze – an der Persönlichkeit eines Menschen«, schreibt er und erklärt, warum ihn diese Videos auf YouTube faszinieren. Obama richte seine Antennen beim Reden immer ins Publikum, erkennt Habeck, »und immer dann, wenn das Publikum auf ihn reagiert«, belohne er es mit einer Gegenreaktion. »Er erfindet den Moment zusammen mit seinem Publikum«, schreibt er und rühmt: »Ganz großer Sport!«[470]

Seine Frau Andrea Paluch verweist in einer ihrer Kolumnen auf einen Text von Heinrich von Kleist: *Über die allmähliche Verfertigung der Gedanken beim Reden.*[471] Der Journalist und Doktor der Philosophie Johan Schloemann hat ein Buch über *Die Kunst der freien Rede* verfasst. Darin kommt er auch auf Kleists Text von 1805/06 zu sprechen. Erst ein Blickkontakt, die optische, die physische Präsenz eines Gegenübers, eines realen Publikums also rege die Produktion der Stegreifrede entscheidend an.[472]

Kurt Tucholsky gab in den 1930er-Jahren *Ratschläge für einen guten Redner*: »Hauptsätze. Hauptsätze. Hauptsätze. Klare Disposition im Kopf – möglichst wenig auf dem Papier. Tatsachen, oder Appell an das Gefühl. Schleuder oder Harfe. Ein Redner sei kein Lexikon. Das haben die Leute zu Hause. Der Ton einer einzelnen Sprechstimme ermüdet; sprich nie länger als vierzig

Minuten. Suche keine Effekte zu erzielen, die nicht in deinem Wesen liegen. Ein Podium ist eine unbarmherzige Sache – da steht der Mensch nackter als im Sonnenbad.«[473]

Woher hat Habeck in seinen politischen Anfängen den Mut genommen, frei vor einem Publikum zu sprechen? Woher nimmt er heute den Mut, auch wenn die ständige Übung selbstsicher macht, die Herausforderungen aber anspruchsvoller werden? Da ist zum einen die Schlüsselszene im Schultheater, als er sich überwindet zu singen. Da sind seine Übungen und Erfahrungen als Schulsprecher. Danach geht es Schritt für Schritt. Ein paar Tipps gibt auch er preis, »kleine, leichte Tricks« nennt er sie: »… nicht am Pult festhalten, nicht nach vorne gebeugt stehen, die Füße fest auf den Boden stellen, mit langsamer, ruhiger Stimme sprechen, und zwar wesentlich langsamer als normalerweise«.[474] In seiner politischen Autobiografie schreibt er: »Auch Politik ist eine Bühne. Auch dort stellt man immer etwas dar. Auch Politik ist oft nur durch die richtige Ansprache, durch Tonalität und die richtigen Worte – manchmal auch durch das richtige Schweigen – erfolgreich. Und am Ende will man, dass Leute klatschen.«[475]

Im November 2004 hält Habeck seine Antrittsrede als Landesvorsitzender der Grünen in Schleswig-Holstein, damals noch mit Redemanuskript. Ob er auf eine Formulierung darin besonders stolz sei, wird er in der *Welt am Sonntag* gefragt. »Tatsächlich war es überraschend schwer, Drei-Wort-Sätze zu schreiben«, antwortet Habeck. Aus schriftstellerischer Sicht »würde ich meine Rede als pathetisch und zu laut beschreiben«, besonders stolz sei er darauf nicht. In der Presse sei er allerdings gelobt worden, weil seine Rede »zugleich engagiert und visionär und rhetorisch und philosophisch und so ganz anders« gewesen sei. Und dann verrät er noch ein Geheimnis: »Ich habe den politischen Gegner als Breitspurplaner und Schmalspurdenker bezeichnet. Ist vielleicht hinreichend witzig – allerdings geklaut. Diesen Slogan haben meine WG und ich 1993 in Freiburg auf einem Transparent gegen die Dreisamtal-Autobahn durch die Innenstadt getragen.«[476]

Seine erste bittere Niederlage im politischen Wettstreit erlebt Habeck 2006 in Köln. »Ich bin grandios an meinem Hochmut gescheitert«, schreibt er in seiner politischen Autobiografie. Es geht um den Beisitz im Bundesvorstand der Grünen. Malte Spitz ist der Mitbewerber, er ist 22, stammt aus dem Münsterland, aus Telgte, das sind 160 Kilometer bis Köln. Habeck hat knapp 600 Kilometer zurückzulegen – und er vertraut auf sein Redetalent. Spitz stottert, Habeck hingegen, der fünf Jahre Ältere, »hatte gedacht, ich mache es wie immer, gehe hin, halte eine Rede, der Saal liegt mir zu Füßen und ich werde gewählt«.[477]

Habecks Auftritt sei gut gewesen, erinnert sich Bärbel Höhn an diese Bundesdelegiertenkonferenz in Köln, »aber es hat damals nicht gereicht«. Sein Landesverband im hohen Norden ist zu klein, auch wenn er dort »schon 'ne richtige Nummer« gewesen sei; es fehlt ihm aber an einer Lobby im Bundesgebiet beziehungsweise in Nordrhein-Westfalen. Für Malte Spitz hingegen, vermeintlich weniger bekannt, aber seit zwei Jahren Bundesgeschäftsführer der Grünen Jugend, ist es so etwas wie ein Heimspiel, er hat »sich seine Unterstützer sehr gut organisiert«.[478] Malte Spitz gewinnt.[479]

Er sei enttäuscht, »dass die Partei mein Angebot nicht angenommen hat«, sagt Habeck in einem Interview mit den *Kieler Nachrichten* vom 4. Dezember 2006. Er versuche, »die reine Phrasendrescherei zu überwinden«, Visionen zu entwickeln, querköpfig zu sein. Der Platz im Bundesvorstand sei traditionell für die Grüne Jugend reserviert, gibt er zu, insofern sei Malte Spitz der vorgesehene Bewerber. Er hingegen wollte diesen Platz politisch aufwerten, mit seiner Bewerbung ausdrücken: »Da geht jemand hin mit einer Idee, der will keine Parteikarriere machen, sondern nur, dass das Ganze ein ehrlicher Laden wird. Die Partei hat sich gegen den Freigeist und für den Funktionär entschieden.«[480]

Habeck, der Einzelkämpfer, steht damals noch auf verlorenem Posten. Leicht beleidigt fügt er hinzu, dass »ich natürlich so etwas wie nicht erwiderte Liebe« empfinde. Und er kritisiert zugleich die Fraktions- und Parteiführung der Grünen. Sie hätten sich »eingemauert« und würden »relativ wenig« riskieren, »um das Gleichgewicht der Kräfte, das sie gefunden hat, nicht zu zerstören«. Ein Hinweis auf die Flügelarithmetik in der Partei, die damals immer wieder zu erbitterten Fehden führt. Die Grünen müssten wissen, fordert Habeck programmatisch, »welche Kompromisse sie eingehen«, sie dürften aber nicht »ihren politischen Kompass« verlieren. Ein Hinweis auf sein Verständnis von Bündnispolitik. Habeck steckt 2006 zurück. Er zieht »die Konsequenz, dass ich mich auf mein Land und die Aufgaben dort konzentrieren sollte«.[481]

Drei Jahre später, im Dezember 2009, hält er seine erste Rede im Landtag von Schleswig-Holstein. Nach den Neuwahlen ist er Fraktionsvorsitzender der Grünen, der Oppositionsführer im Landtag. Eine Premiere für ihn. Noch nie hat er im Landtag gesprochen. Und »jetzt gleich eine Dreiviertelstunde Grundsatzrede im Duell mit Wolfgang Kubicki und Ralf Stegner. Es gibt leichtere Sparringspartner zum Warmboxen. Entsprechend war ich angespannt. Aber ich ließ es mir nicht anmerken ...«[482]

Im Internet findet sich ein Ausschnitt aus dieser Rede. Habeck hat damals noch ein Manuskript vor sich. Er lässt sich auf einen Schlagabtausch mit Kubicki ein und fährt einen Frontalangriff gegen die FDP. Habeck ist erregt, kämpferisch und angriffslustig, er steht deutlich unter Strom, vernuschelt und verhaspelt sich. Er fordert »Verwaltungsstrukturreformen«, kritisiert, dass Frauen offenbar weder in der CDU noch in der FDP großartige Chancen hätten. Er spricht vom »Erkenntnisproblem« der letzten, gescheiterten Regierung, die »in lächerlicher Parteiischkeit« untergegangen sei; »offensichtlich alles Taktik«, wirft Habeck den Regierungsparteien vor, die sich in Tatenlosigkeit ergingen. Und siegesgewiss fügt er eine Prophezeiung hinzu: »Ich sage Ihnen, ein Konzept, das wieder alles vertagt, das braucht kein Mensch. Ich weiß nämlich nicht, was Sie 2014 vorhaben, wir werden dann aber ein Land regieren müssen. Das Dumme ist nur, dass ich nicht weiß, mit wem wir dann regieren sollen.« Die Regierungsübernahme erfolgt schon zwei Jahre eher, nach Neuwahlen wird Habeck 2012 in einer Koalition mit der SPD und dem SSW Minister und stellvertretender Ministerpräsident.

Bei dieser ersten Begegnung im Landtag kommt es im Dezember 2009 zu einem Schlagabtausch mit Wolfgang Kubicki, dem Fraktionsvorsitzenden der FDP. »Sie, Herr Kubicki, haben im Wahlkampf allen alles versprochen, und jetzt müssen Sie die Trümmer wieder einsammeln. (…) Das ist doch nicht liberal, das ist doch zynisch!« Und weiter: »Taktische Argumente – die sind das Allerletzte!« Fröhlich lachend und breit grinsend wird der FDP-Politiker eingeblendet, genüsslich lehnt er sich zurück. Kubicki hat ganz offenkundig seinen Spaß, er gibt sich amüsiert, er mag ein solches Rededuell. Aus der politischen Gegnerschaft wird acht Jahre später eine Partnerschaft werden. Die Landtagspräsidentin fragt Habeck, ob er eine Zwischenfrage des

Abgeordneten Kubicki erlaube. »Keine Ahnung, ist das üblich?«, fragt Habeck irritiert zurück, erntet Gelächter für seine Naivität und fügt dann hinzu: »Ich habe mir meine Fragen alle verkniffen, dabei hatte ich einen ganzen Bauchladen voll.« Wieder erntet er Gelächter, diesmal für die flotte Formulierung. »Na los, na klar!«, fordert Habeck dann in den Saal gerichtet auf: »Herr Kubicki!«

Habeck bringt Stimmung in den Landtag, er mischt die Routine auf, er gibt sich locker und angriffslustig. Sein erster Auftritt wird zum Aha-Erlebnis für die Altgedienten im Parlament. Ministerpräsident Carstensen von der CDU hört überrascht, aufmerksam und leicht irritiert zu. Habeck hinterlässt mit seiner ersten Rede einen bleibenden Eindruck. »Hier im Land gefallen Sie sich, Herr Carstensen und Herr Kubicki, in der Rolle des Robin Hood. Aber in Wahrheit sind Sie Prinz John und der Sheriff von Nottingham, dessen Leute das Land plündern. Es sind nämlich Ihre Leute in Berlin, die schleswig-holsteinischen Abgeordneten und die Delegierten, die für den Bundeskoalitionsvertrag die Hand heben, der hier den Gemeinden das Genick bricht.« Es folgt eine weitere Spitze gegen den FDP-Politiker: »Herr Kubicki, jetzt ist Ihr Wahlkampfslogan Vergangenheit, er heißt: Wir konnten, was wir taten. Genauer müsste es eigentlich heißen: Wir wussten, dass wir prahlten.«[483]

Seit 2012 habe er »keine einzige Rede mehr mit Manuskript gehalten«, sagt Habeck heute, also seit er Stellvertretender Ministerpräsident und Minister in Schleswig-Holstein geworden ist. Er habe die Manuskripte im Ministerium »einfach abbestellt«, auch wenn die Referenten und Sekretäre graue Haare darüber kriegten. »Am Ende muss man springen«, sagt Habeck. Wenn man schwimmen lerne, lasse einen der Vater auch irgendwann los. »Dann säuft man entweder ab oder man paddelt so lange, bis man über Wasser bleibt. So ist Politik eigentlich auch.«[484]

Auch seine Bewerbungsrede für den Parteivorsitz im Januar 2018 hält Habeck frei, ohne Manuskript. Die Rede ist emotional, aufrüttelnd, kämpferisch. Ein paar Stichworte hat er wohl vor sich auf dem Pult, aber nur dann und wann schaut er kurz nach unten. Im Übrigen aber: immer geradeaus und fest ins Publikum geblickt, kraftvoll gestikulierend, das Auditorium fixierend.

Die Rede enthält viel von dem, was Habeck ausmacht. Sein Denken abseits fester Parteigrenzen, seine frei gestaltete Parteigebundenheit, seine optimistische und hoffnungsfrohe Ausstrahlung, seinen Kampfgeist und die Eckpunkte seiner politischen Agenda: Liberalität, Freiheit und Gerechtigkeit; Bündnisfähigkeit und Gemeinschaftssinn; Zusammenhalt der Gesellschaft, Stärkung der Institutionen, Aufbruchsstimmung. Habeck spricht von der »grundsätzlichen Kluft zwischen dem Gefühl in der Gesellschaft, dass etwas Neues beginnen muss (…) und einer Verhaltensstarre der Politik, die in ihren Ritualen gefangen ist, die nicht über den Tellerrand hinausdenkt«. Die gesellschaftliche Kluft »zwischen Menschen und System« drohe immer größer zu werden. »Deswegen kommen wir ins Spiel!« Denn Bündnis 90 / Die Grünen wurden einst genau deshalb ins Leben gerufen, weil auch damals »Fragen und Ängste« von der herrschenden Politik nicht ernst genommen worden seien. Nun ginge es erneut darum, Auswege aufzuzeigen. Er benennt eine »Maßlosigkeit des Optimismus« und fügt dann eindringlich hinzu: »Das ist unsere Zeit heute!« Die Delegierten applaudieren. Er spricht von einer »linksliberalen Politik«, die eine Zukunft haben müsse; »linksliberale Politik« bedeute, »nach den Strukturen der Probleme zu fragen«. Linke Politik, antikapitalistische Politik sei heute überholt, fügt er hinzu. Und verhehlt zugleich nicht, dass es »einen schamlosen Reichtum teilweise« gebe und eine eklatante sichtbare und unsichtbare Armut.

Starken Applaus erhält er nach einer Passage, in der er für Umverteilung plädiert, »eine härtere Besteuerung von Kapital und Vermögen«. Noch stärkeren Applaus bekommt er, als er sich gegen die »Durchökonomisierung des Privaten« wendet und »Garantiesysteme« fordert. Die Humanität müsse geschützt, die Kreativität, die Freiheit, die Lebenszufriedenheit, Familie, Arbeit, Glück verteidigt werden. Er ruft zum Streit auf, er fordert eine integrative Gesellschaft, ein Mitmachen aller, den Willen zur Versöhnung, die Möglichkeit von Zweifeln, das gemeinsame Suchen nach neuen Wegen, Halt und Orientierung auf dem Weg ins Ungewisse. »Zukunft wird aus Mut gemacht«, noch so eine pathetische Formel für die Delegierten. Also sich einmischen, auch Rückschläge, Niederlagen, Schmerzen ertragen. »Diese Schmerzen bringen uns zum Glühen.« Unterschiedliche Positionen sollten nebeneinander bestehen können und schließlich in einer Gemeinsamkeit enden. Eine anstrengende, fordernde, streitbare und versöhnliche neue Welt fordert Habeck, ein Miteinander und nicht Gegeneinander von Individuen. »In dem Sinne sind wir Bündnis 90/Die Grünen!«

Seine Schlussworte gehen im Applaus der Delegierten unter: »Und aus Machen entsteht dann irgendwann auch Macht. Macht kommt von Machen, nicht von Wollen, oder von Reden, von Sich-Einmischen. Deswegen sind wir hier, deswegen streiten wir. Zurück zum Optimismus des Anfangs und zu der Bereitschaft, sich einzumischen. Und der Anfang ist immer die Gegenwart, es ist immer unsere Zeit. Machen wir sie zu unserer Zeit. Vielen Dank!«[485] Habeck bekommt 81 Prozent der Delegiertenstimmen, Annalena Baerbock 64 Prozent.

# »Und es gelingt doch!«

## Der Minister

»Umweltminister Robert Habeck hat eine besondere Gabe«, urteilt der Kommentator der *Kieler Nachrichten* im Juli 2015. Habeck »kann hoffnungslos verhärtete Fronten aufbrechen und nicht für möglich gehaltene Kompromisse schmieden«. Das habe er in der Auseinandersetzung um den Schutz der Schweinswale in der Ostsee bewiesen. Das ist ihm im erbitterten Streit um den Schutz der Knicks (das sind traditionelle Weidehecken) gelungen, wenn auch mit Nachhilfe durch die Justiz. »Sein bisheriges Meisterwerk aber ist der Frieden im Muschelkrieg, den Naturnutzer und Naturschützer seit mehr als dreißig Jahren geführt haben.«

Muschelfischer hatten sich mit Händen und Füßen gegen jede ökologische Vorgabe der Landesregierung gewehrt, am liebsten hätten sie den Nationalpark Wattenmeer beseitigt. Naturschützer hingegen wehrten sich ebenso vehement gegen beinahe jede Form der Naturnutzung und wollten den Muschelfischern jeden Zugang zum Nationalpark verwehren. Habeck stiftet Frieden. Miesmuscheln dürfen weiterhin gefischt werden, allerdings in verkleinerten Fanggebieten. Dadurch sollen sich die Miesmuschelbänke wieder erholen. »Schietegal, was gewesen ist«, kommt Umweltminister Habeck zu Wort, »jetzt müssen wir den Ball nach vorn spielen.«

»Zufall ist das nicht«, schreibt der Kommentator. »Der Obergrüne ist erfrischend unideologisch, erfreulich pragmatisch und politisch so klug, dass er die Muschelvereinbarung für eine Laufzeit von gleich fünfzehn Jahren abgeschlossen hat.«[486] Derselbe Kommentator hatte den Minister rund zwei Jahre zuvor noch gerüffelt. »Einige Öko-Maßnahmen sind überstürzt, andere nicht plausibel erklärt«, heißt es im September 2013, gut ein Jahr nach Amtsantritt. Habeck müsse aufpassen, »dass er den populären Öko-Bogen nicht überspannt. Zum echten Norden gehören auch Bauern, Jäger und Fischer.«[487] Zwei Jahre später wirkt Habecks Bündnispolitik: Er wirbt um Kompromisse, redet mit den Betroffenen, ist ständig unterwegs als »Draußenminister«, kommt bei den Leuten an.

Den *Kieler Nachrichten* gibt Habeck sein erstes Interview im neuen Amt: »Der 42-Jährige ist der erste Energiewende-Minister in Deutschland«, kündigt die Redaktion den Interviewpartner an, außerdem ist er zuständig für Umwelt- und Agrarpolitik. Bis 2020 wolle er dreimal mehr Strom aus erneuerbaren Energien in Schleswig-Holstein produzieren lassen, als im Land verbraucht wird; ein ehrgeiziges Ziel, meint der Journalist und fragt: »Wie soll das gehen?« Zehn Milliarden Euro veranschlage der Bundesverband Windenergie für die Investitionen in den kommenden sieben Jahren. »Eine Illusion?« Nein, antwortet Habeck, diese Summen seien realistisch, »die Energiewende ist ein Riesen-Infrastrukturprojekt«. Er vergleicht es mit den Kosten für die deutsche Einheit. Die »beantragten Windeignungsgebiete« würden geprüft, der Netzausbau werde vorangetrieben, »die gesamte industrielle Basis in Deutschland« werde sich mit der Energiewende verändern. In Schleswig-Holstein bestehe »die einmalige Chance«, sagt Habeck, »die Energiewende zur technologischen Revolution und für neue Wertschöpfung« zu nutzen.[488]

»Das Thema ist viel zu komplex«, lautet die Antwort aus der Pressestelle des Energieministeriums von Schleswig-Holstein im Februar 2020. Mit anderen Worten: Ein Abgleich mit Habecks Prognose von 2012 ist der Pressestelle nicht möglich. »Zur Energiewende (die wir mit dem Klimaschutz verbinden) gehören Aspekte der Energiegewinnung, Energiespeicherung, des Energieexports. Darüber hinaus Aspekte der Landwirtschaft, der energetischen Sanierung, der Mobilitätsentwicklung, des Verbraucherverhaltens etc.« Dazu wird ein Link angegeben, auf die Homepage der Partei verwiesen sowie die Bereitschaft formuliert, »konkrete Fragen« gegebenenfalls zu beantworten. Wie der Stand der Energiewende 2020 in Schleswig-Holstein ausschaut, ist offenbar nur nach intensiven Recherchen festzustellen, wozu nicht einmal die Pressestelle des zuständigen Ministeriums in der Lage zu sein scheint.[489]

Arfst Wagner, der ehemalige Grüne, urteilt im Mai 2019, dass in Schleswig-Holstein weitgehend Stillstand eingetreten sei. Die Justiz habe »langwierige Überprüfungsprozesse« festgelegt, der Ausbau der Windenergie ginge nicht voran wie geplant, und die Solarenergie sei nach China abgewandert. Die Produzenten der Windenergie seien »im Moment sehr sauer auf die Politik, und das wird auch Robert mit in die Schuhe geschoben, weil es keine vernünftige Zukunftsperspektive für die Windenergie in Schleswig-Holstein gibt«. Da seien sicher auch Fehler gemacht worden, gibt Wagner zu bedenken, »aber wer wollte in diesem komplexen Milieu alles richtig machen?«[490] Im März 2020 bestätigt Wagner erneut: »Die Windenergie in Schleswig-Holstein ist ausgebremst.«[491]

Im Januar 2013 verfasst der Chefreporter der *taz*, Peter Unfried, ein Porträt unter dem Titel »Kein Arschloch hinterm Kuhschwanz«. Unfried forscht nach Politikern, »mit denen man sich auf die Suche nach der Zukunft für dieses Land begeben möchte«. In dem Porträt nennt Unfried die Ziele von Minister Habeck für die Legislaturperiode. Habeck habe das große Ressort »nach seinen Vorstellungen zum Energiewendeministerium erweitert« und sage auch, »was er in den fünf Jahren schaffen wolle. Priorität hat regionaler, nationaler und europäischer Netzausbau«. Die politische Energiewende in Deutschland habe noch »kein Gesicht«, merkt der Journalist an, nicht mal die Grünen hätten »einen Kopf, der im Wahlkampf dafür stünde«. Jürgen Trittin, der frühere Umweltminister? Der stünde »für das andere große Thema, die Staatsschuldenkrise«. 2017 sei für Habeck der Horizont, das Ende seiner Legislaturperiode. Dann wolle er »etwas vorzeigen oder übergeben können. Es wird nichts Fertiges, aber es soll etwas Sichtbares sein.« Habeck komme gut an »als Menschenfischer«, nicht nur Küstenschützer hauten ihm auf die Schultern, »dass es kracht«. Habeck sei »eine ziemlich solitäre Mischung aus ernsthaftem Politiker und dem Gegenentwurf zum Konventionellen«, schreibt der Journalist. Doch Skepsis bliebe und viele fragten sich, ob Habeck tatsächlich so bleiben könne, wenn er erst mal ein paar Jahre durch die Mühlen des Amtes getrieben worden sei. Er verbreite »seinen Anspruch, bei sich zu bleiben«.

In einer Podiumsdiskussion wird Habeck gefragt, wie er das denn alles schaffe: Minister, Parteifunktionär, Familienvater. »Ich schaff es eben nicht«, antwortet er. »Ich lauf den ganzen Tag mit Heimweh nach meiner Familie rum.« Der Journalist kommentiert: »Habeck bedröppelt, Leute bedröppelt. Gerade sah es noch aus, als sei da ein Mann, den sein Amt richtig glücklich macht. Und jetzt möchte man ihm ein Taschentuch auf die Bühne reichen. Wenn man es nicht gerade dringend selbst bräuchte. Es ist ein seltsam ergreifender Moment, weil jeder in der Halle spürt: Der meint das ernst. Nichts irritiert Menschen mehr als die Wahrheit.«

Die Überschrift über dem Artikel aber erklärt sich aus einem Witz, den Habeck damals gern auf offener Bühne zum Besten gibt. Habeck ist zu Gast bei einem Mitarbeiterfest des Landesbetriebs Küstenschutz, Nationalpark und Meeresschutz. Ort des Auftritts ist eine Bauhalle am Stadtrand von Husum, ausnahmsweise hat Habeck einen Schlips umgebunden. »Er hat ein Mikro in der Hand«, berichtet der Journalist, »und lächelt von der Bühne in eine volle Bauhalle herunter. Ach, übrigens: ›Was ist der Unterschied zwischen einem Schlips und einem Kuhschwanz?‹ Robert Habeck wartet ein paar Sekunden, dann sagt er: ›Der Kuhschwanz verdeckt das ganze Arschloch.‹ Ein Moment Stille. Dann explodiert die Halle.«[492] Das hat etwas Amerikanisches an sich: Erst mal einen Witz machen, um die Stimmung zu lockern, das nimmt die Befangenheit, und die Leute sind zugewandt, öffnen sich. Danach kann umso ernsthafter gesprochen werden.

»Auftritte sind wie frühstücken für ihn«, sagt sein Schulfreund Kristian Dittmann, »er kann sich auf sein Charisma verlassen.«[493] In der *Süddeutschen Zeitung* vom Januar 2019 wird Dittmann mit den Worten zitiert: »Er ist klug. Er ist ungeduldig. Er weiß sein Potential als Schnellchecker und Gutausseher einzusetzen. Aber er ist kein Arsch.«[494]

»Wenn er weiß, alle sind gegen ihn in einem Saal«, erzählt Anke Erdmann, die ehemalige Staatssekretärin von Habeck in

Kiel, »dann geht er rein und dreht die Stimmung. Und zwar, weil er die Leute mit in die Verantwortung nimmt. Er redet eben anders. Er erzählt nicht einen vom Pferd, sondern er sagt: Leute, was soll ich denn eurer Meinung nach machen? Und so kommt er mit den Leuten ins Gespräch.«[495] Ulf Kämpfer, Erdmanns Ehemann, Kieler SPD-Oberbürgermeister und einst Staatssekretär bei Habeck, bestätigt die Darstellung. Habeck könne »einen Saal lesen, intuitiv«. Und Kämpfer wehrt sich gegen »Unterstellungen«, Habeck verfolge allein seinen eigenen Plan, es ginge nur nach seinem Ego, er habe nur seine Karriere im Blick. »Natürlich ist da ein riesiger Gestaltungswille«, sagt Kämpfer, »und kein Mensch ist uneitel, Robert sicher auch nicht. Aber: Er ist kein Karrierist.«[496]

Im März 2013 erscheint im *Hamburger Abendblatt* ein großes Interview unter der Überschrift: »Regieren ist leichter als gedacht«. Habeck ist seit neun Monaten »Kiels Energiewendeminister«. Die Redaktion setzt ein ähnliches Foto in den Text wie jenes, das drei Jahre später für das Cover von Habecks politischer Autobiografie genutzt wird: Der Minister mit ausgestreckten Armen am Strand in frischer Brise. Skepsis ausdrücken möchte die Redaktion offenbar mit einem Zitat von André Gide, das sie an den oberen Rand der Seite gesetzt hat: »Wenn ein Philosoph eine Antwort gibt, versteht man schon die Frage nicht mehr.« Habeck sei »vielleicht das bunteste Mitglied der schleswig-holsteinischen Landesregierung«, heißt es, als Minister sei der 43-Jährige »für etwa 2200 schleswig-holsteinische Staatsbedienstete verantwortlich«. Die Energiewende sei für sein Ministerium nicht das wichtigste Thema, stellt Habeck richtig, sie stehe vielmehr »gleichberechtigt neben anderen Themen wie Fischerei, Umwelt, Landwirtschaft oder Verbraucherschutz«. Für ihn sei »das Zusammenbringen der verschiedenen Themen die entscheidende Herausforderung«.

Auf die Frage, wie groß der Widerstand gegen Stromtrassenbau und weitere Windparks sei, antwortet Habeck, es gebe Widerstände, »und sie sind größer geworden«. Er beklagt sich darüber, dass Bundesumweltminister Peter Altmaier »mit seiner Aussage, der ganze Spaß würde uns eine Billion Euro kosten«, die Energiewende »schlechtgeredet« habe. Man sollte der Bevölkerung lieber nahebringen, »was für ein Generationenwerk!« dieses Projekt sei, welche Chancen darin steckten, und dass eine Infrastruktur aufgebaut werden müsse, »die dafür sorgt, dass für unsere Kinder der Rohstoff Strom fast kostenlos ist. Das ist doch die Story!«

Dennoch: Das Regieren sei gar nicht so schwer, sagt Habeck. »Ehrlich gesagt ist es leichter, als ich's mir gedacht habe.« Er habe ein »Superteam, das die Sachen sortiert«, so könne er sich auf »die wesentlichen Dinge« konzentrieren. »Gleichzeitig habe ich überraschenderweise das Gefühl, dass die Menschen keine Angst davor haben, mit ihren Ideen zu mir zu kommen oder mir zu widersprechen. Wovon ich am meisten genervt bin, ist dieses Ministersein: Darf ich Ihre Tasche tragen, Herr Minister, darf ich Ihnen die Tür aufhalten? Das kann ich nicht gut haben.«[497]

»Als er Minister wurde«, berichtet Arfst Wagner, »hat er mir gesagt: Arfst, ehrlich, ich hatte kaum eine Ahnung, worum es da geht.« Aber Habeck sei eben in der Lage, »in wenigen Wochen sich in komplexe Themen einzuarbeiten, und nach vier Wochen Dinge zu sagen, die über das, was der bisherige Diskussionsstand war, hinausgehen«.[498] Schnelle Auffassungsgabe, rasche Kombinationsfähigkeit, Gedanken über die Zukunft.

Wie Habeck mit Bauern und ihren Funktionären als Minister ins Gespräch gekommen ist, veranschaulicht er in der Berliner Urania im Januar 2019. Schleswig-Holstein sei »ein ganz starkes agrarisches Land mit einer heftigen Bauernlobby und einer großen, intensiven Landwirtschaft«, sagt er, und auf ihn, als grünen Landwirtschaftsminister, habe dort nun bestimmt keiner gewartet. »Entsprechend rau war es auch am Anfang.« Abwehr, Proteste, Trillerpfeifen, Demonstrationen. Blockade. Zuhören will zunächst keiner. »Ich habe dann auch nicht zurückgezogen. Okay, wenn ihr den Machtkampf wollt, dann wollen wir gucken, wer nachher die Mehrheit hat in der Gesellschaft.«

Es sei hart gewesen, doch irgendwann kommen die gegnerischen Parteien zur Einsicht, denn »es ist nicht ganz klar, wer am Ende auf der Strecke bleibt, sie oder ich«. Er kriege möglicherweise die gesellschaftliche Mehrheit, aber sonst gar nichts durch; das sei ja nun auch nicht der Plan gewesen, fünf Jahre Minister zu sein und nichts geregelt zu bekommen. Und die Bauernfunktionäre verhindern möglicherweise alles, »aber ihr Ruf ist im Eimer«. Und so hätten beide Seiten »umgeschwenkt: Der Bauernverband hat den Protest anders organisiert oder eingestellt, subtiler gemacht vielleicht oder jedenfalls nicht mehr so wahrnehmbar; und ich hab versucht, nicht von einer Kanzel herab zu sagen: So, ich bin der Minister, ich habe die Macht, ich hab das Recht, jetzt sag ich euch mal, wie gute Landwirtschaft funktioniert, und zwar anders, als ihr das macht, und wer das nicht macht, ist doof.« Sondern er habe versucht, sich in die Lage der Landwirte hineinzuversetzen. Er habe nicht mehr von einer ökologischen Position aus argumentiert, sondern von einer betriebswirtschaftlichen. Er habe also gesagt: »Hört mal, Bauern, ihr seid doch selber nicht zufrieden. Ihr verdient so sauwenig Geld. Ihr habt so enge Produktionsmargen. Im Grunde seid ihr erpressbar vom Markt, von den großen Discountern und von Monsanto und den Saatgutherstellern – was braucht ihr denn, damit ihr ein bisschen weniger intensiv wirtschaftet?«

Und als er dann von ihnen Antworten kriegte, »kamen wir zusammen«. Gelingende Kommunikation, nennt Habeck das. Interessengruppen sollten sich gegenseitig zuhören und dann Schritte aufeinander zugehen. »Es war unendlich mühsam«, sagt er, »es hat viel Geduld gebraucht und viel Bereitschaft, die eigene Position zu hinterfragen.« Was in der Politik, »zumal wenn sie so öffentlich ist«, das Schwerste sei. »Aber ich säße nicht hier und ich hätte nicht für das Amt in Berlin kandidiert, wenn ich nicht der festen Überzeugung wäre, dass wir das hinkriegen können.« Nämlich die eigene Position zwar für richtig zu erachten, aber der anderen Position zumindest zu unterstellen, dass sie »nicht per se böse« ist. Gut organisierter Streit, nennt Habeck das.[499]

Im Januar 2018 steht Habeck kurz vor seiner Wahl zum Bundesvorsitzenden der Grünen in Berlin, er ist nur noch ein paar Monate im Amt als Minister. Werner Schwarz, der Bauernpräsident von Schleswig-Holstein, ein CDU-Mitglied, zieht eine positive Bilanz von Habecks Amtszeit als Minister, er lässt sich mit den Worten zitieren: »Wir haben ein gutes Vertrauensverhältnis aufgebaut.« Die Bauern hätten Frieden geschlossen mit Landesminister Habeck.[500] Ulf Kämpfer bestätigt die Meinung des Bauernpräsidenten: Das Verhältnis zum Bauernverband sei »zwischenzeitlich schon fast beängstigend harmonisch« gewesen.[501]

»Ich kam mit dem Blick von außen«, betrachtet Habeck seine Zeit nach einem Jahr im Ministeramt, und diesen Blick möchte er sich auch bewahren. »Ich möchte mehr Dinge tun, die einen wirklichen Unterschied machen.« Er frage zum Beispiel, ob der ökologische Landbau eine Nische für »Hardcore-Grüne« bleibe oder ob daraus eine »gesellschaftliche Haltung erwächst«. Und er versuche, die Konflikte zwischen Umweltschutz und Landwirtschaft, zwischen Meeresschutz und Fischerei, zwischen Netzausbau und Umweltschutz, Küstenschutz und Nationalpark zu moderieren und schließlich zu schlichten. »Ich muss mich zwischen den Frontlinien bewegen«, wird Habeck zitiert. »Aber dabei fühle ich mich ganz wohl.«[502]

In der *Frankfurter Allgemeinen Sonntagszeitung* wird Habeck im Oktober 2013 zu schwarz-grünen Bündnissen in der Zukunft befragt. »Um bewahren zu können, muss man die Dinge verändern«, postuliert Habeck. »Die Union setzt eher auf Stabilität und die Grünen stark auf Veränderung. Das teilen sie mit den linken Parteien.« Dass der Mensch ein Störenfried auf dem Globus sei, betrachte er als romantisches, aber falsches Politikverständnis. Es ginge darum, »die menschlichen Eingriffe in die Natur durch menschliche Regeln zu beschränken«.[503]

Ob er sich in der Rolle des Rebellen gefalle, möchte ein Journalist der *Kieler Nachrichten* im Dezember 2014 wissen. Die Redaktion hat ein Foto ausgewählt, das Habeck im Ministerbüro zeigt, auf seinem Schreibtisch ein Cowboystiefel als Blickfang, der Minister strahlend mit Dreitagebart und offenem Kragen. Eine »der größeren Herausforderungen« für ihn als Minister sei es, »zu überprüfen, ob ich noch der bin, der ich sein wollte, als ich Politiker wurde«. Er habe einen Dienstwagen und werde gefahren, im Vorzimmer würden Telefonate koordiniert und Termine abgesprochen, »ich muss mich oft nicht einmal mehr ums Essen kümmern«. Mitunter laufe er »wie ferngesteuert« durch die Gegend, er wolle aber nicht »im System Regierung als Herrschaftsform« verschwinden. Er wolle »gerne beibehalten, dass ich mich ein bisschen dagegen stemme«.[504] Auf seinem Notebook klebt ein Button mit dem Konterfei Che Guevaras.[505]

2012 und 2013 seien gut verlaufen, resümiert Habeck, vielleicht zu gut, »wir agierten zu selbstsicher«. Es sei dann zu »schlechten Schlagzeilen« gekommen, er habe vor einer Studentendemonstration die Nerven verloren und rumgebrüllt, die Sicherheit war weg. »Wenn man merkt, dass es nicht rund läuft, verliert man die Souveränität.«[506] Aber er sei »sehr eins geworden« mit seinen Aufgaben und »schiele nicht auf den Bundesvorsitz«.[507] Zwei Jahre später, im Herbst 2016, legt Habeck seine politische Autobiografie *Wer wagt, beginnt* vor und bewirbt sich damit auch für die Spitzenkandidatur zur Bundestagswahl 2017 in Berlin. Eine Bewerbung, bei der er knapp dem Favoriten Cem Özdemir unterliegt.

Die Berichte über Habecks Ministerzeit, auch die Presseberichterstattung, klingen überwiegend positiv. Ein Ministerkollege hingegen, Reinhard Meyer, ist sehr viel skeptischer eingestellt. »Robert Habeck ist der größte Schauspieler, den ich in der Politik kennengelernt habe«, lässt sich Meyer im Juli 2019 zitieren und hat die Schlagzeilen für sich.[508] Meyer ist Mitglied der SPD, er war von Juni 2012 bis Juni 2017 Minister für Wirtschaft, Arbeit, Verkehr und Technologie in Schleswig-Holstein unter SPD-Ministerpräsident Torsten Albig. Seit Mai 2019 ist er Finanzminister in Mecklenburg-Vorpommern. »Da können zwei Minister einfach nicht miteinander«, lässt sich Christopher Vogt im Februar 2018 zitieren.[509] Vogt ist seit 2002 Mitglied der FDP, mit 25 Jahren wird er 2009 in den Landtag gewählt, im Dezember 2017 folgt er auf Wolfgang Kubicki als Fraktionsvorsitzender. Im Gespräch verdeutlicht Vogt seine Sicht auf den Konflikt zwischen Meyer und Habeck: »Das sind zwei Alphatiere, sehr unterschiedliche Typen. Reinhard Meyer als Steinbrück-Sozi ist ein absoluter Verwaltungsmann, ein Politprofi auf einem Flügel der SPD, der heute nicht mehr unbedingt so stark ist; und Robert Habeck als linkskonservativer, aufstrebender Grünenmann – da prallten einfach Welten aufeinander.« Und Vogt erkennt an, wie gut der eine Geschichten und Bilder für die Öffentlichkeit produzieren könne. »Robert Habeck ist sicherlich ein Meister der Bilder, das muss man neidvoll anerkennen.« Wenn Wale an der Küste gestrandet seien, ein Stall besichtigt wird oder ein neues Windrad eingeweiht – »da war natürlich immer ein Tross dabei«. Und anderntags sind die Blätter wieder voll mit Habeck-Geschichten. »Aber«, gibt Vogt zu, »es ist eine Leistung, die man als Politiker bringen muss.« Bilder zu produzieren sei »im Zweifel wichtiger als noch ein Pressehintergrundgespräch, wo man Fakten rüberbringt«. Habeck habe sich schnell in sein Metier eingearbeitet, er hatte »die Sachen gut drauf« und habe »Botschaften rübergebracht«. All das habe »zu seinem Erfolg maßgeblich beigetragen«, bilanziert der FDP-Politiker die Zeit des Ministers in Kiel.[510] Auch CDU-Ministerpräsident Daniel Günther bescheinigt Habeck, »immer tief drin in seinen Themen« gewesen zu sein.[511] »Robert Habeck war ein echter Leistungsträger in unserem Kabinett«, bilanziert Günther im Dezember 2019. »Er weiß, dass er einen Kompromiss nur hinbekommt, wenn keiner das Gesicht verliert. (…) Er geht in einen Saal mit 200 Bauern, die alle sauer sind – und kommt mit anerkennendem Beifall wieder raus. Er schafft es, den kompletten Raum in zwei Stunden zu drehen. Diese Gabe ist schon etwas Besonderes.«[512]

Bei Jürgen Leinemann liest man Analysen über den politischen Betrieb aus einer Zeit, als digitale Medien noch nicht ihre Wucht entfaltet hatten. »Politiker müssen sich und ihre Inhalte selbst inszenieren«, schreibt der Reporter, »und zwar paradoxerweise so, dass beim Publikum statt einer gelungenen schauspielerischen Leistung ein Eindruck von Authentizität ankommt.«[513] Leinemann beobachtete jahrzehntelang den Aufstieg und Fall von Gerhard Schröder, die Berg- und Talfahrt seiner politischen Karriere, das Ineinander von Authentizität und Schauspiel, das Posieren in einer »Mediokratie«,[514] in der die Medien die Politik besetzen, bestimmen und vor sich hertreiben. Ist jemand nur Schauspieler seiner selbst oder bleibt er tatsächlich bei sich und nutzt das Scheinwerferlicht, um blendend inszeniert seine Inhalte zu transportieren? Die Grenzen sind fließend, doch Leinemann schreibt auch: »In Wahrheit ist Authentizität von Politikern ohne Darstellung schwer denkbar.«[515] Was ist denn der Kern einer in der Öffentlichkeit stehenden Persönlichkeit? Und was macht »die suggestive Bilderwelt«[516] daraus? »Der ›wahre‹ Schröder bleibt trotz permanenter Präsenz ein Geheimnis, die vage Möglichkeit einer zusätzlichen Dimension von Tiefe und Anderssein ist nicht auszuschließen. Das lässt ihn ebenso unberechenbar wie unverwechselbar erscheinen.«[517] Und aus den Gesetzen einer »Mediokratie« schlussfolgert Leinemann: »Die Erfolgskette ist simpel: Bilder fügen sich zum Image. Das Image bringt Stimmen. Die Stimmen öffnen die Türen zu Ämtern, fertig ist die Macht.«[518]

Für das Musikmagazin *Rolling Stone* verfasst der *taz*-Journalist Peter Unfried ein Porträt von Habeck. Es erscheint, kurz bevor der sich Anfang 2017 in einer Urwahl zum Spitzenkandidaten für die Bundestagswahl aufstellen lassen will, bei der er dem Favoriten Cem Özdemir knapp unterliegt. Meine größte Niederlage, sagt Habeck später und fügt hinzu: »Ich hatte eine Idee, wie wir Grünen uns in dieser Zeit entwickeln sollten – und es hat knapp nicht funktioniert.«[519] Ein Jahr später erlangt er eine Mehrheit in der Partei und wird Bundesvorsitzender neben Annalena Baerbock. »Habeck hält den Idealismus für den ungehobenen Schatz seiner Partei«, schreibt Peter Unfried. Er zitiert Habeck mit dem Satz: »Niemand wird die AfD *nicht* wählen, weil wir sagen: Wählt nicht die AfD!« Unfried weiter: »Er will für das ›liberale, entspannte, freundliche Deutschland‹ streiten. Er will ein ›linkes Bekenntnis zur Republik‹ von Leuten, die sich der aktiven Sorge um ein Gemeinwesen verpflichten, das sich nicht über Blut und auch nicht über Nationalboden definiert. Er schlägt eine Partei vor, die ihre Ideale nicht im Schrein aufbewahrt, sondern in den gesellschaftlichen und politischen Aushandlungsprozess einspeist und dort mehrheitsfähig macht. Ob die Parteimitglieder das auch wollen, darum geht es in dieser Urwahl.«[520]

Ob er in seiner Zeit als Minister illusionsloser geworden sei, will ich im Juni 2019 von Habeck wissen. Ob er desillusionierter, müde, routiniert im Getriebe der Staatskanzlei geworden sei? »Ich hab Tausende von Kompromissen gehabt«, antwortet er, »Hunderte von Widerständen, Demonstrationen, Petitionen, Rücktrittsforderungen, alles gehabt – und trotzdem bin ich aus dem Amt gegangen oder hab im Amt gedacht, was für eine große Chance, deine Zeit mitgestalten zu können. Und es gelingt doch!«[521]

»Die fünf Jahre als Minister haben mich als politischen Menschen noch einmal verändert«, bemerkt Habeck in seiner politischen Autobiografie. »Und zwar haben sie mich, entgegen allen Erwartungen und Befürchtungen, zu einem idealistischeren Menschen gemacht – gerade weil der Alltag aus vielen Kompromissen und halben Schritten besteht. Gerade weil es oft mühsam ist, Erfolge zu erzielen.«[522] Aber warum dann idealistischer? Es sei erstaunlich, antwortet er, »dass man im Amt, wenn man in der operativen Verantwortung steht, also da, wo man auf der Ebene der Mittelmäßigkeit agiert, idealistischer wird«. Vom »Weg des Pragmatismus« spricht er, auf dem Veränderungen und Fortschritte hinzubekommen seien, »und das ist aus meiner Sicht kein Gegensatz: Pragmatismus hier und Idealismus da, sondern das ist die Bedingung der Möglichkeit des anderen«. Wie er letztlich zu dem geworden ist, »der ich bin«, habe sicherlich mehr mit der Ministertätigkeit zu tun als mit den 1980er-Jahren seiner Jugend.[523]

Es spricht der Realpolitiker, nicht mehr der Leser oder der Schriftsteller, der Akademiker, der Doktor der Philosophie. Dabei sind gerade seine Studien und die Jahre in seiner Familie die Voraussetzung und Grundlage für das, was ihm als Politiker weiterhilft, das, was ihn außergewöhnlich macht in diesem Getriebe. Als er bei seiner Amtseinführung als Minister in Schleswig-Holstein die Eidesformel gesprochen habe – »Ich schwöre, meine Kraft dem Wohle des deutschen Volkes zu widmen« –, da bewirkt diese sehr formale und pathetische Formel etwas in ihm: »Die Eidesformel war nämlich gar nicht für den Staat, sondern für den, der schwört, für mich. Das war überraschend. Diese Worte haben mir geholfen, das zu formulieren, was ich gespürt habe, aber noch nicht denken konnte, weil ich es nicht auszusprechen vermochte.«

Die Formel habe ihn verpflichtet, »und zwar über mein eigenes Leben hinaus«.[524] Diese Zeremonie habe ihn wohl auch stolz gemacht, obwohl er »nie ein großer Freund von Zeremonien« war; und stolz auch nicht auf die Insignien der Macht, sondern auf die Verantwortung, die ihm mit der Verpflichtung zufiel. »Meine Vereidigung als Minister bedeutete mir etwas. Sie machte mich – ich kann es nicht anders sagen als mit dem Wort, das mir damals im Kopf rumging – zum ›Staatsdiener‹ und nahm mich auf eine ganz altmodische Art und Weise in die Pflicht.« Die Möglichkeit, wirklich Einfluss zu nehmen, ist auf einmal da, die Chance, Wirkung zu erzielen, »zu gestalten«, wie es im Politjargon immer heißt, wenn der Reiz eines politischen Amtes beschrieben werden soll. »Ich fühlte mich, im Ursinn des Wortes, verpflichtet. Und ein neuer Republikanismus erwachte in mir …«[525]

## »Die Institutionen unserer Demokratie sind schützenswert«

### Der Staatstreue

Seiner politischen Autobiografie von 2016, *Wer wagt, beginnt*, stellt Robert Habeck ein Motto voran, das sich nicht jedem gleich erschließt: »kann ich ohne mich zu beugen in ihm leben/oder wachs' ich lebenslang in ihn hinein«. Darunter dann fett gedruckt: »L'état et moi (Mein Vorgehen in 4, 5 Sätzen). Blumfeld«. Was verbirgt sich hinter diesen kryptischen Sätzen?

»Blumfeld« ist eine Hamburger Rockband, von 1990 bis zu ihrer Auflösung 2007 eine der erfolgreichsten und einflussreichsten Bands der deutschen Indie-Szene. Sie ist nach der Hauptfigur einer Kurzgeschichte von Franz Kafka benannt. »L'état et moi« ist der Titel eines Songs aus dem Sommer 1994. Habeck lebt damals in Hamburg, studiert dort, bereitet sich auf seine Magisterarbeit vor. Als »Vorzeige-Intellektuellen-Band« und »Linksintellektuelle der Rockmusik in Deutschland« wird die Gruppe bezeichnet, die Texte – im Sprechgesang von Sänger Jochen Distelmeyer vorgetragen – sind verschachtelt und bildhaft, verknüpfen Gefühle mit Gesellschaftskritik. Es geht um Probleme in der Liebe, um Ängste, Depressionen, Unsicherheit, Orientierungslosigkeit, aber auch Widerstand und

Protest gegen die Gesellschaft. Düster und melancholisch wirkt diese Musik für die »Generation Golf«, eine Stimmung, die aber nicht zu Habecks Optimismus zu passen scheint.[526]

Im Musikmagazin *Rolling Stone* wird Habeck 2016 als »Blumfeld-Fan« vorgestellt. Er erklärt, warum er die zitierten Worte als Motto gewählt habe: »Der Staat und ich, oder der Zustand und ich: Das beschreibt die Spannung, die das Buch ausmacht. (…) Sich verbinden, sich um etwas kümmern. Aber auch das Getrennte, das Nebeneinanderstehen.«[527]

Das Motto also: Der Staat und ich. Oder: Der Zustand und ich. Aber auch: Rock'n'Roll hat meinem Leben Sinn gegeben. Und: Deutschland, unheilig Vaterland.[528] »Der Staat und das Ich«, schreibt Habeck in seiner politischen Autobiografie, »das ist und bleibt ein Spannungsverhältnis.« Doch nur aus diesem Spannungsverhältnis entstünden »Leidenschaft und die Aufgeschlossenheit für echte Veränderung«.[529] Im *Rolling Stone* wird Habeck mit den Worten zitiert: »Da ist eine Glut, und jetzt muss man reinpusten, und dann ist die Flamme wieder da.« Das Porträt endet mit den Worten: »Und damit ist klar, wie Robert Habeck die deutsche Gesellschaft jenseits der Neuen Rechten sieht und was er vorhat: Wir sind die Glut. Er pustet rein. Und dann wird man sehen.«[530]

Auf meine Frage, ob er sich eigentlich verstanden fühle mit dem, was er von den Menschen erwarte, antwortet Habeck im Juni 2019 mit einem Bekenntnis zum Staat und seinen Institutionen. Nein, er wolle nicht aus den Ritualen ausbrechen, »ich bin ja Teil der Rituale«, entgegnet er. »Ich bin ein Teil des politischen Systems, und ich halte es für ein wertvolles System. Die Parteiendemokratie und die Institutionen unserer Demokratie sind schützenswert. Ich glaube nur, dass wir sie schützen und erhalten und restaurieren können nur dann, wenn wir bestimmte Dinge anders machen. Und zwar nicht nur anders, indem man zwei Prozent mehr von dem und drei Prozent weniger von dem macht, sondern das System anders denkt.« Es ginge darum, »die richtigen Lehren« aus der rot-grünen Regierungsphase in den Jahren zwischen 1998 und 2005 zu ziehen. Damals »fremdelten die Grünen erkennbar mit den Institutionen, mit dem Staat«. Es sei schwer möglich, auf der einen Seite Repräsentant des Staates zu sein und auf der anderen Seite die Gesellschaft doof zu finden. »Das funktioniert nicht.« Das habe er in seinem *Patriotismus*-Buch von 2010 versucht, in Worte zu fassen.[531]

In einem Interview zum Erscheinen des Buchs fordert Habeck in der Tageszeitung *Die Welt* ein »neues Vertrauen in die Institutionen« und in den Staat: »Nur ein starker Staat ist der Garant von Freiheit.«[532] Sein eigenes Politikverständnis bezeichnet Habeck als »staatstragend und aufbegehrend« zugleich.[533] »Die Existenz des Staates schützt den Bürger letztlich vor sich selbst«, denn: »Nur ein starker Staat ermöglicht es seinen Bürgern, verantwortungslos sein zu können. Ein schwacher Staat braucht die Selbstorganisation.«[534] Das möge spießig klingen, räumt Habeck ein, sei aber in Wirklichkeit gegen die Spießer gerichtet. »Denn weil es eine Polizei gibt, müssen wir uns nicht den pöbelnden Rentner gefallen lassen, der die Falschparker aufschreibt; weil es Prinzipien des Rechtsstaates gibt, brauchen wir den Blockwart, der den Ehebruch meldet, nicht. Eine Verlagerung der Moral ins Private hebt die Privatheit letztlich auf. Gerade weil der Staat das Gewaltmonopol hat, brauchen wir keinen privaten Waffenbesitz.«[535]

Dieses »›Ja‹ zum Gemeinwohl« sei nötig, schreibt Habeck, um miteinander und nicht gegeneinander diskutieren zu können und »eine uneigennützige Debatte über das soziale Auseinanderdriften der Gesellschaft zu führen, über den Verzicht, den die ökologische Krise uns zumuten wird, und über den Zusammenhang zwischen unserem Wohlstand und der Armut der restlichen Welt«.[536] Und er behauptet sogar, dass es »eine linke Haltung« sei, »die Institutionen des Staates anzunehmen und zu bejahen«. Die Marktwirtschaft »prinzipiell abzulehnen« sei »keine linke Haltung«, sondern schwäche Politik und entmündige Demokratie, verhindere »Engagement für das Allgemeinwohl« und führe zu einer linken Restauration.[537] Was er mit linker Restauration meint, sagt er nicht. Die meisten Menschen – »ich gehöre dazu«, schreibt Habeck – fänden es okay, dass sie in einer Marktwirtschaft lebten und dass es möglich sei, mehr Geld zu verdienen, »wenn man sich clever anstellt«.[538]

»Ich bin ja Repräsentant des Staates«, sagt Habeck in einem Interview als Minister im Oktober 2013. »Ich kann ihn also nicht ablehnen«, argumentiert er wie in seinem Buch von 2010. Für ihn sei das »eine tägliche Herausforderung, einerseits ein distanziertes Verhältnis zu den Institutionen zu haben und andererseits Teil der Institutionen zu sein. Ich muss das lernen, und das ist vermutlich nicht nur für mich schwierig, sondern eben auch für die Partei.« Möglich sei es, fügt er hinzu, dass dieser Zwiespalt und diese Zerrissenheit »auch etwas sehr Deutsches« sei, in skandinavischen Ländern beispielsweise »bekennen sich linke Parteien ungebrochen zu ihrem Gemeinwesen«.[539]

Früher seien »die Repräsentanten des Staates« für ihn eher etwas Fremdes gewesen, räumt Habeck in einem Interview 2017 ein, »vielleicht manchmal sogar etwas Bedrohliches«. Wenn er an Menschen in Uniformen dachte, war er eher abgeschreckt, egal ob Polizist oder Schaffner, »selbst Platzanweiser« stachelten seinen Widerstand an. »Sie waren die Kontrolle und ich hatte immer ein latent grundlos schlechtes Gewissen. Und ein bisschen habe ich das heute noch«, bekennt er in dem Sammelband *Gespräche über den Staat*. Wenn er an einen Schalter trete, an einen Kontrollpunkt, in eine Amtsstube, und sein Pass und alle Papiere sind eigentlich in Ordnung, denke er doch: »Mann, hoffentlich geht das gut.« Als Politiker sehe er das anders, und er wehre sich gegen »diese grassierende Missachtung des Staatswesens«. Seiner Auffassung nach ginge es in der Politik nicht um Wahrheiten, sondern um Meinungen und den Streit um Meinungen. Und dieser Streit um Meinungen müsse durch einen starken Staat, seine Institutionen und die Rechtsstaatlichkeit unterstützt und ermöglicht werden.

Vor dreißig Jahren sei auch in seiner Partei gern mit der Ablehnung des Staatswesens geflirtet worden. Heute drücke sich das an anderer Stelle in »Elitenverachtung« aus, »die da oben, das Establishment, der Lügenstaat«. Dagegen wehre er sich, denn das Staatswesen habe sich geändert, es sei nahbarer geworden, die Verwaltung sei »ein Teil der Bürgergesellschaft«. Insofern sei »die Ablehnung der staatlichen Institutionen heute (…) eine Ablehnung der demokratischen Bürgergesellschaft«.[540] Und diese »Verachtung für die Institutionen« formiere sich heute »zunehmend und ausgehend von einem völkisch-antiparlamentarischen Grundsatz«.[541] Dagegen müsse auch die Linke Bürgersinn entfalten, argumentiert er. »Es ist jetzt die Aufgabe, die Errungenschaften der Demokratie zwar upzudaten, aber zu verteidigen«, sagt er im Dezember 2018 auf dem Podium der Berliner Mittwochsgesellschaft des Handels.[542] Im Januar 2019 stellt er in der Berliner Urania fest: »Institutionen sind Zwänge«. Freiheit bedeute nicht den Verzicht auf Regeln; Freiheit bedeute, Regeln immer wieder zu hinterfragen. Deswegen seien Regeln und Liberalität und Freiheit keine Gegensätze. Im Gegenteil: Sie bedingten sich wie gegenüberliegende Pole.[543]

Wiederholt klagt er darüber, dass das Vertrauen der Bevölkerung in die politische Handlungsfähigkeit des Staates immer weiter schwinde. Die Klimakrise als Jahrhundertbedrohung; Steuerflucht von Konzernen wie Amazon, Google und Facebook; vergiftete Felder, Mietenexplosion – »Menschen erwarten, dass entsprechend gehandelt wird«.[544] In einer öffentlichen Veranstaltung widerspricht Habeck im September 2019 der Ansicht, die Grünen seien allein für die ökologische Frage zuständig. Diese Frage sei vorrangig, gibt er zu, aber in Wirklichkeit ginge es darum, »gesellschaftliche Anpassungsverhältnisse«, also Reformen und Wandel zu ermöglichen, »und zwar unter den Bedingungen von Rechtsstaatlichkeit, Freiheit und Demokratie«. Würde weiterhin nichts oder zu wenig gegen den Klimawandel unternommen, sei die Zeit für »Liberalität und Freiheit« irgendwann vorbei. Also ginge es darum, »Gesellschaft zu denken«. Das sei der eigentliche Auftrag seiner Partei, »und wir bemühen uns, unter Bedingungen von veränderten Zeiten die altmodischsten Begriffe der Moderne möglich zu halten«.[545]

»Der Staat ist der Sachwalter unseres Idealismus«, postuliert Habeck in seiner politischen Autobiografie, »oder könnte es zumindest sein.« Denn es sei ja gerade Sinn eines demokratischen Staates, dass Verantwortung delegiert werde. Staaten scheiterten, wenn ihre staatlichen Institutionen nicht mehr funktionieren. »Wer gesellschaftlichen Fortschritt will, muss sich also um den Staat kümmern«: Vetternwirtschaft, Korruption und Chaos führten in den Niedergang und verursachten Angst.[546]

»Wir leben in der besten und freiesten Republik, die es jemals in Deutschland gab«, sagt Habeck in seiner Rede auf dem Bundesparteitag der Grünen im November 2019. »Verteidigen wir diese Republik und sorgen wir dafür, dass sie nicht faschistisch abgeräumt wird. Werden wir Verfassungsschützer!«[547] Die

Rede ist vor dem Hintergrund der Wahlerfolge der AfD und einer »Orwell'schen Sprachverdrehung in Deutschland« gehalten, vor dem Hintergrund rechtsradikaler Morde, der Attentate von Wolfhagen in Hessen und Halle in Sachsen-Anhalt und internationaler Verstrickungen von Populisten und Autokraten in der Welt. Habeck fordert uneingeschränkt die Überwachung der AfD durch den Verfassungsschutz.

Und als die Seuche die Welt verändert und zum Stillstand bringt, sagt er in einem seiner ersten Interviews im April 2020: »Ich würde jetzt gerne in der Regierung sein.« Er spricht über die Ausnahmesituation und darüber, wie wichtig ein funktionierender Staat sei, welche Aufgabe sie als Opposition hätten, nämlich »die Gesellschaft zusammenzuhalten«, konstruktiv und kritisch zugleich zu sein und zu bleiben. Aber: »Ich vermisse die Verantwortung. Das, was ich will, ist: die Verantwortung übernehmen.« Er würde sich von Journalisten viel lieber löchern lassen, warum er diesem oder jenem im Bundesrat zugestimmt habe oder im Kabinett das und das mitgetragen, als zu erklären, warum die andern die Hand falsch oder richtig gehoben haben. »Das nervt mich total.«[548]

# »Die Suche nach Sinn«

## Der glückliche Politiker

»Man muss sich den Politiker als glücklichen Menschen vorstellen«, heißt es in Habecks politischer Autobiografie.[549] Er bezieht sich dabei auf den französischen Schriftsteller Albert Camus und dessen Schrift über den Mythos vom Sisyphos. Politik sei nie fertig, sagt Habeck. Demokratie sei nie fertig. Und auch das Leben sei nie fertig. Stets ginge es darum, sich zu mühen, den Stein einen Berg hochzurollen; und auch wenn dieser wieder herunterrolle, gelte es, nicht innezuhalten, sondern erneut von vorn zu beginnen, aufbauend auf den Erfahrungen, die man gemacht hat, die Fehler zu berücksichtigen, die hinter einem liegen, die Mühsal in Kauf zu nehmen und nicht zu verzweifeln. »Und Camus hat gesagt – das ist die moderne Existenz«, erklärt Habeck. »Wir sind nicht mehr in einer Geborgenheit und können auch nicht glauben, dass unser Leben jemals irgendwie fertig ist. Aber: Das ist nicht Plage, das ist das Leben. Wir müssen es bejahen. So muss man sich Sisyphos als glücklichen Menschen vorstellen, so Camus.«[550]

»Ich halte den Sisyphos nicht für einen glücklichen Menschen«, sagt hingegen Harald Welzer, Sozialpsychologe und Publizist, »außer dass er gewissermaßen, wie auch jeder Junkie, eine bestimmte Aufgabe hat, die ihn total im Bann hält.« Sicherlich sei das eine Persönlichkeitsfrage, fügt Welzer hinzu, aber:

»Ich würde die Existenz eines Politikers aus gerade mangelnden Glücksperspektiven für überhaupt nicht erstrebenswert halten.«[551] Welzer ist ein Bruder im Geiste, könnte man meinen. In seinen Veröffentlichungen tritt auch er für einen Wandel in der Gesellschaft und im Kopf jedes Einzelnen ein. Aber in der Frage eines Glücksversprechens hat er eine gänzlich andere Meinung. Welzer arbeitet am Schreibtisch, auch wenn er Publikum nicht meidet. Er nimmt an öffentlichen Veranstaltungen teil, sitzt auf Podien, in Talkshows, auch in Rededuellen mit Habeck, aber: Das Licht, in dem Berufspolitiker stehen, wäre ihm zu grell, sagt er.[552]

Habeck verdeutlicht im April 2019 seine Überlegungen zum Mythos vom Sisyphos nach Albert Camus. Bei der Vorstellung seiner Lieblingsbücher in einer Berliner Buchhandlung sagt er: »Jede Hoffnung auf Rückkehr ins Paradies, aber auch natürlich jede Ideologie, die verspricht, wählt mich und ich führe euch in eine ewig gedeihende glückliche Zukunft, ein Tausendjähriges Reich, die Erlösung des Sozialismus, alles Unsinn! Die Existenz besteht darin, immer neu anzufangen und sich nie entmutigen zu lassen, diesen Felsen den Berg hochzurollen. Das sind wir.« Alles andere wäre undemokratisch und fürchterlich dazu. Denn es würde bedeuten, die Leute hätten keine Wünsche mehr, keine Ideen, keine Hoffnungen. Daraus entwickelt Habeck seine Idee, ja seine Überzeugung vom Politiker als glücklichem Menschen: »Wir sind nicht glückliche Menschen, weil alles so läuft, wie wir uns das vorstellen. Sondern wir könnten uns als glückliche Menschen betrachten, weil wir diesen ewigen Spannungsbogen aufrechterhalten und im ewigen Ringen, diesen Stein den Berg hochzurollen, jeden Morgen neu anfangen dürfen.«[553]

Ein »gesellschaftlicher Albtraum« wäre es, wenn wir sagen würden, wir hätten alles erreicht, sagt Habeck bei einer Podiumsveranstaltung in Berlin Anfang 2019. Die Gesellschaft befinde sich ständig im Wandel, das sei die gute Nachricht. Und er verweist auf Goethes *Faust*, der mit dem Teufel eine Wette abschließt: Es solle der Moment erlebt, der Augenblick festgehalten werden, um zu sagen, verweile doch, du bist so schön. Die Zeit möge also stillstehen. Und was passiert in dem Moment? »Dann geht seine Seele zum Teufel«, sagt Habeck und bekräftigt: »Wir brauchen den Wandel.«[554]

Sein politisches Vorbild, Václav Havel, schreibt in seinen *Betrachtungen aus dem Gefängnis* über »Ungläubige« und »Gleichgültige«, über »Fatalisten und Nihilisten«, über »aparte Skeptiker«, die sich schließlich »in einen gewöhnlichen Reaktionär« verwandeln, um den Zustand der Welt zu erhalten und damit ihren eigenen Gemütszustand zu stabilisieren. Und Havel verweist auf jenen Weg, der darüber hinaus führt, in die Tätigkeit, in das Handeln, in die Mühsal, zu den »Utopisten«, zum »Sinn des Lebens«. Er definiert so etwas wie ein Gesetz für das, was als Aufgabe von Politik zu betrachten sei: »Alles Sinnvolle des Lebens, und habe es auch die Gestalt äußerst dramatischen Fragens und Zweifelns, zeichnet sich durch ein gewisses Übersteigen der menschlichen Existenz über die Grenze bloßer ›Sorge um sich selbst‹ aus – hin zu anderen Menschen, zur Gesellschaft, zur Welt. Dadurch daß der Mensch ›aus sich‹ hinaus blickt, daß er sich um Dinge kümmert, um die er sich vom Standpunkt des bloßen Überlebens aus gar nicht kümmern müßte, daß er sich immer wieder die vielfältigsten Fragen stellt und sich immer wieder neu ins Brodeln der Welt stürzt, mit der Absicht, dort seine Stimme zur Geltung zu bringen – darin erst wird er wirklich zum Menschen, zum Schöpfer der ›Ordnung des Geistes‹, zu dem Wesen, das ein Wunder wirkt: die Wiedererschaffung der Welt.«[555]

Sätze, die auch als Erklärung für Habecks Aufbruch in die Politik an jenem regnerischen Winterabend im Jahre 2002 stehen könnten. »Das Leben ruhte in sich, und das Schreiben hat gut funktioniert«, sagt Habeck im August 2016: »Und dann habe ich irgendwann gemerkt, dass das nicht mehr reicht. Ich habe ziemlich lange mein Leben voll für mich geführt: Philosophie studiert, ohne Blick darauf, was kannst du damit für einen Beruf später erlernen; dann Schriftsteller geworden, mit vollem Risiko (...); also es war sehr subjektiv, ich habe das getan, was ich immer wollte. Und irgendwann merkte ich, dass das wohl nicht mehr reicht. Es war vielleicht zu stimmig in sich. Und dann, wenn man zu einer Partei, in die Politik geht, dann wird man objektiv. Das, was man davor gedacht hat, muss man in Argumente bringen, dass die andern das auch gut finden. Man muss für Mehrheiten kämpfen. Man muss so reden, dass andere das gut finden, was man sagt.« Und auf die Nachfrage des Reporters fügt er noch hinzu: »Man wendet sich der Welt zu, um es mal philosophisch zu formulieren.«[556]

Man muss so reden, dass andere das gut finden, was man sagt ... Dazu liest man bei Jürgen Leinemann in seinem Klassiker *Höhenrausch*: Wenn die »Wirklichkeitsversion« eines Politikers von der Mehrheit der Wähler geteilt wird, dann entsteht Macht. Im Idealfall könnten Politiker ihren Wählern zumuten, Störendes zu akzeptieren. »Das wäre staatsmännisch.« Im schlimmsten Fall präsentieren Politiker Sündenböcke. »Das wäre Demagogie.« Normalerweise aber »rühren Politiker nicht an Themen, die den Leuten Einsichten oder Einbußen abverlangen. Immer häufiger entwickelt sich so eine wechselseitige

Manipulation, mit der sich Politiker und Wähler in ihrer Gemütsruhe bestätigen. Das macht die Bürger immer verdrossener, die Politiker immer unfreier.«[557]

In einem Fernsehgespräch bezeichnet Habeck seinen Weg in die Politik als Verrat am eigenen Familienmodell. »Ein grandioses Leben« sei es gewesen, mit gleichberechtigt geteilter Arbeit, »ideal für uns beide«, für seine Frau und für ihn. »Die Politik hat mich dann, und das ist so 'n bisschen fast zynisch, weil ja die Grünen nun mal die Idee von Vereinbarkeit von Familie und Beruf eigentlich proklamieren, weggezogen. Mit dem Eintritt in den Landtag 2009 ist dieses Familienmodell final kaputtgegangen, da habe ich unser Modell verraten.«[558] Und das Leben als Politiker soll dieses Glück ersetzen oder gar noch übertreffen? Wie ist das möglich? Wie begründet Habeck das? Eben mit seinem Verweis auf Sisyphos.

Ja, es sei alles cool gewesen in seiner Familie, sagt Habeck bei *Neo Magazin Royale* mit Jan Böhmermann, »die glücklichste Zeit meines Lebens: zu Hause rumzuhängen und trotzdem da arbeiten zu können. Das war echt ein Privileg.« Aber »irgendwann reichte top nicht mehr«, sagt er, irgendwann merkte er, »dass es nicht mehr reicht, nur für mich selber glücklich zu sein«. Das klinge pathetisch, aber so sei es gewesen.[559]

Der SPD-Politiker Franz Müntefering bestätigt Habecks Satz vom glücklichen Politiker nach der Legende von Sisyphos. Glück sei vielleicht ein schwieriges Wort, räumt Müntefering ein, aber er sei auf alle Fälle gern Politiker gewesen, »und bin das auch heute noch gesellschaftspolitisch«. Politiker sind Menschen, sagt er, »also gilt das auch für Politiker: seid glücklich!«[560] Im Grunde beginne Camus seinen Essay *Der Mythos des Sisyphos* mit

Überlegungen, ob es sich überhaupt lohne zu leben, ob es Sinn ergebe. Ob es nicht sinnvoller sein könne, sich zu töten. »Das ist das Spektakuläre«, sagt Müntefering, »das ist das, was junge Menschen aufregt.« Und Camus lasse seinen Essay eben mit dem Bild vom erfüllten Dasein enden, dem absurden Menschen, der Ja sagt zu seinem Dasein und den Kampf um den Gipfel und den herabrollenden Stein aufnimmt. Das sei Plackerei, sagt Müntefering, und Mut und Geduld gehörten auch dazu, stets von Neuem zu beginnen. »Es gibt ein Auf und Ab im Leben, aber es ist doch mutig, den Stein überhaupt bergan zu rollen und ihn voranzubringen. Allein das ist schon eine Leistung.«[561] Sein Buch *Unterwegs* lässt Müntefering voller Zuversicht, beinahe lyrisch, enden: »Und grüße froh Herrn Sisyphos, den Steinemann. / Dem rollt er grad mal wieder: Runter. / ›Was machen Sie für Sachen‹! / Wir sehn uns an und lachen.«[562]

Auch Hartmut Tödt, Habecks Lehrer im Philosophie-Leistungskurs am Gymnasium in Heikendorf, deutet das Glück des Sisyphos in diesem Sinne. »Das Leben ist ein zu ertragendes«, sagt Tödt. »Es ist mir aufgegeben. So wie Camus in *Der Fremde* seinen Protagonisten die eigene Schuld akzeptieren lässt, weil sie ein Teil seiner selbst ist.« Das sei nicht metaphorisch gemeint, sondern: »Du hast dich selbst zur Aufgabe. Und damit findet eine kategorische Ablehnung des Suizids statt. Und das Glück im Fall des Sisyphos ist das, was im Allgemeinen gar nicht begriffen wird. Nämlich dann, wenn man sagt: Ich habe diese Krankheit erfahren, ich habe jenen Schicksalsschlag gehabt und den Tod dessen erlebt – und das alles habe ich ertragen und es gehört zu meinem Leben, es ist die Summe davon.«[563]

Arfst Wagner, Habecks alter Parteifreund aus Schleswig-Holstein, sieht in dem Bild vom glücklichen Politiker eher einen

Widerspruch. Man könne und müsse natürlich in der Politik das Gefühl haben, man bewege etwas, auch auf die Gefahr hin, »hinterher vielleicht genau da zu sein, wo man vorher war«. Dazu benötige man Geduld und Ausdauer. Und man müsse »viele Menschen in unserer Gesellschaft« mitnehmen, um überhaupt etwas zu bewegen. Wasser ist härter als Stein, heißt es in alten Mythen. »Wenn man diese Überzeugung nicht hat, dann hat man in der Politik sehr schnell verspielt.«[564]

Dazu passt das Zitat von Václav Havel, das Habeck zu einem Leitsatz seines Lebens gemacht hat: »Hoffnung ist nicht die Überzeugung, dass etwas gut ausgeht, sondern die Gewissheit, dass etwas Sinn macht, egal wie es ausgeht.« In dem Sinne sei Politik sinnhaft, sagt Habeck, »und ich bin voller Leidenschaft dabei«.[565] In seinen *Betrachtungen aus dem Gefängnis* schreibt Václav Havel im Oktober 1981: »Die Tragödie des modernen Menschen besteht nicht darin, daß er eigentlich immer weniger über den Sinn des eigenen Lebens weiß, sondern daß ihn dies immer weniger stört.«[566]

Hans-Joachim Maaz, Psychoanalytiker und Autor aus Halle, kann sich mit dem Bild vom glücklichen Politiker nicht anfreunden. Er tippt, wie bei allen (oder doch den meisten) Spitzenpolitikern, so auch bei Habeck, auf eine narzisstische Persönlichkeitsstörung. Ein narzisstisches Defizit sei »im Grunde die beste Voraussetzung für das politische Geschäft«, hat Maaz 2017 geschrieben.[567] »Der Narzissmus akzeptiert keine Wahrheit«,[568] behauptet er, und: »Die Wahrheit liegt nicht in den Aussagen, sondern in den versteckten Motiven des Handelns.«[569] Der Psychoanalytiker denkt über Marx hinaus: »Das Sein bestimmt das Bewusstsein – aber das Unbewusste bestimmt das Sein.«[570]

Und Habecks Behauptung vom Glück des Politikers, das Franz Müntefering bestätigt? Hans-Joachim Maaz argumentiert da eher wie der Sozialpsychologe Harald Welzer. Maaz spricht von »Adrenalin-Junkies«, und er verweist auf ein anderes Beispiel, den Leistungssportler. Wenn der gewinne, sagt er, er sei glücklich. »Aber das kann kein Glück sein«, sagt Maaz, »das ist eben eine Schutzbehauptung, um all die Lasten, die Dramatik, die Mühen, die notwendig waren, um Sieger werden zu können, damit wegzuwischen, zu retuschieren und vergessen zu machen.« Ein solcher Sieger, Maaz nennt ihn einen narzisstischen Sieger, gerät bereits am Tag nach dem Sieg wieder in die Krise. Denn da fällt der Blick erneut auf die Konkurrenten, die im nächsten Rennen schneller sein könnten, und die Anstrengungen werden erhöht, um das nicht zuzulassen. Maaz bezeichnet diese Sichtweise von Glück als Irrweg in der Konkurrenz- und Leistungsgesellschaft, nennt es ein falsches Glück, eine falsche Freude, oberflächlich und nicht wirklich erlebt. »Glück wäre eine tiefe, lustvolle Entspannung«, setzt er dagegen, »eine Zufriedenheit, die auch weiterträgt, die nicht im nächsten Moment zunichtegemacht wird, weil die nächste Anstrengung gebracht werden muss, um an die Spitze zu gelangen oder dort zu bleiben.«[571]

Bärbel Höhn wiederum, über dreißig Jahre lang aktiv in der Politik, unter anderem als Ministerin in Nordrhein-Westfalen und Bundestagsabgeordnete der Grünen, bekräftigt Habecks Definition vom Glück eines tätigen Politikers. Höhn verwendet den Begriff Spaß und sagt, ohne den ginge es nicht, »da wäre man total dumm«, wenn man sich diesen Belastungen aussetzen würde. Viel zu groß der Stress, viel zu groß die Anspannung und der Druck, viel zu hoch die Anforderungen. Sie habe sehr viel gelernt in diesen Jahren, sie konnte gestalten, habe »total interessante Menschen« kennengelernt. Aber der Arbeitsaufwand sei enorm, »wenn man sich wirklich reinkniet und viel verändern will«. Da gebe es kein zeitliches Limit, man dürfte eigentlich gar nicht mehr schlafen, »für jede Minute des Lebens« sei Arbeit vorhanden. »Insofern ist es total wichtig, dass das auch eine gewisse Erfüllung ist.«[572]

Krista Sager, beinahe vierzig Jahre aktiv in der Politik und mehr als zehn Jahre Bundestagsabgeordnete der Grünen, glaubt, dass es ein Vorteil für Habeck sei, als Schriftsteller und Intellektueller in die Politik gekommen zu sein. So erleide oder erdulde einer nicht nur all die Ungewissheiten und Rückschläge in der Politik, sondern er könne sie besser reflektieren als andere. Und wenn dann einer wie er das Wort von Sisyphos als glücklichem Menschen zum Leitsatz seines Lebens mache, dann erlebe er doch diese Mühsal und zermürbende Dauer von Politik anders. »Ja, es kann beglückend sein«, sagt Sager, »dieses Gefühl zu haben, ich bin dabei, mit anderen zusammen, den großen Stein zu drehen.«[573]

Hans-Christian Ströbele reagiert nüchterner. Als glückliche Menschen habe er Politiker nicht wahrgenommen, »auch mich selber nicht«. Zufriedenheit in Momenten, das ja, Genugtuung dann und wann, aber sonst? So etwas wie ein Triumph war es, als er 2002 zum ersten Mal in den Bundestag gewählt wurde. Das war von den Grünen nicht vorgesehen, »meine Partei wollte das nicht«. Ströbele war zu links, zu rebellisch, zu gradlinig und unbequem für rigide Parteistrukturen. »Dann hab ich direkt kandidiert«, sagt er mit einem Funkeln in den Augen. Das sei eigentlich völlig aussichtslos gewesen, er musste die Stimmen für die Grünen in seinem Wahlbezirk in Berlin verdoppeln.

»Das war eigentlich keine Chance«, sagt er, »und ich habe sie genutzt. Und da war ich sehr, sehr zufrieden!«[574] So wurde Ströbele zum König des Berliner Ost-West-Bezirks Friedrichshain-Kreuzberg; vier Mal hintereinander gelang es ihm, als Direktkandidat der Grünen in den Bundestag gewählt zu werden. Nach seiner vierten Wahl im September 2013 wollte auch er den Suchtfaktor von Politik nicht verhehlen: »Eine gewisse Abhängigkeit von der Politik gehört zum Lebensgefühl dazu«, sagte er damals.[575]

Konstantin von Notz, seit 2009 Bundestagsabgeordneter der Grünen, reagiert ähnlich wie Ströbele. Als er das Zitat vom glücklichen Politiker hört, muss er zunächst lachen. Dann sagt er: »Ja, das ist lustig!«, um dann zu erzählen, was Politik für ihn bedeute. Er mache Politik gerne, sicher, er empfinde sein Mandat als großes Privileg; er mache Innen- und Digitalpolitik, und er sei sehr gerne Fachpolitiker. Dafür brenne er, und »bis zu einem gewissen Grad macht mich das auch glücklich«, sagt er. Aber es gebe eben auch »viele Dinge, die mich hochgradig beunruhigen«. Das motiviere ihn »ein Stück weit«.[576]

»Politik ist eigentlich das Versprechen, einen Sinn zu suchen«, behauptet Habeck in seiner politischen Autobiografie.[577] Oder auch nur die Hoffnung, »dass das eigene Tun Sinn hat«.[578] Habeck beteuert immer wieder, dass sein Weg in die Politik nicht Karrierestreben und Erfolgssucht gewesen sei, jedenfalls nicht vorrangig und von Anfang an, sondern »eine wilde Mischung aus Zufall, zu einem gewissen Zeitpunkt an einem gewissen Ort gewesen zu sein, und der Bereitschaft, sich auf neue Anforderungen einzulassen. Das Einzige, was gleich geblieben ist, ist das Suchen, die Suche nach Sinn und die Hoffnung, dass es ihn gibt und es einen Unterschied macht, ob ich mich an der Suche beteilige.«[579]

Als die Seuche das Land lahmlegt, fühlt sich Habeck nicht mehr wohl in seiner Haut. »Mir fehlt ehrlicherweise jetzt der Sinn meines Tuns«, sagt er im Januar 2021. Denn der bestehe zu einem erheblichen Teil darin, Menschen im direkten, persönlichen Austausch von seinen Positionen zu überzeugen. Menschen sind durch Menschen zu gewinnen. Dies aber sei unter der Pandemie eben nicht mehr möglich: öffentliche Auftritte und Versammlungen ausgeschlossen, der Mensch hat zu anderen Menschen Abstand zu wahren. Eine absurde, so vernünftige wie irrationale Herausforderung. Für Habeck als Politiker kommt das einer Amputation nahe.[580]

# »Wir müssen uns vom katastrophischen Denken befreien«

## Der Hoffnungsträger

»Das ist die wahre Herausforderung: Zuversicht.«[581] So lässt Robert Habeck sein Buch *Wer wir sein könnten* enden, in dem er so etwas wie eine Gegenwartsbeschreibung vornimmt. Und seltsamerweise – oder doch vielleicht eher naheliegend – trifft er sich in diesem Appell mit der viel radikaler argumentierenden kanadischen Umweltaktivistin Naomi Klein. Sie fordert eine Abkehr vom Kapitalismus, weil der die Zerstörung von Umwelt und Natur ungebremst vorantreibe. So aussichtslos diese Forderung nach einem Systemwechsel derzeit erscheint, so verzweifelt hoffnungsfroh gibt sich Klein. Ihr Buch von 2019, *Warum nur ein Green New Deal unseren Planeten retten kann*, lässt sie ähnlich ausklingen wie Habeck: »Das bei weitem größte Hindernis, vor dem wir stehen, ist Hoffnungslosigkeit, das Gefühl, es sei alles zu spät, wir hätten dem Problem zu lange den Rücken gekehrt und wir bekämen es in so kurzer Zeit nicht mehr in den Griff. (…) Wenn die Zukunft des Lebens auf dem Spiel steht, können wir alles erreichen.«[582]

Die Menschheit hat vierzig Jahre vertrödelt, obwohl die Warnungen und Analysen aus wissenschaftlichen Kreisen zum Klimawandel vorliegen. Verzweiflung?! Endzeitstimmung!? Kopf in den Sand, Bettdecke über den Kopf, Augen zu!? Man liest schon vom »Klima-Burnout«, so eine Überschrift im Berliner *Tagesspiegel*. Menschen erkranken, weil sie Angst vor den Folgen der Erderwärmung haben. Die einen fühlen sich überfordert, werden lethargisch; andere verzweifeln und werden depressiv; Dritte möchten alle Hiobsbotschaften ignorieren und schotten sich ab. Es gibt bereits Selbsthilfegruppen im Internet, in denen über diese Ängste gesprochen werden kann.[583]

Wahrscheinlich fühle sich jeder mal ohnmächtig, sagt Habeck in einem Interview in der evangelischen Wochenzeitung *Christ und Welt*, fügt aber hinzu: »Ich sehe endlich eine ernsthafte Debatte«, wenn auch »Jahrzehnte zu spät«. Ängste zu wecken und zu schüren sei leicht, aber Angst motiviere nicht zum Handeln. »Angst ohne Hoffnung lässt einen nur in Schockstarre verharren.« Angst treibe Menschen sogar dazu, gegen ihre eigenen Interessen zu stimmen, schreibt Habeck in *Wer wir sein könnten* und verweist auf die Erfolge von Populisten und Autokraten.[584] Politische Vernunft sei es, die Klimakrise ernst zu nehmen. Und er bestehe darauf, »Handlungsoptionen« zu benennen: »Wir haben die Technik, den Wohlstand, das Wissen, das Ruder rumzureißen.« Er möchte aufrütteln, zum Handeln bewegen, er will politische Aktivität anregen, ein politisches Klima in breiten Kreisen erzeugen. »Es gibt immer Alternativen«, hält er Angela Merkels Credo von der Alternativlosigkeit entgegen, »auch zum stoischen Erdulden (…). Wir brauchen Veränderung, um wieder Sicherheit und Halt zu schaffen. Nur wenn wir jetzt Wirtschaft und Landwirtschaft umbauen, werden wir die Klimakrise steuern können.« Aber Heilserwartungen an die Politik zu stellen, bringe nicht voran, Politiker seien keine Erlöser. Habeck beendet das Interview im Sinne von Bertolt Brecht: »Macht's besser als wir.«[585]

Lasst uns einfach beginnen!, fordert er an anderer Stelle und möchte damit eine Antwort geben auf die Ratlosigkeit, die Orientierungslosigkeit und Verzweiflung vieler Menschen. »Es gibt Szenarien der Apokalypse«, schreibt er in seiner politischen Autobiografie, »und es gibt die Hoffnung, dass wir sie abwenden können. Das Mittel, um Hoffnung zur Realität zu machen, heißt Politik.«[586] Mit dieser Einstellung stünde man automatisch in Opposition zu Apokalyptikern, Verschwörungstheoretikern und Populisten, die die Krise für ihre Politik benötigten, um Angst zu schüren, Hass zu säen, Gewalt zu erzeugen. »Wir müssen uns vom katastrophischen Denken befreien«, fordert Habeck,[587] uns auf die Suche begeben, nachdenken, fragen, Antworten finden, weiter fragen, weiter denken, weiter suchen. Eine mühsame Angelegenheit, Sisyphos lässt grüßen. Leicht will Habeck es sich und uns nicht machen. Jede und jeder soll seinen Teil beitragen, jede und jeder an seinem Ort, jede und jeder mit seinen Fragen.

»Robert war immer an Lösungen interessiert«, erinnert sich Tobias Tunkel, ein Freund aus der Freiburger Studentenzeit. Er habe »liebend gern philosophiert und abstrakt debattiert, wir haben uns die Köpfe heiß geredet, aber am Ende hieß es dann: So, was machen wir jetzt, damit es besser wird? Was gibt es für Lösungen?«[588] Anke Erdmann, die Habeck in den Jahren 2005 bis 2018 in Schleswig-Holstein politisch eng begleitet, betont, wie pragmatisch er sei, »extrem sachorientiert und sehr bereit, tragfähige neue Lösungen zu finden. Das ist sein Stil: Offenheit.« Und er habe die Gabe, »aus eins plus eins fünf zu machen. Er nimmt die Probleme und Fragen auf wie ein Schwamm – denkt dann aber weiter, macht etwas Neues daraus, gibt dem Ganzen eine neue Wendung.« Und Probleme und Fragen aufnehmen könne man eben nur, fügt sie hinzu, wenn man zuhört. Man sollte sich bei Habeck weniger fragen, wo er herkommt, welche Position er hat, sondern eher darauf schauen, »wie packt er Sachen an und wie findet er Einigung und Wege. Nämlich indem er Leute überzeugt, Menschen anderer Meinung ernst nimmt, aus Parteischablonen raustritt.«[589] Der »Geist von Jamaika«, schreibt Arfst Wagner, also die Koalition von 2017 in Schleswig-Holstein, »das stand für parteiübergreifendes lösungsorientiertes Denken. Und dafür stand Robert. Für eine Politik, die gesamtgesellschaftliche Lösungsansätze aus dem Dialog sucht.«[590]

Im März 2017 antwortet Habeck auf die Frage, wer sein Vorbild als Politiker sei: Václav Havel, der sechs Jahre zuvor verstorbene tschechische Ministerpräsident.[591] Damals ist Habeck Stellvertretender Ministerpräsident in Schleswig-Holstein. Zu seinen Lieblingsbüchern zählt er Havels *Betrachtungen aus dem Gefängnis*. Darin macht sich der inhaftierte tschechische Dramatiker Gedanken über das Wettrüsten und die »Gefahr einer Atomkatastrophe« sowie den »schreckenerregenden Abgrund zwischen Worten und Taten«. Es müsse sich »etwas in der Struktur des heutigen Menschseins und in der ›Seele‹ selbst der heutigen Menschheit radikal – ich würde sogar sagen revolutionär« ändern, wenn Hoffnung bleiben sollte, diesen Abgrund zu überwinden. Und Havel benennt den »weitreichenden Verrat« des Menschen, »den er tagtäglich an sich selbst begeht«, indem er sein Sein aus dem Blick verliert.

Havel bezieht sich damit auf jenen französischen Philosophen, Emmanuel Lévinas, den Habeck während seines Studiums in Freiburg für sich entdeckt. Havel schreibt in seinen *Briefen an Olga* im August 1982: »Ich stimme Levinas zu, Verantwortung kann nicht gepredigt werden, sondern nur getragen, und man kann also nirgendwo anders anfangen als bei sich selbst. Es klingt zwar lächerlich, aber so ist es: ich muss anfangen.« Und damit öffne sich eine Welt der Erkenntnis: »Sobald ich also damit anfange, stelle ich auf einmal überrascht fest, daß ich weder der einzige noch der erste noch der gründlichste bin, der sich auf diesen Weg gemacht hat. (...) Ob alles verloren ist oder nicht, hängt nur davon ab, ob ich verloren bin oder nicht ...« Und gerade diese Erkenntnis mache die Hoffnung aus, schreibt Havel.[592]

Habeck sagt: »...es gibt den schönen Satz von Václav Havel, der immer eine gewisse Bedeutung für mich gespielt hat: ›Hoffnung ist nicht die Gewissheit, dass etwas gut ausgeht, sondern die Überzeugung, dass etwas Sinn hat, egal, wie es ausgeht.‹ Und in dem Sinne ist Politik sinnhaft.«[593] Wie ein Mantra trägt Habeck diesen Satz in seiner Zeit als Politiker in Schleswig-Holstein vor sich her, an seiner Bürotür hängt ein Plakat mit dem Havel-Zitat,[594] an seiner Bürowand ein Poster von Albert Camus mit dem Zitat vom Sisyphos.[595] Habeck verdeutlicht noch einmal die Mühsal eines Sisyphos, wenn er schreibt, nicht das Scheitern sollte im Fall eines Misserfolgs in den Vordergrund gestellt werden, sondern »die Ermutigung, es danach weiter und neu zu versuchen«. So wie Samuel Beckett es einst knapp ausdrückte: »Ever tried. Ever failed. No matter. Try again. Fail again. Fail better.« Oder auf Deutsch in dem verkürzten Dreiklang: »Wieder versuchen. Wieder scheitern. Besser scheitern.«

»So begründet sich (...) die Frage über die Identität und Existenz als politischer Mensch«, schreibt Habeck in seiner politischen Autobiografie. »Und wenn sie beantwortet wird, dann macht es Sinn, egal, wie es ausgeht.«[596] Wie ein roter Faden ziehen sich durch seine Publizistik, durch leidenschaftliche Eintragungen in seinem Blog, durch Interviews sowie öffentliche Auftritte dieser optimistische, zuversichtliche, Kraft spendende und Mut machende Ton und der Vorsatz, nicht aufgeben zu wollen. Für viele wird Robert Habeck gerade damit zum Hoffnungsträger. Als Bundesvorsitzender der Grünen ist es seit 2018 »nur« seine Aufgabe, zu reden, Stimmungen zu erzeugen, Dialoge zu befördern. Politisch handeln, konkrete Politik umsetzen und entscheiden müssen andere. So ist er viel unterwegs, nimmt an Podiumsveranstaltungen teil, unterstützt Wahlkämpfe, sitzt in Talkshows. Spricht er in vollen Sälen, trägt er ein Gefühl von Zuversicht auf einen Wandel zum Besseren ins Auditorium. Er mahnt einen Aufbruch an, an dem sich alle beteiligen sollen. Wandel ist aufregend, möchte er vermitteln, Stillstand kann tödlich sein. Beharrung ist etwas für Funktionäre und Angsthasen, nichts für ihn. Dafür feiern ihn Publikum (und weite Teile der Presse) seit 2018 mitunter wie einen Popstar. Ehe ihm die Pandemie Anfang 2020 die Möglichkeiten zu öffentlichen Auftritten nimmt, ist er zur Projektionsfigur geworden, er wirkt wie ein Sonntagskind mit einem Sack voll Glück. In der *FAZ* werden Habecks Eintragungen in seinem Blog mit der Überschrift gekennzeichnet: »Eine Art Glückskeks der Politik«.[597]

In seiner improvisierten Rede in der ausverkauften Berliner Urania spricht Habeck im Januar 2019 über die Stichworte »Mut, Klima, Jugend«. Er greift die Debatte um den Brexit auf, spricht von »geschichtlicher Vergessenheit«, in der die Phase des Friedens in Europa als »Dauerzustand« genommen werde; er wendet sich gegen nationalistische Propaganda, die die Menschen einlulle und ihnen das Gefühl vermittle, »wir könnten den Kopf in den Sand stecken, in dem wir die Probleme nicht mehr sehen«. Zudem bezeichnet er den Klimawandel unzweideutig als »Klimakrise«, »denn die Zeit läuft uns davon«, und wendet sich auch hier gegen »nationalstaatliches Denken«. Den

Klimawandel aufhalten sei schon nicht mehr möglich, »der Zug ist längst abgefahren«, es ginge nun darum, ihn zu verlangsamen und zu beherrschen. Doch Angst, sich »der neuen Zeit« zu stellen, sei kein guter Ratgeber. Es sei nötig, in neuen Zeiten neue Antworten zu finden, »keine Angst haben vor Veränderung, sondern Mut und Hoffnung und Veränderungswillen«. Die Probleme müssten »gestaltet« werden, es gebe kein »back again«, wie es die Brexit-Briten propagierten, es gebe auch kein »great again«, wie den USA von Donald Trump verordnet. Probleme seien in Wahrheit Herausforderungen. »Lassen Sie sie uns angehen, mit Mut, für die Jugend, gegen den Klimawandel.« Mehrfach wird seine achteinhalbminütige Rede von Applaus unterbrochen. Habeck setzt Pointen und erntet Gelächter, am Ende wird er für seine improvisierte Rede gefeiert. »Raus aus dem Quark!«, hat er noch in den Saal gerufen, »streiten um den besten Weg! Aber nicht den Weg abbrechen!«[598]

Nach den für die Grünen erfolgreichen Europawahlen 2019 stellen sich Robert Habeck und Sven Giegold, der grüne Spitzenkandidat, den Fragen der Journalisten in der Bundespressekonferenz. Eine Journalistin der *Süddeutschen Zeitung* fragt Habeck, ob ihm diese große Zustimmung »nicht langsam eine Nummer zu groß« werde, ob er nicht Sorge habe, dass die hohen Erwartungen an die Grünen zwangsläufig enttäuscht werden müssten. »In der Politik gibt es keine Zwangsläufigkeit«, entgegnet er, »die Dinge können sich immer ändern und jeder Einzelne kann den Unterschied machen.« Nein, sie hätten »keine Angst vor guten Wahlergebnissen«, aber die Hoffnung, die sie weckten, müsste erfüllt werden. Kurzfristig dürfe man sich sicher freuen, so Habeck grinsend, »aber alle wissen, dass wir liefern müssen«. Sicherlich verbinden sich damit auch die Erwartung und die Hoffnung, fügt er hinzu, dass sich »breite gesellschaftliche Mehrheiten zu einem politischen Mandat, beispielsweise im Klimaschutz« zusammenfinden.[599]

Auch nach den enttäuschenden Wahlergebnissen in Thüringen vom Oktober 2019 will Habeck nicht Trübsal blasen. Die Grünen sind nur auf 5,2 Prozent der Stimmen gekommen, sie sind damit auf dem fünften Platz gelandet, an absoluten Stimmen haben sie lediglich 4000 dazugewonnen. Die AfD dagegen hat ihr Ergebnis von 2014 verdoppeln können und kommt auf 23,4 Prozent. Habeck blickt zurück und lässt die vergangenen anderthalb Jahre Revue passieren. Er hebt hervor, dass sich die Grünen »nicht als Gegenpol zu irgendjemand identifizieren« wollten; er betont die eigene Sprache, das eigene Angebot, die eigenen Themen: das Konzept Eigenständigkeit, »mit einem eigenen Optimismus, mit einer eigenen Leidenschaft«. Das habe vom bayerischen Wahlkampf über den hessischen Wahlkampf bis zur Europawahl und sogar auch bis nach Brandenburg und Sachsen getragen, »auch wenn sich dann die Wahlergebnisse bei uns nicht so eingezahlt haben«. Aber dieses Konzept sei spürbar geworden. Das Klima sei zu einem gesellschaftlichen Thema geworden, über Wohnen und Bauen werde gestritten, über soziale Fragen wie bezahlbaren Wohnraum und Hartz IV werde gesprochen. »Die politische Agenda« der Jahre 2015 bis 2017 habe sich geöffnet. »Wir wollten immer selbstbewusst und leidenschaftlich für unsere Politik streiten und das so überzeugend tun, dass andere sehen, dass es auch in der Mitte oder im Zentrum der gesellschaftlichen Debatte etwas zu verlieren gibt.«[600]

Mitmachen, eine Aufbruchsstimmung erzeugen, Hoffnung verbreiten … Und die Beharrungskräfte? Die Widerstände? Die Institutionen und Bedenkenträger? Wie will er die Erstarrung lösen? Im Interview behauptet Habeck, die Beharrungskräfte im Land seien »nicht so stark«. Er spricht von »einer gesellschaftlichen Entwicklung«, die der Politik voraus sei; er sieht Millionen von Menschen auf der Suche nach Auswegen, um der oder den Katastrophen zu entgehen. »Eigentlich«, sagt er, »leben schon viele Menschen ganz anders und suchen nach einem Weg, der eine politische Form findet.«[601] Ist das Schönfärberei? Suggestion? Politische Blauäugigkeit? Oder nicht zu erschütternde Zuversicht? Man könne Glück auch erzwingen, behauptete einst Oliver Kahn, der ehemalige Fußballnationaltorhüter. Und Habeck bezieht sich tatsächlich in seiner politischen Autobiografie auf diese Selbsthypnose: »Oliver Kahn sagte einmal bezogen auf ein Fußballspiel, man müsse so lange auf das Glück einprügeln, bis es zu einem kommt. Das stimmt irgendwie auch für die Politik. Zustände und Meinungen sind eben nie vorgegeben. Man kann sie verändern und brechen und neue Dynamiken auslösen. Denn Politik ist nicht Statik und Mengenlehre. Mehrheiten kann man herstellen. Und Öffentlichkeit gewinnen.«[602]

Auch das hat fast etwas Gläubiges, etwas Naives und so etwas wie Urvertrauen zugleich. »Im Zweifelsfall wähle ich die Hoffnung«, bekennt Habeck in einem Berliner Kino, als er im Oktober 2019 seinen Lieblingsfilm *Adams Äpfel* vorstellt: »Ohne Hoffnung geht es halt nicht.«[603] Im Vorwort zu Katharina Schulzes Buch *Mut geben, statt Angst machen* blickt Habeck auf das Jahr 2018 zurück und beschreibt einen Stimmungswandel vornehmlich in Bayern. Die bayerische CSU bediente sich seinerzeit »zunehmend eines Jargons, der bisher nur im Rechtspopulismus zu Hause war – und adelte ihn so«. Doch im bayerischen Landtagswahlkampf änderte sich die Stimmung, weil viele Menschen »sich der Verrohung von Sprache und Politik« verweigerten. Katharina Schulze ist seit 2017 Fraktionsvorsitzende der

Grünen im bayerischen Landtag und zieht als Spitzenkandidatin ein Jahr später mit der Verdopplung der Stimmen auf 17,6 Prozent wieder in den Landtag ein. Habeck schreibt in seinem Vorwort weiter: »Die politische Diskussion hat Mut für Neues gefasst: für eine Debatte über die Art, wie wir miteinander leben wollen.« Als Begründung für seine Zuversicht nennt er: »Die Zivilgesellschaft zeigte Zivilcourage.«[604]

Habeck, der Hoffnungsträger. Sind aber Lethargie und Bequemlichkeit vorrangig, wird jede Hoffnung auf der Strecke bleiben. Werden die Ablenkungsmedien erfolgreich den Blick auf Wesentliches verhindern, wird die Orientierungslosigkeit weiter bestehen. Jede und jeder hat nur eine bestimmte Anzahl von Stunden zur Verfügung, um aus der Nachrichtenflut das Wesentliche herauszufiltern, um Widerstand zu leisten, um Auswege aus der Depression zu suchen. Wenn sich jeder aber nur mit sich selbst beschäftigt und auch Politiker nur noch um sich selbst kreisen, dann wird Stillstand zur Gewohnheit. Habeck will das nicht hinnehmen. Er glaubt an sein positives Menschenbild und hofft auf einen tatsächlichen gesellschaftlichen Aufbruch.

In seinem *Patriotismus*-Buch von 2010 schreibt er: »Begeisterung für Politik, Gemeinwohl, Engagement ist notwendig. Sie ist geradezu zwingende Voraussetzung für Veränderung. Begeisterung aber braucht einen Sinn, ein Ideal, braucht andere Menschen und die Hoffnung auf eine Verbesserung. Ideale ohne Menschen sind nur leere Ideen. Letzteres beschreibt den Zustand der politischen Kultur in Deutschland. Wir wurschteln uns so durch, reformieren so vor uns hin, aber nur kurzsichtig, ohne langfristige Ideen und konsequente Ideale.«[605]

»Hauptsache, es gibt eine Lösung!«, sagt Habeck in einer Talkshow vom Februar 2020 über Zustände in Thüringen, in denen die AfD auf dem Weg zu sein scheint, gesellschaftsfähig zu werden. Die politische Mitte habe sich immer durch einen gewissen Pragmatismus ausgezeichnet. Das sei der »Grundkonsens dieser Republik« gewesen. Und diesen Raum in der politischen Mitte reklamiert Habeck für sich und seine Partei, weil die ehemaligen Volksparteien, SPD und CDU, sich seiner Meinung nach allmählich aufzulösen scheinen.[606]

Kurz darauf geht es nicht mehr um Veränderung und Aufbruch. Das Land steht still, die Seuche bestimmt alle Debatten. Die Regierungsparteien suchen fieberhaft nach Lösungen, nach Auswegen aus der Krise, und die Opposition ist dazu verurteilt, den Notstand zu kommentieren. Kritik, gar radikale Kritik, scheint ausgeschlossen. Habeck ist ohnmächtig und auf Heimarbeit und Videokonferenzen angewiesen. »Wir stehen an einer Wegscheide«, sagt er im April 2020. »Sind wir bereit, zu lernen, um insgesamt krisenfester zu werden? Oder schreiben wir eine Politik fort, die die anderen Krisen verschärft hat: die Klimakrise, die Finanz- und Euro-Krise, die Krise der Demokratie?«[607]

Vierzehn Tage später sagt er im Nachrichtenmagazin *Der Spiegel*: »Die politischen Auseinandersetzungen beginnen jetzt mit voller Wucht neu. Europa, die Globalisierung, eine neue Form von Fiskalpolitik und die Klimakrise. Ich will, dass wir diese Debatten gewinnen.«[608]

# »Wir brauchen eine neue Ehrlichkeit«

## Der Redliche

Wenn direkte Konkurrenten einen als »ehrliche Haut« loben und hinzufügen, dass das »in unserem Geschäft keine Selbstverständlichkeit«[609] sei, dann ist eine solche Bemerkung im politischen Betrieb selten als Lob gemeint, häufig eher vergiftet. Habeck hatte sich 2015 frühzeitig aus der Deckung gewagt und für die Spitzenkandidatur der Grünen bei den Bundestagswahlen 2017 beworben. Die Parteispitze in Berlin ist überrumpelt, Cem Özdemir irritiert, denn er ist der Platzhirsch in Berlin, seit 2008 Bundesvorsitzender der Partei. Im Interview mit der *taz* wird Özdemir auch zu seinem jüngeren Konkurrenten aus Schleswig-Holstein befragt, und er äußert sich umgänglich oder eben, je nach Sichtweise, giftig. Mit welchen harten Bandagen in der Politik gekämpft wird, zeigt die Rivalität zwischen Özdemir und Habeck. In einer Bewerbungsrunde versucht der Favorit, den Herausforderer zu brüskieren. Urwahl-Forum in Stuttgart, Dezember 2016, ein Heimspiel für den Schwaben Özdemir. »Seit Wochen streut das Realo-Lager um Özdemir ein Gerücht«, heißt es im *Spiegel*. »Wenn Özdemir Spitzenkandidat werden würde, könnte Habeck doch Parteichef werden, oder? Das klingt erst mal nett, doch in Wirklichkeit steckt dahinter ein Plan, der

Habeck schadet. Die Botschaft von Özdemirs Verbündeten: Habeck muss nicht unbedingt Spitzenkandidat werden, um einen schönen Posten in Berlin zu bekommen.«

In der Schlussrunde kommt es in Stuttgart zur Machtprobe zwischen den Kandidaten, sie sollen sich gegenseitig Fragen stellen. »›Lieber Robert‹, beginnt Özdemir, ›stell dir vor, du bist im November nächsten Jahres Bundesvorsitzender von Bündnis 90/Die Grünen.‹ Er lässt eine kleine Pause, in der ersten Reihe wird laut gelacht. Habeck starrt auf die Tischplatte vor sich. ›Was würdest du tun, damit die Partei enger zusammenkommt?‹, fragt Özdemir. Habeck windet sich ein wenig, dann fixiert er Özdemir: ›Ich will den Job nicht, Cem.‹ Ein paar Minuten später steht Habeck unten vor der Bühne und murmelt: ›Jetzt wissen wir ja, woher das Gerücht kommt.‹ Er sieht zu Özdemir. Dann sagt er ein Wort, das so unfreundlich ist, dass er es nicht gedruckt lesen will.«[610] Favorit Özdemir siegt in der Urwahl mit 75 Stimmen Vorsprung vor Habeck. Er selbst wird im Januar 2018 Bundesvorsitzender der Grünen.

»Nichts irritiert Menschen mehr als die Wahrheit«, endet ein Habeck-Porträt in der *taz* vom Januar 2013. Der Autor Peter Unfried, ein früher journalistischer Begleiter von Habeck, beobachtet einen Auftritt des Ministers von Schleswig-Holstein in Husum, und er beschreibt eine »ziemlich solitäre Mischung aus ernsthaftem Politiker und dem Gegenentwurf zum Konventionellen«. Am Ende betont Unfried, wie wahrhaftig Habeck wirke, wie stimmig in Darstellung und Person. »Der meint das ernst«, gibt der Journalist die Stimmung im Saal wieder.[611]

»Wenn Menschen merken, dass man es ehrlich mit ihnen meint«, sagt Habeck im Sommer 2017 einem Reporter des *Redaktionsnetzwerks Deutschland*, »kann man alles mit ihnen besprechen. Aus dieser Haltung heraus versuche ich zu agieren.«[612]

Was aber ist Wahrheit? Was ist Habecks Wahrheit? Im September 2019 erscheint in der *taz* ein Artikel von ihm, die Überschrift: »Wahrheit ist eine Mehrheitsfrage«. Das heißt, Wahrheit ist Macht? Denn auch Macht ist eine Mehrheitsfrage. In seinem Artikel blickt Habeck auf Wendepunkte in der Geschichte, in denen zuvor vertretene Wahrheiten auf einmal infrage gestellt, variiert, verworfen wurden. Der Bau von Atomkraftwerken in Deutschland in den 1970er- und 1980er-Jahren zum Beispiel. Damals sorgte man sich um mögliche militärische Angriffe oder Flugzeugabstürze, wenn es um die Sicherheit von Reaktoren ging. Attentate wurden nicht in Rechnung gestellt. So etwas wurde erst nach »9/11« vorstellbar. »Das Ereignis schuf eine neue Wahrheit«, schreibt Habeck, und weiter: »Kriege, Revolutionen, technische Erfindungen stürzen sicher geglaubte Annahmen permanent um.«

Der Mensch sei offenbar nicht so konstruiert, Gefahren in der Zukunft zu spüren, emotional an sich heranzulassen. »Menschen suchen wieder und wieder die trügerische Sicherheit einer gesellschaftlichen Norm, die sich aus der Vergangenheit ableitet«, schreibt Habeck. Dasselbe gelte für die »Klimakrise«. Verantwortliche Politiker haben die Warnungen und Erhebungen von Wissenschaftlern nicht ernst genommen, die Bevölkerung hat die Ignoranz akzeptiert. Es falle uns insgesamt schwer, schreibt Habeck, oder es scheint sogar unmöglich zu sein, gedanklich zuzulassen, »dass die Welt vor einem derart dramatischen Wandel der Lebensumstände und Bedingungen des Daseins stehen könnte, dass alles, was wir als gesellschaftliche Grundkonstanten angenommen haben, infrage gestellt sein könnte«.

Politik ist komplex und auf vielfältige Weise mit der Wirtschaft verflochten. Lobbyisten schreiben Politikern die Gesetzesvorlagen.

In den USA ist die Ölindustrie eng mit der Politik verzahnt, in Deutschland ist es die Automobilindustrie. Gewohnheiten aber für Wahrheiten zu halten, sei ein Trugschluss in der menschlichen Geschichte, schreibt Habeck weiter. »Die bittere Nachricht« zum Mantra etablierter Politik sei: »Sicherheit, Wohlstand und Frieden sind gefährdet, umso mehr, je weniger wir agieren.« Und auch das zähle zur Wahrheit: Die Entwicklung technischer Neuerungen könne man nicht wirklich für die Zukunft berechnen, häufig vollziehe sich der technische Wandel rascher als gedacht, würden Neuerungen schneller zu Ergebnissen führen, wenn sie gefördert und befördert werden. Das gelte ähnlich für den Wandel im Bewusstsein vieler Menschen. Auch der sei nicht wirklich vorauszuberechnen.

Die Weltbank ist »nicht gerade ein grüner Kreisverband«, schreibt Habeck, und deshalb gänzlich unverdächtig für grüne Positionen: Die Weltbank »hat errechnet, dass wir 2030 hundert bis hundertvierzig Millionen Klimaflüchtlinge weltweit haben werden, wenn die Klimakrise nicht gestoppt wird.« Auch dies ein ungewisser Blick in die Zukunft. Aber es geht darum, die richtigen Schlussfolgerungen aus den Entwicklungen der Gegenwart zu ziehen. »Wir brauchen nicht eine höhere Wahrheit oder gar moralische Impertinenz, wir müssen aber verstehen, dass die Zukunft nichts ist, was auf uns zukommt. Sondern dass sie hergestellt und gewonnen werden will.«[613]

Unmittelbar nachdem Habeck im November 2004 zum Landesvorsitzenden der Grünen in Schleswig-Holstein gewählt wird,[614] setzt der Landesvorstand eine Kommission ein, die Koalitionsverhandlungen mit der SPD führen soll. Die Basis murrt, sie begehrt auf und fordert vehement, dass nicht nur »Funktionäre« in dieser Kommission sitzen. »Das ging auch gegen mich«, schreibt

Habeck in seinem *Patriotismus*-Buch. »Eben noch war ich Basis und Neumitglied, 20 Minuten später Apparatschik. Dabei hatte ich mich doch gar nicht verändert, hatte mich die Macht noch nicht korrumpiert.« Aber so sei es dauernd, klagt Habeck und bezieht das nicht nur auf das Klima in seiner eigenen Partei. »Wir wählen Menschen als Hoffnungsträger in Ämter und verlieren, kaum dass sie einen Titel haben, die Hoffnung, dass sie es besser machen.« Und zwar deshalb, »weil ›wir‹ zu schnell bereit sind, zu glauben, dass eine Funktion einen Menschen verändert. Visionen zu haben und zu behalten, bedeutet aber, nicht autoritätshörig zu sein.« Damit meint er, dass er sich, einer Linie treu bleiben kann. Dass er zwar und natürlich verändern möchte, bewegen will, entscheiden, wenn er Ämter übernimmt – aber dass er dennoch nicht von seinen Idealen und Grundüberzeugungen abweichen muss, geschweige denn möchte.

Lange habe er sich dagegen gewehrt, überhaupt als Politiker bezeichnet zu werden. Skepsis und Widerwille gegen diese Kaste waren auch bei ihm stark ausgeprägt. »Politiker? Das sind doch die anderen, die alten Männer mit den dicken Bäuchen, die Schnösel mit den Nadelstreifenanzügen, die man immer verachtet hat. Politik, das ist Uneigentlichkeit und Zynismus.« Warum aber nicht diese Vorurteile umdrehen und das Gegenteil beweisen? Wir sind Menschen, beharrt Habeck, wir haben es in der Hand, auch als Politiker, selbst als Politiker.[615] »Es geht nicht darum, sich abzuhärten«, sagt Habeck im Februar 2019 im Gespräch mit dem SWR-Hörfunk.[616]

Ist das überhaupt möglich?, frage ich Hans-Christian Ströbele in seiner Berliner Anwaltskanzlei, gradlinig sein und bei sich bleiben im Licht der Öffentlichkeit? »Ja, das wünsche ich ihm«, antwortet der 80-Jährige, »aber wie lange er das durchhält, das weiß ich nicht.« Habeck nehme den Mund ziemlich voll, wenn er das sagt, »und ich kann nur hoffen, dass er es einhält«. Das Sein bestimmt das Bewusstsein, fügt Ströbele hinzu, da hatte Karl Marx ganz recht, und er selbst nehme sich davon auch nicht aus. »Die Menschen«, fährt Ströbele fort, »vor allem, wenn sie mehrere Legislaturperioden in einem Parlament sitzen, verändern sich.« Er habe versucht, sich dem zu entziehen, und das gelang ihm wohl nur, weil er als bekannter Rechtsanwalt Rückzugsmöglichkeiten hatte. Aber als politischer Mensch, als Politiker, wurde er auch deshalb zu einer Instanz, weil er versucht habe, glaubhaft zu bleiben, integer. In den beinahe zwanzig Jahren im Bundestag, von 1998 bis 2017, habe er mitbekommen, wie rasch Politiker sich wandelten im Schein ihrer wachsenden Bedeutung. Auch wenn diese Bedeutung nur eine auf Zeit und auf Abruf ist – Eitelkeit nimmt sehr leicht die klare Sicht auf das eigene Wirken. »Ich glaube aber«, sagt Ströbele nachdenklich, »Habeck ist da relativ souverän. Weil er nicht ungeheuer stolz darauf ist, wenn er wieder im Scheinwerferlicht sitzt oder steht.«

Ströbele ist ein Politiker, der zeit seines Lebens durch Gradlinigkeit und Unbeirrbarkeit beeindruckt hat. Einer, der einen Kompass hat. Wenn Widerspruch nötig war, dann war er zur Stelle, ohne Rücksicht auf die eigene Position oder gar die eigene Person. So erhebt er beispielsweise im März 1999 als einziger der grünen Abgeordneten im Bundestag seine Stimme gegen den Kriegseinsatz im Kosovo: »Ich verstehe meine Fraktion nicht«, ruft Ströbele aufgebracht und empört ins Parlament, »die dafür angetreten ist, dass mehr Frieden auf der Welt ist; die Friedenspolitik machen will; und sie setzt sich hier hin und ist damit einverstanden, dass, wenn Krieg ist, von deutschem Boden nach 54 Jahren wieder Krieg ausgeht, dass dann darüber hier nicht einmal geredet wird!«[617] Geschätzt wurde dieses eigensinnige und gradlinige Verhalten Ströbeles im Kreise seiner grünen Bundestagskollegen keineswegs immer.[618]

»Aber«, sagt Ströbele mit Nachdruck, »dass die Leute heute mit der etablierten Politik und mit etablierten Parteien so unzufrieden sind und denen nicht trauen – die haben recht! Man darf denen nicht trauen!« Trump sei natürlich der Höhepunkt als Lügner, »der überzieht unendlich«, aber: Alle Politiker würden ja lügen! Und er verstehe auch nicht, wie diese Personen ticken. Er sehe noch Angela Merkel mit Sigmar Gabriel vor zwölf Jahren in Grönland stehen und sagen, wir müssen was für das Klima tun. Und dann? Ist nichts geschehen. Und im nächsten Jahr wieder. Und so Jahr für Jahr, Versprechungen über Versprechungen, aber kein Einlösen. »Ich frage mich, wie die sich eigentlich fühlt, wenn man ihr das vorhält: Sagen Sie mal, Sie sagen jetzt wieder, wir müssen Klimapolitik einleiten, aber Sie machen doch nichts! Wie fühlen Sie sich denn dabei, wenn Sie die Leute dauernd belügen?«[619] Er verstehe das nicht, sagt Ströbele. Aber er verstehe das Misstrauen in westlichen Demokratien: »Die etablierten Parteien und Politiker haben abgewirtschaftet. Man glaubt denen nicht mehr. Und das – ist – zu – Recht!« Das sagt ein Altlinker, der mit AfD und Populisten nun so gar nichts am Hut hat.

Als Politiker freilich müsse man auch achtsam sein, dass einem von Medienvertretern nicht Fallen gestellt werden. So sei es ihm ja selbst ergangen, als der Journalist Henryk M. Broder ihn aufs Glatteis führt und ihm Israel-Feindlichkeit und somit Antisemitismus unterstellt. Ein zugespitztes Interview vom Februar 1991 wurde zum politischen Skandal, Broder triumphierte, Ströbele trat als Sprecher der Grünen zurück. Kritik an Israels Regierungspolitik wurde (und wird weiterhin) in Deutschland häufig als Tabu angesehen.[620]

Natürlich spielten auch die Bildermedien ihr Spiel mit Sensationen und Aufregungen. Bildjournalisten produzierten gern provokante Bilder, regten sie an, inszenierten sie. Auch da müsse man auf der Hut sein, sagt Ströbele, auch das könne die eigene Authentizität beschädigen. Ein Fernsehteam habe ihn einmal in einen Porsche setzen wollen, weil sie wussten, dass er einst einen Porsche als seinen Jugendtraum genannt hatte, davon aber längst abgerückt war. »Seid ihr verrückt?«, habe er zu den Fernsehleuten gesagt: »Ihr wollt das Vertrauen, das Leute in mich haben, zerstören? Wenn die mich im Porsche fahren sehen, dann sagen sie: Entweder ist der Ströbele völlig durchgedreht, oder sie lassen sich davon beeinflussen. Das geht natürlich nicht!«[621]

Als Robert Habeck im Mai 2019 zu einer Wahlveranstaltung nach Naumburg in Sachsen-Anhalt fährt, wird er dort von örtlichen Parteifreunden am Bahnhof empfangen. Draußen steht ein pechschwarzer, blitzblanker, großer Tesla bereit. Eigentlich wenig dagegen zu sagen, immerhin ist ein Tesla ein Elektrofahrzeug. Habeck ist die Sache unangenehm. »Auch wenn ihr stolz auf den Tesla seid«, weist er die Parteikollegen freundlich, aber bestimmt zurecht, »kein Foto damit!« Die ortsansässigen Parteifreunde sind leicht verdattert, entschuldigen sich halb und beteuern, mit dem schicken Wagen bestimmt nicht auf den Marktplatz zum Parteistand vorzufahren, sondern in einer Seitengasse zu halten. Dann könne er den Rest zu Fuß gehen. Habeck steigt ein.

Wie verändert es einen Menschen, ständig in der Öffentlichkeit zu stehen, ständig beobachtet zu sein, ständig in Gefahr, von irgendeinem Smartphone aus dem Hinterhalt aufgenommen und in Bildern rasend schnell im Internet verbreitet zu werden? Rote Ampeln sind für ihn als Fußgänger heute tabu, selbst wenn die Straße noch so leer ist. Es könnte ja jemand aus der Hüfte einen Schnappschuss machen. Löchrige Socken sind heute fragwürdig, falls er sich mal die Schuhe ausziehen sollte. Zerrissene Jogginghosen, ausgetretene Turnschuhe, Emotionen als Zuschauer beim Handball, all das wird zum Tabu.[622] Allein aufgrund von Äußerlichkeiten werden rasch Urteile gefällt, der äußere Schein ist häufig wichtiger als das Sein. Ein Mensch in der Öffentlichkeit steht ständig unter Kontrolle – und kontrolliert sich vermutlich auch ständig selbst. »Der Mensch, der sich niemals durch das Auge der Fernsehkamera beobachten musste«, erkannte einst Habecks politisches Vorbild Václav Havel, »aber plötzlich jede seiner Bewegungen ihrem Blick unterwirft, ist nicht mehr der gleiche, der er war. Er wird zu einer Geisel seiner Position, seiner Privilegien, seines Amtes.«[623]

Habecks Jugendfreund Kristian Dittmann meint, dass Habeck »den öffentlichen Robert peinlich genau observiert«.[624] Das heißt, Habeck bleibt selbstreflektiert, er beobachtet sich und seine Umgebung, sich und die Leute, behält die Wirkung im Blick. Arfst Wagner glaubt, dass es »sicher, Gott sei Dank, einen kleinen Teil« gebe, den Habeck im Fernsehen nicht von sich zeigt. »Aber im Großen und Ganzen wird er ja auch deshalb geschätzt, weil man den Eindruck hat, dass er authentisch ist. Dass er sich auch so gibt und zeigt und auch seine Enttäuschungen, auch seine Wut oder seine Begeisterung zeigt, während andere sich hinter vorgestanzten Formulierungen verschanzen.«[625]

In einer Talkshow im April 2018, drei Monate nach seiner Wahl zum Bundesvorsitzenden der Grünen, sagt Habeck: »Ich versuche jetzt, mein Ding zu machen und dabei zu bleiben.« Das bedeute für ihn auch, angreifbar zu sein und spontan zu bleiben. »Ich registriere aber«, fügt er hinzu, »dass genau das zu einer Masche erklärt wird. Wenn man aber noch nicht mal mehr so sein kann, wie man glaubt, dass man ist, weil auch das 'ne Kunstform ist, dann wirst du irgendwann total irre im Kopf.« Es gebe in der Öffentlichkeit »Tausende von Kleinigkeiten, die einem durch den Kopf gehen, die vermeintlich nicht mit einem Bild übereinstimmen«. Wenn er sich aber nur von Angst leiten ließe, »dann hat es auch keinen Sinn mehr«.[626]

Dass der Politiker zur Projektionsfläche wird, ist Habeck stets bewusst. Es gebe in der Öffentlichkeit eigentlich keine Natürlichkeit, denn: »Alles, was du sagst, wird interpretiert und bedeutet etwas«, erläutert er in einer Podiumsveranstaltung. Leicht könne das zur Schizophrenie werden. »Ja, ich bin total bei mir selbst«, behauptet er, »aber mir ist auch komplett klar, dass jedes Wort, das ich sage, gepodcastet wird und hunderttausend Leute das hören.« Er versuche eine Grenze zwischen »Persönlichkeit und Intimität« zu wahren. Zum einen glaube er, dass der Mensch in der Politik zu erkennen sein muss, damit er glaubwürdig ist; zugleich aber werde er »bestimmte Sachen einfach nicht beantworten«, um nicht nackt dazustehen.[627] Die ewigen Fragen und Bemerkungen zu seinem Aussehen oder seiner vermuteten, angenommenen oder angeblichen Masche nerven ihn. Er kann sich aber auch lustig machen über die Fremdwahrnehmung. »Wenn ich mir die Haare gar nicht mehr waschen würde«, sagt er in einer Podiumsveranstaltung in Hamburg, »und die würden hier völlig verfettet runterhängen, würden vermutlich alle schreiben, oh, der neue Habeck-Look, jetzt besonders fettig.«[628]

Der Journalist Oliver Georgi hat ein Buch unter dem Titel *Und täglich grüßt das Phrasenschwein* veröffentlicht.[629] Darin gibt er einen Einblick in den Politikbetrieb und die gewöhnliche

Debattenkultur. Im Interview mit der *Mainpost* wird Georgi gefragt, ob Robert Habeck beispielsweise »überauthentisch« daherkomme, ob man ihm seine sogenannte Authentizität tatsächlich abnehmen könne. »Die Trennlinie ist in diesem Fall schwer zu ziehen«, antwortet der Journalist zunächst. Doch er gibt auch zu bedenken: »Aber ich finde, dass man das dann auch ertragen muss, wenn man Politiker haben will, die nicht ständig in Phrasen sprechen und sich so immer weiter von den Bürgern entfremden. Es ist mir zu einfach, immer nur mit dem Finger auf die Politiker zu zeigen. Wir, die Wähler und auch die Medien, brauchen eine größere Fehlertoleranz. Politiker haben zu viel Angst, Fehler zu machen. Das lähmt.«[630]

Was heißt das also, bei sich bleiben? Nicht in eine Rolle fallen, selbst wenn man ständig beobachtet wird? Es gibt Weggefährten, zum Beispiel ehemalige Lehrer, die bestätigen, dass der Robert, den sie aus der Vergangenheit erinnern, noch der Robert der Gegenwart geblieben ist. Der frühere Lehrer Rainer Petermann erzählt von einem »Heimspiel« im März 2017. In der »rappelvollen« Heikendorfer Sporthalle stellt Habeck seine politische Autobiografie vor, er ist locker und persönlich, schreibt am Ende eine Widmung ins Buch: »für Rainer, mit großem Dank für die HHS-Jahre!«[631] Petermann berichtet auch vom Klassentreffen in Heikendorf, als Habeck im Mai 2019 zum dreißigjährigen Abiturjubiläum kommt und dann einer unter vielen ist, um Erinnerungen auszutauschen. »Müsste er das, wenn er eine Rolle spielte und nur seine Karriere im Blick hätte?« Nein, beantwortet Petermann die rhetorische Frage, »er wirkt immer noch ehrlich« und versichere sich eben seiner Herkunft. Er hoffe sehr, dass Robert »im Berliner Betrieb nicht verbogen wird wie alle«.[632]

Norbert Sieverding, der einst die Theaterkurse an Habecks Schule leitete, bestätigt Petermanns Beobachtungen beim Klassentreffen zum dreißigjährigen Abiturjubiläum. Er erinnert sich, wie »unauffällig« Habeck sich benommen habe, wie er sich »mit ehemaligen Kumpels und Jahrgangskollegen einfach ausgetauscht hat«. Im Fernsehen, in Talkshows, wirke Habeck »oftmals kontrollierter und bedachter in dem, was er sagt«, meint Sieverding. Aber auch dann mache er auf ihn einen authentischen Eindruck. »Ich habe noch nichts entdeckt, wo ich sagen würde, das ist aber ein anderer Robert als früher.« Dann erzählt Sieverding noch, wie Habeck 2017 als »Überraschungsgast« zu seiner Verabschiedung als Lehrer kam. Sieverding konnte es kaum glauben, als er plötzlich auftauchte. Die Kollegen hatten es geschafft, dem Minister mehr als eine Stunde aus seinem Terminplan zu leiern. »Wir haben geschnackt, und ich habe mich sehr gefreut, dass er gekommen ist«, sagt Sieverding. »Ich denke schon, dass es ihm wichtig ist, dort verortet zu bleiben, wo er einen Großteil seines Lebens verbracht hat, nämlich hier in Schleswig-Holstein, im Norden.« So wie Habeck auch der heimische Handballverein Flensburg-Handewitt wichtig sei und er immer mal wieder dort in der Halle auftauche und mitfiebere.[633] »Dort bin ich dann nicht irgendwo in der VIP-Lounge«, sagt Habeck im Fernsehen, »sondern stehe mit meinen alten Kumpels in der Nordkurve, und das ist tatsächlich auch ein Teil von meinem Leben.«[634]

Hartmut Tödt, der ehemalige Philosophielehrer, grüßt seinen früheren Schüler in einer Fernsehsendung mit lobenden Worten, die vor der Live-Sendung aufgenommen worden sind. Habeck ist überrascht. Während Tödt eingeblendet ist, kann der Zuschauer zugleich Habecks Reaktion sehen. »Bleib dir treu!«, gibt ihm sein früherer Lehrer am Ende mit auf den Weg. Habeck wirkt gerührt, er scheint sich nicht ganz wohlzufühlen bei diesem Lob vor Fernsehzuschauern, bedankt sich höflich, und der Talk geht weiter.[635] Doch er nimmt diese Überraschung, 27 Jahre nach seinem Abitur, zum Anlass, sich mit seinem ehemaligen Lehrer zum Frühstück zu verabreden. »Er ist mit seinem Fahrer gekommen«, erinnert sich Tödt, »und wir haben eine Stunde geschnackt.« Auch dies eine Geste der Dankbarkeit und Anerkennung, auch der Erinnerung oder Vergegenwärtigung. Hätte ein Schauspieler oder Karrierist das nötig?[636]

Im Fernsehtalk fragt Bettina Tietjen, wie er sein Image selbst beschreiben würde. Habeck gerät in Verlegenheit, fährt sich mit dem Daumen ans Kinn, reagiert mit einer Gegenfrage, versucht mit einem weiteren Satz eine Ausflucht, wagt dann aber doch eine Antwort, zögernd und abwägend zunächst und dann frei heraus: »Ich versuch, sofern das gelingt, ich selbst zu bleiben. Ich versuch zu reden, wie mir der Schnabel gewachsen ist.«[637]

Und auch wenn Habeck im Stress ist, auch wenn er von Termin zu Termin jagt in Wahlkampfzeiten, meist bleibt er respektvoll und höflich, und häufig gibt er sich gut gelaunt. In Naumburg hat er im Mai 2019 am Wahlstand der Grünen eine Europatorte aufzuschneiden und einzelne Kuchenstücke an die Umstehenden zu verteilen. »Wenn das hier nichts wird«, er betrachtet seine Schnitte skeptisch, »dann werde ich Konditor.« Zum Abschied wünscht er den Wahlkämpfern viel Erfolg, winkt den Polizisten zu, die die Wahlveranstaltung im Hintergrund beobachtet und gesichert haben, dankt auch ihnen.

Als er zwei Monate zuvor mit Pressevertretern aus Berlin ins sächsische Glashütte fährt, um dort die Uhrenfabrik Nomos zu besichtigen, wird er zum Moderator, Journalisten und wissbegierigen Gast. Als Prominenter ist er aus der Hauptstadt gekommen, doch es gelingt ihm rasch, die Befangenheit seiner Gesprächspartner zu überwinden. Den mitgereisten Journalisten steckt er beim mehrstündigen Rundgang durchs Betriebsgelände immer mal wieder Hintergrundinformationen, oder er prägt spontan und gut gelaunt Slogans für die Berichterstattung, die umgehend notiert werden. Als ein Uhrmacher die Unruhwelle des schwingenden Herzens in einem Uhrwerk erläutert, ruft Habeck amüsiert in den Raum: »Dann möchte ich die Unruhewelle des politischen Betriebs werden.« Und einmal in Fahrt, setzt er noch eins drauf: »Das schwingende Herz im politischen System.« Auch dass er sich selbstkritisch gibt, kommt gut an. Später, beim Mittagessen, bedankt er sich noch einmal ausdrücklich für die Einladung, reißt schließlich die Tür zur Küche auf, um auch dort seinen Gruß und Dank zu hinterlassen. Wertschätzung auch für jene, mit denen er nicht sprechen konnte.[638] Dabei wirkt er natürlich, solche Gesten wären nicht nötig. Der Tross aus Berlin ist in Kleinbussen der Firma vom Bahnhof in Dresden abgeholt worden, die Fahrt nach Glashütte wirkt wie ein Ausflug. Die Stimmung ist gelöst, auch wenn die Pressesprecherin mit gespitzten Ohren darauf achtet, dass kein falsches Wort von den Journalisten aufgeschnappt wird. Befangen wirken andere, Habeck nicht.

Aber auch er gerät in Versuchung, betriebsblind zu werden, gewohnte Reflexe des politischen Betriebs zu übernehmen. Nach den eher enttäuschenden Ergebnissen bei den Landtagswahlen in Sachsen und Brandenburg verhebt er sich im September 2019 in einer ersten Stellungnahme. Auf der Wahlparty in Berlin spricht er von einem »fantastischen Ergebnis«.[639] Später rückt er seine erste Reaktion zurecht, nimmt die vermeintliche Euphorie zurück, gibt auch Enttäuschung zu und analysiert das Ergebnis noch einmal neu.[640]

Er sei »mittlerweile selbst Teil des Systems geworden«, räumt Habeck in einer öffentlichen Veranstaltung der *FAZ* ein, dreieinhalb Wochen nach den Landtagswahlen in Sachsen und Brandenburg. Früher, als Minister von Schleswig-Holstein, habe er sich immer darüber geärgert, »dass die Landesebene in Berlin nicht gesehen wird«. Jetzt stelle er es an sich selber fest, »dass man schön bis nach Frankreich oder Amerika gucke«, aber nicht auf die Umsetzung von Projekten in den Bundesländern. Der Herausgeber der *FAZ*, Jürgen Kaube, fragt Habeck in diesem Podiumsgespräch, wie der politische Betrieb ihn verändere, was es bedeute, ständig beobachtet zu werden. Wenn man beobachtet wird durch andere oder durch sich selbst, dann könne man nicht mehr anmutig handeln, fasst der Journalist den Essay von Heinrich von Kleist, *Über das Marionettentheater*, zusammen. Anmut sei vielleicht für die Politik nicht die zentrale Kategorie, fügt Kaube hinzu, aber: »Beobachtet zu werden, verändert einen, nehme ich an.« Wie sei das bei ihm, wie verändere ihn diese Öffentlichkeit? »Wird man misstrauischer?«

»Es ist auf jeden Fall so, dass es nicht nur Freude ist«, antwortet Habeck nachdenklich. Immer beobachtet zu werden, sei ungefähr so, als ob einer ständig beim Telefonieren zuhört. »Ja, es ist nicht nur lustig, beobachtet zu werden, und es macht was mit einem, das stimmt schon, auf jeden Fall.« Aber sein Job als Bundesvorsitzender »hat als Aufgabe, beobachtet zu werden«. Als Minister sei der Raum viel geschützter gewesen, denn da ging es darum, Dinge administrativ umzusetzen. Der Beruf als Minister bestehe nicht allein darin, öffentliche Auftritte zu haben, diese seien nur Mittel zum Zweck. »Als Parteivorsitzender hat man quasi per Definition die Aufgabe, zum *FAZ*-Forum zu gehen, in die Talkshow zu gehen und so weiter. Ich kann gar nichts anderes machen als reden und Politik erklären.« Und deshalb stehe er automatisch in der Öffentlichkeit, darüber zu klagen, bringe nichts. »Aber, na ja«, er grinst, »ist ja vielleicht 'ne Übergangsphase …«[641]

Die Landtagswahlen in Thüringen gehen im Herbst 2019 für die Grünen noch enttäuschender aus als in Sachsen und Brandenburg, es reicht gerade so für den erneuten Einzug in den Landtag. In der Pressekonferenz wehrt sich Habeck im Oktober 2019 gegen Trendjäger und eine Publizistik, die mit Umfragen politische Stimmung erzeugt: »Diese Umfragenhuberei macht Politik letztlich irre«, sagt er und fügt dann hinzu: »Wenn die Parteien sich nur nach Umfragen ausrichten, dann kriegst du ja niemals so was wie Leadership oder Überzeugung oder 'ne Ehrlichkeit in der Ansage hin. (…) Wir sind doch hier nicht bei ›Deutschland sucht den Superstar‹. Sondern wir sind in einer Phase, wo sich Ordnungen auflösen.« Es müsse darum gehen, politische Ordnung zu schaffen. Dafür seien die Grünen ursprünglich nicht gebaut worden, »weil wir als Protestpartei und als Bündnis-90-Partei in einer anderen Tradition in den letzten Jahren vergleichsweise schwach waren. Wir versuchen es trotzdem!« Ob sich das in guten Wahlergebnissen widerspiegele, werde sich zeigen. Es ginge darum, demokratische Mehrheiten und »Mandate für Umsetzungen« hinzubekommen. Also: Macht zu erlangen.[642]

Zum einen reklamiert Habeck für sich (und seine Partei), Fehler machen zu dürfen, denn die Grünen beträten Neuland. Sie wollten nicht an üblichen Mustern, altbekannten Ideologien und stereotypen Antworten festhalten; in ihrer Politik ginge es nicht um ein »Weiter so, Deutschland!«, sondern um eine Zukunft, die ungewiss und unüberschaubar ist. Zugleich sei es in der

Realpolitik verpönt, Fehler zu machen, das werde hart sanktioniert. »Denn wenn sie Schwäche riecht, ist die politische Welt unerbittlich«, schreibt Habeck in seiner politischen Autobiografie.[643] Deswegen redeten so viele Politiker lieber um den heißen Brei herum und ergingen sich in Sprechblasen. In einem Fernsehinterview wird Habeck im September 2019 aufs Glatteis geführt und erntet negative Schlagzeilen, weil er Details zur Pendlerpauschale nicht parat hat. Später sagt er in einem Interview leicht ernüchtert: »Durch die Reaktion auf Fehler droht etwas verloren zu gehen: Natürlichkeit, Nähe.«[644]

Der Medienwissenschaftler Bernhard Pörksen sieht in der »Lust an der Demontage« einen »Gegenpol zur Sehnsucht nach dem Erlöser«. In seiner Schlussfolgerung benennt Pörksen, warum Spitzenämter in der Politik heutzutage so leicht zum Schleudersitz werden können: »In der Kombination aus Beobachtungsdruck und Reaktionszwang, Authentizitätsverlangen und Perfektionssehnsucht züchtet diese Gesellschaft, ob sie will oder nicht, den Typus des kleinmütigen, visionsfeindlichen, sich hinter Phrasen verschanzenden Angstpolitikers, den sie dann verachtet.«[645]

In seinem *Patriotismus*-Buch drückt Habeck seine Verwunderung darüber aus, wie rasch einer zum Funktionär werden kann und dann skeptisch beäugt wird, wenn er in einem Amt, auf einem Posten sitzt; wie schnell seine Glaubwürdigkeit infrage gestellt sein kann und die Zuschauer, das Auditorium, die Basis murren und maulen und die Arme vor der Brust verschränken. Ablehnung gegen »die da oben«. Habeck empfindet das als unehrlich. Politische Enttäuschung rühre in Wahrheit daher, dass sich nichts ändere, dass immer so weiter gewurstelt werde und Politiker glaubten, es dürfe sich nichts ändern. Visionen? Weltverbesserer? Nicht in Sicht. Doch würden diese tatsächlich von einer Mehrheit gewünscht, dann ist Veränderung der Gesellschaft Grundvoraussetzung für die Erfüllung des Wunschs. »Die meisten Menschen scheinen zu wollen, dass alles so bleibt, wie es ist (oder früher war, auch wenn die Erinnerung da oft trügen mag ...)«, schreibt Habeck 2010. Seit der Vertreibung aus dem Paradies glaubten viele Menschen, »dass das Beste bereits hinter uns liegt«. Er sei damals aus seinem Fernsehsessel aufgestanden, weil er sein eigenes Maulen nicht mehr ertragen konnte, und an jenem Winterabend des Jahres 2002 Mitglied der Grünen geworden. »Die Enttäuschung über die Politik, sie ist politisch. Und eben deshalb lässt sie sich ändern.«[646]

Jürgen Leinemanns Klassiker *Höhenrausch* erscheint erstmals 2002. Also in jenem Jahr, als Habecks vierter Sohn Oskar zur Welt kommt und er selbst Mitglied der Grünen und umgehend deren Kreisvorsitzender in Schleswig-Holstein wird, der Beginn seines Wegs zum Berufspolitiker. Leinemann beschreibt in seiner großen Reportage den Suchtcharakter von Politik, er porträtiert die lange Reihe vereinsamter und gebrochener Gestalten, macht Nahaufnahmen von Siegern und Verlierern, analysiert die Kluft zwischen der Wirklichkeit und der Wahrnehmung von Realität durch die politische Klasse. Eine »Wahrnehmungsdiskrepanz«[647] stellt der Journalist fest. Er benennt Ursachen für die Politikverdrossenheit und gelangt schließlich zu einer ernüchterten Bilanz: »Parlamentsreform? Verfassungsreform? Entmachtung der Parteien? Veränderte Rekrutierungsbedingungen für die Aufnahme in die politische Klasse? Ich glaube keinen Augenblick daran. Die Rede von der Politikverdrossenheit ist alt und blieb folgenlos, die Vorschläge zur institutionellen und organisatorischen Veränderung von Parteien und Parlament stapeln sich in den Archiven. Eine neue Medienethik? Rückkehr zu Argumenten statt Unterhaltung durch visuelle Eindrücke? Programmatische

Diskurse statt Personalisierung? Verzicht auf symbolische Show-Veranstaltungen zugunsten von politischer Aufklärung? Keine Chance. Das Wechselspiel zwischen Politik und Medien hat den politischen Betrieb und auch den Charakter unseres demokratischen Systems unrevidierbar verändert. Medienpräsenz ist heute die wichtigste Legitimationsgrundlage für politische Entscheidungen.«[648] Leinemanns zwanzig Jahre altes Buch wirkt in seinen Analysen und Beobachtungen wie eine Bestandsaufnahme für unsere Zeit.

Dennoch glaubt Habeck daran, eine andere Form von Politik zum Erfolg führen zu können. »Wir brauchen eine neue Ehrlichkeit, die auch das Grübeln, das Suchen zulässt«, schreibt er in seiner politischen Autobiografie. Daraus könnten Antworten erwachsen. Er versteht das als gemeinsamen Prozess, denn es »glaubt doch eh keiner, dass Politiker gerade alles im Griff haben«.[649] Wie heißt es in seinem Jugendbuch *Zwei Wege in den Sommer*? »Ich würde sagen, es geht um Ehrlichkeit – auch sich selbst gegenüber.«[650] Und im Interview für den Rundfunk gibt sich Habeck im Juni 2019 felsenfest davon überzeugt, »wenn man mit Leuten ehrlich redet, dass es dann auch ehrlich zurückkommt. Das ist die Grundbedingung von allem eigentlich.«[651]

# »Eigentlich brauchen wir mehr Macht«

## Der Machtpolitiker

Ob er denn Angst habe, wird Habeck im Juni 2019 in einem Berliner Hörsaal gefragt, Angst davor, mächtiger zu werden. Wieder so eine Frage: Was wäre, wenn ... »Ich habe schon Angst manchmal«, antwortet Habeck, »aber nicht vor Macht. Nein, Angst davor habe ich überhaupt nicht«, wiederholt er.

Habeck ist zu einem sogenannten Demokratie-Dialog vom Max-Planck-Institut in Berlin eingeladen, das Thema: »Reden oder Schweigen«. Er habe eher Angst davor, fügt Habeck hinzu, dass dieser Anspruch, Macht anders auszuüben als gewöhnlich und bekannt, in der »institutionellen Ausübung von Macht«, in einem Amt also, dann doch verloren gehen könnte. Aber er ergänzt, doch, ja, natürlich: Sie benötigten Macht, um etwas verändern zu können. Und das strebe seine Partei auch an. Die Zeit der Zampanos und Politmachos sei seiner Meinung nach jedoch vorbei. »Man ist nicht mehr mächtiger in dem Moment, in dem man sich wie ein Gorilla aufführt, auf der Brust rumtrommelt und sagt: Hähähähä, ich bin hier der große Macker! Das ist Ohnmacht geradezu.« Er wünsche sich »eine gemeinsame Suchbewegung«, in der die Zivilgesellschaft eine wichtige Rolle spiele, in der die Partei eben nicht immer recht hat. Dadurch könne ein

»neues demokratisches Mandat« entstehen. »Eigentlich brauchen wir mehr Macht«, sagt Habeck. »Aber sie muss eben anders entstehen, damit es einen Vertrauensvorschuss geben kann, die Dinge anders regeln zu können.« Sein Anspruch sei immer gewesen, »Dinge so zu begründen und zu erklären, dass sie gesellschaftlich mehrheitsfähig sind«. Also Politik nicht für sieben oder neun Prozent der Bevölkerung zu machen, sondern Themen »sprachlich so darzustellen, dass möglichst mehr als die Hälfte der Bevölkerung sagt, das verstehen wir, das ist richtig«.[652] Der Anspruch also, Volkspartei zu werden.

»Robert war immer machtbewusst«, sagt Ulf Kämpfer, der Kieler Oberbürgermeister und frühere Staatssekretär von Habeck. »Er hat immer wieder die Machtprobe gestellt und die nächste Stufe gesucht. Aber immer mit offenem Visier, nie mit Intrigen.«[653]

»... weil wir Macht wollen, um das Beste zu erreichen«, schreibt Habeck in *Wer wagt, beginnt*.[654] Das Beste? Was ist das Beste? Geht es auch konkreter?, frage ich ihn im Februar 2019. »Das Beste ist in der Demokratie das Ausverhandeln, was das Beste ist«, antwortet Habeck. Er sei nur einer von 80 Millionen Deutschen oder von 500 Millionen Europäern, er könne doch nicht sagen oder gar bestimmen, was das Beste für alle sein könnte. »Wenn du morgen das Klima schützen könntest und dafür eine Diktatur errichten solltest, würdest du es tun?«, sei er immer mal wieder gefragt worden. »Und ich würde sagen: Nein! Das ist das Letzte, was geht, weil du damit ja sagst: Ich bin der Einzige, der weiß, wie es geht.« Deshalb wieder sein Hinweis auf die »Idee vom Politiker als glücklichem Menschen«: »Wir sind nicht glückliche Menschen, weil alles so läuft, wie wir uns das vorstellen. Sondern wir könnten uns als glückliche Menschen betrachten, weil wir diesen ewigen Spannungsbogen aufrechterhalten und im ewigen Ringen, diesen Stein den Berg hochzurollen, jeden Morgen neu anfangen dürfen.«[655]

»Wir brauchen ein neues republikanisches Bewusstsein«, postuliert Habeck im Mai 2015 in einem Kommentar zu einem Dossier der Grünen unter dem Titel *Demokratiereformen auf Länderebene*. Er reklamiert »Achtung für die andere Meinung«, plädiert dafür, »Entscheidungen frühzeitig zu kommunizieren«, wünscht sich »Bürgerbeteiligung« und »Bürgerbegehren« und stellt in diesem Zusammenhang »altmodische Werte und archaische Formen von Macht« heraus: »Authentizität, Charisma, Glaubwürdigkeit und Vertrauen«. Es müsse wieder einen »Sinn für den Grundvertrag« geben, auf dem eine Republik aufbaut: »Wir statten Menschen mit Macht auf Zeit aus, um Recht zu setzen und auf der Grundlage des Rechts gesellschaftliche Antworten zu verabreden, in der Annahme und entlang des Versprechens, dass sie diese Macht zum Wohle der Allgemeinheit ausüben.«[656]

»Regieren bedeutet, Kompromisse einzugehen«, sagt Habeck der *FAZ* im Juni 2015. »Das mach ich hier jeden Tag. Der Lohn ist jedoch, dass man tatsächlich etwas verändert und gestalten kann. Nicht 100 Prozent, aber weit mehr als gedacht.« Zu diesem Zeitpunkt ist Habeck seit drei Jahren Umweltminister in Schleswig-Holstein. Laut eigener Aussage will er nicht Parteichef werden und nach Berlin gehen, »er ist kein Fan der Gremienarbeit«, schreibt der Journalist. Aber Spitzenkandidat seiner Partei bei den nächsten Bundestagswahlen 2017 möchte er werden und meldet schon jetzt, zwei Jahre vor den Wahlen, seine Bewerbung an. Ein Fehler, glauben die meisten. »Viel zu früh«, kommentiert der Journalist, »zumindest nach dem Lehrbuch der Wahlkampfstrategen.«

Ungeduld und Unzufriedenheit treiben Habeck damals um. Unzufriedenheit über die Selbstgespräche in seiner Partei, den Zwist zwischen Realos und Fundis, zwischen rechtem und linkem Flügel. Und Ungeduld darüber, dass die Grünen nur eine Spartenpartei sind und auf Bundesebene im einstelligen Prozentbereich dümpeln. Habecks Anspruch und Ziel? Volkspartei! Grüne Politik soll von breiten Schichten befürwortet werden. Seine Praxis? »Wild und frei, das ist Habecks Marke«, findet der Journalist ein Etikett.[657]

Ein Jahr später rückt die Urwahl zum Spitzenkandidaten näher. Vom Reporter der Interviewreihe »Jung & Naiv« wird Habeck im Internet gefragt, ob die Grünen in die Bundesregierung wollten. »Ich will das!«, antwortet Habeck. »Ich will das für meine Partei. In der Regierung veränderst du Wirklichkeit, im Guten wie im Schlechten. Und wenn ich finde, dass die Wirklichkeit sich gerade nicht so besonders gut entwickelt, dann muss ich in die Regierung wollen. (...) Und ich glaube, dass da die Grünen einen echten Unterschied machen können. Dass man lockerer und entspannter und greifbarer ist, auch angreifbarer dadurch wird, aber: So stelle ich mir Politik vor.«[658]

Dem Reporter vom *Schleswig-Holsteinischen Zeitungsverlag (shz)* diktiert Habeck den Satz in den Notizblock: »Natürlich ist die Regierungsverantwortung das Ziel.« Rechtzeitig, im September 2016, wird seine politische Autobiografie, *Wer wagt, beginnt*, herausgegeben, »ein ausführliches Bewerbungsschreiben an die 60 000 Grünen«, so nennt es der Journalist. Gerichtet ist es an jene Grüne, die darüber abstimmen sollen, wer als männlicher Spitzenkandidat in die kommenden Bundestagswahlen geht, Favorit Özdemir oder Außenseiter Habeck.

Für ihn gehören »Umwelt-, Agrar- und Energiethemen in jede sicherheits- und außenpolitische Diskussion«. Habeck wirkt und redet so, als sei er seinem Amt als Landesminister schon entwachsen. In seinem Drang nach Berlin riskiert Habeck sogar die Freundschaft zu seinem politischen Gefährten Konstantin von Notz, den er im Bundestag womöglich verdrängen würde. »Er hat mir gute Gründe genannt, warum er meine Entscheidung für die Spitzenkandidatur für einen Fehler hält«, sagt Habeck dem Reporter. »Aber ich habe die nicht geteilt.«[659]

In *Wer wagt, beginnt* setzt sich Habeck verschiedentlich mit dem Thema Macht auseinander. Er erwähnt, wie er seinen Vorgänger Karl-Martin Hentschel im August 2009 als Fraktionsvorsitzenden im Kieler Landtag verdrängt, benennt die »Kampfansage«, äußert natürlich Respekt »für ihn und seine Arbeit«, spricht über Undankbarkeit in der Politik, schreibt halb entschuldigend: »Aber ich war mir sicher, was ich wollte und wie ich es machen wollte.«[660] Dieses Ringen um Macht, dieses Ausfechten von Konkurrenz kann sehr einsam machen, das Klima eisig werden lassen. »Meist sind Konkurrenzen ja der Beginn von Feindschaften«, schreibt Habeck, »und die am nächsten liegenden Konkurrenzen finden sich im eigenen Laden.«[661] Doch der unterlegene Rivale Hentschel scheint Habeck nicht gram zu sein. Im Mai 2015 unterstützt er beispielsweise Habecks kontrovers aufgenommene Bewerbung als Spitzenkandidat der Grünen zur Bundestagswahl: »Wir brauchen Persönlichkeiten, die rüberbringen, dass diese Welt verändert werden muss«, sagt Hentschel.[662]

Es geht um Sieg oder Niederlage, um Gewinnen oder Verlieren, »es ist eine Höllenfahrt, sich davon nicht anstecken zu lassen«, bekennt Habeck.[663] Der Reporter Jürgen Leinemann zitiert in seinem Klassiker *Höhenrausch* den Schriftsteller Hans-Magnus Enzensberger: »Der Eintritt in die Politik ist der Abschied vom Leben, der Kuß des Todes.« Leinemann hatte sich einst selbst als Teil dieses Karussells der Eitelkeiten, Abhängigkeiten und Machtkämpfe begriffen. Auch er hungrig, auch er unersättlich in seinem Streben nach Anerkennung und Bestätigung, und endlich zermürbt von »Selbstzweifeln, Furcht vor dem Scheitern und quälenden Fragen nach dem persönlichen Preis für die Karriere«. Schließlich wird er alkoholkrank, ist physisch und psychisch am Ende. Aus dieser Lebenskrise in den 1970er-Jahren heraus gewinnt er schließlich den nötigen Abstand, um Jahrzehnte später *Höhenrausch* zu schreiben, das Buch, in dem er den Realitätsverlust und die Sucht von Politikern und Journalisten thematisiert.

»Seit vierzig Jahren beobachte ich nun Politiker aus nächster Nähe«, schreibt Leinemann, »sehe, wie die Macht sie verändert, wie sie sich einmauern in Posen von Kompetenz und Zuversicht, während die öffentliche Verachtung wächst. Alle haben sie irgendwann einmal die Welt verändern wollen, ein bisschen wenigstens, aber die meisten geraten doch alsbald in die Versuchung, ihre Wahlämter als Plattform zur Selbstbestätigung zu benutzen, sich und anderen mit ihren Privilegien Bedeutung vorzuspielen. Viele merken gar nicht, wie sie von einem Sog erfasst werden, der ihnen immer mehr äußeren Betrieb zumutet und immer mehr innere Freiheit nimmt. Meist wollen sie es nicht wahrhaben.«[664]

Habeck bezieht sich auf die Philosophin Hannah Arendt, die gesagt hat, Macht gehöre nicht einem Menschen, sondern sie entstehe zwischen Menschen. Macht werde nur gewährt, man besitze sie nicht: »Politische Macht in der Demokratie ist jedenfalls eine Verabredung«, fügt Habeck hinzu, »sie ist kein Eigentum. Und wie Macht erlangt und Macht gewährt wird, ist kein gegenseitiges Tauschverhältnis.« Risiko gehöre dazu und die Ungewissheit, ob das Vertrauen gerechtfertigt ist und Versprechen erfüllt werden.[665]

Anfang 2017 scheitert Habeck in der Urwahl zum grünen Spitzenkandidaten gegen Cem Özdemir. Wenige Monate später schmiedet er in Schleswig-Holstein eine Regierungskoalition aus CDU, FDP und Grünen, »Jamaika« wird dieses Bündnis genannt. In einem Werbespot kurz vor den Landtagswahlen verneint Habeck Ambitionen, nach Berlin gehen zu wollen. »Seit einigen Tagen wird in den Medien spekuliert, ob ich nicht doch nach Berlin gehe und da Posten oder Verantwortung übernehmen soll. Das ist alles Spökenkiekerei und Tünkram, um es mal in meinen Worten zu sagen. Ich wohn' hier in einem Land, wo ein Handschlag gilt, wo ein gegebenes Wort ein gegebenes Wort ist, und so soll es auch für mich gelten und in Zukunft bleiben. Ich hab's schon mal gesagt und auch eingehalten: Wenn ich die Urwahl mache, dann gehe ich nicht auf die Landesliste. Und so sage ich jetzt: Wenn die Grünen die Wahl gewinnen und wieder in die Regierung kommen, dann werde ich Minister in Schleswig-Holstein.«[666] Für eine Weile hat diese Aussage Bestand. Zum neuen Regierungsbündnis sagt er in einem weiteren Werbespot der Grünen: »Klar, Jamaika ist ein Tabubruch, aber Tabus zu brechen ist die eigentliche Freiheit.«[667]

In einem Interview, das Wellen schlägt, wirft Habeck der Berliner Politszene vor, zur Bundestagswahl keinen richtigen Wahlkampf zu machen, »er merkelt so vor sich hin«, sagt er der *Heilbronner Stimme* im September 2017. In seiner Heimat Schleswig-Holstein hätten sie sich diese neue Koalition nicht gewünscht, »Jamaika war nicht unser Ziel«, sagt er. Es regiert dort nun der CDU-Politiker Daniel Günther als Nachfolger des SPD-Ministerpräsidenten Torsten Albig. »Aber Politiker müssen mit der Entscheidung der Wähler verantwortungsvoll umgehen«, argumentiert Habeck. »Wir können ja nicht so lange wählen lassen, bis uns das Ergebnis passt. Es ist also völlig richtig, vor der Wahl nichts auszuschließen.« Und Berlin? Locke ihn nicht auch Berlin?, fragt der Reporter zum Schluss. »Kiel ist die Gegenwart«, antwortet Habeck. »Ich habe meinen Lieblingsjob und auch keine Stellenanzeigen geschaltet.«[668] Auch im Interview mit der *taz* verwahrt er sich noch Ende September 2017 gegen mögliche Berliner Ambitionen: »Sorry, ich bin nicht auf Jobsuche.«[669] Vier Monate später ist Habeck – zusammen mit Annalena Baerbock – Bundesvorsitzender der Grünen in der Parteizentrale in Berlin.

In seinem Buch *Wer wir sein könnten* schreibt Habeck über Rechtsstaatlichkeit und Gewaltentrennung, über Diktatoren und Autokraten, über die Vorzüge der Demokratie und auch noch einmal darüber, was Macht bedeutet. »Macht ist schwächer, je autoritärer sie sich gibt. Wer keine Gegenreden zulässt, lässt sich in Wahrheit nicht auf die Wirklichkeit ein. Und erschreckend – und Auftrag an alle Demokraten, dem beizukommen – ist, dass genau das den Autokraten hilft, ihre Macht zu sichern.«[670]

Im Juni 2019 wird Habeck in einer Podiumsveranstaltung in der Industrie- und Handelskammer in Berlin gefragt, was er denn vorrangig durchsetzen wolle, wenn er regieren oder mitregieren könnte. Zwei Themen nennt er: Senkung der $CO_2$-Emissionen und Europa. »Sollten wir mitregieren und nach vier Jahren sagen, wir haben keine $CO_2$-Emissionsminderung bekommen, dann brauchen wir 2025 gar nicht mehr antreten.« Mit dem Stichwort Europa meint er »die Werteauseinandersetzung über die Zukunft von liberaler Demokratie und Rechtsstaatlichkeit«. Die könne aus seiner Sicht nur europäisch gewonnen werden.[671]

Drei Monate später meldet sich in einer Podiumsveranstaltung der *FAZ* ein Zuhörer aus dem Publikum zu Wort. Er sagt zunächst, er habe »Angst vor Ihnen und Ihrem Erfolg«, und fragt dann, ob Habeck fürchtet, zu regieren und dann zwangsläufig an den hehren Ansprüchen, die er stellt und vertritt, in den Kompromissen der Demokratie zu scheitern. »Ich habe keine Angst davor, in Regierungsverantwortung zu gehen, ganz im Gegenteil«, antwortet Habeck. Das Faire in der Demokratie sei ja, dass man ein Angebot machen könne, das dann angenommen werde oder eben nicht. Er verweist auf seine Regierungsjahre in Schleswig-Holstein: »Die Konflikte waren auf einer anderen Ebene fast direkter«, sagt er, weil er sich beispielsweise mit Fischern in seiner direkten Nachbarschaft auseinandersetzen musste. »Es sind die Jungs gewesen, mit denen ich früher Eishockey gespielt habe.« Er setze auf die Kunst des Kompromisses und die Klärung von Konflikten. Es könne doch nicht sein, dass dieses Entweder-Oder bestehen bliebe: »Entweder ist man Verräter an der reinen Idee oder man ist ein träumerischer Idealist, der von nichts eine Ahnung hat.« Er plädiere für einen Mittelweg. »Wir müssen den Horizont sehn, und wir müssen aber auch ein bisschen auf die Füße gucken, sonst stolpern wir. Entweder verlaufen wir uns oder wir fallen auf die Nase. In dem man das immer wieder erklärt, kann man Dinge verändern und trotzdem bei sich selber bleiben und auch eine gesellschaftliche Zustimmung erreichen. Ich glaub da fest dran, sonst würde ich hier nicht sitzen.«[672]

Auf dem Parteitag der Grünen in Bielefeld meint eine Reporterin im November 2019, erstmals den Machtanspruch von Habeck erkennen zu können. »Die Zeiten der dezenten Andeutungen sind vorbei«, schreibt sie, »die Grünen wollen die Nach-Merkel-Ära gestalten (...), sie kämpfen künftig ums Kanzleramt«. Habeck habe »einen eindeutigen Machtanspruch seiner Partei« formuliert, er habe sich in seiner Rede »mächtig ins Zeug gelegt« und auf der »bei zehn geschlossenen Barack-Obama-Pathos-Skala locker einen Wert um die acht« erreicht. Kurz: »Habeck will es wissen.«[673]

Der Name Barack Obama fällt immer mal wieder im Zusammenhang mit Habecks Ambitionen. Im April 2010 wird in der *taz* Habecks *Patriotismus*-Buch besprochen, und die Rezensentin spottet ein wenig über »den kleinen Obama«.[674] Denn Habeck erwähnt (und lobt) darin mehrfach Obamas Wahlkampf, seine Kampagnen, aber auch seine Überzeugungskraft. Der US-Präsident bezeuge seinen »Respekt vor den Bürgern«, er nehme sie als »kritische Denker ernst«, er erkläre seine Politik, nehme »den Leuten die Angst vor Veränderung«, stärke sie und mache ihnen Mut. »Die Umkehr der politischen Laufrichtung, das Vermögen, Widersprüche und Anfeindungen aufzulösen, indem man sie auf einer anderen Ebene diskutiert, die Fähigkeit, alte Konflikte neu zu formulieren und auf diese Weise eine Lösung zu finden, das ist der eigentliche Kern des Faszinosums Obama.«[675]

Und dass Habeck Anschauungsunterricht in den USA genommen hat, belegt er Anfang 2009, kurz nach dem Machtantritt Obamas, in einer mehrteiligen Artikelserie für die *taz* und die Heinrich-Böll-Stiftung. Aus Washington schreibt Habeck ein Tagebuch, der Titel: »Watching Obama«. Charisma und »die offensichtliche Lauterkeit Obamas« prägten seine Kampagne, schreibt Habeck, ein Neubeginn wurde postuliert, ein Aufbruch also, und Versöhnung versprochen, der Appell an die Gemeinschaft, eine »neue Kultur des Miteinander«, geprägt von einer hohen Moral. »Versöhnen bedeutet, andere zum Nachgeben, zum Nachdenken, zum Einlenken zu überreden. Wenn sie das aber nicht tun, dann bricht das Modell Obama zusammen.«[676] Prinzipien und Überzeugungen, die Habeck auch für sein eigenes Verständnis von Politik hat.

Über Macht sprechen Annalena Baerbock und Robert Habeck auch in einem gemeinsamen Interview mit der *taz* Anfang 2020. Darüber, was sie anders machen wollen. Kein Zwist, keine Rangeleien, keine Kungeleien in Hinterzimmern. Alles soll transparent vonstattengehen. Die Wette sei, »dass Kooperation stärker als Konkurrenz ist«, sagt Habeck. »Geteilte Macht ist doppelte Stärke«, hatte er bereits im ZDF-Morgenmagazin behauptet.[677] Und als die übliche Frage nach der Kanzlerkandidatur erfolgt, sagt er: »Wir haben nicht vor, wie in Österreich als Juniorpartner eingepreist zu werden. Wir wollen die nächste Bundesregierung definieren.« Und Annalena Baerbock ergänzt: »Den gestalterischen Führungsanspruch fürs Land, den haben wir, na klar.«[678]

Im Januar 2020 werden die Grünen auf ihrer Jubiläumsfeier zum vierzigjährigen Bestehen mit einer Rede von Bundespräsident Frank-Walter Steinmeier in Berlin geadelt, »das amtgewordene Establishment« gibt sich die Ehre, wie das Staatsoberhaupt witzelt, »auf Einladung des Vorstands!« Und Steinmeier fügt hinzu: »Der Kompromiss gilt nicht mehr als Verrat grüner Identität und Opposition nicht als die edlere Alternative.«[679]

Steinmeier erhält lang anhaltenden Applaus. Auch die *Bild*-Zeitung gratuliert zum vierzigjährigen Jubiläum und erklärt in wenigen Zeilen »das ›Habock‹-Hoch!«, denn »das Duo Annalena Baerbock und Robert Habeck drängt an die Macht«.[680] Die ARD sendet zum Jubiläum eine Fernsehdokumentation unter dem Titel: »Die Grünen und die Macht«. Es ist so etwas wie ein Überblick über vierzig Jahre Parteigeschichte, auch Habeck kommt mehrfach darin zu Wort. »Ich hatte eigentlich keine Ahnung, wie es sich anfühlt, Entscheidungen zu verantworten«, sagt er und lässt keinen Zweifel daran, was Realpolitik für ihn bedeutet: »Trotzdem weiß ich, dass ich 'ne Vorstellung davon hatte, wie schwer es ist, die Wirklichkeit zu verändern. Also, da war meine Sympathie immer auf der Seite derjenigen, die ausgebuht wurden. Und ich war immer in dem Sinne Realo oder Realpolitiker, als ich gesagt habe, ein Beschluss, ein Plan, ein Dreiseitenpapier, wo was anderes steht, haben mit der Wirklichkeit erst mal nix zu tun. Die Mühsal ist, das umzusetzen. Und deswegen fand ich das Ringen um die Veränderung der Wirklichkeit – Atomausstieg, Dosenpfand, Kosovo usw. – immer anständig.«[681]

Der Kriegseinsatz der Bundeswehr im Kosovo war 1999 ein Tabubruch für die Grünen, er brach mit pazifistischen Grundsätzen der Partei; als Einziger widersprach seinerzeit Hans-Christian Ströbele im Bundestag. Winfried Kretschmann, der ehemalige Marxist-Leninist, seit 2011 Ministerpräsident von Baden-Württemberg, erläutert Regierungspolitik aus seiner Sicht: »Als staatstragende Partei, die in der Regierung ist, mussten wir den Pazifismus einfach ablegen. In der Regierung kann man kein Pazifist sein. Pazifist ist erst mal eine individuelle Entscheidung, ein Staat kann nicht einfach pazifistisch sein, ja?! Wie soll das funktionieren?« Und er fügt hinzu: »Wenn man regiert, dann regiert man. Dann werden die Worte zu Taten und dann ist Schluss mit irgendwelchen Lebenslügen. Das ist halt so, da muss man dann durch.«

Als wieder Castor-Behälter über die Gleise der Bundesrepublik ins Zwischenlager nach Gorleben rollen, verbittet sich Umweltminister Jürgen Trittin Anfang 2001, als staatstragender linker Grüner, jeden Protest dagegen. 1997 hatte er auf der anderen Seite der Barrikade gestanden.[682] Und der Ministerpräsident von Nordrhein-Westfalen, Armin Laschet (CDU), dröselt in der Fernsehdokumentation die Kompromisse der Grünen in Regierungsverantwortung in seinem Bundesland auf: In der rotgrünen Landesregierung sei 2016 ein Kompromiss beschlossen worden, der die Förderung von Braunkohle für weitere 29 Jahre zulasse. Dafür musste die Rodung eines Waldes toleriert werden, des Hambacher Forstes. 4100 Hektar hatte dieser Forst einst, sagt Armin Laschet, »3900 Hektar sind unter grüner Regierungsverantwortung abgeholzt worden. Und jetzt bleiben 200 Hektar übrig, und vom Tag der Wahlniederlage an standen sie plötzlich auf den Barrikaden und haben mit den Bürgerinitiativen demonstriert. Als sie regiert haben, haben sie Wald gerodet.«

Macht schlägt Ideale, vermittelt die ARD-Dokumentation. Abschied von Idealen, Abschied von Vorsätzen, Abschied von Versprechungen und ursprünglichen Ideen. »Die Grünen werden auf jeden Fall eine Enttäuschung«, ist sich Ulf Poschardt, der Chefredakteur der *Welt* sicher, »und all jene, die so schwärmerisch glauben, wenn Annalena oder der Robert erst mal an der Macht sind, dann wird alles mit einem Schlag besser, werden maßlos enttäuscht werden.« Und Habecks Rivale aus Schleswig-

Holstein, Wolfgang Kubicki (FDP), setzt erwartungsfroh hinzu: »Wenn man persönlich so gehypt wird, dann besteht das große Risiko, dass man 'ne hohe Fallhöhe hat.« Am Ende der Fernsehdokumentation kommt eine Aktivistin der Jugendbewegung »Fridays for Future« zu Wort. Sie spricht sich gegen einen Parteigedanken aus, »weil wir weiter die Stimme der BürgerInnen sein wollen und weil wir nicht, wie die Grünen, den Fehler machen wollen, okay, wir gehen in die Politik und werden ein Teil des Problems.«

Teil des Problems sein, das will Habeck um jeden Preis, seinen frühen Selbstzweifeln zum Trotz, vermeiden. »Wir sind als Protestpartei erfunden worden«, sagt er in dieser Dokumentation, »als Anti-Parteienpartei, also gegen das Parteiendenken. Und heute beziehen wir uns auf Verfassungsschutz; wir erläutern Demokratie, wir erläutern europäischen Zusammenhalt; aber aus einem Verständnis heraus, dass wir dazugehören. Dass wir Ja sagen zu diesem Land, zu dieser Gesellschaft in diesem Land, eine Verantwortung übernehmen wollen. Also nicht mehr am Spielfeldrand stehen und rumbrüllen: Ej, lauft mal alle schneller und da müsst ihr auch noch mal hingehen, sondern Spielmacher, auf dem Platz stehen, den Ball führen.«[683]

# »Politik ist nicht die Technik der Macht, sondern die Demut vor der Macht«

## Der Demütige

Immer wieder betont Robert Habeck, dass er die Macht nicht als Selbstzweck verstehe, sondern als Mittel zum Zweck, um etwas zu verändern. In einer Podiumsveranstaltung des Max-Planck-Instituts sagt er im Juni 2019 in Berlin, er wolle die Macht auch nicht so ausüben wie gewöhnlich gewünscht, gefordert oder kommentiert. Er möchte sich nicht an diesem Spiel unter Eingeweihten beteiligen, an dieser sogenannten selbstreferenziellen Form des Politikbetriebs, dem ständigen Ping-Pong-Spiel zwischen Journalisten und Politikern. Ein Schauspiel, das sich in Kurzatmigkeit, Ämterspekulation, Personaldebatten, Taktiken und Strategien erschöpft, aber keinerlei Aussicht auf kreative Debatten über eine gemeinsame Gestaltung der Zukunft zulässt.[684]

In seinem Buch *Wer wir sein könnten* schreibt Habeck 2018: »Politik ist nicht die Technik der Macht, sondern die Demut vor der Macht.« Es ginge um Respekt und Anerkennung und nicht darum, andere Meinungen niederzumachen, nicht darum, Unterlegene zu demütigen, sondern ihnen »noch in die Augen schauen« zu können. Witz und Satire seien ein geeignetes Mittel gegen ideologische Verblendung, Selbstironie ein Mittel, Distanz zu sich aufzubauen, denn: »Wer über sich selbst lacht, weiß die eigene Macht begrenzt.«[685] Es gehe »in der Sprache der Demokratie (…) nicht um Wahrheit oder ewige Werte, sondern um Argumente und Rechte. Das klingt vielleicht verstörend oder relativierend. Ist es aber nicht. Es ist die Konsequenz des Zuhörens, der Demut der Macht. Und es ist die eigentliche Möglichkeit, im demokratischen Wettstreit Mehrheiten zu gewinnen.«[686]

Ich frage Habeck, ob »Demut vor der Macht« eine Aussage des Schriftstellers Habeck sei oder eine des Realpolitikers? Ob er glaube, dass diese Demut weit verbreitet sei in politischen Kreisen? »Das wiederum, befürchte ich, würde nicht jeder Politiker so unterschreiben. Sätze wie: ›Opposition ist Mist!‹ von Franz Müntefering, oder ›Die Kunst des Möglichen‹, oder ›Wer Visionen hat, soll zum Arzt gehen‹ zielen immer auf einen sehr instrumentellen Begriff von Politik ab. Also: Macht heißt recht haben.«[687]

Auf die »Demut vor der Macht« angesprochen, reagiert Franz Müntefering wie von Habeck vermutet: »Da hat er wahrscheinlich ein bisschen Angst vor dem Wort Macht«, sagt er. Opposition ist Mist? »Ja, das ist so. Das bezieht sich aufs Regieren, nicht aufs Parlament. Das Parlament ist für mich das Wichtigste, das Machtzentrum. Ein gewählter Abgeordneter im Parlament«, erläutert der achtzigjährige Müntefering, »hat Macht, wenn er letztlich nach seinem Gewissen entscheidet. Und aus diesen Entscheidungen entstehen dann eine Regierung und bestimmte andere Funktionen.«[688]

Ein frommer Wunsch, nimmt man die Erfahrungen von Gerhard Schick zur Kenntnis. Schick ist seit 1996 Mitglied der Grünen, dreizehn Jahre lang saß er für sie im Bundestag, elf Jahre lang war er ihr finanzpolitischer Sprecher, Habeck bezeichnet ihn als Freund.[689] Schick ist eine Koryphäe auf seinem Gebiet. Ende 2018 gibt er sein Bundestagsmandat auf, weil er nicht mehr an die Macht des Parlaments glaubt. Er »geht nicht, weil er muss«, heißt es im Bericht der Wochenzeitung *Die Zeit*. »Er geht, weil er will. Er hat sich selbst aussortiert, mitten in der Legislaturperiode. Obwohl er einer Partei angehört, die bald schon regieren könnte.«[690] Schick sagt, wir lebten nicht in einer Marktwirtschaft, sondern in einer »Machtwirtschaft« (so der gleichnamige Titel seines Buchs von 2014). Macht und Geld regieren die Welt. »Der Deutsche Bundestag vertritt nicht die Interessen der Bürger«, sagt Schick. »Er vertritt die Interessen der Banken.« Der Volkswirt spricht nicht von Gewaltenteilung, sondern von »Gewaltenverschränkung«. Damit meint er die Zusammensetzung des Bundestags. 709 Abgeordnete gibt es in der 19. Legislaturperiode im Bundestag, es herrscht die Große Koalition aus CDU und SPD mit zusammen 398 Abgeordneten. Das heißt, die meisten Mitglieder der Regierung sind zugleich Abgeordnete, selbst die Kanzlerin. »Formal wird die Regierung von den Parlamentariern kontrolliert«, urteilt eine Journalistin der Wochenzeitung *Die Zeit*, »faktisch aber kontrolliert sie sich selbst.«[691] Stillstand also, keine Debattenkultur, die Macht ist aufseiten der Regierung, nicht aufseiten des Parlaments.

Schick hat sich selbstständig gemacht, eine »Bürgerbewegung Finanzwende« gegründet. Er ist nun Geschäftsführer eines Vereins mit rund zweitausend Mitgliedern. Eine kleine Zahl, auch im Vergleich zum Parteiapparat der Grünen. Ob er glaube, nun mehr bewirken zu können, fragt ihn die Journalistin. Schick reagiert mit einer Gegenfrage: »Wissen Sie, wer den Dieselskandal ins Rollen gebracht hat? Es war die Deutsche Umwelthilfe. Ein Verein, der nicht mal 500 Mitglieder zählt.« Der Volkswirt sitzt nun – wie zuvor schon als Bundestagsabgeordneter – erneut im Finanzausschuss des Bundestags, nun aber als einziger Vertreter der Verbraucher. In seiner Zeit als Bundestagsabgeordneter wurden die Parlamentarier – hinter verschlossenen Türen – allein von Finanzlobbyisten beraten, von Vertretern der Bundesbank, des Bankenverbands, der deutschen Kreditwirtschaft, des Bundesverbands Investment, des Gesamtverbands der Deutschen Versicherungsgesellschaft. Nicht ein Vertreter für die Verbraucher, wie das in anderen Ausschüssen des Bundestags der Fall ist. So versteht man, wie Politik funktioniert und wer tatsächlich die Macht hat.

Die meisten Politiker behaupten, das Parlament sei das Machtzentrum. Auch der frühere Bundestagspräsident Norbert Lammert (CDU) spricht in höchsten Tönen davon und durchaus pathetisch und feierlich. Als Gerhard Schick sein Bundestagsmandat antritt, sagt Lammert zur Begrüßung: »Was ein politisches System als Demokratie qualifiziert, ist nicht die Existenz einer Regierung, sondern die Existenz eines Parlaments. Hier schlägt das Herz der Demokratie. Oder es schlägt nicht.«[692] So ähnlich drückt Lammert es auch zu seinem Abschied aus, in seiner letzten Rede als Parlamentspräsident im September 2017.[693] Nimmt man Gerhard Schicks Erfahrungen, bleiben Zweifel.

Doch auch Franz Müntefering ist überzeugt, dass die parlamentarische Demokratie Zukunft habe. Die Parteiendemokratie aber sei in einer Krise, gibt er sich beunruhigt. »Und das hat ganz eng etwas mit der Medienlandschaft zu tun«, meint er. »Die Parteien schaffen es einfach nicht mehr, die Meinungen zu bündeln und zu Kompromissen zu kommen. Die SPD hat es mit den grünen Themen nicht geschafft und die CDU nicht mit den nationalen Themen. Und daraus ergibt sich dann eine wachsende Zahl von Parteien.«

»Macht ist ein diskreditiertes Wort«, sagt Müntefering. »Aber man darf auch keine Scheu davor haben. Wenn Sie Helmut Schmidt gesagt hätten, du darfst dich nicht mächtig fühlen, dann hätte der gesagt: Ihr spinnt wohl! Ich muss die ganze Welt retten und ihr sagt, ich soll keine Macht haben? Das geht überhaupt nicht.« Und Helmut Schmidts Bonmot »Wer Visionen hat, sollte zum Arzt gehen«? »Na ja«, wiegelt Müntefering lächelnd ab, »das war so typisch Schmidt-Schnauze. Der Schmidt hat natürlich auch Visionen gehabt.« Er habe ihn in der Fraktion erlebt, »wie er uns beschimpft hat. Er muss die ganze Welt retten, und wir quatschen hier zwei Stunden lang über irgend so'n Mist, den er schon kennt, und alle wiederholen sich, was ist das denn überhaupt hier? Es gibt doch diesen Spruch«, sagt Müntefering: »Es ist schon alles gesagt worden – nur nicht von allen. Und das hat Schmidt jedes Mal zur Weißglut gebracht. Aber schließlich haben alle gelacht.«

Was er von Intellektuellen in der Politik halte, möchte ich von Müntefering wissen, welche Erfahrungen er mit ihnen gemacht habe. Schließlich gab es einst in der SPD Peter Glotz, den Parlamentarischen Staatssekretär und in den 1980er-Jahren Bundesgeschäftsführer der SPD, oder Erhard Eppler, der es in den 1970er-Jahren bis zum Bundesminister für wirtschaftliche Zusammenarbeit brachte. Wurden sie belächelt? Argwöhnisch beäugt? Nicht ernst genommen? Ist es ein Vorteil oder ein Nachteil, als Intellektueller in die Politik zu kommen? Müntefering hält sich bedeckt, sagt nur ein paar Worte zu den Genannten. Peter Glotz sei »eines unserer größten Talente gewesen, leider viel zu früh gestorben«. Aber auch bei ihm habe er nicht recht gewusst, ob er wirklich ein Handelnder sei.

Von Erhard Eppler habe er viel gelernt, sagt Müntefering. Eppler sei ein »großer Mann« gewesen, »ein wichtiger Mann, der auch ganz profan werden konnte«. Sie waren keine engen Freunde, aber er habe ihn ein paarmal zu Hause in Schwäbisch Hall besucht. Eppler habe ihm einen Satz mit auf den Weg gegeben, der ihn sehr geprägt hat: »Es gibt keine Sicherheit.« Er habe zunächst gestutzt und den dreizehn Jahre Älteren dann gefragt, wie er das meint. »Du kannst nicht sicher sein, dass das so oder so läuft, sondern du bist immer ein Handelnder in einer ungeklärten Situation, die aber eine Reaktion braucht.«

Und Habeck? Wieder hält Müntefering sich sehr bedeckt. Er zögert mit einer Antwort, wählt dann sehr ausgesuchte, vorsichtige Formulierungen. Der andere ist nun mal Konkurrent im politischen Geschäft. Und Müntefering gibt zu, dass er sich mit den Schriften Habecks nicht näher befasst hat. »Ich will ihm nicht unrecht tun«, sagt er dann, »aber es könnte sein, dass er ein Zögerer ist, was das Handeln angeht, das Umsetzen. Nicht, weil er nicht wüsste, was man machen kann, sondern weil er vielleicht nichts falsch machen will. Und manchmal brauchst du den Mut, etwas zu tun, ohne übermütig zu werden, zu handeln also. Es könnte vielleicht schiefgehen, aber 51:49 glaube ich, dass es klappt. Also mache ich es mal. Das heißt, den Fortschritt angehen, ohne eine Garantie zu haben. Du kannst nicht auf Nummer sicher gehen.« In der Politik gebe es permanent das Problem, die Gegenwart zu analysieren und im gleichen Moment zu handeln. »Das in Übereinstimmung zu bringen, ist die eigentliche Kunst von Politik.« Dann greift er noch zu einem Bild aus dem Fußball: »Ich halte Habeck eher für einen, der nicht forsch nach vorne marschiert, sondern der … Im Fußball würde er in der Deckung spielen. Schröder spielte immer Mittelstürmer.«[694] Habeck spielte im Verein als rechter Verteidiger, »mit starkem Offensivzug«.[695]

In der *Süddeutschen Zeitung* lässt sich Müntefering mit den Worten zitieren, dass Habeck »ein Glücksfall« sei, »weil er ziemlich unideologisch ist«. Aber auch dort äußert er seine Skepsis. Der Mann müsse aufpassen, »dass das nicht in Beliebigkeit ausartet«. Und weiter: »Ich bin nicht so sicher, ob Habeck eine Linie hat.« Und als Letztes noch: »Er nimmt den Grünen alle Stacheln. Das wird eine sympathische, nette, ungefährliche Partei.«[696]

Habecks Jugendfreund Kristian Dittmann hingegen sagt, »die Öffentlichkeit« werde »sich noch wundern, wie klar er ist«.[697] Im Interview erklärt Habeck: »Demut vor der Macht heißt: Ich wäre zwar in der Lage, euch einen Planfeststellungsbeschluss vor die Nase zu knallen. Ich kann ihn auch durchsetzen, will ich aber gar nicht. Sondern: Wenn ihr sagt, da geh ich immer joggen und da spielen unsere Kinder immer und da ist Naturschutzgebiet, das hast du aber gar nicht gesehen, dann sagt mir das, und dann überlegen wir, wie wir das gemeinsam hinkriegen. Das hat dazu geführt, dass Stromnetzleitungen in Schleswig-Holstein sehr viel besser und sehr viel schneller gebaut wurden. Insofern ist das keine abstrakte Floskel, sondern ein Verständnis vom Umgang mit der Macht, das sich ein bisschen verändert hat im Lauf der Jahre.«[698]

In seinem Blog erläutert Habeck seine Haltung genauer. Es ginge darum, die Art, wie Politik gemacht wird, neu zu erfinden: »Wir müssen das Machen von dem Ruch der Machenschaft befreien. Wer führen will, muss dienen wollen. Die eigentliche Macht ist das Wissen um unsere Verletzlichkeit. Wenn wir angreifen wollen, müssen wir uns angreifbar machen. Wenn wir reden, müssen wir zweifeln. Wenn wir realistisch sein wollen, müssen wir radikal werden. Wenn wir kämpfen, müssen wir bereit sein, alles zu verlieren. Nur so werden wir gewinnen. Im Ton ruhig, in der Haltung gelassen, im Herz entschlossen, so erkämpfen wir Recht und Menschlichkeit.«[699]

»Erfolgreiche Politik, Lob und vielleicht sogar Ruhm und Berühmtheit können Konsequenzen und auch Antrieb sein«, schreibt Habeck in seiner politischen Autobiografie. Aber nicht deswegen stelle man sich zur Wahl. Der wahre Grund sei, dass man nicht Zuschauer sein wolle. Man wolle einen Unterschied ausmachen, einen Beitrag leisten. Nach einem Gedankenstrich folgt der Zusatz: »So sehr Hochmut immer eine Versuchung ist, so sehr ist Demut das Entscheidende.«[700]

Im September 2017 wird Habeck in der Videoproduktion »Jung & Naiv« nach der Bedeutung von Ehrgeiz in der Politik gefragt. »Ich kann ja von mir erzählen«, antwortet er, im Schneidersitz auf einer Wiese hinter der Heinrich-Böll-Stiftung in Berlin. Dreimal Spitzenkandidat in Schleswig-Holstein, zweimal zum Minister gewählt – »klar macht man das nicht nur aus einer altruistischen Überlegung heraus, sondern aus einer Leidenschaft für Politik. Und Politik heißt dann ja: sich für gesellschaftliche Prozesse verantwortlich zeigen. Und so ein bisschen im Kopf hat man immer, was man danach mit dem Mandat anfängt, wenn es gut läuft.«[701]

In seinem *Patriotismus*-Buch von 2010 – Habeck ist Fraktionsvorsitzender, aber noch nicht Minister in Schleswig-Holstein – grenzt er sich von der »Selbstzufriedenheit« etablierter Parteien in der Bundespolitik ab. Vielleicht sei es »zu viel verlangt, aus dem Machtapparat heraus die Grundlagen des Machtmechanismus zu hinterfragen«, schreibt er. Die rot-grüne Bundesregierung ist 2005 abgelöst worden, es regieren CDU und SPD. Habeck kritisiert die alten Rituale und Mechanismen vom »Typus SPD-Politiker (…), mit dem die Grünen sich herumplagen mussten, und dem sie sich in den schlechtesten Jahren auch anglichen. Jenen ›Basta!‹-Sagern, jenem ›Schrödern‹ als Verhaltensweise, den Clements, Schilys und Werner Müllers, deren Nachlass Steinmeier und Münte verwalteten und von dem sich Gabriel und Nahles nie emanzipierten. Dabei wird Nachdenklichkeit statt Großmäuligkeit darüber entscheiden, ob die SPD ihre neue Rolle – nämlich in verschiedenen und komplizierten Bündnissen zu agieren – bestehen kann.«

Und die Grünen in der abgewählten Koalition? Zu viel Realpolitik, zu wenig Kommunikation, keine Erklärung der Politik. »Die handelnden Personen in ihren schnieken Dreiteilern sahen aus wie zu lebenslänglicher Konfirmation verurteilt und kaschierten das Altbürgerliche mit einer anbiedernden Rebellenattitüde. Was rüberkam, war Arroganz und Stolz, endlich einen Dienstwagen zu haben, dicke Zigarren und dickes Geld. Und ich bin der Meinung, dass der Stil in diesem Fall (…) den Weg in eine falsche Politik vorzeichnete.«[702] Es ginge »für die politische Linke« künftig darum, »die Dialektik aus Versprechen und Enttäuschung nicht endlos« weiterlaufen zu lassen.[703]

»Stark ist man in der Politik nur, wenn man sich in den Dienst einer Sache stellt«, sagt Habeck 2017 in den »Gesprächen über den Staat« und weiter: »Wer führen will, muss dienen können.«[704] Sind das bloß gewöhnliche Politikerfloskeln? Habecks Sicht auf die Welt zeigt sich aber auch im Blick auf unseren Wohlstand. »Der Preis unseres Lebensstandards ist, dass andere Menschen nicht in Würde leben können. Die Art, wie wir leben (…), lädt Schuld auf uns.«[705] Er nennt Treibhausgase und Raubbau, Einkommen und Kalorienverbrauch, Energie. Die »Insignien der Macht« seien ihm nicht wichtig, sagt er. Üppige Räume, großer Dienstwagen, der ganze Apparat drum herum – nebensächlich. »Glücksmomente« schafft er sich eher mit einem Ausbrechen aus Zwängen und Terminen, wenn er sein Handy mal liegen lässt oder ausschaltet, oder wenn er sich Freiheiten nimmt, von denen selbst engste Mitarbeiter keine Ahnung haben. »Macht als Gestaltungsoption ist wichtig«, sagt er, aber daraus erwachse Verantwortung. »Die Demut vor der Macht macht die Macht attraktiv.«[706]

»Diese Statusgeschichten sind ihm total schnuppe«, bestätigt Anke Erdmann, seine frühere Staatssekretärin in Kiel. Und sie erinnert sich an den Landtagswahlkampf 2017 in Schleswig-Holstein. Da habe es ein sogenanntes Küstencamp gegeben. Es wurde in »einem riesigen Zeltlager« übernachtet, es war Mai, sagt sie, richtig kalt sei es gewesen, »und dann pennt er halt draußen, auch ohne Zelt«. Oder als er Stellvertretender Ministerpräsident war und sie zu einer Hochzeit in Eckernförde eingeladen worden seien. Da habe er seine Begleiter aufgefordert, am Strand zu schlafen, »genug Schlafsäcke« hätte er dabei. »Also schicki und Dienstwagen – das braucht er nicht.«[707]

»Meine Erfahrung als Minister«, sagt Habeck selbst, »hat mir gezeigt, dass ich meine Projekte, die programmatischen Zielsetzungen meiner Partei besser umsetze, indem ich den Leuten zuhöre. Indem ich quasi demütiger agiere, mich kleiner mache, und nicht, indem ich mich hinstelle, so, jetzt bin ich hier der große Zampano, ihr habt alle keine Ahnung, jetzt zeige ich euch mal, wie es geht. Das funktioniert nicht!«[708]

# »Nichts ist alternativlos«

## Der Ideengeber

Dass das Bruttoinlandsprodukt (BIP) noch immer und weiterhin in erster Linie rein ökonomisch ermittelt wird, ist Habeck schon lange ein Dorn im Auge. Damit steht er nicht allein, die Debatten werden auch anderswo geführt. Der Wohlstand eines Landes sollte sich nicht allein in finanziellen Kennziffern ausdrücken, argumentieren Ökonomen und Soziologen. Der Chefökonom einer niederländischen Bank, Mark Cliffe, behauptet, dass die verengte Sichtweise auf das BIP in den 2020er-Jahren ohnehin – angesichts des Klimawandels – verändert werden müsse.

Das BIP ist ein Konzept aus den 1930er-Jahren, das einst im Auftrag der US-Regierung entworfen wurde. Das Grundproblem: Es misst nicht wirklich, wie es einer Volkswirtschaft geht. Elternpflege oder Kinderbetreuung? Wird nicht erfasst. Umweltverschmutzung durch die Produktion? Nicht berücksichtigt. Unfallkosten? Zum Volksvermögen hinzugerechnet. Was wünschen sich Menschen eigentlich, wenn man sie nach ihrem Lebensgefühl befragt? Eher gerechte Verteilung und Zufriedenheit mit dem eigenen Lebensstandard als immerwährendes Wachstum. »Um ein umfassenderes Bild von der Nachhaltigkeit wirtschaftlicher Aktivität zu bekommen, müsste man auch

Investitionen in Humankapital und die nachteiligen Auswirkungen des Ressourcenverbrauchs berücksichtigen«, schreibt Mark Cliffe.[709] Lebensqualität und Glück, Bildung und Gemeinschaftsgefühl, Vertrauen und Hilfsbereitschaft sollten künftig in einer Bemessungsgrundlage berücksichtigt werden, fordern die Ökonomen Katharina Lima de Miranda und Dennis Snower, denn all das seien – so wie materieller Wohlstand – menschliche Grundbedürfnisse. Schon Robert F. Kennedy hatte 1968 in einer Rede erkannt: »Das Bruttoinlandsprodukt misst alles – außer dem, was das Leben lebenswert macht.«[710]

In seinem Buch *Patriotismus. Ein linkes Plädoyer* macht Robert Habeck sich Gedanken über eine Erweiterung des bisher in erster Linie wirtschaftlich geprägten Begriffs Bruttoinlandsprodukt (BIP). »Der wirkliche Reichtum eines Staates besteht nämlich schon längst nicht mehr in produzierten Gütern«, schreibt er, »wie sie durch das Bruttoinlandsprodukt bemessen werden. Er besteht in der Bildung seiner Bevölkerung und der Lebenszufriedenheit seiner Bewohner.«[711] Allein die Überwindung der althergebrachten Bemessungsgrundlagen bedeutet eine andere Sicht auf die Welt, eine andere Sicht auf das Wirtschaftssystem.

Als Fraktionsvorsitzender der Grünen im Landtag von Schleswig-Holstein gibt Habeck eine wissenschaftliche Studie in Auftrag. Darin wird eine Alternative zum altbekannten BIP erstellt, ein »nationaler Wohlfahrtsindex« definiert und in 21 Kriterien umrissen. Im *Deutschlandfunk* wird er 2011 gefragt, ob der Gedanke, Umweltschäden in den Begriff eines Wirtschaftswachstums einzubeziehen, neu sei. »Es ist ein alter Hut«, sagt Habeck, nur seien bisher eben keine konkreten Berechnungen angestellt worden. So könne Wachstum bisher auch berechnet werden, wenn eine Ölplattform brennt oder ein Strand verseucht wird. Auch diese Schäden schaffen Arbeitsplätze und somit Mehrwert. »Aber es ist ja volkswirtschaftlich und für den Wohlstand einer Gesellschaft totaler Wahnsinn«, sagt Habeck, »das dann auch noch zu begrüßen. Das Neue ist, dass wir erstmals den Versuch unternommen haben, diese verschiedenen Indikatoren, die in der wissenschaftlichen Diskussion schon lange da sind, in Realität zu übersetzen und das für das Bundesland Schleswig-Holstein einmal durchzurechnen – und es funktioniert!« Damit lägen »Grundlagen für die wirtschaftspolitische Diskussion« vor.[712]

Drei Tage später veröffentlicht die *taz* ein Interview mit Habeck, in dem er noch einmal konkret zu dieser Frage Stellung nimmt. »Eine Ölpest, die aufwendig beseitigt werden muss, Atomkraft, Kohlekraftwerke – das klassische BIP muss das alles toll finden, weil es die Wirtschaft ankurbelt«, sagt Habeck. »Das ist doch absurd. Die Studie übersetzt $CO_2$-Ausstoß, Lärm, Schadstoffe, Verkehrstote, aber auch soziale Ungleichheit in monetäre Einheiten und rechnet sie gegen. Es handelt sich also nicht um gefühliges Zeugs.« Das Neue ist, »dass jetzt die konventionellen Wachstumstheoretiker nachweisen müssen, warum es ausreichend ist, weiter an einem qualitätsblinden Wachstumsbegriff festzuhalten«. Wenn eine Firma viele Motoren verkauft, die deutlich energiesparender wären, »dann ist das gutes Wachstum«, veranschaulicht Habeck seine Überlegungen. Und wenn weniger Lärm, weniger $CO_2$ und weniger Schadstoffe in die Umwelt gelangten, verbessere sich der Wohlstand eines Landes. »Diese Produkte muss die Politik fördern.«[713]

Auch in *Wer wagt, beginnt* von 2016 befasst sich Habeck mit dem BIP. In Schleswig-Holstein seien »neue Ideen, wie beispielsweise die alternative Berechnung des Bruttoinlandsprodukts«, von der interessierten Öffentlichkeit begierig aufgenommen worden. Viele Umweltkatastrophen hätten das BIP nach traditioneller Auffassung »tatsächlich gesteigert, weil danach Strände oder ganze Städte saniert werden mussten«. Für das herkömmliche BIP »wäre es am besten, wenn wir viel kaufen, viel wegschmeißen, schnell essen und zügig weiterverarbeiten«. Aber: »Solange etwa der Wohlstand einer Gesellschaft darüber definiert wird, wie billig ihre Lebensmittel sind, wird man die ethischen Bedingungen, zu denen Tiere gehalten oder Äcker bestellt werden, ökonomisch immer nur als Wohlstandsbremsen beschreiben.«[714]

In seiner eigenen Partei gilt Habeck als Vordenker. So hat er zusammen mit Konstantin von Notz und anderen die »Grünen Horizonte« und das Konzept »Grüne Eigenständigkeit« angestoßen, Prozesse, die bundespolitisch weitergeführt werden. Habeck bezeichnet es als »neue strategische Kraft, nämlich nicht mehr von anderen in Bündnisse eingepreist zu werden, sondern selbst und unabhängig darüber zu entscheiden, mit wem in welcher Konstellation am meisten grüne Politik möglich ist«. Die Grünen beschlossen, »nicht mehr nur als Vertreterin bestimmter Milieus, von bestimmten Themen« aufzutreten, »sondern einen Anspruch zu entwickeln, für die Breite der Gesellschaft Verantwortung zu übernehmen«.[715]

Das begann 2005, als die Grünen in Schleswig-Holstein wieder in der Opposition sind. Habeck steht bereit, »um die Partei neu aufzurichten und vielleicht sogar neu auszurichten. Wir hatten wahlkampffreie Jahre vor der Nase«, schreibt er in seiner politischen Autobiografie. »Und wir füllten diese Lücke mit einem großen Programmprozess, den wir ›Grüne Horizonte‹ nannten.« Grundsätzliche Fragen sollen geklärt werden:

»bedingungsloses Grundeinkommen oder bedarfsgerechte Grundsicherung? Sozialerbschaft und verpflichtender Freiwilligendienst für Jugendliche?« Aufbruchsstimmung in der Partei.[716]

Arfst Wagner sagt, Habeck sei innerhalb der Grünen »durchaus ein Vorreiter«; allerdings mache ihn diese Vorreiterposition zugleich zu einem »Außenseiter«. Was Wagner als Vorteil betrachtet: »Weil man als Außenseiter und nur als Außenseiter in der Lage ist, Dinge auch mal von außen zu sehen. Und wenn man das nicht mehr kann, ist man schon in dem Gefängnis Politik eingesperrt und sieht die Wirklichkeit nicht mehr.«[717] Habeck hingegen meint, er sei ja nicht alleine, »in vielerlei Hinsicht« sei die Politik in seiner Partei »ein gemeinsames Projekt«. Und die Politik vollziehe eigentlich nur nach, »was in der Wirklichkeit längst passiert« sei. Man befinde sich nicht mehr in den bleiernen 1950er-Jahren: Mit Kindern würde heute anders umgegangen werden, Partnerschaften funktionierten anders, Glück werde anders definiert.[718]

Breiten Raum in Habecks Denken nehmen seine Überlegungen zu einem Grundeinkommen ein. In seinem Buch *Verwirrte Väter* von 2008 widmet Habeck dem Thema ein ganzes Kapitel und nennt Zahlen. Ein »Grundeinkommen« würde »noch vor dem Erwerbseinkommen« einen Betrag garantieren, der »als eine Art Vorschuss an alle Bürgerinnen und Bürger verstanden werden kann, der dann entsprechend ihrer Leistungsfähigkeit durch die Steuer zurückgezahlt wird«. Ein Grundeinkommen würde Notsituationen »gar nicht erst entstehen« lassen. Einkommen darüber hinaus würden – vom ersten Euro an – gleich behandelt und versteuert. Wer kein Einkommen hat, bekommt Geld vom Staat dazu; das Ehegattensplitting und Abschreibungsmöglichkeiten würden gestrichen. »Das ganze Modell ist wie eine große – ja, riesige – Steuerreform zu lesen.« Es sollte damit »Lust auf das Gemeinwohl« erzielt, Steuerhinterziehung unmöglich, die Emanzipation steuerpolitisch vollendet werden: »Der Ehrliche wäre endlich wieder der Schlaue.«[719]

Zwei Jahre später nimmt Habeck das Thema in seinem *Patriotismus*-Buch wieder auf. Er befürwortet zunächst die wirtschaftspolitischen Einsichten des britischen Ökonomen John Maynard Keynes, um den Finanzcrash von 2008 zu analysieren: irrationales Verhalten, Spekulationsgewinne, Krisen, Blasen. »Die Keynesianische Folgerung wäre eine Umverteilung, die den Menschen wieder mehr Geld zum Leben und zum Konsum lässt und die Binnenwirtschaft ankurbelt.« 2009 habe das Modell eines Grundeinkommens »in allen Parteien die Gemüter erhitzt«, schreibt Habeck. Er wolle sich nicht auf ein bestimmtes Modell festlegen, aber bestimmte Kriterien aufstellen: Ehegattensplitting, kostenlose Krankenmitversicherung, Bedarfsgemeinschaften seien nicht mehr auf der Höhe der Zeit. Denn Partnerschaften hielten immer seltener ein Leben lang. Statt überholter Versorgungsmodelle sollte lieber ein »soziokulturelles Existenzminimum« eingeführt werden, um »die falschen Leistungsanreize im Steuersystem zu beseitigen« und den Mittelstand zu stärken. In einer Zeit, in der eine volle Erwerbszeit auf ein ganzes Berufsleben nicht mehr garantiert werden könne, schreibt Habeck, schaffe ein Grundeinkommen Sicherheit. Es »ist faktisch ein Vertrauensvorschuss an die Menschen, kann also einen entscheidenden Anstoß zu einer neuen gesellschaftlichen Kultur leisten«.[720] Darüber hinaus macht er Berechnungen zu einem »Bildungsgrundeinkommen«, das allen bereitgestellt werden sollte, »die bereit sind, sich fort-, aus-, neuzubilden«.[721]

Auch in *Wer wagt, beginnt* kommt Habeck wieder auf das Thema zu sprechen, und zwar aus eigenem Erleben, als Vater von drei, später vier Kindern. Er schlägt zehn Testkommunen vor, in denen für fünf Jahre verschiedene Grundeinkommensmodelle erprobt werden könnten. Aus einem solchen Experiment könne man dann Schlüsse ziehen, ob und wie ein Grundeinkommen realisiert werden kann.[722]

Im Juni 2018 befragt ihn die Initiative »Mein Grundeinkommen« zu diesem Thema vor der Kamera und stellt vorab in einem redaktionellen Text fest, wie sehr Habeck mit seinen Überlegungen anecke, nicht nur in der Gesellschaft, sondern auch in seiner eigenen Partei. »Zum Beispiel lehnt seine Kollegin Annalena Baerbock das bedingungslose Grundeinkommen konsequent ab«, heißt es. »Auch im Parteiprogramm ist vom Grundeinkommen kaum die Rede.« Doch Habeck lässt nicht locker. Und da ein solches Grundeinkommen bislang nicht klar definiert ist, sieht er genau darin eine Chance. Hartz IV sei ein Modell der Widersprüche und der Vergangenheit, sagt er in dem Interview, das Grundeinkommen hingegen »eine neue Idee für gesellschaftlichen Zusammenhalt«. Er wünsche sich, dass so ein neues System ausprobiert werde. »Wenn damit gemeint ist, Menschen eine Garantie zu geben, dass sie bei der Willfährigkeit des Lebens nicht in Würdelosigkeit fallen, dann sage ich: Dahin muss die Reise gehen! Lasst uns schauen, was passiert, wenn drei Bezirke in Berlin Grundeinkommensmodelle bekommen. Wenn die alle zu Hause bleiben, kiffen und die Drogenpreise explodieren, dann sagen wir: Okay, war nicht gut. Wenn aber Start-ups entstehen, die Menschen freundlicher werden, die Lebenszufriedenheit steigt, Scheidungsraten zurückgehen, mehr Kinder geboren werden und alle happy sind, dann sagen wir:

Okay, das können wir uns vielleicht leisten und müssen wir vielleicht sogar angesichts der großen Umbrüche in der Arbeitswelt.«[723]

Als die Wochenzeitung *Die Zeit* im November 2018 aus einem »internen Strategiepapier« von Habeck zitiert, schlägt der Bericht hohe Wellen. »Habeck will die bisherige Grundsicherung durch ein neues Garantiesystem ersetzen«, heißt es in dem Zeitungsartikel. Statt zu bestrafen sollen Anreize gesetzt werden, das Garantiesystem solle »existenzsichernd sein und Zuverdienst attraktiver machen«. Nach wie vor aber solle es eine Antragstellung geben »und die Bedürftigkeit muss nachgewiesen werden«, heißt es in Habecks Strategiepapier. Vorschläge, die in das neue Grundsatzprogramm der Grünen 2020 einfließen sollen.[724]

Eine Woche, nachdem die *Zeit* berichtet hat, ist Habeck zu einer Podiumsdiskussion in Dresden eingeladen. Auf die Sorge von Gewerkschaften, ein bedingungsloses Grundeinkommen könnte zu einer Entsolidarisierung auf dem Arbeitsmarkt führen, entgegnet Habeck, mit einem Grundeinkommen müsste nicht mehr jeder Billigjob angenommen werden. Und die Befürchtung, dass Nichtstun alimentiert werde? Seine Sorge sei das nicht, er sei dafür »viel zu sehr libertär«. Er sei sicher, dass jeder Mensch irgendeine Form von Beschäftigung suchen werde. Als Hartz IV 2005 eingeführt wurde, sei es darum gegangen, die Arbeitslosigkeit zu verringern. »Die Aufgabe heute ist eine komplett andere«, sagt Habeck. Heute gebe es einen Fachkräftemangel, eine Million offene Arbeitsstellen, die Prognose für 2030 falle »noch krasser« aus: In Statistiken werden sechs Millionen offene Arbeitsstellen vorausgesagt, das seien 15 Prozent aller Erwerbsarbeitsplätze in Deutschland. Und der Fachkräftemangel sei heute bereits »das wirtschaftliche Hemmnis«. Zudem werde die Digitalisierung zu anderen Jobs führen. In seiner Zeit als Minister in Schleswig-Holstein habe er »die elektronische Akte eingeführt. Alle Papierakten wurden abgeschafft und durch Computerprogramme ersetzt. Das fanden alle fürchterlich. Keiner hatte Bock, sich mit diesen Programmen zu beschäftigen.« Home-Office, Click-Worker, das verändere vieles, »das macht ja was mit einem, und nicht nur was Tolles«. Auch deshalb sei es wichtig, ein System zu schaffen, das »nicht auf Zwang, sondern auf Ermutigung und Belohnung« aufbaue. Als er Minister in der Jamaika-Koalition in Schleswig-Holstein war, rekapituliert Habeck den damaligen Diskussionsstand, »da haben wir genau so etwas vereinbart: Testregionen zu machen in Deutschland«. Es sollte einfach mehr »Experimentierfreude« herrschen, fordert er und erhält Beifall vom jungen Publikum.[725]

Im Juni 2017 kündigt die Presse in Schleswig-Holstein »eine Revolution in der Arbeitsmarkt- und Sozialpolitik« an. Habeck wird mit dem Satz zitiert: »Ein Grundeinkommen wollen wir regierungsseitig entwickeln und in Schleswig-Holstein als Modellregion erproben.« Doch sofort zeichnet sich Streit ab. »Während Habeck und Wagner ein bedingungsloses Grundeinkommen wollen«, heißt es in dem Artikel, »bevorzugt FDP-Mann Garg das in seiner Partei entwickelte ›liberale Bürgergeld‹.« Mit diesem »Bürgergeld« aber sind Bedingungen verknüpft.[726]

Im Oktober 2017 wird in den *Kieler Nachrichten* berichtet, dass das »Zukunftslabor« kurz vor dem Start stehe, in der Jamaika-Koalition aber Uneinigkeit herrsche. Arfst Wagner ist von den Grünen als Koordinator benannt worden, er fordert 1200 Euro als Betrag für ein bedingungsloses Grundeinkommen. Es handele sich dabei um ein Grundrecht und keine Sozialleistung, sagt Wagner. Bei den Koalitionspartnern CDU und FDP gibt es andere Vorstellungen. Oppositionsführer Ralf Stegner (SPD) spricht von »Schaumschlägerei«, es ginge in der Koalition im Wesentlichen um »Gedankenspiele«.[727] Im Januar 2018 meldet das *Flensburger Tageblatt*, dass die Jamaika-Koalition einem »Laborversuch« in Flensburg zugestimmt habe.[728] Doch im April 2019 ist von diesem Laborversuch keine Rede mehr, die Landesregierung behauptet, es sei nie ein Feldversuch vorgesehen gewesen.[729]

Die Grünen in Schleswig-Holstein haben das Thema fallen lassen. Arfst Wagner, Mitbegründer der Bürgerinitiative für ein bedingungsloses Grundeinkommen, versteht die Hintergründe bis heute nicht, weiß nicht, wer wirklich dafür verantwortlich war. Das Zukunftslabor ist »tot«, erfährt Wagner im März 2018, die Widerstände seien zu groß. Habeck ist nun Bundesvorsitzender der Grünen, sein Blick richtet sich nach Berlin. Damit ist die Rückendeckung für Wagners Bemühungen weg. Er erklärt – nach dreizehn Jahren Mitgliedschaft – im Mai 2018 seinen Austritt aus der Partei, »wegen deren unverantwortlicher Sozialpolitik«.[730]

Der Streit über ein Grundeinkommen in Schleswig-Holstein ist auch 2020 noch nicht beigelegt. Im Oktober meldet sich Ruth Kastner, die Landesvorsitzende der Grünen in Schleswig-Holstein von 2012 bis 2017, zu Wort. Sie wirft dem aktuellen Landesvorstand vor, das »Zukunftslabor« zu torpedieren, dabei sei dies doch im Jamaika-Vertrag fest vereinbart. Die derzeitige Landesregierung aber schiebe die Debatte über ein Grundeinkommen auf die lange Bank. »Viele Grüne diskutieren an der Basis leidenschaftlich über soziale Grundsicherungsoptionen«, sagt Kastner, »da sollte die Landesebene mit der Ministerin, dem Minister, der Fraktion und dem Vorstand vorangehen. Zu hören ist aber leider wenig bis gar nichts. Dass es noch keinerlei Ergebnisse gibt, ist mehr als ärgerlich.« Wenn nicht die Grünen für ein solches Pilotprojekt streiten, »dann wird das nichts«.[731]

Passiert sei im vergangenen Februar »erst mal das Gegenteil«, heißt es in dem Zeitungsbericht. »Mit Billigung der Grünen hat Schleswig-Holsteins Sozialminister Heiner Garg von der FDP den Projektkoordinator des Zukunftslabors rausgeworfen, den Grundeinkommenspapst, Michael Opielka. Mit ihm streitet sich das Land seither vor Gericht um gut 300 000 Euro – und in Sachen Zukunftslabor geht nichts voran.« Habeck hält sich aus dem Streit raus und wird mit den Worten zitiert: »Da gebe ich keine Noten aus Berlin.«[732] Wenige Tage später wird auf dem digitalen Landesparteitag der Grünen in Schleswig-Holstein ein Beschluss verabschiedet, in dem der Landesvorstand aufgefordert wird, »die Voraussetzungen zur Einführung eines bedingungslosen Grundeinkommens intensiv weiter zu verfolgen«. Monika Heinold, einst neben Robert Habeck Spitzenkandidatin und seit 2012 Finanzministerin in Schleswig-Holstein, gibt sich unbeeindruckt: »Ich gehe jetzt nicht auf das Sozialministerium zu und sage: Bitte macht mit dem Zukunftslabor weiter.« Vielmehr seien »alle Kräfte der Landesverwaltung derzeit darauf konzentriert, die Corona-Krise zu bewältigen«. Im Streit der Partei mit dem externen wissenschaftlichen Projektkoordinator Michael Opielka und dessen Institut für Sozialökologie (ISÖ) wehrt sich der Sozialwissenschaftler. Die FDP wolle das Zukunftslabor nicht mehr, ein Teil der grünen Spitzenfunktionäre wollte es nie, und er werde nun zum Sündenbock gemacht. Und Opielka vermutet auch, weshalb: »Robert Habeck will man aus taktischen Gründen nicht beschädigen. So tritt man das ISÖ und die Idee des Zukunftslabors.«[733] Auf den Einwand von Monika Heinold aber erwidert Opielka, »gerade in der Corona-Pandemie und der ihr folgenden hohen Staatsverschuldung« seien »Lösungsperspektiven des Zukunftslabors extrem hilfreich«.[734]

Ende November 2020 wird auf dem digitalen Bundesparteitag der Grünen das neue Grundsatzprogramm beschlossen. »Gegen den Willen von Habeck und Baerbock«, heißt es im *Focus*: »Grüne wollen bedingungsloses Grundeinkommen«. Die Delegierten stimmen für die »Orientierung an der Leitidee eines Bedingungslosen Einkommens«.[735] In der *taz* war drei Tage zuvor noch orakelt worden: »Dass sich die Fans des Grundeinkommens auf dem Parteitag durchsetzen, ist dennoch eher unwahrscheinlich. Ihr Sieg würde den grünen Kurs der vergangenen Jahre konterkarieren, der auf die Weiterentwicklung der Grundsicherung setzt. Außerdem wäre der Bundesvorstand brüskiert. Es ist schwer vorstellbar, dass die Delegierten dies kurz vor dem Bundestagswahlkampf in Kauf nehmen.«[736] Eine Partei zwischen Macht und Ohnmacht, zwischen Regierung und Opposition. Der Antrag der Parteiführung, eine Garantiesicherung einzuführen, wird auf dem Bundesparteitag angenommen. Damit soll das Hartz-IV-System ersetzt und ohne Vorbedingungen gewährt werden. Zugleich aber sprechen sich die Delegierten – gegen den Willen der Parteiführung – »für ein bedingungsloses Grundeinkommen aus, das allen Mitgliedern der Gesellschaft individuell und ohne Bedürftigkeitsprüfung zusteht«.[737]

Habeck ist für einen offenen Politikstil. Politik müsse näher an den Menschen entwickelt werden, ist er überzeugt, zusammen mit ihnen, im Gespräch und im ständigen Austausch. Es könne nicht von oben herab regiert und bestimmt werden, es müsse ein

Dialog entstehen, um die immer unübersichtlicher werdende Welt begreiflich zu machen und gemeinsam Konzepte zu entwickeln, denen dann eine Mehrheit zustimmen kann. »Es war wie Bettenausschütteln und Durchlüften«, schreibt Habeck über seine Zeit als Landesvorsitzender der Grünen in Schleswig-Holstein, seit 2005 also. »Und das Geheimnis des Erfolgs war, dass debattiert wurde, dass gestritten wurde und vor allem: dass es etwas zu entscheiden gab.« Alles konnte infrage gestellt werden, »Dinge, Gesetze oder Macht«. Absolute Gewissheit konnte und sollte es nicht geben, es musste argumentiert werden, nach einer guten, nach einer besten Lösung gefahndet. »Neugier, Freiheit, Einmischung, all das geht vom Individuum aus. An uns als jeweils Einzelne geht die Frage, ob wir uns engagieren und die Geschichte um- und weiterschreiben wollen. Wenn wir Nein sagen, verlieren wir auch das Recht, uns zu beklagen. Also sollten wir Ja sagen.«[738] Im Februar 2020 wird ein Richtungsstreit der Grünen in Schleswig-Holstein bekannt und in der örtlichen Presse daraufhin behauptet, »wie groß das Loch ist, dass durch den Weggang des Grünen Vordenkers und Moderators Robert Habeck gerissen wurde«.[739]

Habeck entwirft für seine Partei in Schleswig-Holstein auch Schlagworte oder griffige Slogans, die von der Bundespartei übernommen werden. »Es ist unsere Zeit«, sagt er 2016 in einer Bewerbungsrede vor seiner Landespartei. Die Bundesgrünen übernehmen den Slogan für ihr Programm.[740] Wie ein Mantra trägt Habeck seine »pathetische Formel«, wie Peter Unfried sie in der *taz* bezeichnet, auch in seiner Bewerbungsrede zum Bundesvorsitz im Januar 2018 vor. »…und das ist erst der Anfang«, lautet das Motto des Bundesparteitags, und Habeck lässt die zehnminütige Rede mit den Worten enden: »Zurück zum Optimismus des Anfangs und zu der Bereitschaft, sich einzumischen.

Und der Anfang ist immer die Gegenwart. Es ist immer unsere Zeit. Machen wir sie zu unserer Zeit.«[741]

Anfang 2019 gewinnt Habeck viel Zeit und Konzentration, indem er Schluss macht mit Twitter und Facebook. Auch damit geht er voran, macht das Unbehagen an diesen Internetforen öffentlich. Auf Twitter ist ihm zum zweiten Mal ein Fehler unterlaufen, ein Wörtchen ist falsch, es hätte »bleibt« heißen sollen, nicht: »wird«. So macht er aus Thüringen ein undemokratisches Land. Und wieder sehen sich die Grünen mit dem Vorwurf der Besserwisserei konfrontiert. Unverzeihlich, entschuldigt sich Habeck. Denn ganz ähnlich hatte er sich zuvor bereits in Bayern vertan. Solche Pannen nagen am Nimbus des Politstars. Als öffentliche Person steht Habeck unter permanenter Beobachtung, eine solche Figur hat fehlerfrei zu sein, verlangen Beckmesser auf dem Hochsitz. Habeck gibt sich auf seiner Homepage zerknirscht, geht aber in die Offensive und setzt ein neues Thema. »Wie dumm muss man sein, einen Fehler zweimal zu begehen?«, schreibt er. »Das muss Konsequenzen haben. Und meine ist, dass ich meinen Account lösche. Und da der Datenklau, der die persönlichsten Gespräche zwischen mir und meiner Familie jetzt auf alle Rechner der deutschen Tageszeitungen und jede Menge rechter Medien gebracht hat, maßgeblich über Facebook erfolgte, lösche ich meinen bei Facebook auch. Beide werde ich abschalten.«[742] Es folgt eine breite Diskussion, ob dieser Schritt klug und sinnvoll ist, ob er sich nicht wichtige Kommunikationsmöglichkeiten nehme. Habeck kommt damit sogar auf den Titel des *Spiegel* (3/2019). Aber er bleibt bei seiner Entscheidung. »Das war eine der weisesten Entscheidungen, die ich in meinem Leben getroffen habe, da rauszugehen«, sagt er im Februar 2021.[743] Und er findet Nachahmer. Auch Angela Merkel zieht sich von Facebook zurück.[744]

Im April 2019 stellt Habeck in einer Berliner Buchhandlung seine »Lieblingsbücher« vor, unter anderem Titel von Albert Camus und Paul Celan.[745] Dass seine Lektüre und sein Denken auch auf das Grundsatzprogramm der Grünen Einfluss hat, erläutert er am Beispiel eines Essays des französischen Existenzialisten Emmanuel Lévinas, *Die Zeit und der Andere*. Ein Denker, der im Übrigen auch für Václav Havel bedeutend war.[746] Habeck liest ein paar Abschnitte aus dem Essay von Lévinas und erläutert, welche Überlegungen daraus in das neue Grundsatzprogramm der Grünen fließen sollen. Früher sagte man: Familie sei da, wo Mann und Frau mit Trauschein zusammenleben. Das hätten die Grünen nie so geteilt, und das sei heute überwunden. Dann habe man gesagt: Familie ist da, wo Kinder sind. »Und das haben wir diesmal über Bord geworfen und haben gesagt: Familie ist da, wo Menschen füreinander Verantwortung übernehmen, ohne eine Gegenleistung zu erwarten.« Heute sei es so, dass die ethische Beziehung zum Kind nicht unter dem Aspekt der Ökonomie, der späteren Versorgung der Eltern, stehe. »Man investiert in sie, Zeit, Geld, Liebe, Mühsal – und man weiß nicht, was man zurückkriegt. Es gibt keine Tauschbeziehung. Im besten Fall kann man hoffen, dass die Kinder die Liebe, die man für sie empfindet, für einen auch empfinden und zurückgeben, aber: Man weiß es nicht wirklich. Es macht keinen ökonomischen Sinn, Kinder zu lieben. Gott sei Dank nicht!« Das meine Lévinas mit seinem »Kern der Intersubjektivität«. Die Zeit »und damit der Sinn des Lebens« solle sich in Nicht-Tauschbeziehungen äußern. Diese Überlegungen werden für das grüne Grundsatzprogramm übernommen, »Gott sei Dank« sei das »durch die ganzen Beratungen durchgegangen«.[747]

Im Entwurf zum neuen Grundsatzprogramm der Grünen heißt es: »Der Kern von Familie ist eine ethische Beziehung, dass man nämlich Liebe, Zuneigung, Zeit und Geld gibt, ohne zu fragen, was man dafür kriegt. Diese ethische Dimension des Zusammenlebens in einer materialistischen Welt ist kostbar und verdient politischen Schutz. Wir wollen alle Familien unterstützen, ob mit oder ohne Trauschein, ob alleinerziehend oder verpartnert, ob Patchwork oder in Mehr-Eltern-Konstellationen. Kinder sind im wahrsten Sinne des Wortes unsere Zukunft. Wir stehen für eine Gesellschaft, in der Kinder nicht länger ein Armutsrisiko sind. Jedes Kind ist gleich viel wert. Ihr Aufwachsen und ihre Teilhabe am gesellschaftlichen Leben soll die Solidargemeinschaft mit einer Kindergrundsicherung unterstützen, unabhängig von Lebensweise oder Einkommen der Eltern.«[748]

Habeck setzt sich für die sogenannte Sozialerbschaft ein, einen Vorschlag, »der mir immer lieb und teuer war«. Enorme Summen würden vererbt in einem Alter, in dem es eigentlich häufig nicht mehr nötig sei, etwa wenn das Erbe von 80- oder 90-Jährigen auf 65-Jährige übergehe. Eine »gewisse finanzielle Sicherheit, eine Ermutigung« seien eher in jungen Jahren hilfreich, wenn eine Familie gegründet werde, jemand sich selbstständig machen wolle oder eine Wohnung kaufen. Dieser Vorschlag einer »sozialen Erbschaftsleistung«, also eines Startkapitals, sei aus dem angelsächsischen Raum gekommen. Er halte das weiterhin für »einen charmanten Gedanken«, auch wenn darüber in Deutschland derzeit nicht debattiert werde.[749]

Träumerei? Realitätsfern? Oder drückt sich darin der pure Wunsch aus, diese Republik grundlegend zu wandeln? Im Gespräch mit Utz Schliesky, dem Rechtsprofessor und Kieler Landtagspräsidenten, zeigt Habeck sich als staatstreuer, realpolitischer Minister,

Verfechter von Grundgesetz, Justiz und Gewaltenteilung. Er stellt aber auch die soziale Ungleichheit, die Ungerechtigkeit und das Auseinanderfallen der Gesellschaft dar: »Die oben lässt man laufen, die unten werden getreten. Die Erzählung von Fleiß, Aufstieg und Gerechtigkeit stimmt nicht mehr.« Für Banken würden »über Nacht« Milliardenbeträge bereitgestellt, doch Schultoiletten vergammelten. Leute würden mit 55 Jahren entlassen, weil ein Hedgefonds die Firma aufkauft. Und nach einem Jahr ende das Arbeitslosengeld I und der Entlassene habe seine Ersparnisse aufzuzehren oder zur Tafel zu gehen, um sich satt zu essen. »Und dann kriegt man mit, dass Herr Winterkorn, der die Abgasmanipulation zu verantworten hat, 3.500,00 EUR Rente bekommt – pro Tag! Da muss man doch sagen (…), dass da was nicht stimmt.«[750]

Im April 2019 greift Habeck ein weiteres Thema auf: die explodierenden Mieten. In Berlin geht es um ein Volksbegehren für die Enteignung großer Wohnungsunternehmen, die Debatten darüber sind heftig. Habeck ist der Ansicht, man könne ruhig über »Enteignungen« nachdenken. Erstens gebe es das im Grundgesetz verankerte Verpflichtungsgebot für Eigentum. Zweitens: Warum nehme der Staat diese Möglichkeit einer Enteignung nur im Straßenbau wahr, nicht aber beim Lebensrecht jedes Einzelnen, dem Wohnen? »Im Baugesetzbuch oder beim Wohnungsrecht gibt es eine Pflicht, Eigentum auch zu nutzen«, sagt Habeck im Mai 2019 im Europa-Wahlkampf. »Die kann man durchsetzen.«[751] Politische Gegner greifen daraufhin zum Totschlagargument des »Sozialismus«. Den hätte man ja nun in der DDR gehabt und wüsste, wohin das führe. Christian Lindner von der FDP spricht von »brandgefährlicher Klassenkampfrhetorik«,[752] Jörg Meuthen, Parteivorsitzender der AfD, sagt, er denke über Auswanderung nach, sollte Habeck Kanzler werden.[753]

Im Straßenwahlkampf in Berlin-Kreuzberg differenziert Habeck seine Argumente: »Im Grunde ist die Enteignungsdebatte das falsche Wort, das haben die ja mit Absicht genommen, damit alle erst mal aufschrecken – was? Enteignung? Wo sind wir denn hier? Aber es ist ja staatlich verpflichteter Rückkauf sozusagen. Und man kann den einleiten. Man muss den ja immer begründen, wenn man darauf hinweist, dass gegen das Gemeinwohlinteresse spekuliert wird.«[754] Unrealistisch? Der rot-rot-grüne Berliner Senat hat sich ein Herz gefasst und setzt – gegen starke Widerstände von Bauwirtschaft, Vermieterverbänden, Politik und Publizistik – ab 2020 einen Mietendeckel um: Fünf Jahre lang sollen die Mieten in der Stadt unverändert bleiben, es gelten Mietobergrenzen, Mietabsenkungen und eine Begrenzung der Modernisierungsumlage. Die Stadtregierung hofft, dass ihre Entscheidung bahnbrechend ist und als Vorbild für die Republik dienen werde.

Habeck weckt Hoffnungen auf einen Aufbruch, auf die Umsetzung seiner Ideen. Umverteilung, Grundeinkommen, härtere Besteuerung von Kapital und Vermögen, Besteuerung der Internetgiganten, bezahlbare Mieten, ein anderer Begriff von Wohlstand – das sind einige seiner Leitideen. »Wer uns wählt, weiß, dass sich damit Gravierendes ändert«, sagt Habeck im Juni 2019 in einem Interview, und in der Tageszeitung *Die Welt* wird das Zitat in die Überschrift gesetzt. Wie gewöhnlich reagieren Leser aufgewühlt und empört, deutschnationale und völkische Töne bleiben keine Ausnahme, Weltuntergangsszenarien werden gezeichnet.[755]

All der Aufregung, die *Die Welt* hervorruft, liegt ein Interview Habecks mit der *Neuen Berliner Redaktionsgesellschaft* zugrunde, das unter anderem in der *Märkischen Oderzeitung* zum Abdruck kommt. »Ich sehe mich als linksliberalen, progressiven

Politiker«, bekennt Habeck, »und halte auch eine Vermögenssteuer für richtig. Wir haben eine wachsende Ungleichheit in diesem Land, die nicht nur den sozialen Frieden gefährdet, sondern auch unseren Wohlstand. Davor hat sogar der IWF gewarnt, und der ist nun wirklich kein grüner Think-Tank.« Und: »Die größten Gemeinsamkeiten haben wir wohl immer noch mit der SPD«, führt Habeck aus, nur helfe das nicht weiter, solange die Sozialdemokraten so schwach seien, »und wir von einer grün-roten Mehrheit weit entfernt sind«. So müssten die Grünen nun »Verantwortung auch in Bereichen übernehmen, in denen wir uns bisher auf andere verlassen konnten«. Er nennt Sozialpolitik, innere Sicherheit, Außenpolitik, »das Bewusstsein, die Verfassung zu schützen«, Erneuerung der sozialen Marktwirtschaft »und manches mehr«. Also das, was Franz Müntefering zu den Bedingungen einer Volkspartei zählt. »Wer uns wählt, weiß und will, dass sich damit Gravierendes ändert«, sagt Habeck und fügt hinzu: »Aber anders als früher suchen wir einen Ansatz, der die Menschen nicht erziehen will.« Systeme sollten verändert werden, »die Großen in die Pflicht« genommen, er nennt Digitalkonzerne, Agrarlobby, Energiewirtschaft. »Umweltschädliches Verhalten wird teurer, umweltfreundliches günstiger.« Die Menschen seien »natürlich frei, sich unvernünftig zu verhalten, aber das System muss vernünftiger werden«.[756] Ein halbes Jahr zuvor lehnt Habeck den Begriff der Volkspartei für die Grünen ab. Nein, die Grünen seien keine Volkspartei, sagt er im Interview mit Oliver Welke in der »heute-show«, das sei auch »die falsche Antwort auf die Probleme der Zeit«. Volkspartei heiße ja, »alles würde schon in der Partei rundgemuschelt«, und er argumentiere ja gerade, dass »radikale Herausforderungen radikale Antworten brauchen, insofern ist es auch die falsche Laufrichtung«.[757]

»Es gilt also, die Zeit selbst zu verstehen«, umreißt Habeck die Aufgabe von Politik in einem Gespräch vom Dezember 2018. »Das ist der politische Wetteinsatz: Jene Partei, der es am ehesten gelingt, die Widersprüche unserer Zeit zu verorten und Lösungswege zu zeigen, gewinnt diese Zeit.«[758] Der Journalist Adam Soboczynski greift dieses Gespräch aus der Theoriezeitschrift *Kursbuch* sowie ein großes Interview mit dem Soziologen Armin Nassehi in der *taz* vom 15. Juni 2019 auf. Soboczynski bezeichnet Nassehi als »Meisterdenker«, der den Grünen offenbar Impulse gebe. Mithilfe seiner »Systemtheorie« würden die Gegensätze in der Partei zum »Zukunftsmodell« erklärt. »Die Grünen scheinen gerade aus den gesellschaftlichen Paradoxien ihre Kraft zu ziehen«, schreibt Soboczynski in der Wochenzeitung *Die Zeit*. »Die große Kompromiss- und Toleranzfähigkeit der Grünen im Politischen entspricht dem niemals perfekten, oftmals paradoxen Verhalten des mündigen Konsumenten.« Nassehis Vorschlag lautet: »Denkt über Bündnisse von Akteuren unterschiedlicher Systemlogiken nach.« Also ideologiefrei, wie Habeck immer wieder betont, denn den alten Gegensatz zwischen rechts und links gebe es in dieser Form nicht mehr, die alten Volksparteien, die diesen Gegensatz weiter bedienen wollten, seien passé.[759]

»Ich war als Grüner und politischer Mensch nie Teil einer Avantgarde«, entgegnet Habeck im Interview mit Nassehi, »sondern habe mich immer auf der Seite der Mehrheit empfunden.« Freiheit stehe für ihn über allem, dies sei sein Antrieb gewesen, zu den Grünen zu gehen, ein selbstbestimmtes Leben als Ziel also.[760] Der Soziologe Nassehi gibt sich als gelegentlicher Berater der Grünen zu erkennen, und verschiedene Überlegungen Habecks decken sich mit seinen Ideen: Bündnisse schmieden, über Parteigrenzen hinweg denken, Links-Rechts-Schemata überwinden, Lösungen suchen, Antworten finden, gestalten. Und all das argumentativ, einladend, zuversichtlich. »Nicht das Trennende suchen, sondern Möglichkeiten finden, Brücken zu bauen.«[761] Nassehi sagt aber auch, dass er eine schwarz-grüne Koalition bevorzuge. »Wie aber die entfesselte Konsumlogik der Wirtschaft mit ökologischer Schonung, die soziale Frage mit der ökologischen verkoppelt werden soll, bleibt in diesem lagerübergreifenden Fusion-Projekt auf kokette Weise unklar«, gibt Soboczynski in der *Zeit* zu bedenken.[762]

Habeck praktiziere »lagerübergreifendes Denken«, lobt der Soziologe Nassehi im Interview in der *taz* und fügt hinzu, dass es heute um die Frage ginge, »ob es gelingt, politische und ökonomische Dynamiken, wissenschaftliches Wissen und rechtliche Formen aufeinander zu beziehen«. Zum einen müsse man die Wirtschaft ins Boot holen. Daran scheitere die extreme Linke. Konservative aber würden ökologische Fragen nicht Erfolg versprechend regeln. Man müsse »die Marktlogik«, also den Kapitalismus, so einsetzen, glaubt Nassehi, »dass sie die Sache voranbringt«. Und er schlägt »intelligente Gängelung« vor, Interdisziplinarität, wie in der Wissenschaft praktiziert, strategische Partnerschaften.[763]

»Nichts ist alternativlos«, betont Habeck im Februar 2019 im Gespräch, »und dieses ›nichts alternativlose‹ zulassen, auch menschlich zulassen, das ist eigentlich der Einsatz, der Wetteinsatz, wenn Sie so wollen. Es geht nicht darum, sich abzuhärten.«[764] Neun Jahre zuvor schreibt Habeck in seinem *Patriotismus*-Buch: »Ginge es nach mir, ›alternativlos‹ wäre das Unwort des letzten Jahrzehnts. Denn wenn etwas alternativlos ist, dann braucht man auch keine Demokratie mehr.«[765]

# TEIL V

## Zu neuen Ufern

*But I still haven't found*
*What I'm looking for*

U2

# »Was kommt danach? Der Morgen!«

## Der Gläubige

Mitleid gelte in der Politik eher als Schwäche, und Schwäche habe in der Politik angeblich nichts verloren, sagt Habeck. Empathie gelte als naiv, »praxisuntauglich«. Und doch benötige man in der Politik »einen starken Begriff vom Wert des Lebens und von der Verpflichtung, es zu schützen«. Das »Trostversprechen des Christentums« sei für einen Gläubigen »großartig«. Er hingegen halte einen Satz von Václav Havel für bedeutsam: »Hoffnung ist nicht die Überzeugung, dass etwas gut ausgeht, sondern die Gewissheit, dass etwas Sinn hat, egal wie es ausgeht.« Nein, gläubig im üblichen Sinne sei er nicht, sagt Habeck, er glaube auch nicht an einen Gott, sei in keiner Kirche. Und dennoch: »Ich bin ein Zweifler, weil ich Glauben sehr ernst nehme«, sagt er im Interview mit *Christ und Welt*. Groß geworden sei er in einer christlichen Familie. Er hoffe auf eine bessere Welt, insofern habe ihn das Christentum tief geprägt. Er würde sich als »säkularer Christ« bezeichnen, »jemand, der nicht an Gott glaubt und keiner Kirche angehört, aber die Werte des Christentums teilt: Bewahrung der Schöpfung, Barmherzigkeit gegenüber Mensch und Tier«. Nein, ein Ende gebe es für die Politik nicht, so Habeck. Ein »finaler Paradieszustand« sei ausgeschlossen, das Ringen ginge permanent weiter. Es gebe immer etwas zu tun, und gut sei es, wenn man als Handelnder sagen könne, man habe versucht, etwas besser zu machen. Seinen Kindern möchte er dann mit auf den Weg geben: »Macht's besser als wir.«[766]

Obwohl er konfessionslos ist, spricht Habeck den Eid als Minister in Schleswig-Holstein 2012 mit den Worten: »Ich schwöre, so wahr mir Gott helfe!«[767] Im April 2019 wird Habeck in der *Bild am Sonntag* gefragt, ob er an Gott glaube. »Um zu glauben, im eigentlichen Sinn, habe ich wohl zu viele Philosophen gelesen«, antwortet er zunächst.[768] Eine Äußerung, die ihm Kritik einbringt, Hohn und Spott, weil sie als Hochmut ausgelegt wird. »Ich wollte mit diesem Satz niemanden provozieren oder zu nahe treten«, sagt er später: »Es tut mir leid, dass dieser Eindruck entstanden ist.«[769]

»Nicht auf allem, wo Gott draufsteht, liegt Segen«, sagt Habeck 2017 in den *Gesprächen über den Staat*, und er erinnert an die Kreuzzüge oder die Inquisition. Das frühe Christentum hingegen hat »die Mitleidsethik und Feindesliebe gebracht und damit 1500 Jahre später dem Humanismus und der Aufklärung ein Fundament gegeben«. Die Menschenrechte aber müssten eben »stets erneut verteidigt werden«.[770] Kirchen sollten sich »natürlich politisch einmischen«, er schätze sie als Bündnispartner in der Asyl- und Flüchtlingspolitik, in der Kampagne für faire Lebensmittel, für Klimaschutz und landwirtschaftliche Fragen. »Aber sie dürfen nicht versuchen zu missionieren.«[771]

In seinem Buch von 2018, *Wer wir sein könnten*, macht sich Habeck Gedanken über Gott und Sprache, geht den Erkenntnissen von Sprachforschern nach, zitiert aus dem Evangelium nach Johannes: »Im Anfang war das Wort, und das Wort war bei Gott, und Gott war das Wort. Dasselbe war im Anfang bei Gott.« Die frühen Quellen besagten also, »dass Gott und Sprache zwei Namen des Gleichen sind«, schreibt Habeck. Und er kommt auf die Sprachverwirrung nach dem Turmbau von Babel zu sprechen, auf die Suche von Gelehrten nach der vollkommenen Sprache, fragt nach einer höheren Wahrheit, die sich in Sprache ausdrückt, und beendet diese Überlegungen erneut mit dem Hinweis auf »das Absurde als Grunderfahrung der Moderne«.[772]

Der Schulfreund Kristian Dittmann spricht von einem »Ankerzitat«, mit dem ihm Habecks Lebenseinstellung einst verständlich geworden sei. Er habe ihn mal gefragt, was er eigentlich ernst nehme. Und Habeck habe ihm geantwortet: »Das Leben, Krischi. Aber nicht die Umstände.« Darin steckt für Dittmann auch der Anspruch, »die eigene Eitelkeit ist mir echt nicht wichtig«. Ein Leitsatz für sie beide stammt von Friedrich Nietzsche: »Werde, der du bist«. Es ginge nur darum, erklärt Dittmann, »dass du, christlich gesprochen, das Geschenk von Gott, nämlich diesen Leib, zum Guten einsetzt. Schöpfe dein Potenzial aus! Werde gesund! Werde fröhlich! Keiner soll leiden! Wenn du Sänger bist, dann singe! Und wenn du eben wie Robert ausgestattet bist, dann ziehe los und versuche, die Menschen mitzunehmen auf deinem Weg.«[773]

Ähnlich hat es Habeck geschrieben: »Es muss keine Deckungsgleichheit zwischen Wunsch und Wirklichkeit geben. (…) Ein erfülltes Leben zu führen, bedeutet gerade nicht, dass alle Träume Realität werden, aber es bedeutet, offen für den Moment zu bleiben. So zu leben, wie man will, heißt, so leben, wie man es unter den gegebenen Umständen wollen kann. Weder ist ein gelingendes Leben illusionär noch zwanghaft. Es ist ein

Leben, das wir so noch einmal wählen würden, wenn die Umstände die gleichen wären.«[774]

»Robert war immer schon ein lachender Typ, ein leichter Typ, ein fröhlicher«, sagt sein Schulfreund Kristian Dittmann. Und sie hätten, auch damals, nicht Institutionen benötigt, »um an Gott ranzukommen«. Der Glaube war keine bedeutende Frage, »jeder konnte sich das selbst basteln, wie er wollte. Und am Ende ist es sowohl Robert als auch mir völlig egal, ob diese ewig beschworenen Werte nun christliche, europäische, menschliche sind, sie gelten eh generell, keiner hat sie erfunden. Und wenn ich mich einem Glauben hingebe, dann garantiert nicht, um irgendeinem Pfaffen die Hütte voll zu machen. Um Wahrhaftigkeit geht es! Und Robert singt immer sein eigenes Lied, er hat seinen eigenen Auftrag. Er macht das nicht für sich, er macht das nicht für die Partei, er macht das für alle. Und alle sind immer die, die es gerade betrifft. Und drunter macht er es nicht.«[775]

»Je mehr ich hier darüber nachdenke, was im Leben das Wichtigste ist«, schreibt Václav Havel, eine der Leitfiguren Habecks, in seiner Gefängniszelle, »desto mehr neige ich der Ansicht zu, daß es das Entscheidendste ist, daß der Mensch die Hoffnung und den Glauben an das Leben nicht verliert. Wer das verliert, ist selbst verloren, auch wenn ihn wer weiß was für ein Glück trifft. Wer dies nicht verliert, dem kann es im Gegenteil nie schlecht ergehen.«[776] Havel schreibt diese Zeilen im Dezember 1980. Seit anderthalb Jahren ist er eingesperrt, vom kommunistischen Staatsapparat verurteilt wegen »Aufruhr«. Zehn Jahre später ist Havel Staatspräsident der Tschechoslowakei. In seinen Gefängnisbriefen tauchen jene Leitbilder auf, die auch Habeck prägen: Albert Camus, die Legende vom Sisyphos, Paul Celan, die Meridian-Rede, Emmanuel Lévinas. Ein Weltbild, das sich aus der Suche nach dem Sinn, nach Wahrheit und Wahrhaftigkeit in der Sprache, nach einem Idealbild vom Menschen zusammensetzt.

»Es klingt zwar lächerlich«, schreibt Václav Havel im August 1982, »aber so ist es: ich muß anfangen.«[777] So sagt es sinngemäß auch Habeck, wenn er am Ende von *Wer wir sein könnten* 2018 schreibt: »Es ist nicht schwer, zynisch, populistisch und verbittert zu sein, nicht schwer zu sagen, was nicht geht ...«[778] Havel verneint »das traditionelle Argument der Resignierenden (...): es sei sowieso alles verloren. Ob alles verloren ist oder nicht, hängt nur davon ab, ob ich verloren bin oder nicht ...«[779] Habeck sagt, ja, man könne verzweifeln im Angesicht all der Katastrophenmeldungen weltweit, der Kriege, der Umweltzerstörung, des Klimawandels, der Überbevölkerung sowie der Agitation von Autokraten und Populisten, die all das verleugnen und die Verwirrung und Verlassenheit des Menschen weiter anfeuern. Doch wenn er jetzt nicht anfange, zu reagieren und zu agieren, politisch zu werden und Veränderungen anzustoßen, dann wäre die Zeit noch verlorener, als sie schon ist. Populisten brauchten die Krise als Argument für ihre Propaganda, sie schürten Ängste und Hass, trieben die Menschen gegeneinander und vertieften die Spaltung einer Gesellschaft; Politik, wie er sie sich wünsche, sei hingegen dazu da, Lösungswege aufzuzeigen, Krisenherde einzudämmen, für ein Miteinander zu sorgen. Anfangen also und machen.

»Sobald ich also damit anfange«, schreibt auch Václav Havel, »stelle ich auf einmal überrascht fest, daß ich weder der einzige noch der erste noch der gründlichste bin, der sich auf diesen Weg gemacht hat.«[780] Vielleicht genau aus dieser Erkenntnis heraus wiederholt Habeck immer wieder seinen Eindruck, es gebe eine Aufbruchsstimmung im Land, deshalb sieht er einen

Silberstreif am Horizont, drückt seine Hoffnungen, seine Zuversicht aus.[781] Und er verweist auf die Bewegung »Fridays for Future«, die Symbolfigur Greta Thunberg, die so vieles in Bewegung gesetzt hat, auf die Massendemonstrationen, auf die Zivilgesellschaft. »Wir haben die Mittel in der Hand, die Klimakrise einzudämmen.« Die Technik, der Wohlstand, das Wissen seien vorhanden, »das Ruder rumzureißen«.[782]

Havel benennt seine Überlegungen, Einsichten und philosophischen Gedanken mit dem Wort »Glaube«: »Der auf das Sein hin orientierte Mensch glaubt wesenhaft an das Leben, die Welt, die Sittlichkeit, an den Sinn der Dinge und seiner selbst; seine Beziehung zum Leben ist begleitet von Hoffnung, von Staunen, von Demut und spontanem Respekt vor seinem Geheimnis.«[783] Das heißt: Beseelt von sich und seiner Aufgabe, wird einer unschlagbar. Im Angesicht von Neid, Intrigen, Hass: unschlagbar. In sich ruhend, dem Weg folgend, der ihm vorgegeben scheint. Ein Gläubiger seiner selbst. So einer kann zur Projektionsfigur werden – und zur Zielscheibe. Aber Heilsversprechungen? Niemand möge das von einem Politiker erwarten, sagt Habeck, jeder ist verantwortlich, sich selbst gegenüber und der Gemeinschaft, und jeder hat mitzuhelfen. Damit diese Welt eine bessere werde. Ein Politiker sei kein Erlöser. »Wer das hofft oder glaubt, bereitet seine eigene Enttäuschung vor.«[784] Im Grünen Adventskalender von 2011 wählt er einen Satz des Philosophen der Stummfilmzeit, Charlie Chaplin: »Das ist es, was wir sind: Amateure. Wir leben nicht lange genug, um etwas Anderes sein zu können.«[785]

Im Februar 2017 veröffentlicht Habeck Reisenotizen in seinem Blog. Er schildert Begegnungen mit Fremden und gelangt zu der Einsicht: »Ich glaube, die einfache und grundlegende

Botschaft ist: Menschen wollen angesprochen werden. Und zwar von Menschen. Das ist übrigens eine politische Aussage.«[786] Im Gespräch frage ich Habeck im Juni 2019, ob er sich verstanden fühle, ob er den Eindruck habe, Menschen würden begreifen, welche Aufgaben ihnen, also uns allen mit auf den Weg gegeben seien: Mitarbeit, Mitdenken, Einmischen, um vielleicht am Ende ein freundlicheres, sozialeres Miteinander zu ermöglichen. Habeck antwortet ausweichend. Er habe ein »anderes Verständnis von Macht«, er vertraue auf eine Gemeinsamkeit, er spricht sogar von einem »Urvertrauen auf eine Gemeinsamkeit«. Und man solle »von sich oder von seiner Partei« nicht glauben, die Einzigen zu sein, »die gecheckt haben, wie es geht«.[787]

»Robert ist sehr bullish, würde man an der Börse sagen«, charakterisiert Konstantin von Notz seinen politischen Weggefährten. Bullish bezeichnet einen, der mit steigenden Kursen rechnet. »Heute scheint die Sonne, und deswegen wird sie die nächsten sieben Jahre auch scheinen«, beschreibt von Notz dessen Lebenseinstellung. Er selbst funktioniere da durchaus anders. »Ich bin eher bearish«, sagt von Notz, also einer, der auch mit fallenden Kursen rechnet. »Ich finde, manche Dinge sind schwierig, und man sollte ruhig mit dem Schlimmsten rechnen, sich gut vorbereiten, um Krisen zu bewältigen.« Habeck gehöre eher zur Fraktion: »Es ist noch immer gut gegangen«, während er oft denke: »Was schiefgehen kann, geht irgendwann schief.«[788] Das meint nicht, dass Habeck sich nicht gut vorbereiten würde, dass er seine Aufgabe nicht ernst nehme, dass er leichtfertig handle; aber er sei grundsätzlich positiv eingestellt, optimistisch. Liest man beispielsweise seinen Blog, erkennt man diese Einstellung. Seine Eintragungen brachten ihm deshalb in der *FAZ* die spöttische Überschrift ein: »Eine Art

Glückskeks der Politik«.[789] Habeck sei von einem »grundpositiven Lösungsoptimismus« geprägt, »und das steckt an und begeistert auch mich ab und zu«, räumt von Notz ein, der eher nüchtern denkt und vorsichtig formuliert.[790] Auf einer Demonstration in Berlin wird Habeck in einem schwarzen T-Shirt fotografiert, darauf hat er sich ein plattdeutsches Motto prägen lassen: »Kann. Mutt. Löppt.«[791]

»Er ist so ein bisschen der Vater der Kompanie«, sagt Anke Erdmann, die 2017/18 Staatssekretärin in Habecks Kieler Ministerium war. »Robert gibt anderen eine Bühne«, er mache Mut, sporne an, »und ich fing an, mir Sachen zuzutrauen, die ich mir – auch als Frau – nicht zugetraut hätte«. Sie hatte gar nicht Staatssekretärin werden wollen, sagt Erdmann. »Bei dem Gedanken habe ich erst mal superschlechte Laune bekommen.« Aber sie willigte ein und packte die Herausforderung: »Weil es Spaß macht. Der ist witzig, der ist klug, und man arbeitet gern für Leute, die andere mitreißen können.«[792] So ähnlich sagt es Katharina Dröge, Bundestagsabgeordnete seit 2013 und Wirtschaftsexpertin der Grünen, im Sommer 2020: »Oft kommt nach internen Arbeitsgruppen die SMS: Danke für deine Zeit. Er gibt Drive rein, auch bei aussichtslos scheinenden Debatten, im Sinne von: Das klappt auf jeden Fall gemeinsam. So wird es dann auch was.«[793]

Geholfen oder weitergebracht hat Habeck dabei womöglich die Lektüre von *Nudging*, einem Buch, 2008 erschienen, das Ulf Kämpfer, der Ehemann von Anke Erdmann, ihm einst empfahl. »Darin geht es um sanften Paternalismus«, erklärt der Kieler Oberbürgermeister, »wie man Leuten die Freiheit lässt, aber sie ein bisschen in die richtige Richtung stupst. Daraus haben wir eine Idee entwickelt, ohne sofort mit Verboten kommen zu müssen.«[794] *Nudge* ist ein Begriff der Verhaltensökonomik, heißt es bei Wikipedia. Der Begriff stammt aus dem Englischen und heißt so viel wie Stupsen oder Schubsen im Sinne von Denkanstoß, ein Begriff, den der Wirtschaftswissenschaftler Richard Thaler und der Rechtswissenschaftler Cass Sunstein geprägt haben. Ihr Buch trägt den Untertitel: »Wie man kluge Entscheidungen anstößt«. Man könnte auch sagen, es ist eine sanfte Form der Manipulation, eine (kontrovers beurteilte) Methode, das Verhalten von Menschen zu beeinflussen, ohne dabei auf Verbote und Gebote zurückgreifen oder ökonomische Anreize verändern zu müssen. Der Mensch ist nicht immer in der Lage, optimale Entscheidungen zu treffen. Durch »Nudges« kann er aber in die gewünschte Richtung »gestupst« werden. Vom Staat eingesetzt, wird derartiges Nudging als »libertärer Paternalismus« bezeichnet. Diese Methode im Zusammenspiel mit einer optimistischen Grundhaltung – auch dies wohl einer der Gründe für Habecks Erfolge in seinen politischen Bemühungen.

Vor der Industrie- und Handelskammer in Berlin spricht Habeck Ende Juni 2019 zur politischen Situation. Er verweist auf die Spaltung der Gesellschaft, benennt die Suche des Menschen nach einem Halt, verschweigt nicht die Vertrauenskrise in der Demokratie und rechten Terrorismus. In diesem Zusammenhang zitiert er Heinrich Heines *Nachtgedanken*: »Denk ich an Deutschland in der Nacht, dann bin ich um den Schlaf gebracht«, und übersetzt den Schlussvers in seine Worte: »Nun, und was kommt danach? Ja, der Morgen kommt danach!« Und darauf müsse man vertrauen. Und auch darauf, dass Wandel in der Gesellschaft Fortschritt bringen werde und es nicht darum gehe, Ängste zu verbreiten. »Es bildet sich gerade eine neue Dynamik für eine gesellschaftliche Mehrheit, eine breitere Mitte. Und da haben wir unsere Rolle«, beschreibt er die Position seiner Partei.

Keine Frage, es gebe immense Herausforderungen und immense Probleme: »Aber wir leben im besten Deutschland, das wir je hatten. Früher war in der Regel das meiste schlechter.«[795]

In seinem Blog notiert Habeck Ende Januar 2020: »Politik ist nicht allein die Macht von Ämtern, sondern der Glaube und das Vertrauen in die stille Solidarität von Menschen untereinander.«[796] Und als dann Mitte März 2020 das Ausmaß der Pandemie allmählich deutlich wird, schreibt Habeck: »Voneinander getrennt sein, nicht zusammen … da wird einem mulmig. (…) Deutlich wird in diesen Tagen, dass gar nicht stimmt, was Ökonomen und vielleicht wir selbst uns eingeredet haben, nämlich, dass wir eine Gesellschaft der Konkurrenz sind. Es ist nicht Konkurrenz, es ist Kooperation, die unsere Gesellschaft ausmacht. Das Miteinander. Die Begegnung. Und jetzt, wo all das eben keine Selbstverständlichkeit mehr ist, spürt man, wie wertvoll es ist. Die Ausnahme muss Ausnahme bleiben.«

Eine Gesellschaft müsse frei, zukunftsoffen und solidarisch sein, schreibt er. Doch die Globalisierung nun, in Corona-Zeiten, als »Systemfehler der hypervernetzten Welt« zu verdammen, überzeuge ihn nicht. Systemkritik dürfe sein, auch weniger Flüge und weniger allgemeines Herumsausen in der Welt wären begrüßenswert, das Klima könnte sich bessern. Aber allein eine wirkliche Weltgemeinschaft könnte Krisen bewältigen, nicht nationale Alleingänge; »globale Anstrengungen einer globalen Gemeinschaft« hätten auch in der Vergangenheit Typhus, Pest, Cholera bekämpft. In der Weltwirtschaft sollten nicht Monopole vorherrschen, ungeregelte Finanzmärkte seien schädlich. Habecks Fazit: »Ob wir stärker aus der Krise rauskommen, ist noch nicht ausgemacht. Aber irgendwann wird sie vorbei sein. Und deshalb sollten wir uns jetzt schon klar machen, was wir vermisst haben werden.«[797]

# »Ich lebe in einem Flow gerade«

## Der Gipfelstürmer

Habecks Traum von früh an ist es, als Schriftsteller Einfluss auf die Gesellschaft zu nehmen. Zehn Jahre gelingt ihm das zusammen mit seiner Frau Andrea Paluch in einer Lebensgemeinschaft, sie teilen sich alle Bereiche miteinander. *Hauke Haiens Tod*, die Fortschreibung von Theodor Storms *Schimmelreiter*, ist ihr literarisches Debüt.[798] Darin ist vom Flow beim Schreiben die Rede. Einer der Protagonisten, der Schriftsteller Johann Pappe, fühlt sich immer dann, wenn er etwas geschrieben hat, »getragen von einer Woge, die ihn in einen gewichtslosen Zustand spülte«.[799] Ich frage Habeck, ob ihm dieser Flow beim Schreiben fehle, seitdem er hauptberuflich Politiker ist. »Nee, das fehlt gar nicht«, antwortet er spontan. Und fügt dann hinzu: »Ich lebe in einem Flow gerade.« Eher fehle ihm, »mal nicht im Flow zu sein, sondern still zu bleiben, zu atmen, sich umzugucken«.[800] Ein Leben unter Strom also, unter permanenter Beobachtung, im steten Terminfeuerwerk.

Dabei hat er noch im September 2017 in einem Interview mit der *Heilbronner Stimme* zugegeben, dass er das Schreiben vermisse, denn »es ist eine ruhige, nicht so gehetzte, mit sich selbst ins Reine kommende Tätigkeit«. Zudem könne in Romanen gefiebert werden, gefühlt, gehofft, Politik hingegen sei einfach »nüchterner«.[801] Doch für Habeck ist ein Leben unter Strom offenbar keine Belastung. »Es geht mir ganz gut damit, unter full speed zu segeln«, sagt er in einem Fernsehtalk 2016. Damals ist er noch Minister in Schleswig-Holstein und auf dem Weg zur Urwahl, um sich als Spitzenkandidat für die kommende Bundestagswahl aufstellen zu lassen.[802] Zweieinhalb Jahre später bekennt er: »Die Tage sind voll, aber ich will's auch genauso haben.«[803] Da ist er seit über einem Jahr Bundesvorsitzender der Grünen.

Andrea Paluch bestätigt, dass »er total gerne kämpft, da blüht er auf. Und er leidet nicht unter Stress oder wenn Leute unfreundlich sind. Das sind schon ziemlich viele Sachen, die perfekt sind für diesen Job.«[804] Ein Leben im Flow – und was ist mit der Gefahr abzuheben? Habeck macht sich darüber Gedanken – und doch: Vor Betriebsblindheit ist auch er nicht gefeit. Da sind zum Beispiel die sogenannten Townhall Meetings, die als Werbeveranstaltungen bei den Grünen seit einiger Zeit in Mode sind. Ob diese Form aus US-amerikanischen Wahlkämpfen übernommen worden sei, wird Habeck in einem Interview gefragt. Die Idee dazu stamme »tatsächlich aus anderen Wahlkämpfen«, räumt er ein und erklärt, wie dieses Forum, eine Runde um den zumeist stehenden Kandidaten, funktioniert: »Es ist sozusagen ein sehr, sehr großer interaktiver Stuhlkreis. Niemand weiß, wo der Abend hinführen wird – zu Wölfen, Windkraft oder Häuserdämmung. Wenn ich eine Rede herunterrattere, dann kann ich mich zwar versprechen, aber im Grunde bin ich auf sicherem Boden.« Beim Townhall Meeting hingegen könne mehr gefragt werden. Häufig gebe es nur ein Impulsreferat, ein Eingangsstatement. Danach aber würde er im Verlauf der Veranstaltung mitunter mit Fragen konfrontiert, die er nicht sogleich beantworten könne. Dann müsse er den Fragesteller vertrösten.[805]

Ende Februar 2019 findet im Osten Berlins, weit draußen in Berlin-Marzahn, der größten Plattenbausiedlung der DDR, eine Veranstaltung zum Thema »Was machen wir aus Hartz IV?« statt. Veranstaltungsort ist ein Industriegelände, die Adresse: Frank-Zappa-Straße 19, »ORWOhaus«. Ein siebenstöckiger Plattenbau, in den 1980er-Jahren als Produktionsstätte des Filmherstellers Orwo erbaut. 1989 abgewickelt und fünf Jahre später nach Protesten zum, laut eigener Darstellung, »größten selbstverwalteten Proberaumkomplex Europas« ausgebaut, »ein Stück Berliner Underground!«[806] Angekündigt ist ein Gespräch mit »Bürgerinnen und Bürgern«. In Berlin-Marzahn leben viele sozial Schwache, da müsste und könnte Volkes Stimme zu vernehmen sein beim Thema Hartz IV und »Wege zu einer sozialen Grundsicherung«, so der Untertitel. Habeck hatte einige Wochen zuvor mit einem Debattenbeitrag zum Grundsatzprogramm der Grünen für Aufsehen gesorgt: Darin schlägt er eine »Grundsicherung ohne Arbeitszwang und Sanktionen« vor, ein neues staatliches Garantiesystem, das »Hartz IV« ablösen soll.[807] An diesen Debattenbeitrag knüpft die Veranstaltung in Berlin-Marzahn an. In einer sogenannten Fishbowl-Runde bleibt ein Stuhl auf dem Podium zunächst unbesetzt, damit dort jemand aus dem Publikum »mit den Experten auf Augenhöhe« debattieren könne.[808]

Neben Habeck haben auch drei Vertreter der Grünen aus dem Berliner Abgeordnetenhaus Platz genommen. Habeck redet frei, spricht davon, eine »ermutigte Gesellschaft wiederherstellen« zu wollen, möchte »die Laufrichtung ändern«, da ein »extremer Wandel der Arbeitswelt« durch die Digitalisierung bevorstehe. »Die Sozialdebatte ist da«, sagt Habeck. »Endlich!

Ob etwas geschieht, wird sich zeigen.« Man könne seine Vorschläge als Umverteilung bezeichnen, man kann aber auch sagen, die Gesellschaft rücke damit wieder näher zusammen. Im Verlauf der dreistündigen Veranstaltung wird Habeck immer wieder befragt und auch kritisiert – doch jeder, der sich zu Wort meldet, stellt sich als Mitglied der Grünen vor. Es sind rund einhundert Teilnehmer zusammengekommen, das Ganze wirkt wie eine Parteiversammlung. Nachbarn von nebenan sind kaum auszumachen, man bleibt weitgehend unter sich. »So leid es mir tut, Robert«, meldet sich ein Vertreter aus Berlin-Kreuzberg zu Wort, »es ist dein Vorschlag, aber nicht der der Grünen. Im Papier der Berliner Grünen taucht Hartz IV überhaupt nicht auf.« Sonja Schreiner, Gründungsmitglied der Grünen in Niedersachsen, fragt, woher »all das Geld« genommen werden soll, und befürchtet, Erwartungen zu schüren, die in Enttäuschungen enden. Peter Sellin hingegen, Gründungsmitglied der Berliner Alternativen Liste, begrüßt, dass »die Debatte für ein Existenzminimum« eröffnet worden ist. Es bleibt ein Austausch unter Mitgliedern und Parteifreunden, hilfreich und zielführend gewiss; aber nicht das angekündigte Gespräch mit »Bürgerinnen und Bürgern« aus einem sozialen Brennpunkt.

Im August 2019 kommt Habeck zu einer sogenannten Townhall-Veranstaltung nach Cottbus. Die zweitgrößte Stadt in Brandenburg steht seit Langem im Ruf, Zentrum rechtsradikaler, völkischer, deutschnationaler Kreise zu sein. »Wie gefährlich ist das braune Netz von Cottbus?«, heißt es wenige Monate zuvor nach einer großen Razzia in der Presse.[809] Zudem liegt Cottbus mitten in der Lausitz, einem Braunkohlerevier, das stillgelegt werden soll. Ein weiterer Grund für Unruhe und Unmut in der »AfD-Hochburg Cottbus«.[810]

In der Stadt sind nicht viele Hinweise auf die Veranstaltung mit Habeck zu sehen. Mancherorts hat eine »Lausitz-Initiative« Habeck als grünes Marsmännchen mit »feindlichen Absichten« plakatiert, ein Ableger von AfD oder Pegida offenbar. Auf Facebook habe es angeblich Morddrohungen gegeben, wird später berichtet.[811] Aber sonst? Keine AfD-Plakate, keine Wut-Graffiti, auf der Homepage der AfD-Cottbus ist kein aktueller Eintrag zu finden. Dabei ist in der Lausitz eigentlich Wahlkampf, am 1. September wird in Brandenburg ein neuer Landtag gewählt. Am Tag zuvor hat Thüringens AfD-Chef Björn Höcke in Cottbus eine »Verabschiedungskultur für illegale Einwanderer« gefordert. Es könnte also auch beim Auftritt von Habeck brodeln.[812]

Die Townhall-Veranstaltung findet im Alten Stadthaus am schmucken Altmarkt statt, einem restaurierten historischen Saalbau mit Stuckbalkonen, Säulen und Parkettboden. Rund 250 Menschen sind zusammengekommen, proppenvoll ist der Saal, einige müssen vor der Tür bleiben. Habeck hält sein Eingangsreferat, ohne Podium und Manuskript. Er ermutigt das Publikum, argumentiert für den Wandel, gibt eigene Versäumnisse im Osten zu, spricht sich für Bündnisse und sozialen Frieden aus. Er appelliert an den Bürgersinn. Ruhig und sachlich werden dann Fragen aus dem Publikum gestellt: Ein Kohlekumpel meldet sich zu Wort und berichtet von seiner Situation und den Ängsten und auch der Wut unter den Kollegen; eine Studentin klagt über die miserablen Bahnverbindungen nach Berlin; ein Mann vermisst pazifistische Töne bei den Grünen. Darauf entgegnet Habeck, »militärische Präsenz« könne in bestimmten Situationen notwendig sein. Das sei nicht unbedingt schön, »aber deeskalierend und in dem Sinne notwendig«.[813]

Atommüll, Soldaten in Afghanistan, Grundrente sind weitere Themen in der Fragerunde. Seltsamerweise gibt es nicht eine einzige Frage zur unmittelbaren Lokalpolitik. Als Habeck schließlich zur Wahl aufruft, benennt er Alternativen: »Zuversicht oder Verdrucktheit. Angst machen oder Mut. Das ist die Frage, die verhandelt wird.« Dafür erhält er starken Applaus, es wird gejubelt. Sein Appell an eine Aufbruchsstimmung fruchtet. Und so fügt er noch hinzu: »Der einfache Weg ist immer, zu sagen, was alles nicht geht. Es ist immer einfacher, zu sagen, wen man doof findet und warum man was ablehnt, als zu sagen, wie es denn gehen kann. Aber: Es lohnt sich, darum zu kämpfen.«[814]

Am Ende gibt sich Habeck erleichtert, dankbar. Muffensausen habe er vor der Veranstaltung gehabt, Trillerpfeifen und heftigen Protest erwartet. Man hatte ihm zuvor Fotos des plakatierten grünen Männchens geschickt, Aufrufe, er solle wegbleiben, grüne Kreuze. Eine feindliche Stimmung war ihm in Aussicht gestellt worden. So sei er nun sehr dankbar, wie respektvoll in diesem Saal miteinander diskutiert worden sei: »Dass ein Abend so gelingen kann, ist ganz großartig. Wenn es einen Grund gibt, die Zuversicht zu behalten, dann war das heute Abend hier. Vielen Dank.«[815]

Positive Weltsicht? Grenzenloser Optimismus? Selbsthypnose? In seiner politischen Autobiografie spricht Habeck von »Selbsthypnose«, als er vom – erfolgreichen – Wahlkampf in Schleswig-Holstein 2017 berichtet und davon, wie dort eine Zustimmung erreicht werden konnte, die weit über dem Bundesdurchschnitt lag. Ein Flow gewiss auch das. »Von da an machten wir Wahlkampf wie beflügelt.«[816]

Wiederholt ist Habeck in der Vergangenheit von Journalisten auf das Phänomen Martin Schulz angesprochen worden, dem Ikarus des Jahres 2017. Im Januar vom SPD-Parteivorstand einstimmig zum Kanzlerkandidaten berufen, im März auf einem

Bundesparteitag mit 100 Prozent der gültigen Stimmen zum Parteivorsitzenden und Kanzlerkandidaten gewählt, auf Händen getragen, bejubelt, förmlich vergöttert. Ein klassischer Fall von Projektion und Hoffnung auf Erfüllung, Stillen von Sehnsüchten. Mehr als 10 000 neue Mitglieder bekommt die SPD in dieser Zeit, es herrscht Aufbruchsstimmung. Auch Habeck ist damals fasziniert von dieser Entwicklung. In einem Interview mit der *taz* verwahrt er sich dagegen, Schulz als »Linkspopulisten« zu bezeichnen; vielmehr lobt er den SPD-Politiker über den grünen Klee: »Er ist ein Politiker, der die Spielregeln (...) exzellent beherrscht.« Damit meint Habeck: mitreißend Politik zu machen, Menschen für Ideen zu begeistern. »Wir müssen analysieren, warum Martin Schulz so erfolgreich ist.« Das bedeute für die Grünen, die seinerzeit in einem Umfragetief sind, »dass wir uns wieder Idealismus trauen«, Beteiligung und Bürgersinn fördern, »der Merkel'schen Alternativlosigkeit« etwas entgegensetzen. »Wir müssen zurück zu einer sozialen Marktwirtschaft statt asozialer Machtwirtschaft.« Kurz: Aufbruchsstimmung erzeugen, einen Wandel herbeiführen.[817]

Binnen eines Jahres stürzt Martin Schulz ab, weil Funktionäre des Parteiapparats dem Kandidaten die Luft zum Atmen nehmen und aus einer eigenständigen Stimme eine Marionette ahnungsloser Puppenspieler machen. Ein Journalist schreibt darüber *Die Schulz-Story*, eine Reportage, die im März 2018 in Berlin vorgestellt wird.[818] Auch Habeck ist auf der Bühne zu Gast, denn der Hype um seine Person ist spätestens seit zwei Monaten, also seit seiner Wahl zum Bundesvorsitzenden der Grünen, ebenfalls enorm. Ein vergleichbarer Fall also? Absturz nicht ausgeschlossen oder leicht möglich sogar, je nachdem, aus welcher Perspektive geschaut wird?

»Ich war auch infiziert von diesem Hype«, sagt Habeck rückblickend bei der Buchpräsentation. »Und ich dachte tatsächlich, da gibt's jetzt 'ne Leidenschaft in der deutschen Politik und ein Versprechen von Unverstelltheit und ein Mitreißen, wie wir es lange nicht gesehen haben.« Doch dann sei es zu Fehlentscheidungen gekommen, der Kandidat ging auf Ratschläge von Parteifunktionären ein, er habe sich austauschbar machen lassen. »Und obwohl Schulz es besser weiß, obwohl er permanent sagt: Leute, lasst mir doch meine Sprache, und ich muss doch ein bisschen angreifen, ich bin ein leidenschaftlicher Mensch, lässt er sich darauf ein. Und wenn es *den* größten Fehler gab: dass Schulz sich nicht durchgesetzt hat. Und so sympathisch er mir am Anfang war, wenn ich das Buch dann lese, denke ich auch: Okay, wenn du dich nicht mal bei solchen Lappalien durchsetzen kannst, wie kannst du dich dann gegen Trump und Putin durchsetzen? Wahrscheinlich ist da, und das sage ich mit 'ner gewissen Bitterkeit, auch 'ne Wahrheit drin, warum er nicht Kanzler werden konnte. Das war nicht kanzlerreif, wie er den Wahlkampf geführt hat.«[819]

Als Habeck sich im Oktober 2018, nach den Landtagswahlen in Bayern, zum »Stagediving« verführen lässt, einem Sprung in die Menge, um dann über die Köpfe getragen zu werden, also das, was Rockstars dann und wann tun, wird er für diesen Temperamentsausbruch in der Presse gescholten. Mehrfach muss er sich dafür rechtfertigen. »Auch Politiker können in einem solchen Moment der Freude und nach 23 Uhr mal übermütig werden«, sagt er in einem Interview, »das war nur eine Kasperei am Rande – nach einem anstrengenden Wahlkampf.« Die Journalisten erinnern an Joschka Fischer, der nach seinem Rückzug aus der aktiven Politik gesagt habe, er sei einer der letzten Rock'n' Roller der deutschen Politik gewesen.[820] Ob Habeck ihn mit seinem Sprung habe widerlegen wollen? »Das war ein Augenblick der Euphorie«, antwortet Habeck nüchtern. »Und jetzt geht es mit der Arbeit schon längst weiter.«[821]

Noch im April 2019 wird er in der Fernsehtalkrunde »3 nach 9« darauf angesprochen. Ob er denn gewusst habe, nach dem Sprung, dass es Ärger geben könne, fragt der Moderator. »Ja, beim Springen hab ich das gewusst«, grinst Habeck. »Aber wir hatten doch eine Botschaft: Wir bleiben auf dem Boden! Wir heben nicht ab! Und dann … Es war ein Moment der Schwäche«, gibt er achselzuckend zu.[822]

»Er war hier der unbestrittene Star«, sagt Ulf Kämpfer, der frühere Staatssekretär in Habecks Ministerium in Schleswig-Holstein. »Er hatte keine Starallüren, aber dieses Stagediving – das ist so an der Kante zum Celebrity gewesen. Wer ihm grundsätzlich wohlgesinnt ist, der sieht ihm das nach; und wer ihn ohnehin nicht mag, der hält ihm das vor.«[823] Habecks Schulfreund Kristian Dittmann empfindet diesen Moment als Ausdruck von Habecks innerer Freiheit. »Er bewegt sich natürlich mit viel Adrenalin. Und wenn du als Rampensau unterwegs bist, auf alle eingehen musst, immer zugänglich sein musst, dann darfst du so einen Moment auch einfach mal mitnehmen. Robert ist das Echteste, Authentischste, was ich an Politikerpersönlichkeiten jemals beobachtet habe. Der würde sogar seine Antrittsrede als Bundesumweltminister frei halten. Dem macht das einfach Spaß.«[824]

Habeck kennt dieses Gefühl übersprudelnder Energie auf einer Bühne nicht erst seit Bayern; er hat dieses Stagediving schon einmal probiert, 2012, zum Auftakt des Landtagswahlkampfs in Schleswig-Holstein. Die *FAZ* berichtet darüber in einem längeren Artikel über »das Zugpferd der Grünen in Schleswig-Holstein«. Unkonventionell sei Habeck, offen, »fern aller Ideologie«.

Und gut und bereit für Überraschungen. »Beim Wahlkampfauftakt seiner Partei in einer Kieler Diskothek tanzte er nicht nur zur Musik seiner Frau, die eine Rockband hat«, berichtet der Journalist. »Er ließ sich am Ende seiner frei gehaltenen Rede wie ein Popstar von der Bühne in die Menge fallen, und die Grünen kreischten dazu. Wenigstens einmal im Leben habe er das tun wollen, erzählt er. Schriftsteller ist er von Beruf, Popstar wäre er gern, Politiker ist er durch die Umstände geworden.«[825] Damals erregt das eher lokal Aufmerksamkeit, Habeck ist im Bundesgebiet noch wenig bekannt. Fünf Jahre später erinnert derselbe Autor in der *FAZ* an das Stagediving von 2012, nennt Habeck den »Bob Marley der Partei«, bezeichnet ihn als »Popstar«, der die Politik rocken will, »ihm wird zugejubelt«.[826] Seinerzeit ziert ein Foto vom Stagediving auch noch das Titelbild auf Habecks Facebook-Account.[827]

Er habe seiner Partei mehr Rock'n'Roll empfohlen, heißt es in der Wochenillustrierten *Stern*, eine Woche bevor er zum Bundesvorsitzenden der Grünen gewählt wird. »Ja, raus aus dem Blues!«, antwortet Habeck. Es sei genug gejammert worden, dass eine Jamaika-Koalition auf Bundesebene scheiterte, genug auch darüber geklagt worden, die kleinste Oppositionspartei zu sein. Er könne scheitern, die Grünen könnten untergehen – »es kann aber auch sein, dass wir es schaffen, gesellschaftliche Hoffnungen zu wecken. Das Geile ist doch: Wir haben es selbst in der Hand. Rock'n'Roll!« Ob dieser Rat eine Reminiszenz an Joschka Fischer sei, der sich als »letzten Live-Rock'n'Roller der deutschen Politik« bezeichnet habe, fragen ihn die Journalisten. »Nein«, antwortet Habeck, »an Fischer habe ich nicht gedacht. Seine Raubeinigkeit fand ich immer beeindruckend, seine Macker-Attitüde ging mir allerdings ganz gehörig auf den Senkel.«[828]

»Selbstzweifel sind nicht so seine Art«, schreibt Andrea Paluch in einer Zeitungskolumne.[829] In einem ihrer gemeinsamen, autobiografisch gefärbten Romane heißt die Hauptfigur, der verschwundene, womöglich tote Ehemann, ausgerechnet Robert. Und Helene, die trauernde Frau, blickt zurück auf ihr Leben: »Ein großes Leben, wiederhole ich mir. In solchen Bildern haben Robert und ich uns Kraft und Bestätigung zugesprochen, wenn ich abends zu müde war, nach einem Tag voller Geschrei und schmutziger Windeln, um mit ihm noch über Erdwärme und Holzschnitzel zu reden, wenn ich nach ein paar Schlucken Wein einschlief, in einer Zeit, da wir miteinander schlafen wollten, aber keine überschüssige Energie mehr hatten. (…) Ein großes Leben, das bedeutet, daß man nicht auf der Stelle tritt, daß man arbeitet, daß man spürt, wie man lebt. Das bedeutet, stolz zu sein.«[830]

Stolz? Ist es das? Im Juni 2019 wird Habeck auf seinen bevorstehenden 50. Geburtstag angesprochen, der Journalist fragt ihn, was er als größten Erfolg seines Lebens betrachte. »Mein Fahrtenschwimmabzeichen mit sechs Jahren«, antwortet Habeck. »Ich glaube, stolzer war ich nie wieder.«[831] Und dennoch: Wenn einer ständig in der Öffentlichkeit steht, viel bewundert und beklatscht wird, kritische Stimmen immer gedämpfter zu ihm durchdringen – gibt es eine Kehrseite? Heide Simonis, von 1993 bis 2005 Ministerpräsidentin von Schleswig-Holstein, soll in ihrer Amtszeit gesagt haben: »Wenn mich auf fünf Schritte keiner erkennt, werde ich depressiv.« So zitiert es Jürgen Leinemann in *Höhenrausch. Die wirklichkeitsleere Welt der Politiker*.[832] Václav Havel soll gesagt haben: »Indem ich an der Macht bin, bin ich mir ständig verdächtig.«[833] Bärbel Höhn, die zur Gründungsgeneration der Grünen zählt, betrachtet den politischen Betrieb seit 2017 nüchtern aus der Ferne. »Es ist immer nur eine Bekanntheit auf Zeit«, sagt sie, das sollte jedem klar sein, der in der Politik bekannt wird. »Wenn man das einmal begriffen hat, dann ist die Gefahr, dass man abhebt, nicht so groß. Überheblichkeit wäre der erste Schritt, um den nächsten Fehler zu machen. Und selbst wenn man plötzlich in kurzer Zeit bekannt wird und denkt, jetzt kann ich alles verändern. Das ist eben nicht der Fall.« Politik ist Kärrnerarbeit, weiß Höhn aus eigener Erfahrung, und die ist nur mit ewiger Geduld und dickem Fell zu ertragen. Man dürfe dabei nie den eigenen Kompass aus dem Blick verlieren. »Politik ist für die Menschen«, sagt Höhn, »und nicht für irgendeine Partei. Wenn man diesen Grundsatz beibehält, dann hat man schon Einfluss auf das Bild, das die Bevölkerung sich von einem macht.«[834]

Aber es gibt natürlich Journalisten, die ihr eigenes Bild vom Objekt ihrer Berichterstattung malen und Äußerlichkeiten hervorheben. »Herr Habeck, warum denken wir stets an Rock'n'Roll, wenn wir Sie sehen«, beginnt ein Interview in den *Kieler Nachrichten* vom Dezember 2014. Woher solle er wissen, weshalb der Fragende das denkt, antwortet Habeck. Also legt der Journalist nach: »Cowboystiefel, offenes Hemd, Jeans, Drei-Tage-Bart: Gefallen Sie sich in der Rolle des Rebellen?« Habeck antwortet, dass »Kleiderordnungen« weder in der Jobbeschreibung noch im Koalitionsvertrag gestanden hätten. Über den Artikel hat die Redaktion als Beleg ein Foto aus dem Ministerbüro gesetzt, auf dem Schreibtisch: ein Cowboystiefel.[835] »Früher trug er die Haare lang und die Cowboystiefel halbhoch«, heißt es in den *Lübecker Nachrichten* vom September 2013: »Auf ein paar Meter Entfernung hätte man Robert Habeck (44) auch für Bon Jovi halten können.«[836]

Rock'n'Roller, Rebell, Bon Jovi – auch das Musikmagazin *Rolling Stone* wird neugierig auf Habeck: Zweimal wird er den

Lesern vorgestellt, einmal in einem ausführlichen Porträt, pünktlich zum Erscheinen seines »autobiografischen Manifests« (*Wer wagt, beginnt*), eine »radikale Neujustierung des Verhältnisses von Politik und Gesellschaft«, wie der Journalist verspricht; ein zweites Mal in einem Interview zum Thema »1968«. Im Spätherbst 2016 begleitet ihn Peter Unfried, sein langjähriger journalistischer Beobachter, auf eine Podiumsveranstaltung in Berlin, es geht um die Energiewende. Ein Zuhörer fragt Habeck, »was der Bundesumweltminister Habeck ab dem nächsten Jahr in Sachen Kohleausstieg abliefert«. Der Angesprochene entgegnet: »Das wäre mir zu klein.« Also damals schon Ambitionen zu Höherem? Ist das bereits Hochmut oder noch Ironie?[837] Im Mai 2018 wird Habeck im *Rolling Stone* gefragt, warum das Interesse an Popkultur bei den Grünen eher unterentwickelt sei. »Weil ›Pop‹ von ›populär‹ kommt«, antwortet Habeck, »und es der ursprüngliche Antrieb der Grünen war, gegen den Mainstream zu sein.«[838] Im März 2019 lässt sich Habeck öffentlich auf ein – unter Journalisten immer beliebter werdendes – Fragespiel ein. In der Gesprächsreihe »Berliner Salon« des *RedaktionsNetzwerks Deutschland* soll er einen Satz jeweils vervollständigen. »Bei den schwarz-grünen Sondierungen im Jahre 2021 werde ich …«, beginnt der Moderator, und Habeck antwortet: »Hoffentlich mit am Tisch sitzen.« Der nächste Satzbeginn lautet: »Die Vorstellung eines grünen Innenministers finde ich …« Habeck: »Spannend.« Und einen dritten Anfangssatz fügt der Moderator noch hinzu: »Ich würde das sogar selbst machen, wenn …« Nach einigem Zögern sagt Habeck zunächst grinsend: »Den Satz kann ich nicht zu Ende bringen«, um sich danach in Ironie zu retten: »Wenn Katzen bellen.«[839]

Im Januar 2020 werden beide Parteivorsitzende, Baerbock und Habeck, in einem gemeinsamen Interview zum Thema Macht befragt. Habeck spricht darin auch über die Wirkung von Reden und die Auswirkungen auf den Redner. Im August vergangenen Jahres hätten beide einen Auftritt in Dresden gehabt, »große Bühne, toller Park, super Stimmung«, erinnert sich Habeck. Und er sagt, dass eine Rede am Ende einer Veranstaltung »immer wuchtiger« wirke. In Dresden war er damit dran, »am Ende rufst du, das ist unser Moment, los geht's. Bäm, dann explodiert der Park.« Euphorie pur, Popstar-Emotionen.[840] Drei Tage später berichtet die *Bild*-Zeitung von Habecks Auftritt bei der Industrie- und Handelskammer in Düsseldorf. »Launig«, heißt es im Bericht, habe ihn der Präsident der IHK, Andreas Schmitz, als »gelungene Mischung aus Robert Redford, Heinrich Böll und dem Sandmännchen« begrüßt. Ob sich Habeck durch diese eigenwillige Charakterisierung geschmeichelt fühlt, ist nicht überliefert. In freier Rede habe er dann seine Kernthesen vorgetragen, am Ende gab es »mehr als nur Höflichkeitsapplaus« und »Lacher gab's, als er gegen ›halbseidene Politiker‹ wie Donald Trump lederte und plötzlich fragte: ›Darf ich das sagen? Noch bin ich ja nicht im Amt.‹«[841] Ist das Koketterie? Selbstironie? Oder bereits Abheben vor dem Flug?

Eine Woche später besucht er das Weltwirtschaftsforum in Davos und lässt sich zu zwei Minuten ungefiltertem – oder womöglich doch kalkuliertem – Gefühlsausbruch verleiten. Für seine wenig diplomatischen Bemerkungen zu Trumps Rede in Davos erntet Habeck allerlei Kritik in der Presse.[842] In seinem Blog gibt er Ende Januar seinen Kritikern eine indirekte Antwort, indem er im Reisebericht aus den USA die Äußerung eines Zuhörers bei einer Debatte im Holocaust-Museum von El Paso wiedergibt: »Kompromisse gehörten zum Leben. Aber das hieße noch lange nicht, dass man Verständnis für alles haben dürfe. Wenn man die Fähigkeit zur Empörung verlöre, dann würden Diplomatie und Höflichkeit zu Unterwürfigkeit und Duckmäusertum.«[843]

Habeck kennt die Gefahr, die Bodenhaftung zu verlieren. Er weiß, wie Hochmut bestraft wird. Und er ahnt, wie sich Stimmungen drehen können. Martin Schulz war so ein Fall – tiefer ging's nicht. Mehrfach hat sich Habeck auf diesen Fall bezogen, ohne Häme, sondern analytisch, mitfühlend, auch selbstkritisch. In der Wochenzeitung *Die Zeit* werden im Juni 2019 Spitzenpolitiker unter die Lupe genommen, wie sie versuchen, mit dem Erwartungsdruck fertigzuwerden. »Einen Panzer aus Zweifeln« habe sich Habeck zugelegt, lautet die Analyse, jeder Satz von ihm solle zeigen, wie er »im Höhenflug den möglichen Absturz mitdenkt« und »Erwartungen stets dämpft, anstatt sie zu beflügeln«; ein wirksames Mittel, urteilen die Journalisten, ein »Selbstschutz mit Kollateralnutzen«, denn auf diese Weise wachse die Zustimmung.[844] Understatement eben, wie Ferdinand von Schirach amüsiert analysiert: »Das ist wirklich eine Qualität«, sagt der Schriftsteller in einer Fernsehtalkrunde, »das ist ganz toll! Weil normalerweise Politiker es genau umgekehrt machen. Die CDU hat das schlechteste Wahlergebnis seit Gründung in Berlin, der Vorsitzende der CDU tritt vor die Kamera und sagt: Wir haben es wirklich gut gemacht. Und bei Ihnen ist es genau umgekehrt. Sie sind der beliebteste Politiker und sagen: Na ja, so toll ist es auch nicht. Das ist ein Grund, warum es so gut funktioniert …«[845]

»Mein Part ist, nicht nur negative Kritik zu üben, sondern auch tatsächlich ihn runterzuholen manchmal«, sagt Andrea Paluch, Habecks Ehefrau. »Der lebt da schon in so 'ner anderen Wirklichkeit. Wenn man sich da immer befindet, ist das irgendwann nicht mehr gut für einen selber. Die Selbst- und Fremdwahrnehmung gehen dann durcheinander, und dann muss man mal wieder in so 'ne andere Realität geholt werden.«[846]

»Er ragt schon raus«, meint Ralf Stegner, der SPD-Vorsitzende aus Schleswig-Holstein, »aber er ist wohl auch ein bisschen berauscht von sich und seinem Erfolg.«[847] Anke Erdmann hingegen, die zeitweise als Staatssekretärin für Habeck gearbeitet hat, bescheinigt ihm Natürlichkeit, berichtet, wie sachorientiert er denke und handele und wie egal ihm beispielsweise Statussymbole seien.[848] Auch Schulfreund Kristian Dittmann zweifelt nicht an Habecks Bodenhaftung. Man könne mit ihm über den öffentlichen und den privaten Robert Habeck sprechen, über die Schizophrenie, die in diesem Spannungsverhältnis liege, auch den Wahnsinn, »weil du ja nun mal dein privates Ich in dein öffentliches Ich mit reinnimmst, obwohl alles ganz anders funktioniert im Rampenlicht«.[849]

»Sicherlich sind Selbstdarstellungslust, vielleicht auch Eitelkeit oder gar Ruhmsucht, ein Motiv«, schreibt Habeck. »Politik löst Leidenschaft aus, ist faszinierend.« Adrenalin werde ausgeschüttet, wenn vor einer großen Menschenmenge geredet wird. Niederlagen oder Ohnmacht in Wahlkämpfen, aber auch Glück bei einem großen Erfolg, das seien »Empfindungen, die eine Intensität haben, wie man sie sonst vielleicht nur im Sport kennt. Dass die Öffentlichkeit plötzlich der Echoraum der eigenen Ideen wird, ist Ansporn. Dass Menschen einem applaudieren, macht einen stolz. Komplimente zielen immer direkt auf die Person – Kritik aber auch. (…) Und persönlich nimmt man auch, in einem stehend applaudierenden Saal seine Rede zu halten, Begeisterung auszulösen kann begeistern. Niemand, der sie erlebt hat, wird abstreiten können, dass solche Momente einen berauschen können.«[850]

»Sagen Sie jetzt nichts, Robert Habeck«, lautet die Vorgabe Ende Dezember 2017, kurz vor seiner Wahl zum Bundesvorsitzenden der Grünen. In einer Fotoserie werden Prominenten im

Magazin der *Süddeutschen Zeitung* knappe Fragen gestellt, die sie dann – ohne Worte, also gestisch für den Fotografen – beantworten sollen. Die siebte Frage lautet, wo er sich in zehn Jahren sehe. Habeck ist von der Seite fotografiert, sein Oberkörper ist leicht nach vorn gebeugt, auf dem Rücken trägt er einen Rucksack, sein Gesicht wirkt entschlossen, leicht amüsiert. Was will er dem Betrachter sagen? Ihr werdet noch von mir hören? Oder: Da staunt ihr, was?! Oder: Mal sehen, was kommt? Dass er immer unterwegs sei; dass er jede Aufgabe schultern werde; dass er weitermacht und Sisyphos sein treuer Begleiter im Geiste bleibt? Möglich wäre aber auch: Ich kann jederzeit gehen. Denn auf dem schwarz-weißen Foto tritt er nach links aus dem Bild hinaus.[851]

# »Es müsse möglich sein zu gehen«

## Der Unabhängige

Ende 2006 kassiert Habeck seine erste politische Niederlage. Er unterliegt seinem Konkurrenten Malte Spitz und wird nicht in den Bundesvorstand der Grünen gewählt. Habeck ist enttäuscht, vielleicht sogar beleidigt. In einem Interview kommentiert er, die Partei habe sich »gegen den Freigeist und für den Funktionär entschieden«.[852] Eine deutliche Kritik an den Parteistrukturen. Aber er macht weiter. 2012 aber will Habeck hinwerfen. Seit drei Jahren ist er Fraktionsvorsitzender der Grünen in Schleswig-Holstein, als Spitzenkandidat hat er den Wahlkampf in jenem Jahr organisiert und große Erwartungen geweckt. Doch am Wahltag, dem 6. Mai, sind erste Prognosen für die Grünen zunächst schlecht, sie liegen nur im einstelligen Bereich. Die Enttäuschung ist groß. Um 16 Uhr erklärt Habeck im kleinen Kreis intern seinen Rücktritt, er will auf das Landtagsmandat verzichten und das Ende seiner politischen Karriere verkünden.[853] »Ich wollte Verantwortung übernehmen für einen gescheiterten Wahlkampf«, schreibt Habeck in seiner politischen Autobiografie. »Für meine Freunde, denn das waren sie, war es Verrat an der gemeinsamen Sache. Einige waren zornig, einige fassungslos, alle enttäuscht.«[854]

Mit 19 Prozent sind die Grünen in den Umfragen gestartet, als Habeck im November 2011 auf einem Parteitag – mit nur einer Gegenstimme – zum Spitzenkandidaten gewählt wird. »Wir waren bereit, das Land zu erobern. (...) Die Fotos zeigen mich übermütig und angriffslustig.«[855] Ziel ist es, den Ton anzugeben; SPD und CDU sollen sich nach den Grünen richten, nicht umgekehrt. »Wir machten die inzwischen gut eingeübte grüne Eigenständigkeit zu einer grünen Unbändigkeit.«[856] Doch auf einmal gibt es einen bundesweiten Hype um die Partei der Piraten, und die Grünen sacken in den Umfragen ab.[857] »Im Landtag waren wir plötzlich Freiwild, nachdem wir jahrelang die Jäger gewesen waren.« Auf einmal ist nur noch von »Anbiederei, Machtgeilheit, Lavierererei« die Rede. »Ich wollte meiner Partei einen großen Sieg geben und spielte jetzt gegen den Abstieg.«[858] Der politische Betrieb ist schwer zu kalkulieren und besonders die Dynamik eines Wahlkampfs unberechenbar. Habeck wirkt ratlos, er gibt Hilflosigkeit zu. »Menschen wählen Personen«, schreibt er, »und richten ihre Hoffnungen auf sie, und wenn sie einen nicht wollen, dann war man eben die falsche Person und muss gehen – alles vermutlich richtig. Aber eben auch sauungerecht.«[859]

In den letzten Wochen vor dem Wahltag macht er seinem Ärger Luft. Er beschimpft die Piraten, macht aus seiner schlechten Laune kein Hehl, reagiert trotzig, wütend. Die Zustimmung der Wähler steigt wieder, doch die erste Prognose am Wahltag um 16 Uhr, übermittelt von einem Berliner Journalisten, ist ernüchternd. »Für eine Stunde herrschte die schiere Fassungslosigkeit«, schreibt er. »Aber ich wusste zum ersten Mal seit Wochen wieder genau, was ich zu tun hatte. Und das war wirklich eine Befreiung.«[860] Ein paar Tage zuvor hatte er noch in der *FAZ* eine Idee preisgegeben, für den Fall des Falles, nämlich den, sein Politikerdasein zu beenden: »Ich mache eine Werbeagentur auf.«[861]

Am Abend dann sieht die Welt anders aus. Die ersten Hochrechnungen sind passabel, die Grünen landen schließlich bei 13,2 Prozent, eine knappe Steigerung zur vorangegangenen Landtagswahl von 2009. Habeck macht weiter, obwohl »unter meiner Spitzenkandidatur ca. 5%, also Zehntausende von Stimmen, verloren gegangen« sind.[862] Habeck kann nun regieren, er wird Umweltminister und Stellvertretender Ministerpräsident.

»Robert würde nie in einer Fußballmannschaft spielen, wenn es chronisch um den Abstieg geht«, sagt Kristian Dittmann, der Schulfreund. »Da hätte er einfach keinen Bock drauf.« Man müsse auch mal einen Pokal holen. Oder in der Champions League dabei sein. Er könne auch verlieren, trete aber an, um zu gewinnen. »Und die SG ist ja nun mal ein sehr stabiler Gewinner«, lenkt Dittmann das Augenmerk auf den Handball. SG Flensburg-Handewitt, europäische Spitze seit Jahren. Habeck ist Handball-Fan und Anhänger seines Heimatvereins. »Wenn ich Zeit habe, bin ich häufig in der Flens-Arena, das ist tatsächlich auch ein Teil von meinem Leben«, sagt er.[863] »Ich kann schlecht verlieren«, sagt er im Juni 2018 bestens gelaunt in der Blödelei mit Hazel Brugger am selbst gebastelten Tischkicker in der »heute-show«. Und der Zuschauer weiß nicht recht, wie ernst gemeint das nun klingen soll.[864] Handball sei »sehr lehrreich, auch für Politik«, antwortet Habeck wenige Wochen später dem Reporter eines Handballmagazins, denn: »Wenn du keine Angst hast zu verlieren, gewinnst du am Ende alles.«[865]

Was also wird passieren, wenn die Grünen stagnieren? Was geschieht, wenn die Grünen »rückwärts rutschen, wenn sie sich mal wieder so 'ne Nullnummer wie Veggie Day erlauben? Und was, wenn Robert der erste richtige Fehler passiert?« Dittmann macht sich auch darüber seine Gedanken. »Wenn es mit den

Grünen bergab ginge und er immer noch Vorsitzender wäre … Ich glaube, da würde er Hummeln im Hintern kriegen, die Ärmel hochkrempeln und kämpfen, solange er die Menschen erreicht.«[866]

»Im Moment, glaube ich, dass Robert 'ne Menge Energie hat«, sagt Arfst Wagner, der frühere Parteifreund, im Mai 2019. »Der Erfolg pusht ihn. Adrenalinstoß ohne Ende. Und die Frage wird sein, was passiert, wenn das Ganze mal zu einem Stopp kommt und es auch mal zurückgeht. Was passiert dann?«[867] Solange Habeck einen Sinn in seiner politischen Arbeit erkenne, solange werde er weitermachen, vermutet Wagner. Die Idee, eine bessere Gesellschaft schaffen zu können, werde ihn motivieren. Die Hoffnung auf eine bessere Zukunft also.[868] Wagner sagt aber auch, dass Habeck »das Gegenteil von einem Parteisoldaten« sei. Er könne sich deshalb auch gut vorstellen, dass er die Grünen verlasse, »sollte es mal gravierend zu einem Knatsch« in der Partei kommen, oder wenn er das Gefühl habe, seine Ideen dringen nicht mehr durch. Habeck suche immer nach einem Sinn, nach etwas, »das über seinen eigenen Horizont hinausgeht«. Er sei ein Lernender, »er lernt immer dazu«. Und Wagner schätzt ihn als unabhängig ein, sowohl geistig als auch materiell. Sollte er in der Politik scheitern, werde er »in sehr vielen anderen Lebensbereichen oder mit seiner Schriftstellerei schnell wieder einen Platz finden, in dem er vernünftig wirken kann«, ist er sich sicher. »Und diese Unabhängigkeit ist Gold wert.«[869]

Krista Sager, die ehemalige Fraktionsvorsitzende der Grünen im Bundestag, bestätigt die Einschätzung Wagners. Habeck sei bestimmt nicht jemand, der »die ganze Zeit auf Speed durch die Gegend rennt«. Und er wisse sicher sehr genau, »jetzt kommt die Phase, wo man auch wirklich verletzt werden kann«. Habe einer Erfolg, dann stürzten sich alle auf ihn, und dann gebe es »ganz schnell einen Gegenreflex in der Öffentlichkeit«, so einer müsse jetzt schärfer kritisiert werden. Es gebe dann auch Leute, die versuchten, einen Menschen »fertigzumachen«, es sei nun mal so: »Erfolg erhöht die Verletzlichkeit.« Aber als Schriftsteller und Intellektueller könne er diese Mechanismen wahrscheinlich leichter reflektieren.[870]

Habeck ist sich bewusst, dass das Dasein als Politiker nur eine Phase in seinem Leben ist. Und er drückt seine Erleichterung darüber aus, es eines Tages nicht mehr zu sein. Nämlich dass er dann »nicht ständig gefragt werde, ob ich Vegetarier bin oder welches Auto ich fahre, sondern ich es einfach machen kann. Aber als Ökominister wäre das sofort eine Rolle, und das hasse ich wie die Pest.«[871] Eine Frauenzeitschrift bringt ein Doppelporträt von ihm und seiner Frau. »Ich mag meinen Job«, sagt er im Oktober 2014, »habe das Gefühl, etwas Sinnhaftes zu tun. Aber ich weiß, eines Tages mache ich wieder etwas anderes.« Andrea Paluch fragt daraufhin: »Und wenn ich dich bitten würde, morgen alle Ämter niederzulegen?« Habeck antwortet umgehend: »Dann würde ich das ohne Zögern tun.« Sie lässt nicht locker. »Und wenn ich sagen würde: Wir eröffnen auf Santorin ein veganes Restaurant?«, spinnt sie einen Traum weiter aus. »Wenn ich ab und zu mal einen Fisch grillen darf, wäre das okay«, antwortet er, und beide lachen. Die Reporterin nimmt den Spaß für bare Münze und kommentiert: »Das Restaurant auf Santorin ist für sie, so scheint es, nicht ganz ausgeschlossen.«[872] In einem Doppelinterview im Oktober 2015 werden beide erneut gefragt, ob er mit der Politik aufhören würde, wenn sie es verlangte. »Ohne zu zögern«, sagt er. Sie hingegen fügt hinzu, dass sie ihn für ein Verbleiben in der Politik stärke, denn: »Es ist wichtig, dass es Politiker gibt, die es nicht nur aus eigenem Machtkalkül machen.« Nett habe sie das gesagt, antwortet er und dankt ihr; doch er bleibt dabei: »Vorm Loslassen habe ich keine Angst.«[873]

»Es ging uns nie darum, den Wohlstand der Eltern zu mehren«, sagt Kristian Dittmann. Darin seien Habeck und er Brüder im Geiste, immer stehe die »Frage nach Freiheit« im Zentrum ihres Denkens. Und wenn Habeck keine Aussicht mehr in der Politik sehe, dann würde er den Hut nehmen und sagen: »Okay, das war mein Beitrag.« Er würde eine Auszeit mit seiner Frau nehmen, »und dann wäre es vorbei«. Dann würde er am nächsten Morgen aufwachen, vielleicht in ein Café gehen und einfach da sitzen, weil er das die letzten zehn Jahre nicht gemacht habe, und seine Freiheit genießen. Habeck sei »sich selbst teuer«, sagt Dittmann, er gebe sich auch hin, verausgabe sich für die Politik – »aber nicht über seine Leiche«. Grenzen würde er rechtzeitig wahrnehmen, glaubt der Schulfreund.[874]

»Es müsse möglich sein zu gehen, wenn man das politische Geschäft nicht mehr aushält«, schreibt Habeck in seiner politischen Autobiografie. »Das ist nicht nur Feigheit, denke ich, das ist auch das Offenhalten eines Freiheitsraumes, das Verteidigen seiner Person und seiner Würde.«[875] Er bezieht sich dabei auf das Beispiel von Waltraud Wende, der (parteilosen) Bildungsministerin von 2012 bis 2014 in Schleswig-Holstein, die durch ihre »überfordernde, aber zupackende Art«[876] in Misskredit gerät, Journalisten und Juristen gegen sich aufbringt, eine Regierungskrise verursacht, schließlich entnervt zurücktritt.

Habeck beansprucht für sich, Fehler machen zu dürfen, auch in der Politik, gegebenenfalls mit einem Rücktritt Verantwortung zum Ausdruck zu bringen. Wenn Politiker sich nicht mehr trauten, »die eigene Fehlerhaftigkeit und mitunter Widersprüchlichkeit zuzugeben – wie wollen wir dann je eine Gesellschaft da abholen, wo sie steht?«[877] Und er selbst wisse nicht, deutet er später in einer Fernsehtalkshow an, wie weit er beispielsweise persönlichen Diffamierungen standhalten werde.[878]

Man könne als Politiker nicht »für 10 oder für 20 Jahre planen«, sagt Habeck in den *Gesprächen über den Staat* 2017. Kurz zuvor hat er die Urwahl bei den Grünen knapp verloren, ist tief enttäuscht, betont aber die außerordentliche Bedeutung von Wahlen. Er nehme sich »Momente zum Innehalten und neu Nachdenken« und entscheide sich dann »bewusst für oder gegen etwas«. Er finde es gut, dass immer mal wieder alles und auch er selbst »grundsätzlich in Frage gestellt« werde.[879] Schulfreund Kristian Dittmann bestätigt das. Man könne ihn »ganz krass kritisieren, wenn er zugänglich ist«. Habeck selbst nehme kein Blatt vor den Mund, er verabscheue jedes Getue, er sei so etwas wie das Gegenbild zu Christian Lindner, dem FDP-Chef, »der ja ständig in der Angst lebt, seine Pose könnte auffliegen«.[880]

Er sei frei von Angst, sagt Habeck Anfang 2018, eine Woche vor seiner Wahl zum Bundesvorsitzenden der Grünen. Das gebe ihm eine innere Freiheit. »Ich hatte ein Leben vor der Politik, und ich weiß darum, dass es auch ein Leben nach der Politik geben kann.« Angst sei weit verbreitet in der Gesellschaft, Angst sei auch sehr menschlich, »aber wir dürfen darin nicht verharren. Wir setzen diesen Ängsten viel zu selten etwas entgegen, ein ›Wir kriegen das schon hin‹.« Stattdessen verbuddelten sich »alle so tief in Löchern, bis niemand mehr den Horizont sehen kann«.[881]

Drei Monate später wird Habeck im dänischen Fernsehen zu seinen politischen Plänen befragt und auch dazu, was er nach seinem Abschied von der Politik machen werde. Im Moment denke er nicht darüber nach, sagt er. »Ich bin gerade erst im Anlauf, noch mal andere Dinge zu probieren. Aber, na klar: Es ist ein endlicher Job, und irgendwann wird man nicht mehr gewählt oder scheidet aus. Und schreiben und die Welt abzubilden in Geschichten, das war immer ein großes Glück, und es ist schon vorstellbar, dass ich danach wieder anfange zu schreiben. Aber es gibt keinen Plan oder auch kein Enddatum, drei Jahre oder zehn, dann mach ich das. Mal gucken.«[882]

Er habe die Wahlkämpfe, »die ich gewinnen musste«, geführt, sagt Habeck im April 2018 bei einer Podiumsveranstaltung in Hamburg, »aus einer Freiheit heraus« sei er in sein Amt als Bundesvorsitzender der Grünen gegangen. In der Vergangenheit habe er das bewiesen, er habe Parteitagsreden gehalten, er habe Wahlkämpfe geführt, er habe es auch als Minister »einigermaßen« hingekriegt. »Ja, klar, nur in Schleswig-Holstein, das ist ein kleines Hutzelputzelland, das weiß ich wohl, dass immer solche Sachen kommen«, um seine Tätigkeit dort damit abzuwerten. »Aber in Berlin kochen sie auch nur mit Wasser. Und der Tag hat auch nur 24 Stunden und die Menschen dort sind genauso ratlos und müde und überfordert wie alle anderen Menschen auch.«[883]

Als junger Mann sei seine »Freiheitsutopie« eine ganz andere gewesen, verrät Habeck im November 2018, nämlich »zu Fuß nach Afrika gehen, das wollte ich immer sehr gerne«. Draußen in der Natur Abenteuer erleben, so wie er es in Rüdiger Nehbergs Büchern gelesen hatte: »am liebsten mit dem Rucksack, aber ohne Geld und dann weite Strecken« zurücklegen. Bei ihm habe es immer nur für Wochenendausflüge gereicht. »Aber das ist ehrlicherweise auch heute noch so 'n bisschen der Traum, mal alles hinter sich zu lassen und dann einfach los.«[884]

Ob er sich vorstellen könne, innerhalb der nächsten fünf Jahre mit der Politik aufzuhören, wird er im April 2019 in einer öffentlichen Veranstaltung in Berlin gefragt. Das sei nicht das, was er anstrebe, antwortet er zunächst. Seine Aufgabe möchte er auch zu einem Erfolg führen. Aber es ginge nicht darum, Angst zu haben und »vor großen Debatten« zurückzuschrecken oder aus taktischen Überlegungen klein beizugeben. »Wie soll ich das denn jetzt pathetisch zum Abschluss bringen?«, fragt er ins Publikum und setzt dann zu einem Schlussstatement an: »Wenn die Ernsthaftigkeit, mit der wir versuchen, das Ding nach vorne zu treiben, gepaart mit einer gewissen Zugewandtheit und Freundlichkeit, wenn das nicht gewollt wird, dann eben nicht. Dann machen wir irgendetwas anderes.«[885]

Im Juni 2019 spreche ich Habeck auf sein Joggen an und frage ihn, auf welchem Kilometer er sich im Marathonlauf seines politischen Engagements befinde. »Ich bin 2002 in die Partei eingetreten«, blickt er zurück, »das heißt, ich bin jetzt seit 17 Jahren Berufspolitiker. Da habe ich schon eine ganz schöne Strecke zurückgelegt. Ohne dass ich jemals wusste, dass irgendwo ein Ziel ist. Aber es fühlt sich an wie: Jetzt ist die Zeit, in der ich den wichtigsten Beitrag leisten kann. Wenn ich das vielleicht vom Marathon wegnehmen darf, hin zu einem Fußballturnier: Wir sind jetzt schon in die Finalrunde eingezogen. Und das Gute ist, dass nach jedem Turnier das nächste kommt. Keine WM ist jeweils die letzte.«[886]

Bei einer öffentlichen Veranstaltung im März 2019 kommt die Rede auf die bevorstehenden Landtagswahlen in Ostdeutschland und darauf, dass die Grünen im Osten der Republik traditionell weniger Zuspruch erhalten als im Westen. Ist eine Trendwende möglich? »Für mich ist es auch so, dass die Geschichte dieses Jahres am Ende in Brandenburg, Sachsen oder Thüringen geschrieben wird«, sagt Habeck. »Wenn das verloren geht, dann ist unsere Geschichte zu Ende, und das nehme ich durchaus persönlich.«[887]

Berauschend sind die Ergebnisse am Ende des Jahres nicht, sie bleiben unter den Erwartungen. In Brandenburg kommen die Grünen auf 10,8 Prozent, verdoppeln ihr Ergebnis von 2014 beinahe, hatten aber zeitweise darauf gehofft, die Sozialdemokraten als stärkste Partei ablösen zu können. In Sachsen sind es am Ende 8,6 Prozent und ein Zuwachs von knapp drei Prozent, doch auch in Sachsen lagen die Umfragewerte zuvor deutlich darüber. In Thüringen müssen die Grünen sogar um den Einzug in den Landtag bangen, 5,2 Prozent sind es nach der Auszählung. Habeck nimmt die Ergebnisse nicht so persönlich, wie angekündigt, und lässt sich im November 2019 für eine zweite Amtszeit als Bundesvorsitzender der Grünen wiederwählen. Seine Rede auf dem Parteitag in Bielefeld wollen manche Journalisten als »Kandidatur-Bewerbung« für die Kanzlerschaft verstehen,[888] doch Annalena Baerbock erhält am Ende mehr Zustimmung als er. Sie bekommt 97,1 Prozent der Stimmen, er 90,4 Prozent.[889] Die Journalisten treiben ihr Spiel unermüdlich weiter und dringen darauf zu erfahren, wer von beiden sich denn nun endlich deutlich zu seinen Kanzler-Ambitionen äußern möchte.

Im Mai 2019 hebt die Wochenillustrierte *Stern* Habeck auf den Titel und fragt: »Unser nächster Kanzler?« Am Ende der Titelgeschichte steht die Einschätzung der Autoren: »Habeck ist gekommen, um zu bleiben.«[890] Da fällt einem wieder das Foto aus dem Magazin der *Süddeutschen Zeitung* vom Dezember 2017 ein: Habeck mit dem Rucksack auf dem Rücken, der aus dem

Bild verschwindet, seine symbolische Antwort auf die Frage, wo er sich in zehn Jahren sehe. Vielleicht soll das Foto ja doch bedeuten: Leute, das war's! Es wäre schön gewesen. Ich hab mich bemüht. Jetzt gehe ich wieder surfen und wandern und schreiben.[891]

# »Ich weiß ungefähr, wie diese medialen Mechanismen funktionieren«

## Der Coverboy

Schlag auf Schlag geht es im ersten Halbjahr 2018. Habeck ist die neue Nummer, die eloquente Nummer. Er wird beäugt, er wird bewundert, er ist der Strahlemann mit Charisma, der Retter, der Heilsbringer. Große Reportagen in allen Tageszeitungen folgen, es gibt Titelbilder und Titelgeschichten. Habeck ist zur Projektionsfigur geworden, auch dies eine Gefahr, nicht bei sich selbst bleiben zu können im gleißenden Scheinwerferlicht.

Bereits vor seiner Wahl zum Bundesvorsitzenden der Grünen wird er gefeiert. In der *Bild*-Zeitung startet beinahe so etwas wie eine Kampagne für den Himmelsstürmer. »Öko-Macron der Grünen«, heißt es in einer Überschrift vom Dezember 2017 vielversprechend.[892] In einem Interview wird »Grünen-Star Robert Habeck« im Januar 2018 den Lesern vorgestellt, die angekündigte Amtsteilung mit Annalena Baerbock »als Traum-Duo an der Grünen-Spitze« bezeichnet, und Habeck darf ein paar Grundzüge seiner politischen Ideen skizzieren: »Politik besteht darin, die Zeit selbst zu gestalten, statt sich hinzulegen und zu sagen, so ist halt der Zeitgeist. (…) Wir müssen Politik populär machen. Mit unserer Idee von einer fortschrittlichen, optimistischen, ökologischen liberalen Gesellschaft. Es gibt Mehrheiten links der Mitte. Die werden wir gewinnen.«[893] Am Wahltag wird Habeck »der neue Rockstar der Grünen« genannt, er verstehe es, »auf allen Tasten der Medienklaviatur zu spielen«, er sei »ein Frauenschwarm, ein authentischer Mensch, früher Straßenmusiker«, kurz: »Seit Joschka Fischer endlich wieder ein bisschen Rock'n' Roll bei den Grünen.«[894] Und in der *FAZ* wird am folgenden Tag »das erste grüne Prinzenpaar« in der Überschrift bejubelt und Habeck mit den Worten zitiert, es gelte, »die Maßlosigkeit unseres Optimismus in konstruktive Politik zu verwandeln«.[895]

Nach der Wahl zum Bundesvorsitzenden der Grünen im Januar 2018 überlagert ein Jubelsturm alle Bedenken, am Ende des Jahres ist er »Talkshowkönig«, insgesamt dreizehn Mal ist er eingeladen worden. Bei »Anne Will« kritisiert er im Februar 2018 die Politik der Großen Koalition, äußert sich über Populisten und Flüchtlingspolitik.[896] Bei »Markus Lanz« spricht er fünf Tage später über das Desaster von Martin Schulz und das Scheitern der Jamaika-Sondierungen.[897] In der Talkrunde »3 nach 9« plaudert Habeck drei Wochen darauf entspannt und aufgeräumt über seinen politischen Alltag zwischen Bewerbungsreden, Kandidaturen, seinem Ministerium in Schleswig-Holstein und neuen Herausforderungen, gibt auch Einsichten in seinen privaten Alltag mit Familie und Ferienzeit.[898] Zehn Tage später ist Habeck zu Gast bei Frank Plasberg und spricht zum Thema Plastikmüll in den Meeren.[899] Im Mai 2018 beteiligt sich Habeck bei Maybrit Illner an der Talkrunde zum Thema Asyl.[900]

Dabei ist er durchaus auf der Hut. Und er weiß Medien auch aus verschiedenen Perspektiven einzuschätzen. Er hat selbst viel geschrieben, bevor er Politiker wurde: Bücher, Rezensionen, Aufsätze, Essays. Als freier Autor hat er seine Texte unterbringen müssen, also Themen setzen, Angebote machen, Zusagen bekommen. Auch zur Darstellung eigener Projekte hat er die Medien genutzt. In der *taz* beispielsweise ist ein frühes Foto von ihm zu finden, mit seiner Frau und dem ersten Baby. In dem Artikel wird die Geschichte ihrer Bekanntschaft mit dem britischen Lyriker Roger McGough erzählt, und Habeck und Paluch stellen ihre erste Übersetzung ausgewählter Gedichte vor.[901]

Im Januar 2011 wird Habeck vom Männermagazin *Playboy* entdeckt, damals ist er noch Fraktionsvorsitzender im schleswig-holsteinischen Landtag. Der Artikel prägt Wahrnehmungen und Vergleiche, die in den kommenden Jahren in der Publizistik an ihm haften bleiben. Das Porträt ist mit »Robert Habeck, der grüne Prinz« überschrieben, als »Königsmacher von Kiel« und »kommender starker Mann in Berlin« wird er bezeichnet; »mit seinem rhetorischen Können und dem glänzenden Aussehen (…) macht ihn das zu einem Mann, den die Menschen mögen«. Er wird verglichen mit Jürgen Klopp, Jamie Oliver, Brad Pitt. Und noch ein Vergleich wird herangezogen, der heute nicht unbedingt glücklich wirkt: »Habeck hat das Zeug zum Publikumsliebling«, heißt es: »Denn er entspricht einem Politiker-Typus, der – wie Karl-Theodor zu Guttenberg in diesem Jahr bewiesen hat – beim Volk prächtig ankommt: Ähnlich wie der Freiherr mit den vielen Vornamen vermittelt Habeck den Eindruck, freier, offener, direkter zu sein als andere Politiker.« Ein Vergleich, der auch 2020 noch gern herangezogen wird, entweder von politischen Gegnern wie dem Journalisten Ansgar Graw[902] oder von Klatsch-Reporterinnen der Celebrity-Zeitschrift *Bunte*. Das Porträt im *Playboy* erscheint in der Reihe »Männer 2011«: »Echte Kerle (…), Männer aus Sport, Kultur, Politik, Wirtschaft, an denen Sie nächstes Jahr nicht vorbeikommen werden«. Vorgestellt wird auch Mario Götze, der Fußballheld der kommenden WM 2014.[903] In seiner Heimat Schleswig-Holstein fängt sich Habeck für seinen Auftritt im *Playboy* Spott in der tonangebenden Presse ein.[904]

Wiederholt wird Habeck für das Coverfoto seiner politischen Autobiografie kritisiert und verspottet: Mit ausgebreiteten Armen am Strand kommt er dem Leser entgegen, in Siegerpose, ausgelassen, strahlend. »Das Foto ist ja auch nicht zufällig ausgesucht«, sagt die Moderatorin Bettina Tietjen 2016, kurz nach Erscheinen des Buchs, im Fernsehtalk des NDR, »DAS!« Habeck schmunzelt und erwidert: »Das Foto ist ein größenwahnsinniges Bild, das muss man sagen.« In einer Zeit voller Angst, erklärt er, in der sich alle zurückziehen auf eine vermeintlich sichere Antwort, »ein Foto zu nehmen und ein Buch zu schreiben, das passt ja auch dazu, das sagt: Hey, Leute, jetzt erst recht! Keine Verdruckstheit! Es ist nicht die Zeit, die Hosen voll zu haben, sondern nach vorne zu gehen und dann tatsächlich die Arme auszubreiten und loszulaufen – passt eigentlich gar nicht zur Zeit. Und deswegen passt es eben doch zur Zeit. Und deswegen gibt es dieses Buch. Und deswegen hat der Verlag auch dieses Foto genommen, weil: Es bricht mit dieser Verdruckstheit. Und wenn wir diese Verdruckstheit nicht überwinden, dann überlassen wir Politik eben den Verdrucksten. Und wohin das führt, haben wir in den USA gerade gesehen.«[905] Aufbruchsstimmung sollen Cover und Buch also vermitteln, Zuversicht soll verbreitet, Angst und Befürchtungen sollen genommen werden. In der *FAZ* wird das Buch unfreundlich als Werbeschrift in eigener Angelegenheit abgekanzelt.[906] Joachim Vahland, der Herausgeber der Literaturzeitschrift *Zeno*, nutzt den Begriff »verdruckst« in seiner Abrechnung mit »Robert Habeck als Autor« in umgekehrter Richtung und kritisiert Habecks Äußerungen in seiner Publizistik und in Interviews als »das Verdruckste dieser Art Politik«. Denn Habeck verschleiere seine wahren Absichten, behauptet der Autor, er verheimliche die Konsequenzen seiner Politik für die Bevölkerung.[907]

Christopher Vogt, der Fraktionsvorsitzende der FDP im schleswig-holsteinischen Landtag, erzählt, wie gut Habeck in seinen Jahren als Minister für Öffentlichkeit gesorgt habe, ein »Meister der Bilder« sei er gewesen. Seinerzeit hätten sie im Landtag Scherze darüber gemacht, »ob womöglich ein NDR-Team rund um die Uhr allein für Herrn Habeck abgestellt« sei. Aber natürlich gehöre das zu einem gewieften Politiker dazu, Öffentlichkeit herzustellen, räumt Vogt ein. Solche Foto- und Filmtermine seien »im Zweifel wichtiger als noch ein Pressehintergrundgespräch, wo man Fakten rüberbringt«.[908]

So wie Habeck für sich als Autor und Politiker aktiv Öffentlichkeit herstellt, so ahnt er, ja, so weiß er, was Medien im umgekehrten Fall bewirken können, wenn sie eine Projektionsfigur mit ihren Höhen und Tiefen in ihre Fänge kriegen. »Ich weiß ungefähr, wie diese medialen Mechanismen funktionieren«, sagt Habeck im April 2019 in einer Fernsehtalkshow: »Ich weiß, wer hochgejubelt wird, kann runtergeschrieben werden.«[909] Das »Prinzip *Bild*« beispielsweise ist einst von Mathias Döpfner, dem Vorstandsvorsitzenden des Springer-Verlags, verkündet worden: »Wer mit ihr im Aufzug nach oben fährt, der fährt auch mit ihr im Aufzug nach unten.« Medienanwalt Michael Philippi interpretiert diese Aussage auf seine Weise: »Man weiß nicht, ob eine Einbahnstraße den Berg hinauf an dessen Kuppe endet.«[910] Gesetze des Dschungels in einer Medienlandschaft, die immer kurzatmiger und aufgeregter wird.

Einer engen journalistischen Begleitung, wie sie Martin Schulz, der SPD-Hoffnungsträger und anschließende Bruchpilot, seinerzeit zuließ, verweigert sich Habeck. Schulz hatte monatelang ständig einen *Spiegel*-Reporter im Schlepptau, daraus entstand später ein Buch. Zur öffentlichen Präsentation von Markus Feldenkirchens *Schulz-Story* wird Habeck im März 2018 vom Moderator gefragt, ob er sich auf ein solches, Monate währendes journalistisches Experiment einlassen würde. »Nein«, antwortet Habeck bestimmt und begründet: »Nicht weil ich Angst habe vor Peinlichkeiten oder einer Wahlniederlage, sondern weil dieser voyeuristische Blick dahinter eben nicht den Effekt hat, Menschen als Menschen entstehen zu lassen. Es ist eher zerstörerisch, jetzt für Martin Schulz und sicherlich auch ein Stück weit für die SPD.«[911] So nah lässt Habeck keinen Journalisten an sich ran. Er schreibt seine Texte lieber selbst und hat es damit in der Hand, was er offenlegt und was nicht.

Während der Buchpräsentation der *Schulz-Story* äußert sich Habeck über das besondere Verhältnis von Journalisten und Politikern und stellt nüchtern fest: »Man muss sich nur klarmachen als Politiker, dass die Medien Teil des Systems sind oder Teil des Spiels, wenn man denn spieltheoretisch an die ganze Sache rangeht. Eine Geschäftsbedingung der Medien ist es, über Krisen zu schreiben und das Unerwartbare nach vorne zu stellen.« Sage man als Politiker nur das, was bereits geschrieben worden ist, »dann kommt man nicht in die Medien«, stellt Habeck fest.[912] »Die Erfahrung zeigt«, sagt Bärbel Höhn, viele Jahre Ministerin in Nordrhein-Westfalen und grüne Bundestagsabgeordnete, »dass dieser Politikbetrieb in Berlin versucht, Stars nach oben zu pushen und dann auch gerne mal wieder fallen zu lassen. Je höher man gehypt wird, desto toller ist es für bestimmte Medien, einen auch wirklich auf den Boden donnern zu lassen.« Politisches Kalkül sei das und natürlich spielten auch die Marktgesetze des publizistischen Betriebs eine Rolle.[913]

Der Journalist Juan Moreno, der den *Spiegel*-Autor und Falschspieler Claas Relotius auffliegen ließ, hat in seinem Enthüllungsreport über ungeschriebene Gesetze, Regeln und Gewohnheiten seiner Branche geschrieben, selbstkritisch wie wenige andere. Der gewöhnliche Journalismus lebt von der Übertreibung, von der Sensationshascherei, vom anscheinend Außergewöhnlichen und Neuen. Und der Vorwurf, dass alle immer häufiger in eine Richtung galoppieren, wenn ein Thema breite Aufmerksamkeit findet? Als Kampagnenjournalismus möchte Moreno diese Absprachen hinter den Kulissen von Chefredaktionen und das Meinungsmonopol einiger weniger etablierter Schreiber, den Herdentrieb der Meute und die Kameradschaftsbündnisse nicht bezeichnen, er deutet diese Erscheinungen auf andere Weise: »Der übliche Ablauf ist ungefähr so: Synchronmaulen folgt auf Synchronjubeln folgt auf Synchronfragen: ›Gibt es nichts Wichtigeres?‹ Die Erregungszyklen werden tendenziell kürzer.« Als Beispiel nennt er den Fall Martin Schulz, der eine Zeit lang zu einer ähnlichen Heilsfigur hochgejazzt wurde wie Robert Habeck: »Alle finden geschlossen den SPD-Kanzlerkandidaten Martin Schulz erfrischend anders, um ihn dann – wieder geschlossen – unerträglich zu finden.«[914]

Droht dieses Schicksal auch Habeck? Vergleichbare Entwicklungen sind zu erkennen. Denn eine andere Regel ist im Journalismus ebenfalls unverrückbar: Allein schlechte Nachrichten bringen gute Quoten für eine Branche, die sich im Allgemeinen zu wichtig nimmt, zur Selbstbeweihräucherung neigt und immer stärker getrieben wird von den digitalen Kanälen.

»Dass die Freiräume des Persönlichen in der Politik so eng sind«, schreibt Habeck in seiner politischen Autobiografie, »ja vielleicht gänzlich verloren gehen, liegt nicht an einer bösen, rachsüchtigen Umwelt, skandalgeilen Medien oder kleingeistigen Wählern. Es liegt daran, dass Politikerinnen und Politiker Projektionsfiguren sind, dass sie für uns mehr sein sollen als austauschbare Schaufensterpuppen. Weil wir wollen, dass sie uns Vorbild sind, weil wir uns Menschen und nicht Sprachroboter wünschen, Typen, mit denen wir uns identifizieren wollen, achten wir so sehr darauf, dass wenigstens sie alles richtig machen.«[915]

Etwas, das in der heutigen digitalen Gesellschaft mit Smartphone und Handy kaum möglich ist. Der Medienwissenschaftler Bernhard Pörksen analysiert 2018 *Die große Gereiztheit* unserer Gegenwart: »Vom Smartphone bis zum Pranger-Blog funktionieren die indiskreten Medien der Gegenwart als Instrumente der systematischen Enttäuschung und der Instant-Entlarvung. Sie pulverisieren Autorität, Aura und Charisma und erlauben die permanente Produktion beunruhigender Enthüllungen.«[916]

Anfang 2018 wird Habeck in der *Neuen Zürcher Zeitung* als »Liebling der Journalisten« und als »Popstar, der die grüne Lehre mit dem Leben versöhnt« bezeichnet.[917] Im Mai 2018 ist er auf der Titelseite des Musikmagazins *Rolling Stone* abgebildet. Über drei Seiten kommt er in einem Interview zum Thema »1968« zu Wort. Freundschaften werden kapitalisiert und damit zur Handelsware, sagt er, sie sind »kein Eigenwert mehr, sondern nur noch ein ökonomischer Wert«. Und er postuliert für seine Generation und für seine Politik die Umkehrung eines Slogans der 68er: »Der Satz ›Das Private ist politisch‹ muss jetzt umgekehrt eingelöst werden: Die Politik muss stark werden, damit das Private als Freiraum geschützt wird.«[918]

Im November 2018 macht sich eine altgediente Größe des deutschen Journalismus, die 83-jährige Sibylle Krause-Burger, langjährige Kolumnistin der *Stuttgarter Zeitung*, über Robert Habeck mit »Heiligenschein« lustig, mokiert sich über seine Forderung eines bedingungslosen Grundeinkommens, verweist darauf, dass diese Generation einfach keine »Katastrophenerfahrung« und folglich auch kein »Katastrophenbewusstsein« habe, sich die Welt also schöner noch als schön malen möchte. »So einen Guten hatten wir schon lange nicht mehr«, spottet die Journalistin, »der Schöne aus dem Norden« habe sich einen »Strahlenkranz« verdient: »Willkommen grünes Schlaraffia, nimm uns in deine Arme.« Alle Forderungen und Gedanken zur Umgestaltung seien überflüssig, denn uns geht's ja gold, meint Krause-Burger: »Wo immer man auch hinsieht: Unsere Sorgen möchte man gerne haben.« Na schön, da sei der Klimawandel, der »sitzt den Habecks noch im Nacken«, aber: »Ist nicht bis jetzt immer alles gut gegangen?« Kurz: »unser lieber, freundlicher Robert Habeck« habe einfach keine Ahnung, er sei eben nicht nur Politiker, sondern auch Schriftsteller, das mache ihn betriebsblind, möchte die Journalistin ihren schwäbischen Lesern vermitteln: »Eins seiner Bücher trägt den Titel *Traumblind*. Nomen est omen? Möge der Heiligenschein, der nun sicher auf seinem Haupte gelandet ist, ihn ein bisschen erleuchten und sehend machen. Im nächsten Jahr kann alles schon ganz anders sein.«[919]

Konzertiert runtergeschrieben aber wird Habeck bisher nicht. Es gibt erste Versuche, es gibt gegnerische Stimmen, teils aus politischen Gründen, teils aus verkaufstechnischen, aber im Allgemeinen wird der Senkrechtstarter vom deutschen Journalismus wohlwollend begleitet. Mitte Januar 2019 ist Habeck im *Spiegel* auf der Titelseite abgebildet. Es geht um die Hackerangriffe auf Twitter- und Facebook-Konten und Habecks

Abschied von diesen digitalen Kanälen.[920] Bernhard Pörksen springt Habeck in der *Süddeutschen Zeitung* zur Seite und kritisiert Hysterie- und Skandalisierungsreflexe in den Medien: »Wer kann – unter den Bedingungen der medialen Dauerbeobachtung und der dumpf röhrenden Sofort-Skandalisierung – noch genügen? Welches Maß an Fehlertoleranz und Relevanzgespür müsste eine Gesellschaft trainieren, die in dieser Weise Transparenz und Nahbarkeit verlangt? Und braucht Politik, um ernsthaft programmatisch zu arbeiten, nicht Schutzzonen und Phasen der Intransparenz, die es erlauben, Ideen auszuprobieren und vorzubereiten, ohne dass diese in Echtzeit durchgestochen und attackiert werden? Es ist an der Zeit, dass wir endlich darüber streiten. Natürlich auf Twitter und Facebook, aber am besten überall.«[921]

Ende Januar 2019 erscheint in der *Süddeutschen Zeitung* ein dreiseitiges Porträt über Habeck, die Überschrift: »Vor dem Sturm«. Ein Jahr ist Habeck im Amt als Bundesvorsitzender der Grünen, es gilt, eine Bilanz zu ziehen. Die Journalistin hat ihn längere Zeit begleitet und beobachtet, sie hat allerlei Weggefährten befragt, sie hat weitreichend recherchiert. Doch schon nach fünf Absätzen bringt sie ihren Verdruss zum Ausdruck: »Irgendwann haben die Leute es über«, schreibt sie, »beginnen sich nach Saurem zu sehnen, in Habecks Fall nach einem Verriss, oder wenigstens nach einem ›Aber‹.« Eine Verwechslung zwischen »den« Leuten und der eigenen Position als Schreiberin? Es sind vor allem »die« Journalisten, die Abwechslung benötigen, die ständig für Aufregung sorgen wollen, deren Gewerbe davon lebt, Schaum aus dem Sujet zu schlagen und – vor allem für das eigene Gewerbe – neue Töne anzustimmen.[922]

Pünktlich zum Bundesparteitag der Grünen im November 2019, auf dem es zur Wiederwahl der beiden Bundesvorsitzenden kommen soll, sind die Langzeitbeobachtungen einer *Spiegel*-Reporterin auf vier Seiten zu lesen, Überschrift: »Der Quasi-Kanzler«. Bereits im Vorspann heißt es: »Doch seine Methode, möglichst anders als die anderen zu sein, nutzt sich spürbar ab.« Der Text ist jedoch kein Porträt mit Tiefgang, keine psychologische Studie, kein Menschenbild, keine inhaltliche Aufklärung, sondern eher die Innenschau einer Journalistin. »Es ist nur so«, urteilt sie, »dass das Guter-Typ-Sein irgendwann an seine Grenzen gelangt.« Und weiter: »Es muss anstrengend sein, fast zwanghaft gegen die Erwartungen zu arbeiten. (…) So zu tun, als sähe man alles easy, dabei aber doch ganz schön angespannt zu sein. (…) Sympathien verbrauchen sich irgendwann.«

Als die Journalistin ein paar Eckpunkte aus Habecks Reden und Stellungnahmen wiedergibt – Mensch bleiben, Fehler machen dürfen, bessere Bedingungen schaffen –, fällt ihr der Satz ein: »Die Sache ist nur, man kennt das jetzt langsam.« Man, also sie, kennt das »jetzt langsam«. Professionellen Voyeuren, Journalisten etwa, mag es irgendwann zum Halse raushängen, weil es zu Wiederholungen im Vortrag und auf der Bühne kommt. Auf Werbetour, im Wahlkampf von Bühne zu Bühne, von Publikum zu Publikum, sagen die dort oben auf dem Podium nun mal nicht ständig Neues. Gut zündende Pointen werden wiederholt, so ist das nun mal auf Tourneen. Journalisten mögen angeödet sein durch eine Dauerbeobachtung. Fans oder Stalker gar werden es lieben, weil sie Nuancen bemerken. Journalisten benötigen Schlagzeilen, Klickzahlen, Umsätze und, ganz wichtig: Sie wollen auffallen im eigenen Gewerbe, im Wettstreit untereinander. Nicht fürs Lesepublikum häufig, sondern für den eigenen Betrieb, die Konkurrenz, die misstrauisch äugt und aufspießt und abschreibt und anknüpft und weiterschreibt. Wie Juan Moreno selbstkritisch anmerkt: Erregungszyklen werden tendenziell kürzer. Das dient der Aufregung, nicht der Aufklärung.

Die Reporterin des *Spiegel* hat auch den Vortrag Habecks in einer Berliner Buchhandlung besucht.[923] Sie entscheidet sich dafür, in erster Linie Äußerlichkeiten zu notieren: Der Aprilabend war eisig; statt fünf Lieblingsbüchern stellt Habeck sechs vor; mit *Homo Faber* beginnt er, »mit Brille vor dem Mikrofon stehend«; Anstreichungen aus der elften Klasse seien in seinem Buch zu finden. Die Überlegung der Journalistin: »Wahrscheinlich könnte er das Buch gleich hier meistbietend versteigern.« In diesem Stil plaudert sie über drei Absätze weiter, Camus, Celan, Lévinas: inhaltlich für sie alles nicht der Rede wert. Was diese Dichter und Denker für Habeck bedeuten, welche Ideen und Leitlinien er aus der Lektüre übernommen hat, was davon in sein Verständnis von Politik einfließt, nichts erfährt der Leser darüber in diesem Porträt. Dabei hat Habeck gerade in diesem Vortrag einiges zu sagen, gerade an diesem »eisigen Aprilabend« erfährt man allerlei über seine Leitfiguren, über sein Verständnis der Welt, über Gedanken, die zu konkreter Politik geführt haben. Eine Information auf den drei, vier *Spiegel*-Seiten ist interessant, wenn auch abgeschrieben aus der *FAZ*: dass es nämlich kaum andere Politiker gebe, die so viel ändern würden im Wortlaut für die gedruckte Fassung eines Interviews wie Habeck. Das kollidiere doch mit seinem Wunsch und seinem Vorsatz, authentisch sein zu wollen? Zu dieser Frage könnte und müsste Habeck befragt werden. Das hat die Journalistin des *Spiegel* nicht getan.[924]

In einer Fernsehdokumentation über die bleierne Zeit der Großen Koalition bringt Annegret Kramp-Karrenbauer, im Dezember 2018 zur Bundesvorsitzenden der CDU gewählt, die verkorkste Situation des Politik- und Publizistikbetriebs in Berlin auf den Punkt: »Berlin ist ein Ort, an dem sehr viele politische Akteure Tag für Tag morgens aufstehen und für sich überlegen, wie werde ich heute erkennbar. Und es ist ein Fokus, in dem fast noch mehr Journalisten jeden Tag aufstehen und für sich klarmachen müssen, wie werde ich heute erkennbar, wie schaffe ich Schlagzeilen und was kann ich dazu nutzen? Und das ist eine Spirale, die sich selbst beschleunigt.« Nachdenklichkeit also, über den eigenen Gartenzaun blicken, das eigene Ego zurücknehmen, gemeinsam nach Antworten suchen – ausgeschlossen in diesem um sich selbst drehenden Betrieb. »Es geht in einem derartigen Zeitraffer«, nimmt die Korrespondentin der *Rheinischen Post*, Kristina Dunz, ihr eigenes Gewerbe kritisch in den Blick, »es geht so schnell, dass vieles einfach auch unter die Räder kommt. Und damit treiben wir Politiker natürlich auch vor uns her.«[925] Wer anständig bleiben will, der meidet das politische Berlin, soll die frühere Ministerpräsidentin von Nordrhein-Westfalen, Hannelore Kraft, gesagt haben: »lebensvergessen, nur mit sich selbst beschäftigt, eine in sich geschlossene Blase mit eigenen Regeln und Gesetzen, die die Wirklichkeit ausblendet«.[926]

Auch Thomas de Maizière, seit 1971 Mitglied der CDU, seit 2009 Bundestagsabgeordneter und lange Jahre Staatssekretär und Bundesminister in verschiedenen Ressorts, weiß eine Anekdote aus dem Berliner Politikbetrieb beizutragen. Auf die Frage, wie groß sein Vertrauen in die sogenannte öffentliche Meinung, die Publizistik also, sei, antwortet er im Gespräch mit Robert Habeck im Oktober 2020 spontan: »Zunehmend geringer.« Und er verweist auf den Einfluss der digitalen Medien und die »Methodendebatte bei der Zuverlässigkeit von Umfragen«. Dann plaudert er noch aus dem Nähkästchen: »Mir hat mal ein *sehr* bekannter Journalist, den ich jetzt hier nicht nenne, auf meine Frage gesagt: Für wen schreiben Sie eigentlich Kommentare? Für Sie, nicht für meine Leser. Also für hundert politische Meinungsbilder. Auch ein eitler Journalist natürlich ... Man muss lernen, dass das nicht erkenntnisleitend ist für den nächsten Tag, für die nächste Woche, für den nächsten Monat.« Und Habeck stimmt Thomas de Maizière zu, man müsse, »selbst in der Opposition, als Parteipolitiker bei sich selber bleiben, bei seinen eigenen Erkenntnissen, sonst hat das alles gar keinen Sinn«.[927]

Im April 2019 wird ein Gespräch mit Habeck auf der Titelseite des *Philosophie Magazin* angekündigt. Eva von Redecker, »eine der aufregendsten Nachwuchsphilosophinnen des Landes«, wie es heißt, geht es um die Frage: »Gibt es eine Alternative?« Gemeint ist, wie radikaler Wandel möglich werden könnte. »Was wir brauchen«, sagt Habeck, »ist kein Kommunismus mit geschichtlich gerichteter Lenkungsfunktion, sondern eine kluge Einhegung der Macht von Konzernen und Finanzmarkt.« Die Menschen allerdings sollten nicht erzogen werden, vielmehr ginge es darum, »die Regeln so zu verändern, dass Menschen nach ihren Wertvorstellungen leben können«.[928]

In der *taz* erscheint Mitte April 2019 ein Kommentar unter der Überschrift: »In love with Habeck«. Der Journalist behauptet: »Die Deutschen und Robert Habeck, das ist Liebe.« Er verkörpere »die perfekte Mischung aus Zukunftsoptimismus, Zugewandtheit und Lässigkeit, die das Land aus der jahrelangen Merkel-Lethargie reißen könnte«. Doch seine »Alles-Ist-Möglich-Rhetorik« erzeuge Erwartungen. Eine Regel sei es, dass »dem aufregenden Flirt, dem ersten Rausch (...) zwangsläufig die Ernüchterung« folge. Die stünde den Deutschen und Robert Habeck noch bevor, orakelt der Journalist.[929] Mitte Mai 2019 schließt sich die Tageszeitung *Welt* dieser Warnung an und veröffentlicht unter der Überschrift »Charismatische Blender« einen kritischen Artikel. Verfasser ist der Journalist Thomas Schmid, einst Mitglied des SDS, ökolibertär, ein früher *taz*-ler. »Es ist keineswegs sicher«, munkelt der 73-jährige Journalist, »dass sich der fliegende Teppich, auf dem die Grünen sitzen, noch lange in der Luft hält.« Habeck »strahlt allseitige Zugewandtheit aus und scheint fast grenzenloses Vertrauen einzuflößen. (…) Mit seiner Mischung aus Charme, Nachlässigkeit, bestimmtem Auftritt und lockerem Hemd-über-der-Hose bezaubert er viele Deutsche.« Er besitze ohne Zweifel »ein beträchtliches Verkaufstalent«. Aber? Viel »parteitaktisches Kalkül« stecke hinter der schönen Fassade, »revolutionäres Getue« könne eine politische Mitte nun mal nicht verknusen, es müsse also taktiert und ummäntelt werden, »wolkig« formuliert, wolle man weiter wachsen und womöglich zur Volkspartei werden.[930]

Ende Mai 2019, kurz nach den Europawahlen, wird Habeck in der Wochenillustrierten *Stern* mit einer Titelgeschichte zum Kronprinzen ausgerufen. »Unser nächster Kanzler?«, lautet die Frage auf dem Titel, dazu blickt Habeck verschlafen, verzottelt und wetterfest, wie gewöhnlich mit Dreitagebart, in die Ferne. Die Geschichte dazu ist acht Seiten lang, »der Trend ist ein Öko, wohin man schaut«, heißt es. Und Habeck? »Mr Nice Guy«, »Doktor Nichtallwissend«, »eine riesige Projektionsfläche«.[931] Wie sehr ihn selbst dieser »Habeck-Kult« nervt, gibt er drei Wochen später in einem Interview zu Protokoll. »Darum geht es doch gar nicht«, reagiert er auf die *Stern*-Titelgeschichte und spricht lieber über Inhalte und die Teamfähigkeit der Grünen.[932] Vierzehn Tage nach dem *Stern* zieht der *Spiegel* mit einem eigenen Titel nach. Nicht Habeck ist abgebildet, sondern die klotzige Machtzentrale in Berlin. Die Überschrift lautet: »Operation

Kanzleramt. Weniger Gefühl, mehr Politik – wie sich die Grünen auf die Macht vorbereiten«.[933] Die linke Monatszeitschrift *Konkret* zieht im Juli 2019 mit ihrer Titelgeschichte nach: »Dasselbe in Grün. Der Hype um eine Mitläuferpartei«. In einem Interview kommt Jutta Ditfurth zu Wort, sie war in den 1980er-Jahren Bundesvorsitzende der Grünen und ist seit ihrem Austritt 1991 eine der schärfsten Kritikerinnen der Partei.[934]

Im Juni 2019 kritisiert der Soziologe Armin Nassehi in einem Interview »die anbiedernde Geste vieler Medien der Person Habeck gegenüber«. Peinlich finde er das, und bezeichnet es als »Ausdruck des Verlusts von Urteilskraft bei einem großen Teil der kommentierenden Klasse«. Das äußert einer, der als Sympathisant Habecks gilt, ja, der ihn zeitweise sogar berät.[935] Nassehis Interviewer, Peter Unfried, langjähriger journalistischer Beobachter Habecks, wehrt sich zwei Tage später gegen den Eindruck, die Medien würden den Aufschwung der Grünen herbeischreiben. Die klassischen Nachrichten- und Meinungsmedien seien im digitalen Zeitalter längst nicht mehr die alleinigen Stimmungsmacher. Zudem habe sich die Stimmung im Lande einfach gewandelt. Die Bundesregierung habe »Klimapolitik ignoriert«, das Thema aber wurde populär, und die Grünen spiegelten lediglich den Wandel in der gesellschaftlichen Stimmung wider. Deshalb werde häufiger über sie berichtet.[936]

Drei Monate später nimmt Unfried die Einwände von Armin Nassehi noch einmal auf und verfasst in der *taz* eine Analyse zum »Versagen des politischen Journalismus«. Er fragt, warum die Berichterstattung über die Grünen 2019 überwiegend wohlwollend wirke, ob sie »bisweilen nicht auch in People- und Starberichterstattung mündete«, ob hier eine Art »Groupie-

Journalismus« vorliege, wie der FDP-Bundestagsabgeordnete Alexander Graf Lambsdorff es bezeichnete. Unfried stellt zunächst fest, dass eine Berichterstattung über die Grünen in den vergangenen fünfzehn Jahren »nur im Spartenprogramm« stattgefunden habe. Man hatte sich in der Opposition eingerichtet, Nebensache also. Nun aber, da »die früheren Orientierungsparteien« keine Orientierung mehr böten, richte sich die Aufmerksamkeit eben verstärkt auf die Grünen, die einen gesellschaftlichen Stimmungswandel verkörperten. »Die Grünen stehen für gesamtgesellschaftliche Reformpolitik«, stellt Unfried fest, und die Bundesvorsitzenden Baerbock und Habeck kämen nicht wie »besserwissende Klischee-Grüne« daher, sie stünden für Offenheit sowie Rede- und Diskussionsbereitschaft. Die Medien machten einfach ihren Job, indem sie die breitere Aufmerksamkeit bedienten.

Unfried zitiert den Medienwissenschaftler Pörksen, der von einer »Entleerung politischer Berichterstattung« und »Personalisierungsexzessen« gesprochen hat, und gelangt zu dem Resultat: »Zu viele von uns im Journalismus haben bis heute die alles verändernde Erderhitzung nicht wirklich durchdrungen und auch Digitalisierung und Plattformkapitalismus nicht, wodurch eine wirklich zukunftsvergessene Berlin-Mitte-Fiction entstanden ist oder zumindest durchgewinkt wurde.« Unfried spricht von »Berlin-Mitte-Journalisten«, die an einer »untergegangenen Welt« festhielten, in der die altherkömmlichen Volksparteien und die Medienbranche der Hauptstadt die publizistischen Leitlinien im Land festlegten. Es wird nicht in partei- und gesellschaftspolitischen Zusammenhängen gedacht und debattiert, es herrscht so etwas wie eine Übereinkunft zwischen den Partnern, so etwas wie ein Kanon, in dem sich Journalisten und Politiker bewegen. Es ist das Drehen im Hamsterrad, das Selbstreferenzielle des Betriebs. Was fehlt, ist also das, was der Soziologe Armin Nassehi proklamiert: ein neuer Gesellschaftsvertrag, ein neues Denken, eine Jahrhundertaufgabe auch das. »Bündnisse unterschiedlicher Systemlogiken«, wie Nassehi das nennt.[937]

Häufig geschmäht und bespöttelt wird Habeck im konservativen »Magazin für politische Kultur«, kurz: *Cicero*. Da wird über den »Robin Hood der Klimaschützer« schwadroniert, der »irgendwo zwischen verträumt und vernagelt« sei;[938] da wird geraunt, »ob er wirklich so weltfremd ist, wie man es ihm und seiner Partei gern unterstellt«;[939] und da wird »der nölende Softboy« vorgeführt, »der schräg gehaltene Kopf, das kunstvolle Nuscheln, die eitle Uneitelkeit, die effektvolle Mischung aus Gefühligkeit, Soziologie und schlechter Laune«.[940]

Wie der Journalismus im alltäglichen »Impulsgewitter«[941] gestrickt ist, lässt sich auch am Beispiel der Journalistin Susanne Gaschke zeigen: Über die Monate reichen ihre Bestandsaufnahmen vom »Risikofaktor Habeck«[942] über »Habecks ›Natürlichkeit‹«[943] und »die Chancen für einen Kanzler Habeck wachsen«[944] bis hin zu »Sorgfältig kaschierter Wille zur Macht«[945] und dem »Regierungsprinzen«.[946] Den Auftakt dieser Reihe bietet ein Text vom Februar 2019, in dem die Journalistin interne Kritik aus dem Politikbetrieb laut werden lassen möchte: Habeck »fremdele mit der Bundespolitik. Das birgt Gefahren für die aufstrebende Partei«, verspricht der Text gleich zu Beginn. Doch außer Gerüchten hat die Autorin nicht mehr als ein Zitat zu bieten, das mit einem Namen belegt ist. »Inhaltsleer, konzeptionell schwach und pathossüchtig, meinen die schärfsten Kritiker.« Wer sagt das? Der Leser erfährt es nicht, nachvollziehbare Analyse sieht anders aus.[947] In Gaschkes nächstem Artikel wird gemutmaßt, was wohl »hinter Habecks ›Natürlichkeit‹« stecken möge.[948] Im darauf folgenden Text wird eine Rolle rückwärts geprobt, nun wachsen auf einmal die Chancen für einen Kanzler Habeck: »Ein grüner Bundeskanzler Habeck wäre eine Weltsensation«, und weiter: »Charisma, das hat Habeck.«[949] Worauf im nächsten Artikel erneut eine Rolle vorwärts (oder rückwärts) gemacht wird, indem Habecks Machtstreben infrage gestellt wird.[950] Ende Januar 2021 sieht die Journalistin in Habeck schließlich den »Regierungsprinzen«, der »sich geschickt als Teamplayer zu verkaufen« wisse – »einfühlsam und höflich. Tatsächlich ist er ein knallharter Karrierepolitiker, der auf ein Ziel zusteuert: Er hält sich für den legitimen Nachfolger der Bundeskanzlerin.« Das ist für Gaschke »erbschleicherische Dreistigkeit«.[951]

»Das war's jetzt mit dem Habeck-Hype«, wird in der *Bild* im September 2019 gemeldet, weil ihr eigener »Wahlcheck« sinkende Zustimmung ausweist. »Jetzt scheint der Hype um den Grünen-Chef Robert Habeck endgültig vorbei zu sein.«[952] Als Habeck Anfang 2020 Kritik an Donald Trumps Auftritt beim Weltwirtschaftsgipfel in Davos äußert, nimmt die Empörung in der veröffentlichten Meinung zu. »Habecks lose Zunge wird langsam zum Problem«, meint ein Kommentator.[953] Die Erregung unter den Lesern ist gewaltig. Die *Welt*, wie die *Bild*-Zeitung aus dem Axel-Springer-Verlag, ist die Tageszeitung in Deutschland, die den Bewegungen der Grünen und speziell Habecks am häufigsten und intensivsten folgt. Hunderte von Leserkommentaren befeuern jeweils die Debatte, überwiegend in erregtem, negativem Ton. Ist das schon eine Kampagne?

Auch der *Stern*, der Habeck noch im Mai 2019 auf der Titelseite zum möglichen Kanzler ausgerufen hatte, reiht sich nun in die Front der Kritiker ein. Im Oktober 2019 ist im Ableger *View* aus demselben Zeitungshaus zunächst noch einmal die Euphorie bedient worden: Auf dem Titelbild Habeck mit Flunsch, Dreitagebart, gegeneinandergepressten Fäusten und zusammengekniffenen Augen im schwarzen T-Shirt, dazu die Zeilen: »Merkels Herausforderer. Wer ist der Mann, der unser nächster Kanzler werden will?« In der Monatsillustrierten wird diese Frage dann nicht beantwortet, es geht in diesem Heft um Fotos, nicht um Worte. Aber die Stimmung ist noch eindeutig. Deutschland habe sich »grundlegend gewandelt«, heißt es, »die Folgen der globalen Klimaerwärmung sind auch hierzulande nicht mehr zu übersehen«. Und Habeck? »Es ist ein Aufstieg, der an jenen von Barack Obama erinnert. Und nach Wandel, Hoffnung, Veränderung – Kernthemen von Obamas Wahlkampf – sehnen sich auch in Deutschland viele.« Merkels Amtszeit nähert sich dem Ende, die Große Koalition habe abgewirtschaftet. »Mit Habeck steht ein Mann bereit, der den Menschen das Gefühl von Aufbruch gibt. Dafür muss er gar nicht viel tun. Er fährt lediglich den Moralismus der Grünen etwas herunter, wirkt extrem authentisch und lebensnah und präsentiert sich als zupackender Realpolitiker.«[954]

Drei Monate später versteht die Redaktion des *Stern* auf einmal keinen Spaß mehr, der Hoffnungsträger erscheint ihr entzaubert. Verfasser des Artikels ist Axel Vornbäumen, einer von drei Journalisten, die Habeck noch im Mai 2019 zum möglichen Kanzler auf den Titel der Zeitschrift gehoben hatten. Nun, nach dem Davos-Statement, gibt sich der Hauptstadtreporter des *Stern* beleidigt. »Robert Habeck, der grüne Amateur«, ist der Text überschrieben. »Robert Habeck hat mittlerweile eine Flughöhe erreicht, in der die Luft dünner geworden ist und das gesprochene Wort gut überlegt sein will«, befindet der Journalist. »Man kann das beklagen, aber dann sollte man besser nicht nach Macht streben. Man nennt das übrigens Politik. Es ist die

Kunst, in schwierigen Situationen Haltung zu wahren – allerdings in jeder Richtung. Von solchen Lernprozessen können auch die Grünen berichten. Zwischen Joschka Fischers ›Mit Verlaub, Herr Präsident, Sie sind ein Arschloch‹ gegenüber Bundestagspräsident Richard Stücklen und seiner Ernennung zum deutschen Außenminister lagen immerhin 14 Jahre. So viel Zeit hat Habeck nicht. (…) Und so lautet das Fazit nach dem Auftakt in Davos: Trump ist so selbstherrlich aufgetreten wie erwartet. Habeck völlig überraschend wie ein Amateur. Ein grüner Amateur.«[955]

Dass in Redaktionen von Klatschmagazinen danach gefiebert wird, öffentlichen Personen oder gar Publikumslieblingen näherzukommen, liegt auf der Hand. Doch Habeck lässt sich – noch? – nicht darauf ein. So muss man sich in einschlägigen Gazetten anders behelfen. »Seine geheimnisvolle Ehefrau!«, steht unter einem Foto der »großen Hippie-Liebe« auf der Titelseite der *Bunte* Ende Januar 2020. Eine Zeitschrift, die von Klatsch und Tratsch lebt und auf Homestorys lauert. Nur gebe es die »große Homestory« mit Politikern nicht mehr, klagt Tanja May, die stellvertretende Chefredakteurin im »Podcast« von *Bunte*. Eine Entwicklung, an der die Klatschjournalisten nicht unschuldig sind. Denn nicht nur eine dieser Storys kostete Politiker in der Vergangenheit den Job. So zuletzt Torsten Albig, Ministerpräsident von Schleswig-Holstein, der dem Klatschblatt ein umstrittenes Interview zu seinem Privatleben gegeben hatte.[956] Und man erinnert sich an Rudolf Scharping im Swimmingpool, der danach als »Bin Baden« verspottet wurde.[957] Beides SPD-Politiker, die sich verführen und vorführen ließen.

Wenn sich also kaum noch jemand aus der Politik für eine »Homestory« hergeben mag, wie die stellvertretende Chefredakteurin sagt, dann haben sich Journalisten anders zu behelfen.

Die Geschichte über Habecks »geheimnisvolle Ehefrau!« ist zusammengeschrieben, nichts Eigenes findet sich darin: ein paar Zitate aus dieser Zeitung, ein paar Zitate aus einer anderen Zeitung, der Autor kaut die bekannten Anekdoten einer Liebesgeschichte durch, mischt ein paar biografische Versatzstücke dazu, fertig. Ein Versuchsballon? In der Hoffnung, dass die beiden, das sogenannte Traumpaar, doch eines Tages anbeißen und der *Bunten* eine exklusive Geschichte liefern? Im dazu produzierten Podcast ist vom »Superstar im Bundestag« die Rede, von »everybody's darling«, vom »absoluten Superstar«. An Karl-Theodor zu Guttenberg wird erinnert. »Der ist ähnlich gewesen«, sagt Tanja May. »Und die beiden«, gemeint sind nun Habeck und seine Frau, »wirken so ein bisschen wie ein Hippiepärchen.«[958]

Wenige Tage später ist der Damm gebrochen. Ein anderes Boulevardblatt, *die aktuelle* aus der Funke-Mediengruppe, angeblich mit einer Druckauflage von 300 000 Exemplaren, hat am 8. Februar 2020 Fotos und Daten von Habecks Kindern veröffentlicht, ohne Erlaubnis. Zwei Wochen später wehrt sich Habeck mit einer Erklärung seines Rechtsanwalts, »insbesondere Fotoveröffentlichungen seiner Kinder oder seiner Privatsphäre« werde er nicht hinnehmen und juristisch dagegen vorgehen. »Auch Politiker haben das Recht, insofern in Ruhe gelassen zu werden.«[959]

Noch Ende März 2020 wird Habeck in der *Süddeutschen Zeitung* als »Posterboy der Partei« gerühmt,[960] in einem zweiten Artikel als »Erwartungskönig vieler Deutscher« und »Verwandlungskünstler«.[961] Doch Corona verändert alles. Der Hype um die Themen der Grünen und ihren Vorsitzenden bricht jäh ab. Werden Klimafragen künftig wieder im Vordergrund der gesellschaftlichen Debatte stehen, oder wird das Augenmerk vor allem darauf gerichtet sein, den ökonomischen Zustand vom Februar 2020 wiederherzustellen? Werden die Ideen von einem grünen Zeitalter, von einem »Green New Deal«, womöglich erneut zu einer Minderheitenposition werden? Der Journalist Ansgar Graw, ein ideologischer Gegner der Grünen, riecht den Braten und berichtet frohlockend im Meinungsmagazin *The European*, »warum die Grünen in den Umfragen abstürzen«.[962] Allerdings beruft sich Graw darin auf Befragungen, die nicht mal die *Welt*, sein vorheriger Arbeitgeber, zeitgleich stützt.[963]

Habeck geht davon aus, dass die Debatten nach der Corona-Pandemie schärfer werden. Denn es sei ja dann alles schon da gewesen: geschlossene Grenzen, Ausgehverbote, Entschleunigung, Homeoffice, staatliche Regulierungen, astronomische virtuelle Summen, die auf einmal zur Verfügung gestellt werden. Warum soll anschließend nicht machbar sein, was vor diesen Entscheidungen unmöglich schien? Nichts ist alternativlos, Habecks Leitsatz bleibt. »Aber die Lehre aus Corona muss sein«, sagt er Ende März 2020, »mehr Kooperationsgeist, Entschlossenheit und Solidarität. Im eigenen Land wie international. So könnten wir auch die anderen Krisen angehen.«[964]

Eine Woche zuvor schreibt Peter Unfried einen Kommentar in der *taz* zur Pandemie: »Mit Grenzschließungen kann man weder ein Virus bremsen noch die Erderhitzung. Ohne ein starkes Europa kein starkes Deutschland. Und umgekehrt. Die Frage wird sein, ob eine heterogene Mehrheit nach überstandener Krise die Kraft hat, die nächste Bundesregierung damit zu beauftragen, die EU resilient für die Zukunft zu machen. Das muss das Ziel der Mündigen sein.«[965]

Zum Weltfrauentag am 8. März 2020 werden in der *Zeit* neue Akzente gesetzt. »Wie Merkel, nur anders«, ist das Porträt von Annalena Baerbock überschrieben: »Jetzt beweist sie, dass sie mehr kann – und will.« Kann gut sein, dass die Medien sich nun verstärkt der Bundesvorsitzenden der Grünen zuwenden, die »sortierter womöglich als der sympathisch-schluffige Robert Habeck« sei. Die Journalistin fügt in der *Zeit* hinzu: »Seit klar ist, dass in der CDU auf Merkel ein Mann folgt, fliegen die Projektionen Baerbock zu wie noch vor einem halben Jahr Habeck. Baerbock gegen Laschet/Spahn/Merz: Wäre das nicht ein Ding, ein Kontrast, eine echte Alternative? Die Fantasien, zumal auf der journalistischen Seite, schießen derzeit ins Kraut.«[966]

Von Markus Söder ist da noch keine Rede. Doch wie schreibt Juan Moreno? »Synchronmaulen folgt auf Synchronjubeln folgt auf Synchronfragen: ›Gibt es nichts Wichtigeres?‹ Die Erregungszyklen werden tendenziell kürzer.«[967] Ein Phänomen, das in Katastrophenzeiten, also beispielsweise unter der Corona-Epidemie, zum »Monothematismus« im Journalismus führt, wie es der Philosoph Peter Sloterdijk bezeichnet: In den »Erregungsräumen«, die die Medien schaffen, hat vorübergehend beinahe nur noch ein Thema Platz.[968]

# »Sind wir bereit zu lernen?«

## Unter der Seuche

»Die Krise hat uns im vollen Lauf erwischt«, sagt Habeck in einem Interview im April 2020. »Ich war gerade im bayerischen Kommunalwahlkampf, die Säle voll, die Euphorie groß. Dann saßen wir auf einmal alle zu Hause …«[969] In einem seiner letzten Auftritte vor dem ersten »Shutdown« gibt sich Habeck zuversichtlich und siegesgewiss. »Natürlich kämpfen wir um so viel Zustimmung und so viel Verantwortung wie möglich«, reagiert er auf die Frage, ob er den Anspruch habe, die Grünen zur stärksten Partei bei der Bundestagswahl zu machen. »Das schließt im Zweifelsfall auch den Kampf um den ersten Platz mit ein.« Und wenn die Frage sei, ob er sich einen Führungsanspruch zutraue, für seine Partei oder für sich selbst, »so ist die Antwort ja«. Schaut man sich das Video auf YouTube im Sommer 2020 an, wirkt es wie aus einer anderen Welt.[970]

»Wir hatten jeden Tag vier Veranstaltungen, rappeldickevoll, es war Arbeiten wie im Tunnel und auf einmal …, es war wie: ein Stecker gezogen …«[971] Im Vorwort seines Buchs von 2021, *Von hier an anders*, erinnert sich Habeck an diese unwirkliche Zeit. »Ich lag im Zug, mit dem seltsamen Gefühl, auf dem Weg von einer Welt in eine nächste zu sein.«[972]

Als die Seuche das Leben in Deutschland und in der Welt bestimmt und lahmlegt, ist von Habeck zunächst nicht mehr viel zu hören. Abgesang auf einen Hoffnungsträger also? Der Chor Konservativer aus der Fraktion »Weiter-so-Deutschland!« stimmt sich ein: Ansgar Graw, der ideologische Gegner aus dem Axel-Springer-Verlag, möchte erklären, »warum die Grünen in den Umfragen abstürzen«. In Zeiten einer Rezession »vertrauen die Deutschen nicht den Grünen«, behauptet der Journalist, denn: »Den Grünen wird eher guter Wille als gute Politik unterstellt.«[973] Claus Christian Malzahn, einst Gründungsmitglied des Lokalteils der *taz* in Bremen, mittlerweile als Reporter für Axel Springers *Welt* unterwegs, schreibt im April 2020 einen Abgesang, Titel: »Der EX-Kanzlerkandidat.«[974]

Verloren wirkt der Hoffnungsträger in einigen Fernsehbildern aus dieser Zeit, bekümmert, bedrückt, erschöpft.[975] »Die Grünen standen kommentierend an der Seitenlinie«, schreibt der *taz*-Journalist Ulrich Schulte, »das Spiel machten andere.«[976]

Markus Lanz stellt Habeck in seiner Talkrunde im Mai 2020 als Verlierer vor; ein Mann, »der noch vor Kurzem, so muss man das sagen«, sagt der Moderator, »in aller Munde war; der gehandelt wurde als kommender Kanzlerkandidat; in jedem Fall einer mit Zukunft, weil er anders redete und auch anders war. Seit Corona ist allerdings nichts mehr wie vorher …« Warum von ihm anfangs so wenig zu hören gewesen sei, will Lanz wissen, ob er in dieser veränderten Situation erst ein Thema suchen musste. »Nee, ganz im Gegenteil«, antwortet Habeck, aber es sei nun mal so gewesen, dass in Corona-Zeiten »die Stunde der Exekutive« geschlagen habe. Zumeist sei das umgekehrt, in anderen Krisen triumphiere eher die Opposition. In der Finanzkrise sei die AfD entstanden, in der Flüchtlingskrise sei sie »groß«

geworden, die Klimakrise habe den Grünen viele Stimmen gebracht. »Nie waren Krisen die Stunden der Regierung.« In diesem Fall aber, mit einem äußeren Gegner, dem Virus, sei es darum gegangen, sich als Gesellschaft zusammenzuschließen. Deshalb habe er sich wie auch seine Partei in Stellungnahmen zurückgehalten.[977]

Die Zeitenwende ist da, sagen viele, damals, im Frühjahr 2020. Wann wenn nicht jetzt wäre ein Umdenken, ein radikaler Wandel möglich. Aber wo ist der Waghalsige, der Hoffnungsträger, der Vordenker, der Gipfelstürmer, der Coverboy? Mutige Auftritte haben ihn bekannt gemacht, er wirkt unverstellt, frei von Konventionen. Wichtig sind ihm Inhalte, die Form kommt danach. Er argumentiert für einen Aufbruch, persönlich wie politisch und gesellschaftlich. Er geht und denkt voran, moderiert und hält zusammen. »Wild und frei, das ist Habecks Marke«, kennzeichnet ein Journalist seine Arbeit als Minister in Schleswig-Holstein.[978] Die »Methode Habeck« benennt ein anderer Journalist in der Wochenzeitung *Die Zeit*: »... hart in der Sache, mit klaren Positionen, aber immer um Ausgleich bemüht und kompromissbereit, wenn es um den Weg geht, ein Ziel zu erreichen«.[979]

Und im Frühjahr 2020? Er moderiert, aber er ist nicht streitlustig, die Mimik erstarrt. Habeck wirkt in diesen ersten Wochen nach Stilllegung des öffentlichen Lebens tatsächlich so, als ob er seinen Kompass verloren habe, jedenfalls seinen Elan, seine jugendliche Frische. Hat die Projektionsfigur ausgedient?

»Wenn man merkt, dass es nicht rund läuft, verliert man die Souveränität«, hatte Habeck schon 2014 erkannt.[980] Aber noch will er gewinnen, sagt er im Mai 2020 – nämlich die kommenden politischen Auseinandersetzungen um Europa, die Globalisierung, die Steuerpolitik und die Klimakrise.[981] Eine Hoffnung bleibt, die er auch schon vor der Seuche geäußert hat: Zum ersten Mal in der Geschichte der Bundesrepublik wird es bei den kommenden Bundestagswahlen keinen Amtsinhaber geben, der sich zur Wahl stellt. Die Karten können neu gemischt werden. Ob das einem Herausforderer der Grünen ausgerechnet in Zeiten tiefer Verunsicherung hilft?

Es gibt aber auch in diesen Wochen der Schockstarre, in denen Habeck als öffentliche Figur weitgehend abgetaucht ist, Medien, die ihn zu Wort kommen lassen: Anfang April 2020 wird im *Spiegel* ein Gastbeitrag gedruckt, in dem Habeck sich für Corona-Bonds ausspricht, um Europa damit krisenfest zu machen und Zeichen gegen Populismus und Rechtsradikalismus zu setzen.[982] Und Anfang Mai werden Annalena Baerbock und Robert Habeck auf vier Seiten unter der Überschrift »Was würden sie tun, wenn sie an der Macht wären?« befragt.[983]

Ende April skizzieren Annalena Baerbock und Robert Habeck in einem Gastbeitrag für die *Frankfurter Allgemeine Sonntagszeitung* eine »neue Politik der Sicherheit – vorsorgend, widerstandsfähig, umfassend und europäisch. Wir brauchen ein neues, nachhaltiges Sicherheitsversprechen, das manche Selbstverständlichkeit der Vergangenheit in Frage stellen wird.« Die Bundesvorsitzenden kritisieren ein Gesundheitssystem, das sich »vor allem rechnen« muss; sie kritisieren eine »auf Gewinnmaximierung ausgerichtete Produktion«; sie fordern ein anderes Grundprinzip: »Vorsorge schafft Sicherheit«. Weitere Aspekte: Fürsorgepflicht für Kinder und Bildungsauftrag des Staates; »Corona-Elterngeld« und eine Art Kurzarbeitergeld für Soloselbstständige; eine politische Union in Europa sowie ein »Wiederaufbaufonds in Höhe von einer Billion Euro«; und schließlich »ein zehnjähriges Investitionsprogramm in Daseinsvorsorge,

Klimaschutz und Digitalisierung«. Der Gastbeitrag enthält konstruktive Vorschläge für die Krise und die Zeit danach und ist zugleich ein Vorgriff auf das neue Grundsatzprogramm der Grünen, das im Winter 2020 verabschiedet werden soll. »Wir stehen an einer Wegscheide«, schließen die Autoren ihren Gastbeitrag, und sie erwarten: »Mit Corona enden die politischen Debatten nicht, sie beginnen neu.«[984]

Aber merkwürdig: Während noch wenige Wochen zuvor beinahe jede Äußerung von Habeck Wellen schlägt und von anderen Medien aufgegriffen oder kommentiert wird, fallen nun selbst Essays und Konzeptpapiere wie jener Gastbeitrag in der *FAS* durch den Rost medialer Begleitung. Zufall? Absicht? Wie funktioniert die Medienmaschinerie tatsächlich?

Am 3. Mai 2020 sitzt Habeck wieder einmal in der Talkrunde bei Anne Will, das Thema lautet: »Raus aus dem Corona-Stillstand – hat die Regierung hierfür den richtigen Plan?« Ganz seriös wirkt er mittlerweile: kurz geschnittenes Haar, dunkler Anzug, schwarzes Hemd, glänzende Schuhe. Er äußert sich moderat, zurückhaltend, defensiv. Wenig erinnert an die Unbekümmertheit und Angriffslust, die etwa seinen ersten Auftritt im Kieler Landtag 2009 auszeichnete. Ist Habeck angekommen im Gefängnis Realpolitik? Im Politzirkus Berlin zählen Etikette mehr als Argumente. »Die Verwandlung des Amtes durch den Menschen dauert etwas länger als die Verwandlung des Menschen durch das Amt«, bekannte einst Joschka Fischer.[985]

Im Doppelinterview mit Annalena Baerbock klingt Habeck im Mai 2020 wieder kämpferisch. CDU/CSU nähern sich in Umfragen mittlerweile der absoluten Mehrheit, SPD und Grüne wechseln sich als zweitstärkste Partei unterhalb von zwanzig Prozent ab. Doch Habeck sagt: »Die politischen Auseinandersetzungen beginnen jetzt mit voller Wucht neu. Europa, die Globalisierung, eine neue Form von Fiskalpolitik und die Klimakrise. Ich will, dass wir diese Debatten gewinnen.« Das heißt: »erstens Klimaschutz umsetzen, zweitens die Globalisierung vom Primat der Billigkeit befreien, drittens das Gesundheitssystem als öffentliche Daseinsvorsorge begreifen«.[986] Wenige Monate später bekennt Habeck aber auch: »Die fetten Jahre sind vorbei.« Zur kommenden Bundestagswahl werde es deshalb hinsichtlich einer Frage zur entscheidenden politischen Auseinandersetzung kommen: »Wie schafft man bei knapper werdenden Mitteln soziale Gerechtigkeit und wirtschaftliche Stärke?«[987]

Mitte Juni 2020 erklärt Habeck erstmals, im Herbst 2021 über Listenplatz 2 in Schleswig-Holstein in den Bundestag gewählt werden zu wollen.[988] Damit antwortet er auf eine Frage, die von Journalisten bis dahin nie gestellt worden ist, weil alle nur nach seiner Kanzlerkandidatur fragten. Anfang Juli erklärt er zudem, als Direktkandidat im Wahlkreis Flensburg-Schleswig antreten zu wollen. Damit hat er eine hohe Hürde vor sich. Denn die Grünen haben es in ihrer bisherigen Geschichte nur in einem Wahlkreis auf ein gewonnenes Direktmandat im Bundestag gebracht: Von 2002 bis 2017 gelang das vier Mal in Folge Hans-Christian Ströbele in Berlin, danach seiner Nachfolgerin Canan Bayram. Zudem hatte die CDU-Direktkandidatin in Flensburg-Schleswig bei den letzten Bundestagswahlen 40 Prozent der Wählerstimmen erlangt, der Kandidat der Grünen kam nur auf 10,5 Prozent. Diese Bewerbung Habecks wirkt also risikoreich.[989] Wenn er das Direktmandat gewinnen würde, »wäre das eine fette Sensation«, sagt er im Oktober 2020. »Aber die Chance ist da.«[990]

Doch zugleich ist er auf Nummer sicher gegangen. Seinen (politischen) Freund Konstantin von Notz hat er von Listenplatz 2 verdrängt, wie er es vor ein paar Jahren schon einmal vorhatte. Spricht daraus sein bedingungsloser Machtanspruch? Ist es eine Prestigefrage? Oder einfach Sicherheitsdenken? In seinem Blog schreibt Habeck, Konstantin habe »mir ungefragt angetragen«, auf Listenplatz 2 zu kandidieren. Das spreche »für ihn und seinen Teamgeist. Und es zeigt, welcher Geist diesen Landesverband prägt.«[991] Damit meint er Schleswig-Holstein. Vermutlich wird es Habeck gelingen, im Herbst 2021 in den Bundestag einzuziehen, entweder als Direktkandidat oder als Listenkandidat. Ein weiterer Schritt auf dem Weg an die politische Spitze der Republik scheint ihm sicher. Zudem wird eine Regierungsbeteiligung der Grünen erwartet. In der Publizistik tippen viele auf eine Koalition mit der CDU/CSU.

In der *FAZ* gratulieren Annalena Baerbock und Robert Habeck Ende Juni 2020 zum 75. Geburtstag der CDU. »Ihr seid so etwas wie die institutionalisierte Regierungspartei, die Grundversorgung im Kanzleramt, das Bayern München der Politik«, heißt es in dem Gastbeitrag. Es habe ein paar Jahre gedauert, räumen die Bundesvorsitzenden der Grünen ein, dass auch sie »Eigenschaften wie Verbindlichkeit und guten Umgang miteinander als Tugenden im politischen Wettstreit anerkannt« hätten. »Irgendwie haben wir, die wir Euch jahrelang herausgefordert haben mit unserem Drang, die Verhältnisse zum Tanzen zu bringen – und vielleicht auch mit einem kleinen Hang zur Arroganz –, Euer Selbstverständnis im Umgang mit politischer Macht heimlich doch bewundert.« Der »klare Kompass der CDU« habe für Orientierung gesorgt, »in guten Zeiten war die CDU immer ein Garant für Stabilität und Verlässlichkeit. (…) Mehr als jede andere Partei in Deutschland schaut Ihr vor allem auf die Welt, wie sie ist, und weniger auf die Welt, wie sie sein könnte. Euer Pragmatismus ist Legende.«[992]

Ist das schon angewanzt? Die allzu plumpe Vorbereitung einer schwarz-grünen Koalition in einer kommenden Bundesregierung? Oder drückt sich darin Habecks politische Überzeugung aus, nicht in Konkurrenzen, in Gegnerschaft zu denken, sondern in Kooperation? Beim Erdenken, Erarbeiten, Formulieren gemeinsamer Ziele, in der gemeinsamen Suche nach Antworten für eine ungewisse Zukunft, sachorientiert, inhaltlich, zielgerichtet? So etwas wie eine Schule neuen Denkens, in der Eitelkeiten und Egoismen hintangestellt werden, Austausch im steten Gespräch miteinander gesucht und die Vereinzelung und das Vereinsdenken überwunden werden?

Weder noch. »Das ist eine Kampfansage«, stellt Habeck vier Wochen später in einem Interview klar. Man müsse Texte auch lesen können, denn die Aussage sei: »Herzlichen Glückwunsch, aber die Auseinandersetzung um die Zukunft werdet ihr mit uns ausfechten müssen.« Die Grünen seien »in vielen Positionen klarer, ja radikaler geworden«, fügt er hinzu: »Hartz IV wollen wir überwinden. Die Reformpläne für eine andere Landwirtschaft sind ehrgeizig. Wir bekennen uns zum Ziel einer föderalen europäischen Republik. Aber: Wir streben die Verantwortung für die Breite der Gesellschaft an. Ebenfalls so klar wie nie haben wir einen inhaltlichen Führungsanspruch formuliert. Beides zusammen macht die Stärke der Grünen aus.«[993]

»Wir müssen Dinge anders machen«, deutet Habeck ein Grundprinzip seiner Überlegungen an. »Vertrauen in die Handlungsfähigkeit von Politik« erhalten oder wiederherstellen, der Gesellschaft »Halt und Sicherheit« geben. Was für eine Herausforderung ein neues Denken in dieser auf Konkurrenz gedrillten Gesellschaft ist und welche Utopie dahintersteckt, wird in einem Zeitungskommentar zum »Corona-Stress« sichtbar. »Mitmachbürger« seien gefragt, schreibt eine Kommentatorin im Juni 2020 im Berliner *Tagesspiegel*, die Zeit der Bequemlichkeit sei vorbei. Es sollte einmal untersucht werden, fordert die Journalistin, ob »die Aussicht auf mehr Selbstverantwortung« eher lähmt als motiviert. Aber Wegducken helfe wenig in Zeiten der Pandemie. Eigenverantwortung sei nötig, soziales, umsichtiges, rücksichtsvolles Denken und Verhalten in einer Zeit unsichtbarer Gefahr. »Also los!«, fordert die Journalistin. »Und wer weiß, was für Dynamiken sich daraus für später noch ergeben.«[994]

Ein Team von *Spiegel*-Redakteuren zieht im Spätherbst eine Zwischenbilanz zum *Lockdown*, so der Titel des Buchs. Habecks Auftritte unter dem Ausnahmezustand seit März 2020 werden kritisch beurteilt. Offenbar wird mehr Ernsthaftigkeit gewünscht. Er »wirkte unter Krisenbedingungen plötzlich nicht mehr wie eine Erlöserfigur, sondern wie ein Mann, der sich inmitten einer ernsten Situation an der Grenze zur Albernheit bewegte und erstaunliche Lücken im Sachwissen offenbarte, auf Politikfeldern jenseits der Pandemie. Habeck ließ sich beim Kuscheln mit Pferden fotografieren, und als er den Wirecard-Skandal kommentieren wollte, behauptete er, die Finanzaufsicht Bafin sei dafür zuständig, ›mittelständischen Unternehmen nachzuweisen, dass Handwerkerrechnungen falsch eingebucht wurden‹.« Zwar sei es schwierig, in diesen Zeiten als Oppositioneller zu glänzen, geben die Redakteure zu, allerdings ergänzen sie auch: »Man kann sich in der Opposition aber durchaus entzaubern.«[995]

Anfang Oktober 2020 ist die Berichterstattung mit einem neuen Aspekt beschäftigt. »Habeck traut sich die Kanzlerschaft zu«, lauten die Überschriften in verschiedenen Presseorganen.[996] Im Polit-Boulevard bei Sandra Maischberger hatte Habeck am 7. Oktober auf die seit Monaten gewohnte Frage nach der Kanzlerkandidatur ausführlicher geantwortet, nicht eindeutig, aber doch vielsagender als zuvor. »Die Bundeskanzlerfrage ist einerseits ganz einfach und andererseits ganz schwer zu beantworten«, windet er sich, um Zeit zu gewinnen. Dann fährt er im raschen Stakkato fort: »Das, was man für sich selber tun kann, meine Person, Annalena, alle anderen Personen für die anderen Parteien, ist, sich selbst zu überprüfen, ob man glaubt, man hat moralisches Rüstzeug, innere Ruhe, man hat einen Plan, was man will. Diesen Plan habe ich, und deswegen ist die Antwort: Ja, diese Prüfung würde ich für mich bestehen. Zu sagen, ich will Bundeskanzler werden, mit dieser Lässigkeit: Hey, hast du mal Bock, irgendwas zu machen, geht aus meiner Sicht völlig an dem, was dieses Amt bedeutet, vorbei, weil: Joschka Fischer hat das mal die ›Todeszone der Politik‹ genannt. Weil man – wir haben Donald Trump gesehn – mit unangenehmen Menschen reden muss, weil man Entscheidungen über Leben und Tod, über Kriegseinsätze trifft, weil man Entscheidungen trifft, die Arbeitsplätze gefährden oder neue entstehen lassen. Also die Größe der Verantwortung verbietet im Grunde eine Leichtigkeit: Hey, da hab ich Bock drauf. Und deswegen kann die Antwort nur sein: Wir geben unser Bestes, ich gebe mein Bestes, Annalena gibt ihr Bestes, und dann werden wir sehn, was daraus wird.«[997]

Am nächsten Tag wird Habeck im Hörfunk gefragt, was er wohl in einem Jahr machen werde. Dann also, wenn die Bundestagswahl gelaufen ist. »Bin mitten in den Koalitionsgesprächen«, antwortet der Gefragte, er wisse aber noch nicht, mit wem. Ob nicht aber eine Frau als Bewerberin fürs Bundeskanzleramt das strategisch bessere Angebot vonseiten der Grünen sei, gibt der Moderator zu bedenken. Er selbst, antwortet Habeck, habe in seinem Leben immer »geteilte Verantwortung mit Frauen« praktiziert, »insofern teile ich die gleiche Angst«. Nämlich »wenn eine Männlichkeitswelt zurückkehrt, die sich über Machismus und Chauvinismus definiert«. Seine Partei würde zu gegebener Zeit »das Angebot machen, das den Grünen die größte Wahlchance gibt. Und das unter Berücksichtigung von emanzipationspolitischen Fragestellungen.«[998]

Auf *Zeit Online* lautet die Überschrift »Grüne Machtfragen«. In der Analyse heißt es: »Widersprüche zwischen Anspruch und Wirklichkeit« müssten den Grünen nicht schaden, andere Parteien hätten »solche Situationen« auch bereits erfolgreich durchgestanden, »Voraussetzung ist jedoch eine starke und konsensorientierte Führung«. Die Grünen müssten eine »breite gesellschaftliche Bewegung für eine radikale Wende in der Klimapolitik mobilisieren«, dann sei »die Chance für einen historischen Wahlerfolg« gegeben. Die SPD befinde sich schließlich weiterhin in der Krise, und wie beschädigt die CDU aus den Rivalitäten innerhalb der Partei nach der Ära Merkel hervorginge, sei noch völlig offen. Und auch, wen die Deutschen sich als Bundeskanzler wünschten, welchen Typus sie wählten, sei bisher ungeklärt. »Glaubwürdigkeit, Durchsetzungskraft und Verhandlungsgeschick« stünden auf der Wunschliste obenan, dazu »die Fähigkeit, politische Bündnisse einzugehen und politische Kompromisse auszuhandeln. Vielleicht wünschen sich die Wählerinnen und Wähler vom nächsten Bundeskanzler nach den nüchternen Merkel-Jahren auch mehr Leidenschaft. Die Wahlentscheidung hängt also auch von der gesellschaftlichen Stimmung ab. Davon, welcher Kanzlertyp beim Wähler gerade gefragt ist: ein

Charismatiker wie Willy Brandt, ein Machtpolitiker wie Helmut Kohl oder ein Macher wie Gerhard Schröder.«[999]

Wenig später erklärt Habeck im Gespräch mit dem Soziologen Armin Nassehi seinen »Anspruch für das Zentrum der Gesellschaft«. Der Erfolg der Grünen sei »ein kompletter Angriff auf die alte Parteienordnung«. Das werde bisher in der Öffentlichkeit völlig verkannt. Dort werde der »Bündnisgedanke« übersetzt mit: »es allen recht machen und geschmeidig machen für irgendwelche Bündnisse mit andern Parteien«. Und auch der Begriff Bündnispartei werde skeptisch, ja abschätzig beurteilt: »Ach, die können mit jedem, so ungefähr. Und dann wird es übersetzt mit: Die wollen eigentlich nur Schwarz-Grün machen und sich dann quasi da in die Betten der Macht reinkuscheln oder so etwas.« Sie aber wollten das gesamte Spielfeld mit ihrer Politik verändern. Der Bündnisgedanke sei »kein neutraler Wischiwaschiwohlfühlbegriff, sondern eine Herausforderung an die alte politische Ordnung«. Dann wird er konkreter und persönlich: »Dieser Anspruch, für die Breite der Gesellschaft, für das Zentrum der Gesellschaft Verantwortung und auch Führungsverantwortung zu übernehmen, ist mit dem Bündnisgedanken transportiert, und es ist keine neutrale Phrase, sondern es ist eine sehr selbstbewusste, fast mutige Phrase.« Und weiter: »Es braucht einerseits die Auseinandersetzung, wohin soll die Reise gehen? Davon dürfen sich politische Parteien nicht freisprechen. Das ist die Machtfrage. Und es ist gleichzeitig ein Machtabgeben, dass die Umsetzung, die Wege zu diesem Ziel gerne weit verhandelt werden können. So wäre dann der Bündnisgedanke übersetzt in formale Formen praxistauglich.«[1000]

Sind das Träume? Oder ist das eine realistische Beschreibung politischer Chancen am Ende des Jahres 2020? »Alles ist ein riesiges Experiment«, hat Habeck in dem Gespräch mit Armin Nassehi bemerkt und vorhergesagt, dass es nach der Pandemie zu harten Verteilungskämpfen in Zeiten leerer Kassen kommen werde. Und ausgerechnet da, in Zeiten starker Verunsicherung, soll eine Mehrheit der Bevölkerung mitgehen, mitgezogen werden, Experimente wagen? Warum denn nicht, meint Nassehi, denn Probleme, die nicht jetzt gelöst werden, schlagen eben später durch, das hätte schon fast eine mathematische Logik. Es werde zu »schwierigsten Prozessen« kommen, zu »unglaublichen Konflikten«: »Wir wissen ziemlich genau, dass jede Veränderung mehr Konflikte produziert als weniger. Wenn man Konflikten aus dem Weg gehen will, dann muss man die Probleme aufschieben, dann kommen sie später.« Also wann, wenn nicht jetzt?!

Aber regiert nicht gerade in Zeiten großer Verunsicherung umso mehr die Angst in der Bevölkerung? Ein Team von *Spiegel*-Redakteuren vermutet in seinem *Lockdown*-Buch, dass sich nach der »Methode Merkel«, »der stillen Suche nach Konsens und Verständigung«, schon eine Gegenbewegung abzeichne. Daher die hohen Zustimmungswerte für Markus Söder, den CSU-Ministerpräsidenten von Bayern. Ein Macher der alten Schule, klare Kante wie zu Zeiten Gerhard Schröders, ein ganzer Kerl, so möchte er in der Öffentlichkeit wirken. »Sein Bemühen, stets noch eine Spur härter und entschlossener zu sein als alle anderen, wirkte manchmal regelrecht grotesk.«[1001] Aber dieses Schauspiel kommt offenbar bei vielen verunsicherten Menschen in der Republik gut an. Weitere Seuchen sind schon absehbar, weil der Mensch die Natur zerstört, Wildtiere ihren Lebensraum verlieren, neue unbekannte Krankheiten auf den Menschen überspringen werden.[1002] Und der Klimawandel wird weiter für Veränderungen sorgen, die viele Menschen noch mehr verunsichern. Es wächst der Wunsch, ein »starker Mann« möge es irgendwie richten, damit nicht jeder selbst in seinem Leben etwas ändern müsse. Das Stellvertretermodell. »Drittens kommt am Ende einer Ära meist das Gegenteil des bisherigen Erfolgsmodells heraus – auf den visionären Willy Brandt folgte Helmut Schmidt, der Visionen für etwas hielt, was man ärztlich behandeln lassen solle, auf Kohl folgte Schröder, auf Schröder Merkel.«[1003]

Hoffnung und Wandel, Barack Obamas Slogan »Hope and change«,[1004] geht Habeck über all die Jahre nicht aus dem Sinn. Kurz nach Präsident Obamas Amtsantritt reist Habeck im Februar 2009 in die USA, um etwas von der Stimmung mitzubekommen, um schließlich auch Strategien für die eigene politische Arbeit zu entwickeln. Darüber verfasst er für die *taz* (und ausführlicher für die Heinrich-Böll-Stiftung) eine Woche lang »Ein Tagebuch aus Washington«.[1005] Auch in seinem politischen Grundlagenwerk von 2010, *Patriotismus – Ein linkes Plädoyer*, kommt Habeck auf Obama zu sprechen.[1006]

Wie mehrfach in der Vergangenheit, so hat Habeck auch diesmal wieder ein Buch zur nächsten Wahl vorbereitet. »Während der Sommerferien« habe er das Manuskript geschrieben, sagt er in einem Interview, »nachts und auf den vielen Zugfahrten«.[1007] Im Januar 2021 erscheint *Von hier an anders*. Zehn Jahre zuvor hatte er bereits in seinem *Patriotismus*-Buch in Aussicht gestellt, »etwas anders zu machen«.[1008] In seinem jüngsten Buch versucht Habeck, sein Verständnis von Macht und Einvernehmen zu vertiefen, und kommt dabei erneut auf den ehemaligen US-Präsidenten zu sprechen. »What if we were wrong?«, habe Obama am letzten Tag seiner Amtsperiode vor der Machtübernahme durch Donald Trump gefragt.[1009] Was, wenn sie sich geirrt hätten? Was, wenn alles falsch gewesen wäre, was wir unternommen haben? Konnte Donald Trump also nur deshalb oder gerade deshalb Präsident werden, weil Obama der Vorgänger gewesen war? Eine Frage voller Selbstzweifel, eine Frage, die sich nun Habeck in seinem Buch stellt, und er schreibt, warum dieser Zweifel auch ihn selbst angeht. »Denn diese Frage berührt den Grund und gleichermaßen den Grundzweifel, warum ich Politiker bin. Sie lautet: Wie findet eine Gesellschaft unter den Bedingungen von Freiheit und Demokratie zu einer Gemeinsamkeit, die es ihr ermöglicht, die notwendigen großen Schritte zu gehen? Und welches sind die Kräfte und Dynamiken, die Lösungen und gemeinsamen Fortschritt immer wieder blockieren?«[1010]

Auf einen »strukturellen Grund« kommt er zu sprechen: nämlich den Widerspruch, dass Fortschritt für die einen immer auch Rückschritte für andere bedeute, dass es neben Gewinnern immer Verlierer gebe, dass Aufstiege auch Abstiege nach sich ziehen können. Es ginge darum, schreibt er, »die blinden Flecken, also die Kehrseiten möglicher Erfolge«[1011] zu erkennen und rechtzeitig darauf zu reagieren. Also die Position, die Standpunkte des anderen wahrzunehmen, verschiedene Sichtweisen zu erkennen und zu respektieren.

Im Kapitel »Macht als Beruf«[1012] bezeichnet er die Machtfrage als blinden Fleck progressiver Politik. Irgendwer hat immer Macht, schreibt er, und wer selbst keine Macht ausüben wolle, der überlasse das anderen. Habeck zählt die aktuellen Versäumnisse demokratischer Politik auf: die Klimakrise werde in »Trippelschritten angegangen«;[1013] Internetgiganten wie Amazon, Google, Facebook zahlten kaum Steuern; Steuersparmodelle würden mit krimineller Energie vorangetrieben und nachlässig geahndet; DAX-Konzerne würden betrügen; die soziale Ungleichheit nehme zu; Felder würden weiterhin vergiftet, obwohl europäische Vorgaben und Gerichte längst Einhalt gebieten; die Mieten explodierten trotz Mietpreisbremse; eine Gesundheitsreform versäume es, bessere Bezahlung und mehr Pflegekräfte zu garantieren. Wenn man all diese Versäumnisse betrachte, »dann erscheint unsere demokratische Politik tatsächlich machtlos«.[1014] Die Unzufriedenheit und das Misstrauen in weiten Teilen der Bevölkerung nähmen zu, und Rufe nach dem starken Mann, dem Heilsbringer, dem Autokraten, dem Tyrannen, der alles richten solle, würden lauter.

»Ohne Macht kein Miteinander«,[1015] schreibt Habeck, und er greift die Geschichte vom Koch und Kellner auf, die Gerhard Schröder einst bemühte, um die Grünen kleinzukochen. Der Koch kocht, schreibt Habeck, der Kellner kann das nicht. Ohne den Kellner aber würde das Essen in der Küche stehen bleiben und kassiert würde auch nicht. Der Betrieb funktioniert also nur mit beiden. Insofern war Kanzler Schröders rüde gemeinte Ansage an einen möglichen Koalitionspartner der Grünen ein schiefes Bild beziehungsweise die Logik vergangener Zeiten, als nicht Kooperation und Ausgleich zählten, Gemeinschaftsarbeit und Einvernehmen, sondern allein die Allmacht eines Einzelnen, die Rivalität.[1016] »Macht entlastet uns«, fügt Habeck hinzu. Denn durch Abmachungen seien Aufgaben von vornherein verteilt und es müsse nicht bei jeder Herausforderung neu verhandelt und debattiert werden. »Machtverhältnisse sorgen für klare Verhältnisse, reduzieren Konflikte und sorgen für eine bessere Aufgabenteilung. Womöglich findet sich hier ein Grund für die Verführbarkeit von Menschen durch starke Führer: Die eigene Verantwortung wird abgegeben und im Extremfall aufgegeben. Demokratie dagegen ist anstrengend, weil die Verantwortung der

Machtübertragung immer wieder zu jedem Einzelnen zurückkehrt.«[1017] Weil aber Macht verführbar macht, zur Machenschaft führen kann, Hierarchien gebildet werden und Ausgrenzung jener bewirkt, die nicht zum Machtgefüge gehören, müsse »ein neues Machtverständnis« entwickelt werden. Habeck nennt es »eine Macht des Miteinander«,[1018] eine Macht »im Einvernehmen«,[1019] oder, wie Hannah Arendt es ausgedrückt hat: Macht als »übereinstimmendes Handeln«.[1020]

»Die Dinge, die gut gelaufen sind, als ich Minister in Schleswig-Holstein war«, schreibt er weiter, »waren die, bei denen ich frühzeitig den Austausch gesucht habe und die Betroffenen sich beteiligen konnten.«[1021] Und er nennt beispielhaft Konflikte mit Landwirten, Fischern, Bürgerinitiativen, Naturschutzverbänden, Gemeinderäten.

Vom sozialen Miteinander spricht Habeck, von Respekt in Haltung und Kommunikation, von neuen Formen der Beteiligung, von gemeinsamen Verabredungen – »im Einvernehmen«.[1022] Das bedeute, »dass man eine Entscheidung mitträgt, auch wenn man anderer Meinung ist. (…) Es bedeutet respektvollen Umgang und Anerkennung Andersdenkender. Es ist das Leitwort einer neuen Machtkultur. (…) Manchmal beweist sich die eigentliche Stärke am ehesten, wenn man anderen den Vortritt lässt. Und Einvernehmen ist der stillschweigende oder manchmal auch ausgesprochene Konsens, dass es fair zugeht.«[1023] Macht schaffe »politische Gemeinschaften«, Macht sei zwingend auf das Gespräch und den geistigen Austausch angewiesen, denn: »Wer alleine ist, mag glauben, dass er etwas zu sagen hat. Aber in Wahrheit ist er nur im Selbstgespräch.«[1024]

Habeck wendet sich gegen einen Lobbyismus, der Abgeordnete abhängig macht und verführt, er fordert Transparenz, eine bessere Ausstattung des Parlaments, um Manipulationen durch hoch bezahlte Berater und Lobbyisten zurückzudrängen. Die Politik habe über die Richtlinien zu entscheiden, nicht die Verwaltung, die diese Richtlinien lediglich umzusetzen habe. Und er wünscht sich eine stärkere Beteiligung der Bevölkerung und schlägt dafür sogenannte Bürgerräte vor – im Prinzip so etwas wie die Schöffengerichtsbarkeit. Nach dem Zufallsprinzip ausgeloste Personen, die sich in ein Thema einarbeiten, Vorschläge zur Lösung eines Problems machen, Empfehlungen abgeben. Eine Praxis, die beispielsweise in der Mongolei, in Irland oder auch in Baden-Württemberg bereits erprobt worden ist.[1025]

Politik sei für ihn »kein Spiel um Mehrheiten«, schreibt er, »sondern das Privileg, in seiner Zeit einen Unterschied machen zu können«.[1026] Wir hätten die Wahl. Weiter so, Deutschland, wie es früher einmal hieß und es sich einige heute immer noch und weiterhin wünschten; oder erkennen und begreifen und zunutze machen, dass wir uns in einer Zeit befänden, die Habeck als »Epochenübergang« bezeichnet. Es dürfe nicht mehr alles »durchökonomisiert und nach Profitchancen berechnet«[1027] werden, eine andere Kultur müsse entstehen. Freiheiten und Solidarität könnten unser Leben reicher machen, Improvisation und Kreativität ängstliche Fehlervermeidung ersetzen; das Machen sei wichtiger als das Haben. Die globalisierte Wirtschaft müsse neu erfunden werden, Effizienzsteigerung und Nachhaltigkeit im Vordergrund stehen, die Hast nach immer mehr mache nicht glücklicher. Es ginge darum, Widerstandsfähigkeit gegen Krisen zu entwickeln; Gesundheit und Klima dürften nicht den Kräften des freien Marktes überlassen bleiben; eine starke Politik müsse die Systeme umbauen.[1028]

Vieles klingt idealistisch, sendungsbewusst, beseelt, manches vielleicht naiv und träumerisch, als solle eine selbsterfüllende

Prophezeiung herbeigeschrieben werden. Aber über allem stehen Habecks Wunsch und seine Leidenschaft, grundlegende Änderungen anzuschieben, Wandel im Dialog zu erreichen, seine Begeisterung und Hoffnung, Politik zu verändern, politische Orientierung zu geben und darüber hinaus Zuversicht zu vermitteln. Wut und Hass zu unterlaufen und unbeirrt zu bleiben. Er sehe für sich die politische Aufgabe, »dass wir alle Wege finden müssen, diese Spirale gegenseitiger kultureller Diskreditierung und Verächtlichmachung aufzubrechen (…), die Unversöhnlichkeit und Polarisierung nicht noch weiter zu befeuern – so schwer es auch manchmal fällt«.[1029]

Und er gibt sich überzeugt, einen Wandel des Kapitalismus anstoßen zu können, den Wandel zu einem System voranzutreiben, das womöglich nicht mehr als Kapitalismus bezeichnet werden kann. Er spricht sich gegen den eindimensionalen Wachstumszwang des Kapitalismus aus, fragt, ob es nicht möglich sei, »etwas anderes zu schaffen als einen hyperglobalisierten Markt mit seinen enormen Gewinnen vor allem im Finanzmarkthandel, aber auch mit seinen ökologisch wie sozial verheerenden Bilanzen«.[1030] Er schreibt, »die Mehrung von Gewinn und Eigentum durch Wachstum als Ziel des kapitalistischen Wirtschaftens kann nicht Selbstzweck bleiben«.[1031] Er fordert, »die soziale Belastung umzudrehen«,[1032] eine andere Steuerpolitik also und, eine alte Forderung von ihm, eine neue Berechnung des Bruttoinlandsprodukts, »um die nachfragegetriebene Logik des Hyperkapitalismus gleichsam umzubiegen«.[1033]

»Eine neue Wirtschaftsordnung wird sich aus dem Prozess der Reform entwickeln«, schreibt Habeck in seinem Buch von 2021. »Sie wird von unten nach oben wachsen. Und das ist kein schwacher, sondern ein bärenstarker Gedanke. Denn er besagt, dass wir weder abwarten können noch abwarten müssen, bis die richtige Theorie erdacht wurde, sondern einfach anfangen sollten, das Richtige zu tun. Das jetzt schon Mögliche. Das ökologisch Gebotene. Jede Regierung kann ihren Beitrag leisten, jeder einzelne Mensch auch.«[1034]

Ein Dilemma in der (nicht nur) politischen Auseinandersetzung spricht Habeck in seinem Buch mehrfach an, das Spannungsverhältnis zwischen Kopf und Bauch, Verstand und Gefühl. Wie erreicht man Menschen am ehesten? Populisten setzen auf Bauch und Gefühl, Hass und Empörung, negative Emotionen, aber Emotionen eben. Wie anfällig und leicht erregbar jeder ist, hat Habeck selbst erfahren und daraufhin seine Facebook- und Twitter-Accounts gelöscht. Hirnforscher hätten »in den letzten Jahrzehnten eine gute Erklärung dafür bereitgestellt, warum es so schwerfällt, sich selbstkritisch zu kontrollieren«, schreibt Habeck in seinem Buch. »Der Grund ist – so die These –, dass oft nicht Vernunft das Handeln lenkt, sondern Affekte und Gefühle. Die Gefahr für die Demokratie ist demnach nicht, dass sie irgendwann argumentativ überwunden wird, sondern dass Argumente überhaupt nicht mehr gelten.«[1035] Ein großes Problem für einen wie Habeck, der aufklären und die Menschen mit Worten erreichen möchte, am besten überzeugen. Vernunft sei die politische Aufgabe, fordert er, die Politik müsse vernünftig handeln, über die Vernunft Argumente vermitteln und erklären.[1036] Doch wenn das menschliche Gehirn dafür zu träge ist und nicht mitmacht? Auf Demonstrationen von Populisten und Verächtern der Demokratie hat Habeck beobachtet, dass Schlagworte wie »Liebe«, »Herz«, »Gefühl« auf Transparenten zu lesen waren. Als Verstandesmensch fühlte er sich angesprochen, doch er entgegnet kühl: »So schön Liebe und Gefühle sind: Gegen Vernunft und Verstand gewendet, sind sie antiaufklärerisch.«[1037] In einem

Interview im Juli 2018 betont Habeck jedoch: »Du brauchst die Herzen, um die Köpfe zu gewinnen.«[1038]

Also? Auf der Erkenntnis eines Geisteswissenschaftlers beharren und zugleich ahnen, damit auf verlorenem Posten zu stehen? Das würde Habeck für sich nicht gelten lassen, doch die alte, heikle Frage stellt sich: Lassen sich Geist und Macht vereinen? Vor allem aber: Ist es möglich, eine solche Verbindung zu einer Volksbewegung werden zu lassen? Zumal in einer Gegenwart, die zunehmend zerfasert und in ihre verschiedenen Echokammern zerfällt. Hört in dieser Selbstbezogenheit, in dieser Zerstreuungskultur mit marktschreierischem Journalismus überhaupt noch irgendjemand dem anderen zu? Findet die eine bei einer anderen Gehör? Und welcher Gedanke in welchem Medium zu welcher Zeit hat die Chance, verbreitet, ausgetauscht und weitergetragen zu werden? »Ob dieses Verbinden (von Geschichten und Erfahrungen) noch einmal gelingt, ist mehr als fraglich«,[1039] gibt Habeck zu.

Seine Antwort auf dieses Dilemma ist sein Credo vom permanenten Gespräch. »Auf Hass zu setzen, ist viel leichter«, sagt er im Oktober 2018. »Wut entfaltet eine ungeheure Energie. Und es kostet ungleich viel mehr Energie, dem nicht mit Wut zu antworten. Sondern positiv, integrativ, sodass man möglichst viele Menschen hereinholt in das Gemeinschaftsgefühl. Zuhören, auch mal eigenes infrage stellen, mal recht geben und optimistisch bleiben – das ist verdammt anstrengend. Aber nichts Geringeres sollten wir uns von Politikern erwarten. (…) Jemanden zu verängstigen und alle anderen abzustempeln, ist das Allereinfachste in der Politik.«[1040]

Also, wie er es in seinem Buch nennt, »das permanente Gespräch vor die Verabsolutierung« stellen,[1041] »eine Politik der

Polarisierung überwinden oder zumindest eindämmen«.[1042] Ein Lauf gegen den Strom. Ein Streben, das Verletzungen mit sich bringen kann, Demütigungen, Niederlagen. Joschka Fischers Schlagwort von der »Todeszone der Politik« kommt einem wieder in den Sinn.

In den Wintermonaten 2020/2021 fabulieren und spekulieren Journalisten weiter emsig über Habecks politische Zukunft. Die einen rufen ihn zum kommenden Finanzminister aus[1043] und erreichen damit ein erquickliches Echo in der Branche; andere wollen in ihm den künftigen Innenminister sehen;[1044] Dritte können sich in ihm auch den Wirtschafts- oder Umweltminister vorstellen.[1045] In den Medien sind also bald sämtliche Ministerposten durchdekliniert. Und alle gemeinsam debattieren sie auch weiterhin über die Möglichkeiten eines Kanzlerkandidaten Habeck nach sechzehn Jahren Angela Merkel.

Wer oder was wird sich durchsetzen? Wieder der Wunsch nach dem vermeintlich starken Mann? Der Politikberater Julius van de Laar, der zweimal für Barack Obama den Wahlkampf mitorganisierte, räumt im November 2020 ein, dass es die Grünen bisher recht gut machten. Die offene Frage sei, ob die Partei Annalena Baerbock ins Rennen schickte oder Robert Habeck. Und der oder die Auserwählte habe dann folgende Aufgabe zu bewältigen: »Wer kann nicht nur erzählen, was gerade ist; wer kann eben auch die Vision in die Zukunft bauen?« Der wichtigste Satz in der Politik aber laute: »Löse niemals ein Problem, das keiner hat.« Die Aufgabe für einen Politiker sei es, »das Problem zu verkaufen, das man löst, und nicht die Lösung in erster Linie«. Die müsse erst im Amt geliefert werden.[1046] Van de Laar rät also ausgerechnet zu dem, was Tagesjournalisten partout nicht hinnehmen möchten, weshalb sie immer wieder von Unverbindlichkeit, Schwammigkeit, Beliebigkeit schwadronieren und sich abrackern in Deutungen und Betrachtungen.

Mitte November 2020 kommt es in Berlin zu einem Bundesparteitag der Grünen, komplett digital. Ein dreitägiges Experiment, das zuvor keine andere deutsche Partei in dieser Form veranstaltet hat. Rund 800 Delegierte verfolgen das Spektakel von zu Hause aus, am Ende wird das neue Grundsatzprogramm verabschiedet. Für Rednerinnen und Redner in Berlin ist es eine große Herausforderung, ohne Publikum vor Ort in das schwarze Loch einer Kamera sprechen zu müssen. Habeck redet diesmal nicht wie gewohnt frei, sondern liest einen vorbereiteten Text vom Teleprompter ab. Steril wirkt das Ganze, ungewohnt, unbeholfen, wie eine Fernsehansprache an die Nation. Aber die Inhalte lassen sich nachlesen.[1047]

»Im Mittelpunkt unserer Politik steht der Mensch in seiner Würde und Freiheit«, heißt es gleich zu Beginn des neuen Grundsatzprogramms. Dies sei »unsere Vision« – »heute wie übermorgen, überall auf diesem Planeten, den wir gemeinsam bewohnen«. Und um die vielen Ängste und Befürchtungen vor einer ungewissen Zukunft zu beschwichtigen, steht dort weiter: »Veränderung schafft Halt.« Drei Worte, die als Titel für den Programmentwurf gewählt worden waren, drei Worte, die als Botschaft für kommende Wahlkämpfe dienen sollen.[1048]

Gegen Ende seiner Rede auf dem digitalen Parteitag resümiert Habeck: »2019 hatten wir Rückenwind. Wir segelten. 2020 kam der Wind von vorne. Segeln war vorbei. Wir mussten rudern. Und wir griffen in die Riemen. Und wir blieben im Gleichtakt. Worauf ich stolz bin? Darauf, dass Loyalität und Integrität unsere Werte sind. Wir stellen uns voreinander, wir sehen uns

Fehler nach, wir stärken uns in unseren Stärken. (…) Und Annalena Baerbock und ich versuchen das vorzuleben.« Schließlich greift er Barack Obamas Aufbruchsmotto »Yes, we can« auf: »Wir können schwierige Krisen meistern. Wir können international kooperieren. Wir können Populisten besiegen. Wir können Gerechtigkeit herstellen und die Menschheitskrise Erderhitzung eindämmen. Wir können verändern und dadurch den Laden zusammenhalten. Wir wachsen an Krisen. Wir können als Gesellschaft Erstaunliches leisten.«[1049]

Habeck und Baerbock wirken (wieder) unbeirrt. Sie strahlen Stärke aus. Und sie haben sich auch Ende 2020 noch nicht auseinanderbringen lassen. Eine ungewöhnliche Leistung im beinharten Politikgeschäft und in einer Gesellschaft, die auf Konkurrenz, Neid und Missgunst gedrillt ist. Solange beide zusammenstehen, ist ihr Modell schon jetzt Vorbild für eine gewandelte Gesellschaft. Ein Miteinander statt ein Gegeneinander, Kooperation statt Konkurrenz, Vorausdenken statt Zerfleischen im Kleinen. Überzeugungen verbreiten; anregen, ermuntern, beflügeln. Und all das im Angriffsmodus. Was für ein Anspruch beziehungsweise, um es in Habecks Worten zu sagen: Was für »ein verdammt großes Rad, das wir drehen wollen, drehen müssen, weil die Zeit so drängt«.[1050]

Auf die Frage eines Fernsehreporters, wie harmonisch denn ihre politische Partnerschaft tatsächlich sei, antwortet Annalena Baerbock zwei Tage später in einer Dokumentation: »In manchen Dingen sind wir einfach sehr anders. Kommt er, ich weiß nich, Hühner, Schweine, was haste? Kühe melken … Ich komme eher aus dem Völkerrecht, ja?! Kommen wir aus ganz andern Welten im Zweifel … Das passt gut.« Habeck guckt irritiert und freundlich betreten.[1051]

Ist das bloß flapsig und schräg oder, wie Fernsehmoderator Oliver Welke später augenzwinkernd kommentiert, ist das bereits »subtiles Mobbing«?[1052] Schon einmal, zu Beginn ihrer strategischen Partnerschaft, hat Baerbock ihren Mitstreiter Habeck überrascht, als sie kurz vor ihm ihre Kandidatur für den Bundesvorsitz verkündete. Ob sie ihn noch einmal auf der Zielgeraden überrascht? Sollte sie im Frühjahr 2021 die Hand heben, dann wird die feministische Basis ihr den Vortritt lassen und begeistert zustimmen. Für Habeck, laut eigener Aussage, angeblich kein Problem. Er würde einen Schritt zurück machen und sie in einer Kandidatur für das Bundeskanzleramt unterstützen.[1053]

In der Adventszeit des Jahres 2020 gibt Annalena Baerbock in der *Bild am Sonntag* bekannt, dass auch sie sich das Kanzleramt zutraut, dass sie »das Wissen, die Verantwortung und die Leidenschaft« mitbringe, dass sie jeglichem Stress standhalte und bereits genügend Durchhaltevermögen »als Parteichefin, Abgeordnete und Mutter kleiner Kinder« aufgebracht habe.[1054] Ein gefundenes Fressen für die Journalisten, die daraus tagelang Schlagzeilen, Kommentare, Berichte und Analysen fabrizieren. Und der Betrachter fragt sich, wer mit wem spielt: die Politikerin mit der Presse oder die Presse mit der Politikerin.

»Es geht darum, die Geschichte und die Verkörperung von Macht, von Politik, anders zu erklären und zu begreifen«, sagt Habeck Ende November 2020 in einer Fernsehtalkshow. Es ginge um Gemeinsamkeit, nicht um Konkurrenz. »Geschlossenheit, Loyalität und Integrität in den eigenen Reihen« helfe ihm am meisten, antwortet er auf eine weitere Frage des Moderators. Dabei wirkt er offenbar wie ein Prediger in der Wüste, allein auf weitem Feld. »Versteh ich nicht!«, wirft der Moderator ein. Darum aber geht es: ums Verstehen, um den Mut zum Wandel, um Bewegung in Köpfen und Beinen. Emmanuel Macrons »en marche« im Sinn und Obamas »Yes, we can« und »Hope & Change«.[1055] Blockaden im gewöhnlichen Denken und Streben und Sein wären zu überwinden. Ein Aufbruch zu neuen Ufern also.

Eine weitere Frage ist in der Publizistik bisher nicht gestellt worden: Wie viel Schleswig-Holstein steckt im Grundsatzprogramm der Grünen, wie viel Robert Habeck also? Schaut man es sich genau an, erkennt man vieles wieder, was er bereits vor fünfzehn Jahren in Schleswig-Holstein gedacht, formuliert und praktiziert hat. Darin drückt sich ein Spagat aus, der in den Medien nicht recht gefasst, der als Gegensatz begriffen wird, obwohl er als Zusammenspiel gemeint ist: sozialpolitisch auf Bundesebene linker gedacht als in den vergangenen fünfzehn Jahren, zugleich aber gesellschaftlich breiter aufgestellt, um breite Schichten zu erreichen.

Auf die Frage, wie viel »Geist von Schleswig-Holstein« auch in der Bundeszentrale der Grünen stecke, antwortet Habeck im Interview zunächst ausweichend: »Das ist hier alles ein großes Gemeinschaftswerk«, beginnt er, freilich sehe er »eine Kontinuität« in seiner politischen Arbeit. Dann fügt er genauer hinzu: »Das Projekt ›Grüne 2018–2021‹, also meine Zeit als Bundesvorsitzender, habe ich hoffentlich ein bisschen auch mitgeprägt. Ich bin Parteivorsitzender, ich habe meinen Beitrag vielleicht leisten können, dass die Geschäftsstelle sich so ausgerichtet hat, wie ich mir die Arbeit vorstelle, wie ich sie im Ministerium gelernt habe, über die Abteilungsstrukturen, die wir eingebaut haben. Vor allem haben wir aufgehört, uns mit uns selbst zu beschäftigen. Das ist sicherlich eine Erfahrung, die ich sowohl über meinen Landesverband Schleswig-Holstein, dann aber vor allem über die Ministerzeit extrem gemacht habe. Am Ende interessiert es niemanden, wie man sich selber findet oder wie man miteinander diskutiert. Sondern relevant ist, was man zur Wirklichkeit, zu den Problemen der Wirklichkeit zu sagen hat. Wenn es gut läuft, ist der ›Geist von Schleswig-Holstein‹, den ich mitgebracht habe, auch ein optimistischer. Also nicht schlecht über andere zu reden, sondern gut über seine eigenen Projekte, Dinge und Vorhaben.«[1056]

Und eine weitere Frage kommt hinzu: Wie setzt sich die Landesliste der Spitzenkandidaten zur Bundestagswahl von 2021 in Schleswig-Holstein zusammen? Auf den vorderen vier Plätzen sind Luise Amtsberg, Robert Habeck, Ingrid Nestle und Konstantin von Notz vorgesehen, »mir gut vertraute Personen«,[1057] sagt Habeck. Wer wissen möchte, wie erfolgreich eine kommende Bundesregierung unter Beteiligung oder gar Führung der Grünen sein könnte, sollte sich die Politik in Schleswig-Holstein in den Jahren von 2005 bis 2017 genauer anschauen. Dort wurden Habecks Denken und Streben, seine Ideen von den »Grünen Horizonten« und einer »Eigenständigkeit« in einem zutiefst konservativen Land zum Erfolgsmodell. Breite Schichten der Bevölkerung wurden in wechselnden Koalitionen überzeugt. Seinerzeit stellte der Landesverband der Grünen in Schleswig-Holstein die Grünen auf Bundesebene in den Schatten. Die Frage ist nun, wen die Grünen im Bund fortan in den Schatten stellen werden und ob dies überhaupt gelingen kann.

Anfang Dezember 2020 läuten Journalisten den Wahlkampf 2021 auf andere Weise ein. Im *Spiegel* erscheint ein Doppelinterview mit Markus Söder und Robert Habeck.[1058] Eine Koalition aus CDU/CSU und Grünen hätte »einen großen Reiz«, sagt Söder, »weil beide politischen Kräfte die ganz großen Fragen unserer Zeit im Blick haben, wie die Versöhnung von Ökologie und Ökonomie. Das wäre aktuell das interessanteste politische Angebot (…), eine Große Koalition, die den Namen auch wieder verdient« hätte. Habeck lobt Söder für »eine erstaunliche 180-Grad-Kehre« in der jüngeren Vergangenheit, er träte »seit einiger Zeit immer liberaler« auf.[1059]

Doch er wiederholt auch im Doppelinterview, dass »eine grün geführte Regierung mit der SPD« die Wunschkonstellation wäre. Das geht freilich häufig im Schwarz-Grün-Getöse von Journalisten unter. Dabei wiederholt Habeck es ein ums andere Mal. So wie im März 2020, als er in seiner letzten öffentlichen Veranstaltung im bayerischen Wahlkampf sagt: »Der Lieblingskoalitionspartner ist die SPD – rechnen kann ich aber auch.«[1060] Doch auch der Moderator Markus Lanz tut im November 2020 maßlos überrascht, als Habeck auf mehrfache Nachfrage erneut betont, eine Koalition mit der SPD sei sein Wunsch. »Es gibt jetzt keine Sehnsucht nach der Union«, verdeutlicht er, »ganz im Gegenteil. Wo soll die denn herkommen?«[1061] Wer spielt welches Spiel? Wer hört zu, wer hört weg, wer taktiert, und wer sagt die Wahrheit? Für das Publikum ist das schwer zu erkennen. Und selbst Eingeweihte aus dem Journalistenkreis wissen letztlich nicht mehr, aber sie spielen mit der Ungewissheit vor aller Augen und Ohren und täuschen Allwissenheit vor.

»Söder und Habeck bereiten Schwarz-Grün im Bund vor«, meint ein Kommentator im Berliner *Tagesspiegel* nach dem Doppelinterview Söder/Habeck und er überschlägt sich fast in der Deutung des Gesprächs: »Es atmet Geschichte.« Damit ist tatsächlich das Doppelinterview aus dem *Spiegel* gemeint.[1062]

Drei Tage später wird im Internet und im Rundfunk ein Gespräch mit Jens Spahn und Robert Habeck gesendet. Auch dies ist ein eher ödes Geplänkel unter Tagesjournalisten, klein-klein und selbstbezogen, ein kurzatmiges Palaver in festgefahrenen Strukturen, für eingeweihte Kreise und immer um den Mittelkreis herum. Dass im Hintergrund in manchen Medien bereits wegen dubioser Immobiliengeschäfte, Seilschaften und Vetternwirtschaft von Minister Spahn heftig recherchiert wird, erfährt man in diesem Geplänkel nicht. Habeck deutet an, dass sie sich duzen, als er sagt: »Ein Amt verändert einen Menschen, das merkt man bei Jens.«[1063]

Hintergründige Gespräche finden andernorts statt. Zum Beispiel im schweizerischen Fernsehen. In ihrer Sendereihe »Sternstunde Philosophie« verwickelt die Philosophin Barbara Bleisch im Dezember 2020 Robert Habeck ernsthaft, klug und weitsichtig in ein Gespräch, in dem er von seiner persönlichen Entwicklung und seinen politischen Absichten erzählt. Wieder drückt er seine Zuversicht und Hoffnung aus, glaubt an »die Chance, einen Unterschied zu machen (...) und gemeinsam in den nächsten zehn Jahren eine Welt verändern« zu können, »wie es selten davor gelungen ist«. Er nennt es eine »positive Politik«, einen Versuch, der »noch gar nicht probiert worden« sei. Bisher habe es »eine Angst machende Ansprache« gegeben und das Beharren auf dem Status quo.

»Ich glaube daran«, sagt er in diesem Gespräch, »dass es gelingen kann, die Kurve zu kriegen und dann über eine optimistische, leidenschaftliche, Menschen motivierende Ansprache große Dinge zu bewirken.« Er habe Sorgen und mache sich seine Gedanken, aber: »Angst habe ich nicht.« Auf Nachfrage räumt er ein: Ob seine Kraft reichen werde, daran zweifle er manchmal. »Damit meine ich sehr konkret die Kondition über die Woche, über den Tag. Terminhast. Immer konzentriert sein. In einer Welt zu sein, wo man ja nicht darauf setzen kann, dass alle immer nur tolerant oder nachsichtig sind, sondern … Politik ist eben auch ein Wettbewerb, und der wird teilweise auch mit Stahl ausgefochten. (…) Aber Angst im Sinne von: du weißt nicht, ob du auf dem richtigen Kurs bist, das hab ich nicht.« Die Aufgabe, die er sich gestellt habe, sei klar: »Wir müssen unser Technik- und Gesellschafts-, Wirtschafts- und Konsumverständnis ändern und tatsächlich auf Klimaneutralität (…) umstellen, weil wir sonst menschenwürdiges Leben in der Zukunft nicht mehr möglich machen.«[1064]

In der Flut publizistischer Stellungnahmen, die sich seit ein paar Monaten für Annalena Baerbock starkmachen, setzen zwei Journalistinnen im Januar 2021 in der Wochenzeitung *Die Zeit* ein paar Kontrapunkte. Die eine hat laut eigener Aussage seit Jahren Angela Merkel ihre Stimme gegeben – eben weil sie eine Frau ist. Nun plädiert sie für Robert Habeck, denn der könne »ein feministischer Kanzler« werden. Habeck habe »in Interviews oft betont, dass er männliches Anspruchsdenken ebenso wie patriarchale Machtgesten verabscheut«. Er sei »der beinahe einzige Spitzenpolitiker, der bewusst mit tradierten Rollenmustern bricht und seine Macht eben ganz selbstverständlich mit einer Frau teilt«. Zudem könne die Journalistin bezeugen, wie er Annalena Baerbock in der Vergangenheit unterstützt habe, um in der Anfangszeit ihrer gemeinsamen Arbeit aus seinem Schatten herauszutreten. Schließlich kommt sie auf »sein Charisma« zu sprechen, mit dem er zwischen verschiedenen Milieus vermittle. Ja, sie empfinde Habeck – »als Kanzler und Feminist« – in gewissem Sinne sogar als »recht zeitgemäße Fortsetzung von Merkel«.[1065]

Die zweite Journalistin richtet ihr Augenmerk drei Tage später auf das Thema Charisma. Kandidaten wie Annalena Baerbock,

Armin Laschet oder Olaf Scholz spricht sie jegliches Charisma ab, ja sie unterstellt allen dreien, dass sie glaubten, »ihre mangelnde Strahlkraft sei überhaupt die Voraussetzung für eine erfolgreiche Kanzlerschaft und Patiencen-Legen mit Fleißkärtchen das bevorzugte politische Spiel«. Robert Habeck hingegen? Er neige wohl zur Eitelkeit und »eine gewisse Dünnhäutigkeit« sei ihm nicht abzusprechen; ein Charismatiker stünde zudem im Verdacht, falschzuspielen, Authentizität vorzutäuschen, »während man seltsamerweise der Langeweile alles glaubt«. Begeisterung aber könne wohl nur »so etwas Unberechenbares und Ungreifbares wie Charisma in der Spitzenpolitik« auslösen. Politik als ein Wertesystem? Ideen für eine Zukunft? Aufbruchsstimmung? »Die Sehnsucht, sich beeindrucken, sich mitreißen zu lassen, ist ja trotzdem da, auch wenn sie nicht erfüllt wird.«[1066]

Wie viel einfacher sei es doch, sagt Habeck im Februar 2021 zur Buchpremiere im Literaturhaus Berlin, negative Emotionen rauszulassen; wie viel einfacher, Sündenböcke zu suchen und zu finden, jemandem die Schuld zu geben, Wut zuzulassen, Hass auszudrücken. »Negative Emotionen haben die stärkste Wirkung«, das sei einfach so, jeder könne das für sich überprüfen. Die stärksten Gefühlswallungen habe man, wenn man gegen jemand sein kann oder wenn man sich ungerecht behandelt fühlt. Aber deshalb schweigen? Nein, sagt Habeck. Negative Emotionen seien »nur mit positiver Leidenschaft« zu schlagen, »durch eine Ansprache, die Menschen begeistert«. Auch er wisse, dass er mit Angstreden und Drohszenarien »unglaublich starke Emotionen« auslösen könne. Mit negativen Bildern werde leicht Aufmerksamkeit erregt. Diese Emotionen aber »führen in der Regel nicht zu starken Handlungen. Also: Die Welt geht unter und es wird alles ganz fürchterlich – wer will mitmachen? Das funktioniert nicht. Aber zu sagen: Leute, wir haben alle Möglichkeiten, wir können es besser machen, wir können von hier an anders agieren, wir können uns unterhaken, denkt an die starken Momente in eurem Leben, wo ihr aus einer Gemeinschaft heraus Großes, fast Unmögliches, das Unwahrscheinliche möglich gemacht habt. Und wollen wir nicht Geschichte schreiben? Ej! Wir haben zehn Jahre Zeit, wir können zusammen Geschichte schreiben – wollt ihr mitmachen? Dann, dann passiert möglicherweise eine Bewegung nach vorne.« Das könne den Unterschied ausmachen, das könne zur Begeisterung und zum Mitmachen führen, das könne eine Aufbruchsstimmung erzeugen. »Eine größere Einladung kann eine Gesellschaft nicht aussprechen, jedenfalls keine demokratische Gesellschaft. Du kannst selbst den Unterschied machen. Bemüh dich drum!«

Und gegen Ende der digitalen Veranstaltung sagt er dann noch: »Ich begreife mich als Feminist.« Aber wenn die Frage des Geschlechts über eine Kandidatur entscheidet, dann wäre die Frage beantwortet, und er würde sich nicht dagegenstellen. Er setze sich für gesellschaftlichen Fortschritt ein, er wünsche sich »eine möglichst feministische Bundesregierung«. Aber wenn er im Weg stehen sollte, »dann werde ich den Weg frei machen«.[1067]

»Nichts ist alternativlos«, hat Habeck im Februar 2019 zu Protokoll gegeben. »Und dieses ›nichts alternativlose‹ zulassen, auch menschlich zulassen, das ist eigentlich der Einsatz, der Wetteinsatz, wenn Sie so wollen. Es geht nicht darum, sich abzuhärten.«[1068] Eine Wette, die Robert Habeck hoffentlich gewinnt.

# Dank

Im Herbst 2017 sah ich Robert Habeck das erste Mal im Fernsehen in einer Talkshow. Was für ein Politiker, wunderte ich mich. Wie ist es möglich, dass einer aus diesem Betrieb so nachdenklich wirkt, so ohne Worthülsen auskommt, so zugewandt und ernsthaft ist? Anfang Januar 2018, drei Wochen vor Habecks Wahl zum Bundesvorsitzenden der Grünen, machte ich dem SWR-Hörfunk den Vorschlag für ein Rundfunkfeature. Im Oktober vereinbarte ich mit dem zuständigen Redakteur, Wolfram Wessels, die einstündige Sendung: »›Es geht nicht darum, sich abzuhärten.‹ Robert Habeck: Vom Schriftsteller zum Politiker«. Ich vertiefte meine Recherchen, bat Wegbegleiter und Kollegen um Gespräche, traf Habeck zum Interview, begleitete ihn zu Presseterminen, beobachtete ihn bei öffentlichen Auftritten. Ein zweites Feature entstand für den RBB-Kulturtermin: »Robert Habeck lesen: Der Politiker im Spiegel seiner Bücher«. Aus diesen Arbeiten erwuchs die Idee, die Begleitung und Beobachtung für ein Buch fortzusetzen.

Robert Habeck gestattete mir, drei umfangreiche Interviews für den Hörfunk unzensiert zu verwenden. Ich führte meine Arbeit mit Befragungen von Weggefährten sowie intensiver Medienrecherche fort. Franziska Günther ebnete den Weg zum Blessing Verlag. Gabriele Dietz schenkte mir ihr Lektoratsgeschick für das Rohmanuskript; Hanna Nebelung kommentierte, sie stellte Fragen und übernahm das Streichkommando. Moritz Volk schließlich betreute das Projekt im Verlag. Ihnen sowie allen namentlich im Buch Genannten sei gedankt.

# Anmerkungen

1 Kölner Treff, 22.02.2019; https://www.youtube.com/watch?v=PdmYBODw6s0; am 18.04.2020 aufgerufen

2 Die Welt, 12.05.2017; https://www.welt.de/kultur/literarischewelt/article164475856/Die-zehn-Buecher-die-mich-praegten.html

3 Robert Habeck, Die Lieblingsbücher, Vortrag in der Buchhandlung Uslar & Rai, 02.04.2019

4 Robert Habeck, Wer wir sein könnten. Warum unsere Demokratie eine offene und vielfältige Sprache braucht, Köln 2. Auflage 2018, S. 66ff.

5 ebd., S. 126

6 FAZ-Kongress, 26.09.2019; https://www.youtube.com/watch?v=kBEvif_yjdM; auf youtube aufgerufen am 03.12.2019

7 Robert Habeck, Wer wir sein könnten, a.a.O. S. 127

8 Habeck, Blog, 11.04.2020; https://www.robert-habeck.de/texte/blog/nach-der-zeit-der-corona-verbote/?link_id=1&can_id=82ff5cd183bed33b5eccd180c055b73c&source=email-nach-corona&email_referrer=email_765481&email_subject=in-welche-normalit_t-wollen-wir-zur_ck

9 Gespräch mit Robert Habeck, geführt am 27.06.2019 für das SWR-Feature: Stefan Berkholz, »›Es geht nicht darum, sich abzuhärten‹. Robert Habeck: Vom Schriftsteller zum Politiker«. 01.09.2019

10 Robert Habeck, Wer wagt, beginnt. Die Politik und ich, Köln 5. Auflage 2018, S. 281

11 ebd., S. 17

12 Gespräch mit Robert Habeck, geführt am 27.06.2019 für das SWR-Feature, a.a.O.

13 Václav Havel, Briefe an Olga. Betrachtungen aus dem Gefängnis, Reinbek 1989, S. 242

14 Robert Habeck, Patriotismus: Ein linkes Plädoyer, Gütersloh 2010, S. 201

15 Zitiert nach Jürgen Leinemann, Höhenrausch. Die wirklichkeitsleere Welt der Politiker, München 4. Auflage 2005, S. 433

16 Gespräch mit Robert Habeck, geführt am 27.06.2019 für das SWR-Feature, a.a.O.

17 Frankfurter Allgemeine Sonntagzeitung, 06.10.2013; https://www.faz.net/aktuell/politik/inland/schwarz-gruen-nichts-ist-schlecht-an-bullerbue-12605070-p2.html

18 Habeck, Wer wagt, beginnt, a.a.O., S. 86; vgl. Kapitel »Der Liebende«

19 Habeck, Wer wagt, beginnt, a.a.O., S. 266f.

20 Robert Habeck, Andrea Paluch: Zwei Wege in den Sommer, Düsseldorf 2006; überarbeitete Neuausgabe, München 2020

21 Welt Online, 04.06.2007; https://www.welt.de/kultur/article912021/Gewalt-fuehrt-immer-zu-neuer-Gewalt.html

22 Robert Habeck, Andrea Paluch: Unter dem Gully liegt das Meer, Düsseldorf 2007, S. 51

23 ebd., S. 59

24 ebd., 61

25 Habeck, Wer wagt, beginnt, a.a.O., S. 33

26 ebd., S. 104

27 ebd., S. 331

28 Zeit Matinee, Robert Habeck im Gespräch, 26.11.2018; https://www.zeit.de/video/2018-11/5971503177001/zeit-matinee-robert-habeck-im-gespraech; aufgerufen am 06.06.2020

29 Podcast »Alles gesagt?« mit Grünen-Chef Robert Habeck, 17.04.2018; https://www.zeit.de/video/2018-04/5771923176001/die-lange-nacht-der-zeit-live-aufzeichnung-podcast-alles-gesagt-mit-gruenen-chef-robert-habeck; vgl. Habeck, Wer wagt, beginnt, a.a.O., S. 114f.

30 ebd.

31 Habeck, Wer wagt, a.a.O., S. 116

32 Kieler Nachrichten, 13. Oktober 2009

33 Spiegel, 11.04.2015; https://www.spiegel.de/spiegel/print/d-133575510.html

34 Zeit Online, 26.04.2015; https://www.zeit.de/politik/deutschland/2015-04/dem-oezdemir-robert-habeck-die-gruenen-spitzenkandidat/komplettansicht

35 Welt, 28.04.2015; https://www.welt.de/politik/deutschland/article140231566/Gruener-Habeck-stellt-Fuehrungsriege-in-Berlin-bloss.html

36 Kieler Nachrichten, 06.05.2015

37 Kieler Nachrichten, 13.04.2015; https://www.kn-online.de/Nachrichten/Politik/Robert-Habeck-Ein-Fall-fuer-die-Gruenen-im-Bund

38 ebd.

39 LN-Online, 13.04.2015; https://www.ln-online.de/Nachrichten/Norddeutschland/Geht-Habeck-nach-Berlin

40 LN Online, 06.05.2015; https://www.ln-online.de/Nachrichten/Politik/Politik-im-Rest-der-Welt/Kieler-Minister-Habeck-will-Gruenen-Spitzenkandidat-werden

41 Interview mit Ulf Kämpfer, 10.12.2019

42 Kieler Nachrichten, 11.05.2015

43 Rede von Robert Habeck vom Parteitag der Grünen in Lübeck, 09.05.2015, auf YouTube aufgerufen am 05.12.2019

44 Kieler Nachrichten, 29.07.2015

45 shz, 21.03.2016; https://www.shz.de/regionales/schleswig-holstein/politik/robert-habeck-schliesst-kandidatur-fuer-naechsten-sh-landtag-aus-id13188876.html

46 Kieler Nachrichten, 06.04.2016; https://www.kn-online.de/Nachrichten/Politik/Robert-Habeck-Alles-auf-eine-Karte-Spitzenkandidat

47 Tagesspiegel, 25.07.2016; https://www.tagesspiegel.de/politik/gruenen-politiker-robert-habeck-wir-duerfen-uns-der-union-nicht-unterwerfen/13920594.html

48 https://www.faz.net/aktuell/politik/inland/gruenen-spitzenkandidat-oezdemir-gewinnt-kampfabstimmung-14686733.html

49 Telefonat mit Arfst Wagner, 21.05.2019

50 Habeck, Blog, 15.06.2018; https://www.robert-habeck.de/texte/blog/wenn-wir-kaempfen-muessen-wir-bereit-sein-alles-zu-verlieren-nur-so-werden-wir-gewinnen/

51 https://www.youtube.com/watch?v=zl20AH7oMQI

52 ebd.

53 Habeck, Wer wagt, beginnt …, a.a.O., S. 115

54 SWR-Feature, a.a.O.

55 Robert Habeck, Patriotismus. Ein linkes Plädoyer, Gütersloh 2010, S. 22

56 SWR-Feature, a.a.O.

57 Gespräch mit Andrea Paluch für den SWR-Hörfunk, 28.02.2019

58 »Sagen Sie mal …?«, ein Video von Imke Schröder, Kieler Nachrichten 2016; https://www.youtube.com/watch?v=lWXblBT0StM, aufgerufen am 09.01.2020; siehe auch Kapitel »Der Liebende«

59 Hamburger Abendblatt, 16./17.03.2013; https://www.abendblatt.de/region/article114496095/Robert-Habeck-Regieren-ist-leichter-als-gedacht.html

60 Fehmarn24, 02.05.2016; https://www.fehmarn24.de/schleswig-holstein/bisschen-eine-schwaebische-hausfrau-6367550.html

61 Tagesspiegel, 28.06.2016; https://www.tagesspiegel.de/themen/agenda/robert-habeck-und-konstantin-von-notz-bei-aller-freundschaft/13794642.html

62 Gespräch mit Anke Erdmann, 10.12.2019

63 Habeck, Patriotismus, a.a.O., S. 207

64 Interview mit Ulf Kämpfer, 10.12.2019

65 SWR-Feature, a.a.O.

66 Interview mit Bärbel Höhn, 03.04.2019

67 SWR-Feature, a.a.O.

68 Gespräch mit Arfst Wagner, 27.05.2019

69 SWR-Feature, a.a.O.

70 Gespräch mit Arfst Wagner, 27.05.2019

71 Habeck, Wer wagt, beginnt, a.a.O., S. 134

72 Interview mit Konstantin von Notz, 29.11.2019

73 Habeck, Wer wagt, beginnt, a.a.O., S. 133

74 ebd., S. 134f.; vgl. S. 137, 145, 151

75 Habeck, Patriotismus, a.a.O., S. 190

76 Jung & Naiv, Folge 281; 18.09.2016; https://www.youtube.com/watch?v=WkwFvKe2zbk; aufgerufen am 22.02.2020

77 Stern, 27.04.2019; https://www.stern.de/politik/deutschland/robert-habeck-und-annalena-baerbock--gruenen-chefs-setzen-auf-vertrauen-8684130.html

78 Zeit Online, 15.11.2019; https://www.zeit.de/politik/deutschland/2019-11/annalena-baerbock-robert-habeck-gruenen-partei-vorsitzende-doppelspitze

79 SWR-Feature, a.a.O.

80 Interview mit Krista Sager, 12.06.2019

81 Habeck, Wer wagt, beginnt, a.a.O., S. 26f.

82 Havel, a.a.O., S. 130

83 taz, 10.01.2020; https://taz.de/Gruenen-Chefs-ueber-Macht/!5651653/

84 Habeck, Patriotismus, a.a.O., S. 43

85 ebd., S. 180

86 ebd.

87 Rolling Stone, Mai 2018; http://forum.rollingstone.de/foren/topic/rolling-stone-im-mai-2018-2/

88 SWR-Feature, a.a.O.

89 ebd.

90 Spiegel, 06.02.2018; https://www.spiegel.de/spiegel/annalena-baerbock-und-robert-habeck-verrueckt-wenn-wir-das-nicht-groesser-denken-a-1191277.html

91 Precht, Frisst der Kapitalismus die Demokratie?, ZDF, 16.12.2018; https://www.youtube.com/watch?v=rUEnbw_mVcQ; aufgerufen am 27.04.2020

92 taz, 04.05.2019; https://taz.de/Kolumne-Die-eine-Frage/!5589292/

93 Interview mit Hans-Christian Ströbele, 24.10.2019

94 Robert Habeck: Wir haben mehr zu verlieren als unsere Ketten, Vorwort, in: Frank Partnoy/Rupert Younger: Das Aktivisten-Manifest. Ein Update des Kommunistischen Manifests für heute, Frankfurt/M. 2019, S. 9

95 ebd.

96 ebd., S. 10

97 ebd.

98 ebd., S. 11

99 ebd.

100 ebd., S. 12

101 ebd.

102 Interview mit Robert Habeck am 27.06.2019, für das SWR-Feature, a.a.O.

103 »Markus Lanz«, 27.06.2019; https://www.youtube.com/watch?v=6IzV-oWvpxU

104 Frankfurter Rundschau, 01.07.2019; https://www.fr.de/politik/markus-lanz-zdf-solch-mann-duerfte-eine-talkshow-leiten-tv-kritik-zr-12742417.html

105 The European, 04.07.2019; https://www.theeuropean.de/oskar-lafontaine/was-wollen-die-grunen-eigentlich/

106 Konkret 7/2019; https://www.konkret-magazin.de/hefte/2019/427-7-2019

107 vgl. Naomi Klein: Die Entscheidung: Kapitalismus vs. Klima, Frankfurt/M. 2015; vgl. Naomi Klein: Warum nur ein Green New Deal unseren Planeten retten kann, Hamburg 2019

108 Jeremy Rifkin: Der globale Green New Deal. Warum die fossil befeuerte Zivilisation um 2028 kollabiert – und ein kühner ökonomischer Plan das Leben auf der Erde retten kann. Frankfurt/M. 2019

109 Vgl. Henrik Müller, Kann uns der Kapitalismus noch retten?, in: Spiegel, 19.01.2020; https://www.spiegel.de/wirtschaft/soziales/kann-uns-der-kapitalismus-noch-retten-a-f70ee45b-fab3-4740-9a06-60678b5b1dcf

110 der Freitag 17/2019, 06.05.2019; https://www.freitag.de/autoren/michael-jaeger/revolutionaer-oeko

111 der Freitag 22/2019, 29.05.2019; https://www.freitag.de/autoren/michael-jaeger/noch-viel-gruener-werden

112 Robert Habeck, Eröffnungsrede, 15.11.2019; https://www.youtube.com/watch?v=dB_lY6YZVGg, aufgerufen am 19.01.2020

113 Joseph E. Stiglitz, Wem es nach der Finanzkrise noch nicht klar war, der lernt es durch die Klimakrise: Der Neoliberalismus wird unserer Zivilisation ein Ende bereiten, in: Internationale Politik und Gesellschaft (IPG), 13.11.2019; https://www.ipg-journal.de/regionen/global/artikel/detail/sechs-setzen-3867/; siehe auch Joseph Stiglitz, Der Preis des Profits. Wir müssen den Kapitalismus vor sich selbst retten, München 2020

114 E-Mails vom 18.01.2020

115 Interview mit Konstantin von Notz, 29.11.2019

116 Interview mit Robert Habeck am 27.06.2019, für das SWR-Feature, a.a.O.

117 RP Online, 13.01.2020; https://rp-online.de/wirtschaft/unternehmen/robert-habeck-klimaschutz-nicht-auf-andere-laender-abwaelzen_aid-48300409

118 report-D, 14.01.2020, Internetzeitung Düsseldorf; https://www.report-d.de/Wirtschaft/Verbaende/Neujahrsempfang-der-Duesseldorfer-IHK-Der-Gruene-Robert-Habeck-umgarnt-1000-Bosse-und-Manager-Analyse-124761

119 Die Zeit, 23. April 2020; https://www.zeit.de/2020/18/robert-habeck-buendnis-90-die-gruenen-kapitalismus-coronavirus-krise

120 Habeck, Wer wagt, beginnt, a.a.O., S. 31f.

121 Telefonat mit Jan Päben, 28.12.2019

122 Interview mit Kristian Dittmann, 01.03.2020

123 Habeck, Wer wagt, beginnt, a.a.O., S. 72

124 Podcast »Alles gesagt?« mit Grünen-Chef Robert Habeck, 17.04.2018; https://www.zeit.de/video/2018-04/5771923176001/die-lange-nacht-der-zeit-live-aufzeichnung-podcast-alles-gesagt-mit-gruenen-chef-robert-habeck; aufgerufen am 06.05.2020

125 SZ, 13.12.2020; https://www.sueddeutsche.de/bildung/fragebogen-alte-schule-robert-habeck-1.5130322

126 Telefonat mit Janne Prinz, 14.06.2020

127 Robert Habeck im Literaturhaus Berlin, 10.02.2021; https://www.youtube.com/watch?v=1fBvxcSMKiQ; aufgerufen am 15.02.2021; vgl. Robert Habeck, Von hier an anders. Eine politische Skizze, Köln 2021, S. 241f.

128 Robert Habeck im Brigitte-Live-Talk, 25.04.2019; https://www.brigitte.de/aktuell/brigitte-live/robert-habeck-im-brigitte-talk--koennen-sie-kanzler--11571468.html; aufgerufen am 10.06.2020

129 Telefonat mit Janne Prinz, 14.06.2020

130 Kieler Nachrichten, 16.02.2006

131 Vgl. Kieler Nachrichten, 12.12.2018; https://www.kn-online.de/Lokales/Ploen/Heikendorf-Heinrich-Heine-Schule-wird-zum-Teil-neu-gebaut

132 Die Zeit, 06.03.1981; https://www.zeit.de/1981/11/o-schilda-mein-vaterland; vgl. Wolf-Rüdiger von Bismarck, Von Pommern nach Plön. Erinnerungen eines Landrats aus acht Jahrzehnten, Neumünster 2009, S. 336f.

133 Kieler Nachrichten, 16.02.2006; vgl. Webmoritz, 01.07.2019; https://webmoritz.de/2019/07/01/gruene-politik-in-mv-besprechen-ein-interview-mit-robert-habeck-und-ulrike-berger/

134 SZ, 13.12.2020; https://www.sueddeutsche.de/bildung/fragebogen-alte-schule-robert-habeck-1.5130322

135 Gespräch mit Rainer Petermann, 09.12.2019

136 »Jetzt wohin?«, Jahresschrift 1986/87, Heinrich-Heine-Schule, Gymnasium des Kreises Plön in Heikendorf.

137 Interview mit Kristian Dittmann, 01.03.2020

138 Gespräch mit Norbert Sieverding, 09.12.2019

139 shz, 01.09.2011; https://www.shz.de/regionales/schleswig-holstein/politik/eher-klassensprecher-als-grosser-zampano-id1630221.html

140 Habeck, Blog, 26.03.2017; https://www.robert-habeck.de/texte/blog/glueck-als-politischer-auftrag/

141 Interview mit Kristian Dittmann, 01.03.2020

142 Gespräch mit Norbert Sieverding, 09.12.2019

143 ebd.

144 Gespräch mit Hartmut Tödt, 11.12.2019

145 Lübecker Nachrichten, 27.08.2017

146 Telefonat mit Jan Päben, 28.12.2019

147 DAS! NDR-Fernsehen, 14.11.2016

148 Stefan Berkholz, Robert Habeck lesen. Der Politiker im Spiegel seiner Bücher, RBB-Kulturtermin, 21.09.2019; https://www.rbb-online.de/rbbkultur/radio/programm/schema/sendungen/kulturtermin/archiv/20190921_1904.html

149 Robert Habeck, Andrea Paluch, Zwei Wege in den Sommer, a.a.O., S. 13

150 Gespräch mit Hartmut Tödt, 11.12.2019

151 Telefonat mit Janne Prinz, 14.06.2020

152 Robert Habeck über unangenehme Wahrheiten, in: »Jung & Naiv«, Folge 402; https://www.youtube.com/watch?v=LXse0SIpHKc; aufgerufen am 04.05.2020

153 SZ, 13.12.2020; https://www.sueddeutsche.de/bildung/fragebogen-alte-schule-robert-habeck-1.5130322

154 www.literaturtelefon-online.de

155 Robert Habeck, Die Lieblingsbücher, Vortrag und Lesung in der Buchhandlung Uslar & Rai, 02.04.2019; Mitschnitt

156 Habeck, Paluch, Zwei Wege in den Sommer, a.a.O., S. 87

157 ebd., S. 192

158 Habeck, Wer wir sein könnten, a.a.O., S. 127

159 Die Welt, 30.03.2019; https://www.welt.de/politik/deutschland/article191097963/Gruenen-Konvent-in-Berlin-Nur-Sekunden-nach-Habeck-tritt-Baerbock-klagend-auf-die-Buehne.html

160 Habeck, Wer wagt, beginnt, a.a.O., S. 51

161 Robert Habeck, Traumblind. Ein Gefühl wie Freiheit, Hamburg 1990, S. 46

162 ebd., S. 75

163 ebd., S. 115

164 Stefan Berkholz: Robert Habeck lesen, a.a.O.

165 Kölner Treff, 22.02.2019; https://www.youtube.com/watch?v=PdmYBODw6s0

166 Habeck, Wer wagt, beginnt …, a.a.O., S. 79

167 ebd., S. 80f.

168 ebd., S. 81

169 Robert Habeck: Casimir Ulrich Boehlendorffs Gedichte. Eine stilkritische Untersuchung, Würzburg 1997

170 Gespräch mit Robert Habeck, geführt am 04.02.2019 für das SWR-Feature, a.a.O.; Frieder Schellhase gibt 2000 eine dreibändige Werkausgabe Boehlendorffs heraus.

171 Habeck, Wer wagt, beginnt, a.a.O., S. 79

172 Robert Habeck: Die Natur der Literatur. Zur gattungstheoretischen Begründung literarischer Ästhetizität, Würzburg 2001

173 Junge Freiheit, 06.06.2018; https://jungefreiheit.de/politik/deutschland/2018/mit-deutschland-weiss-er-nichts-anzufangen/

174 Joachim Vahland, Robert Habeck als Autor, in: ZENO, Jahrheft für Literatur und Kritik, Heft 40 / 2020, S. 168

175 Zeit Online, 29.12.2018; https://www.zeit.de/kultur/2018-12/robert-habeck-gruene-politik-literatur-krise

176 Habeck, Wer wagt, beginnt, a.a.O., S. 85

177 Gespräch mit Robert Habeck, geführt am 04.02.2019 für das SWR-Feature, a.a.O.

178 Gespräch mit Robert Habeck, geführt am 27.06.2019 für das SWR-Feature, a.a.O.; vgl. auch Habeck, Wer wagt, beginnt, a.a.O., S. 28

179 ebd.

180 Robert Habeck, Patriotismus, a.a.O., S. 67

181 Heilbronner Stimme, 04.09.2017; https://www.stimme.de/themen/wahlen/btw17/texte/Habeck-Wahlkampf-merkelt-so-vor-sich-hin;art140673,3906481

182 Robert Habeck, Blog, 06.09.2016; https://www.robert-habeck.de/texte/blog/rote-floristen/

183 Habeck, Traumblind, a.a.O., S. 67

184 vgl. »Soldaten sind Mörder«. Dokumentation einer Debatte 1931-1996. Herausgegeben von Michael Hepp und Viktor Otto, Berlin 1996, S. 7f.

185 Habeck, Wer wagt, beginnt, S. 269; vgl. Kurt Tucholsky, Gesamtausgabe, Band 13: Texte 1930, S. 433, Reinbek bei Hamburg 2003

186 ebd., S. 269

187 https://www.youtube.com/watch?v=PdmYBODw6s0

188 Robert Habeck, Wer wagt, beginnt, a.a.O., S. 62

189 Robert Habeck, Patriotismus, a.a.O., S. 68; vgl. Robert Habeck über unangenehme Wahrheiten, in: »Jung & Naiv«, Folge 402; https://www.youtube.com/watch?v=LXse0SIpHKc

190 ebd., S. 69

191 Andrea Paluch, Robert Habeck, Hauke Haiens Tod, Frankfurt 2001, S. 47

192 Andrea Paluch, Robert Habeck, Der Tag, an dem ich meinen toten Mann traf, München 2007, S. 136

193 Robert Habeck, Andrea Paluch, Zwei Wege in den Sommer, a.a.O., S. 20f.

194 Interview mit Kristian Dittmann, 01.03.2020

195 Die Zeit, 13.10.2017; https://www.zeit.de/2017/42/robert-habeck-die-gruene-pruefung

196 Die Zeit, 13.07.2017; https://www.zeit.de/2017/29/rote-flora-linksautonome-krawalle-distanzierung

197 Robert Habeck, Blog, 06.09.2016; https://www.robert-habeck.de/texte/blog/rote-floristen/

198 Telefonat mit Tobias Tunkel, 18.02.2020

199 Telefonat mit Janne Prinz, 14.06.2020

200 taz, 10.11.2014; https://taz.de/Flora-Langzeitaktivist-ueber-Sinn-und-Zweck/!5029086/

201 Freitag, 22.09.2017; vgl. auch Barbara Sichtermann, Kai Sichtermann: Das ist unser Haus. Eine Geschichte der Hausbesetzung. Berlin 2017, S. 153ff.

202 Robert Habeck, Andrea Paluch, Unter dem Gully liegt das Meer, Düsseldorf 2007, S. 14

203 ebd., S. 22

204 ebd., S. 30ff.

205 ebd., S. 154; vgl. zu den Romanen Kapitel »Der Schriftsteller«

206 Kieler Nachrichten, 10.07.2006

207 Süddeutsche Zeitung, 26./27.01.2019; https://www.sueddeutsche.de/politik/robert-habeck-gruene-1.4303690?reduced=true

208 Gespräch mit Anke Erdmann, 10.12.2019

209 Habeck, Wer wagt, beginnt, a.a.O., S. 138f.

210 E-Mail vom 28.01.2020

211 vgl. Kapitel »Der Provokateur«

212 Die Welt vom 09.04.2010; https://www.welt.de/kultur/literarischewelt/article7099471/Gruener-verlangt-Patriotismus-ohne-Deutschland.html

213 E-Mail vom 28.01.2020

214 Grüner Adventskalender 2011, Tür 3; aufgerufen auf YouTube am 06.01.2020

215 Grüner Adventskalender 2011, Tür 4; aufgerufen auf YouTube am 06.01.2020

216 ebd.

217 Grüner Adventskalender 2011, Tür 5; aufgerufen auf YouTube am 06.01.2020

218 Grüner Adventskalender 2011, Tür 6; aufgerufen auf YouTube am 06.01.2020

219 Grüner Adventskalender 2011, Tür 10; aufgerufen auf YouTube am 06.01.2020

220 Welt am Sonntag, 15.06.2003; https://www.welt.de/print-wams/article97273/Wildromantischer-Buergerschreck.html

221 Robert Habeck, Blog, 06.09.2016; https://www.robert-habeck.de/texte/blog/rote-floristen/

222 Die Welt, 02.09.2016

223 vgl. Kapitel »Der Redliche«

224 Robert Habeck, Blog, 06.09.2016; https://www.robert-habeck.de/texte/blog/rote-floristen/

225 taz, zeo2, 3/2014; https://taz.de/Umweltschutz-und-Beziehungen/!155061/

226 Mit liv med Danmark, 05.04.2018; https://www.youtube.com/watch?v=4gGGJ9gHo00; auf YouTube aufgerufen am 2.12.2019

227 Andrea Paluch, nichts ist alltäglich, a.a.O., S. 126

228 Kölner Treff, 22.02.2019; https://www.youtube.com/watch?v=PdmYBODw6s0; vgl. Paluch, nichts ist alltäglich, a.a.O., S. 114f.; 123

229 Habeck, Wer wagt, beginnt, a.a.O., S. 87

230 Brigitte Woman 10/14

231 Paluch, nichts ist alltäglich, a.a.O., S. 42f.

232 ebd., S. 168f.

233 Podcast »Alles gesagt?«, 17.04.2018; a.a.O.; aufgerufen am 08.05.2020

234 Paluch, nichts ist alltäglich, a.a.O., S. 168f.

235 Franziska Wolffheim: Beziehungsporträt: Andrea Paluch und Robert Habeck. Das Spiel mit den Möglichkeiten, in: Brigitte Woman, 10/14, S. 78ff., hier: S. 82

236 Ein Video von Imke Schröder, Kieler Nachrichten 2016, https://www.youtube.com/watch?v=lWXblBT0StM; aufgerufen am 04.05.2020

237 Andrea Paluch, Robert Habeck, Der Tag, an dem ich meinen toten Mann traf, München 2007, S. 30f.

238 ebd., S. 137

239 ebd., S. 5

240 Andrea Paluch, Zwischen den Jahren, Hamburg 2012, S. 136; neu veröffentlicht 2020

241 ebd., S. 21

242 ebd., S. 10

243 ebd., S. 43

244 ebd., S. 42

245 ebd., S. 44

246 Die Welt, 16.04.2012; https://www.welt.de/politik/wahl/schleswig-holstein-wahl/article106184424/Wenn-man-den-eigenen-Mann-an-die-Politik-verleiht.html

247 Paluch, Zwischen den Jahren, a.a.O., S. 11

248 ebd., S. 65; vgl. Robert Habeck, Andrea Paluch, Unter dem Gully liegt das Meer, Düsseldorf 2007, S. 122

249 taz, 16.03.2012; https://taz.de/Kolumne-zur-Leipziger-Buchmesse-2012/!5098254/

250 Paluch, Zwischen den Jahren, a.a.O., S. 7, S. 156

251 Vgl. Kapitel »Der Coverboy«

252 Robert Habeck: Verwirrte Väter. Oder: Wann ist der Mann ein Mann, Gütersloh 2008, S. 207; zum Thema Grundeinkommen ausführlicher in Kapitel »Der Ideengeber«.

253 ebd., S. 2

254 ebd., S. 142

255 DAS!, NDR-Fernsehtalk mit Bettina Tietjen, 14.11.2016

256 Habeck, Wer wagt, beginnt, a.a.O., S. 140

257 Habeck, Patriotismus, a.a.O., S. 149

258 Habeck, Wer wagt, beginnt, a.a.O., S. 117

259 Habeck, Verwirrte Väter, a.a.O., S. 142

260 ebd., S. 142f.

261 E-Mail vom 25.01.2020

262 Andrea Paluch, nichts ist alltäglich, a.a.O., S. 68f.

263 ebd., S. 32

264 ebd., S. 76f.

265 Habeck, Verwirrte Väter, a.a.O., S. 137

266 ebd., S. 138

267 ebd.

268 FAZ-Kongress, 26.09.2019; https://www.youtube.com/watch?v=kBEvif_yjdM; auf YouTube aufgerufen am 24.01.2020

269 taz, 06.07.2007

270 vgl. Kapitel »Der Provokateur«

271 Habeck, Verwirrte Väter, a.a.O., S. 9

272 taz, 06.07.2007

273 taz, 25.10.2008; https://taz.de/!810502/; vgl. FAS, 06.10.2013; https://www.faz.net/aktuell/politik/inland/schwarz-gruen-nichts-ist-schlecht-an-bullerbue-12605070-p2.html

274 Habeck, Verwirrte Väter, a.a.O., S. 130

275 ebd., S. 197f.

276 siehe Kapitel »Der Ideengeber«

277 taz, 25.10.2008; https://taz.de/!810502/

278 Hamburger Abendblatt, 17.01.2009; https://www.abendblatt.de/vermischtes/journal/leben/article106772865/Neue-Vaeter-hat-das-Land.html; vgl. Habeck, Wer wagt, beginnt …, a.a.O., S. 141f.

279 Podcast ›Alles gesagt?‹ mit Grünen-Chef Robert Habeck, 17.04.2018; https://www.zeit.de/video/2018-04/5771923176001/die-lange-nacht-der-zeit-live-aufzeichnung-podcast-alles-gesagt-mit-gruenen-chef-robert-habeck; aufgerufen am 03.06.2020; siehe auch ZEIT Matinee, Robert Habeck im Gespräch, 26.11.2018; https://www.zeit.de/video/2018-11/5971503177001/zeit-matinee-robert-habeck-im-gespraech

280 Hart aber Fair, 20.05.2009

281 ebd.

282 Stern, 15.10.2015

283 Interview mit Ulf Kämpfer, 10.12.2019

284 Stern, 15.10.2015

285 ebd.

286 Habeck, Verwirrte Väter, a.a.O., S. 27

287 ebd., S. 26

288 ebd., S. 10

289 Stern, 15.10.2015

290 chrismon, 02/2016; https://chrismon.evangelisch.de/artikel/2016/31939/robert-habeck-hauke-hueckstaedt-und-horst-niens-drei-vaeter-ueber-das-familienleben; vgl. Andrea Paluch, nichts ist alltäglich, a.a.O., S. 160f.

291 Utz Schliesky, Gespräche über den Staat, München 2017, S. 98

292 Paluch, nichts ist alltäglich, a.a.O., S. 25

293 Hart aber Fair, 20.05.2009

294 SWR-Feature, a.a.O.

295 Siehe Robert Habeck, Andrea Paluch, Kleine Helden, große Abenteuer. Vorlesegeschichten für jeden Tag, Hamburg 2020

296 Robert Habeck, Andrea Paluch, Frank Trende, 1918. Revolution in Kiel, Heide 2008

297 Andrea Paluch, Wundervolles Dorfleben, Heide 2015, S. 118

298 vgl. FAS, 06.10.2013; https://www.faz.net/aktuell/politik/inland/schwarz-gruen-nichts-ist-schlecht-an-bullerbue-12605070-p2.html

299 Hamburger Abendblatt, 17.01.2009; https://www.abendblatt.de/vermischtes/journal/leben/article106772865/Neue-Vaeter-hat-das-Land.html

300 Vgl. Stefan Berkholz: »Robert Habeck – Der Politiker im Spiegel seiner Literatur«, RBB-Kulturtermin, 21.09.2019

301 Roger McGough, Tigerträume, Heidelberg 1997

302 Ted Hughes, Birthday Letters, Frankfurt am Main 1998

303 William Butler Yeats, Ein Morgen grünes Gras, München 1998

304 DAS!, 14.11.2016

305 Robert Habeck, Andrea Paluch, Hauke Haiens Tod, a.a.O., S. 100

306 Vgl. RBB-Kulturtermin

307 SWR-Feature, a.a.O.

308 FAZ, 26.10.2001; https://www.faz.net/aktuell/feuilleton/buecher/rezensionen/belletristik/rezension-belletristik-etwas-lebiges-muss-hinein-142352.html

309 SZ, 30.03.2002

310 Mit liv med Danmark, 05.04.2018; https://www.youtube.com/watch?v=4gGGJ9gHo00, auf YouTube aufgerufen am 07.05.2020; vgl. Paluch, nichts ist alltäglich, a.a.O., S. 114f.

311 ebd.; vgl. Paluch, nichts ist alltäglich, a.a.O., S. 168; 189

312 SWR-Feature, a.a.O.

313 Kieler Nachrichten, 03.02.2012; https://www.kn-online.de/Nachrichten/Kultur/Das-Leben-neu-sortieren-Andrea-Paluch-und-ihr-aktueller-Roman

314 Habeck, Wer wagt, beginnt, a.a.O., S. 76

315 Robert Habeck, Andrea Paluch, Ruf der Wölfe, Hamburg 2019; vgl. Tagesspiegel, 04.07.2019; https://www.tagesspiegel.de/kultur/am-ende-gewinnt-der-wolf-was-robert-habeck-kindern-erzaehlt/24521222.html

316 Interview mit Robert Habeck für den ARD-Hörfunk, 02.01.2021

317 Vgl. RBB-Kulturtermin, a.a.O.; vgl. Kapitel »Der Liebende«

318 Habeck, Wer wagt, beginnt, a.a.O., S. 88

319 RBB-Kulturtermin, a.a.O.

320 Gespräch mit Andrea Paluch für den ARD-Hörfunk, 28.02.2019

321 RBB-Kulturtermin, a.a.O.

322 ebd.

323 ebd.

324 Podcast »Alles gesagt?« mit Grünen-Chef Robert Habeck, 17.04.2018; https://www.zeit.de/video/2018-04/5771923176001/die-lange-nacht-der-zeit-live-aufzeichnung-podcast-alles-gesagt-mit-gruenen-chef-robert-habeck

325 Deutschlandfunk Kultur, 29.10.2010; https://www.deutschlandfunkkultur.de/das-eigene-geht-im-gemeinsamen-auf.1153.de.html?dram:article_id=182312

326 vgl. auch Kapitel »Der Philosoph«

327 Habeck, Paluch, Zwei Wege in den Sommer, a.a.O., S. 65

328 RBB-Kulturtermin, a.a.O.

329 ebd.

330 ebd.

331 Robert Habeck, Andrea Paluch, SommerGIG, Düsseldorf 2009, S. 34; vgl. taz, 03.03.2009, https://taz.de/!713216/

332 Robert Habeck, Andrea Paluch, Bevor du mit dem Teufel tanzt, Düsseldorf 2009

333 Robert Habeck, Andrea Paluch, Felix und Lea – Der Turm ohne Türen, Düsseldorf 2009

334 Robert Habeck, Andrea Paluch, Felix und Lea – Jagd auf den Falken, Mannheim 2010, S. 47; neu veröffentlicht unter dem Titel »Flug der Falken«, Hamburg 2020

335 Die Welt, 27.01.2018; https://www.welt.de/kultur/literarischewelt/plus172905845/Literaturcheck-Die-Buecher-von-Robert-Habeck.html

336 Neue Zürcher Zeitung, 21.12.2018; https://www.nzz.ch/feuilleton/robert-habeck-seine-buecher-koennten-auch-ein-geschenk-sein-ld.1446069

337 RBB-Kulturtermin, a.a.O.

338 vgl. Kapitel »Der Philosoph«

339 Habeck, Wer wagt, beginnt, a.a.O., S. 29

340 ebd., S. 42; Habecks politisches Vorbild, Václav Havel, nennt in seinen »Betrachtungen aus dem Gefängnis« ebenfalls Kant und Camus in einem Atemzug in einer »Menge verschiedener Denker«, die ihn anregten. Siehe Havel, Briefe an Olga, a.a.O., S. 137f.; Joachim Vahland, Mitherausgeber von Zeno, einem »Jahrheft für Literatur und Kritik«, verweist in seiner zornigen Abrechnung mit »Robert Habeck als Autor« auf einen Widerspruch beziehungsweise eine ungenaue Formulierung: »Ob nun Kant oder Camus Habecks Zweifel geweckt hat, muss danach unentschieden bleiben.« Siehe Joachim Vahland: Robert Habeck als Autor, in: ZENO, Jahrheft für Literatur und Kritik, Heft 40, Kiel 2020, S. 163; zudem stellt Vahland in Habecks Dissertation allerlei »Luftbuchungen«, wie er es nennt, fest, das heißt Quellennachweise auf Kants Schriften, in denen nicht enthalten sei, was belegt werden soll.

341 Habeck, Wer wagt, beginnt, a.a.O., S. 30

342 »Jung & Naiv«, Folge 281, 18.09.2016; https://www.youtube.com/watch?v=WkwFvKe2zbk, auf youtube aufgerufen am 27.01.2020; siehe auch Habeck, Verwirrte Väter, a.a.O., S. 203ff.; vgl. Kapitel »Der Gläubige«

343 Utz Schliesky, Gespräche über den Staat, a.a.O., S. 78

344 siehe auch Habeck, Wer wagt, beginnt, a.a.O., S. 40

345 »Jung & Naiv«, Folge 281, a.a.O.

346 Salon im Café Luitpold, 16.03.2020; https://www.youtube.com/watch?v=ugM7Y-o0BmtY; aufgerufen am 13.02.2021

347 Habeck, Wer wagt, beginnt, a.a.O., S. 40; vgl. Kapitel »Der Philosoph«; Kapitel »Der glückliche Politiker«

348 Habeck, Wer wir sein könnten, a.a.O., S. 85f.

349 ebd., S. 86

350 Franz Müntefering, Unterwegs: Älterwerden in dieser Zeit, Bonn 2019, S. 129ff.

351 ebd., S. 177

352 Interview mit Franz Müntefering, 26.02.2020

353 Utz Schliesky, Gespräche über den Staat, a.a.O., S. 68f.

354 Cicero, 24.04.2014; https://www.cicero.de/innenpolitik/liberalismus-auf-dem-kopf-der-neue-freiheitsbegriff-der-gruenen/57464; vgl. DISS-Journal 27, 2014; https://www.diss-duisburg.de/2014/06/im-namen-der-freiheit/

355 Interview mit Franz Müntefering, 26.02.2020

356 Müntefering, Unterwegs, a.a.O., S. 133

357 Interview mit Franz Müntefering, 26.02.2020

358 Utz Schliesky, Gespräche über den Staat, a.a.O., S. 77f.

359 »Jung & Live«, 29.03.2020; https://www.youtube.com/watch?v=FZNpbnUx6us; aufgerufen am 10.04.2020

360 vgl. Einleitung; Kapitel »Der Schriftsteller«; Exkurs Camus

361 vgl. Deutsche Welle, 04.03.2017; https://www.youtube.com/watch?v=Miiv NboYFvg

362 Kieler Nachrichten, 30.10.2010

363 vgl. Einleitung; vgl. Kapitel »Der Philosoph«

364 vgl. Einleitung

365 Habeck, Die Lieblingsbücher, Vortrag, a.a.O.; vgl. Klaus Merz, Jakob schläft. Eigentlich ein Roman, Innsbruck-Wien 2014, S. 60

366 Interview mit Klaus Merz, 30. Juli 2019

367 Habeck, Die Lieblingsbücher, Vortrag, a.a.O.

368 vgl. Kapitel »Der Philosoph«

369 vgl. Kapitel »Der Schüler«

370 Robert Habeck, Die zehn Bücher, die mich prägten, Die Welt, 12.05.2017; https://www.welt.de/kultur/literarischewelt/article164475856/Die-zehn-Buecher-die-mich-praegten.html

371 Interview für das SWR-Feature am 04.02.2019, a.a.O.

372 Jürgen Leinemann: Höhenrausch. Die wirklichkeitsleere Welt der Politiker, 4. Auflage, München 2005, S. 31; vgl. Kapitel »Der Gipfelstürmer«

373 RTL Nord, 26.09.2019; https://www.rtlnord.de/nachrichten/schleswig-holstein-sperre-warum-habeck-keine-oeffentlichen-auftritte-in-seiner-heimat-wollte.html; aufgerufen am 02.02.2020

374 Habeck, Wer wagt, beginnt …, a.a.O., S. 173f.

375 Interview für den SWR-Hörfunk, 04.02.2019, a.a.O.; vgl. Der Nordschleswiger, 15.09.2018; https://www.nordschleswiger.dk/de/deutschland-suedschleswig/ich-bin-nicht-nur-da-zuhause-wo-meine-muttersprache-gesprochen-wird

376 3nach9, 02.03.2018; https://www.youtube.com/watch?v=YusUul_5WoQ; aufgerufen am 30.01.2020

377 Habeck, Wer wagt, beginnt, a.a.O., S. 16

378 ebd., S. 97

379 Arfst Wagner in einer E-Mail vom 13.02.2020

380 https://kristiandittmann.de/592-2/; aufgerufen am 10.05.2020

381 https://strand-manufaktur.de/

382 Interview mit Kristian Dittmann, 01.03.2020

383 Habeck, Blog, 26.03.2017; https://www.robert-habeck.de/texte/blog/glueck-als-politischer-auftrag/

384 Salon im Café Luitpold, 09.03.2020; https://www.youtube.com/watch?v=ugM7Yo0BmtY; aufgerufen am 13.06.2020

385 Habeck, Wer wagt, beginnt, a.a.O., S.101

386 fl-arena, 30.08.2018; https://www.fl-arena.de/artikel/wenn-du-keine-angst-hast-zu-verlieren-gewinnst-du-am-ende-alles/

387 Der Nordschleswiger, 15.09.2018; https://www.nordschleswiger.dk/de/deutschland-suedschleswig/ich-bin-nicht-nur-da-zuhause-wo-meine-muttersprache-gesprochen-wird; vgl. auch Habeck, Wer wir sein könnten, a.a.O., S. 82f.

388 taz, 16.05.2006; https://taz.de/!432395/

389 Kieler Nachrichten, 10.07.2006

390 Gästebuch, Privatbesitz Janne Prinz

391 vgl. Husumer Nachrichten, 18.07.2015; Frankfurter Neue Presse, 13.12.2017

392 https://www.plastikfrei-wird-trend.de/2016/08/11/robert-habeck-zu-besuch-erstes-unverpackt-regal-auf-f%C3%B6hr/

393 Der Insel-Bote, 26.07.2019

394 FAZ, 06.10.2017; https://www.faz.net/aktuell/politik/inland/f-a-z-exklusiv-gruenen-politiker-habeck-will-begriff-heimat-nicht-afd-ueberlassen-15234654.html

395 Stern, 20.01.2018; https://www.stern.de/politik/deutschland/robert-habeck-umweltminister-in-schleswig-holstein--im-interview-7827514.html

396 t-online, 25.03.2018; https://www.t-online.de/nachrichten/deutschland/innenpolitik/id_83449560/gruenen-chef-robert-habeck-ueber-heimat-utopische-kraft.html; siehe auch SZ, 06.03.2018; https://www.sueddeutsche.de/politik/robert-habeck-der-kluge-sucht-die-offensive-1.3894369

397 Rolling Stone, Mai 2018

398 Der Nordschleswiger, 15.09.2018; https://www.nordschleswiger.dk/de/deutschland-suedschleswig/ich-bin-nicht-nur-da-zuhause-wo-meine-muttersprache-gesprochen-wird

399 Andrea Paluch, nichts ist alltäglich, a.a.O., S. 128f.; siehe auch S. 134f.; 172f.; 190f.

400 Habeck, Wer wir sein könnten, a.a.O., S. 58

401 t-online, 25.03.2018; https://www.t-online.de/nachrichten/deutschland/innenpolitik/id_83449560/gruenen-chef-robert-habeck-ueber-heimat-utopische-kraft.html

402 Stern, 20.01.2018; https://www.stern.de/politik/deutschland/robert-habeck--umweltminister-in-schleswig-holstein--im-interview-7827514.html

403 Focus Online, 03.10.2019; https://www.focus.de/politik/deutschland/focus-amthor-will-nationalsymbole-nicht-rechtspopulisten-ueberlassen_id_11205903.html

404 Der Spiegel, 13.06.2020; https://www.spiegel.de/politik/deutschland/philipp-amthor-ist-der-cdu-jungstar-kaeuflich-a-00000000-0002-0001-0000-000171527043

405 https://www.welt.de/politik/deutschland/article201835458/Paul-Ziemiak-kritisiert-Robert-Habeck-in-Debatte-um-Vaterlandsliebe.html

406 Tagesspiegel, 17.10.2019; https://www.tagesspiegel.de/politik/erneuerung-der-cdu-philipp-amthor-verachtet-verspottet-und-unterschaetzt/25122790.html

407 https://www.br.de/nachrichten/bayern/aschermittwoch-soeder-gegen-habeck-und-alle-gegen-rechts,Rrc6pkH

408 Berliner Morgenpost, 15.11.2019; https://www.morgenpost.de/politik/inland/article227663543/Robert-Habeck-macht-klar-Gruene-sind-bereit-fuer-die-Macht.html

409 Später kommt es dann in Thüringen doch zum Eklat und zur Regierungskrise, als die Stimmen der AfD einen FDP-Politiker für ein paar Tage zum Ministerpräsidenten im Erfurter Landtag machen. Habeck hatte vorab gewarnt, dass eine »Brandschutzwand eingerissen« werden könnte. Vgl. Tagesspiegel, 05.02.2020; https://www.tagesspiegel.de/politik/die-morgenlage-aus-der-hauptstadt-abtruennige-erwaegen-aussteigerprogramm-fuer-afd-abgeordnete/25508838.html; siehe auch https://www.faz.net/aktuell/politik/inland/ministerpraesidenten-wahl-in-thueringen-robert-habeck-warnt-cdu-16618011.html; siehe auch das Interview mit Habeck in:

Redaktionsnetzwerk Deutschland, 07.02.2020; https://www.rnd.de/politik/grunen-chef-habeck-union-und-fdp-nicht-in-die-arme-der-afd-treiben-VLSIFTYFTFC3H-CSIJ52ZCXJOGQ.html

410 siehe den Disput zwischen Robert Habeck und Alexander Dobrindt, in der Talkshow »maybrit illner« vom 18.10.2018; https://www.youtube.com/watch?v=2L6z1uYHc5Y; aufgerufen am 13.02.2021

411 Gespräch mit Robert Habeck, geführt am 27.06.2019 für das SWR-Feature, a.a.O.

412 Junge Freiheit, 06.06.2018; https://jungefreiheit.de/politik/deutschland/2018/mit-deutschland-weiss-er-nichts-anzufangen/

413 »maybrit illner«, 29.11.2018

414 Habeck, Patriotismus, a.a.O., S. 21

415 ebd., S. 33

416 ebd., S. 38

417 ebd., S. 35

418 ebd., S. 31

419 ebd., S. 55

420 Interview mit Arfst Wagner, 27.05.2019

421 Interview mit Konstantin von Notz, 29.11.2019

422 Natalie Wohlleben, in: Portal für Politikwissenschaft, 11.05.2010; https://pw-portal.de/rezension/32215-patriotismus_38425

423 Robin Detje: Netzbeschmutzer und Patrioten. Die Bücher-Kolumne, in: Cicero, 2010; https://www.cicero.de/kultur/nestbeschmutzer-und-patrioten/41102; aufgerufen im Internet am 27.12.2019

424 Habeck, Patriotismus, a.a.O., S. 42

425 ebd., S. 22

426 taz, 07.04.2010; https://taz.de/!454854/

427 Zeit Online, 29.07.2010; https://www.zeit.de/2010/31/Robert-Habeck

428 Rolling Stone, Mai 2018; https://forum.rollingstone.de/foren/topic/rolling-stone-im-mai-2018-2/

429 Habeck, Traumblind, a.a.O., S. 68

430 Die Welt, 09.04.2010; https://www.welt.de/kultur/literarischewelt/article7099471/Gruener-verlangt-Patriotismus-ohne-Deutschland.html

431 taz, 14.06.2010; https://taz.de/Gruener-Habeck-ueber-Fussballpatriotismus/!5141095/

432 vgl. Astrid Geisler, Peter Unfried, Zwei Klassetypen, taz vom 09.05.2015; https://taz.de/!869006/

433 FAZ, 06.10.2017; https://www.faz.net/aktuell/politik/inland/f-a-z-exklusiv-gruenen-politiker-habeck-will-begriff-heimat-nicht-afd-ueberlassen-15234654.html

434 Jutta Ditfurth, Facebook, 06.10.2017

435 Jutta Ditfurth, Facebook, 25.05.2019; https://de-de.facebook.com/Jutta.Ditfurth/posts/2063396793789928; aufgerufen am 12.05.2020

436 Robert Habeck, Blog, 17.03.2018; https://www.robert-habeck.de/texte/blog/schweigen-ist-rechtgeben/

437 Spiegel-Gespräch: Heimat heute – Was ist das, wer braucht das und warum wird darum gestritten?; 18.05.2018; https://www.youtube.com/watch?v=k9QCLNzqIeE&t=917s; aufgerufen am 03.02.2020

438 t-online, 25.03.2018; https://www.t-online.de/nachrichten/deutschland/innenpolitik/id_83449560/gruenen-chef-robert-habeck-ueber-heimat-utopische-kraft.html

439 der lila stachel, 07.02.2018; https://derlilastachel.wordpress.com/2018/02/07/robert-habeck-der-patriotismus-und-die-linke-idee/

440 Gespräch mit Robert Habeck, geführt am 27.06.2019 für das SWR-Feature, a.a.O.; vgl. Bild am Sonntag, 27.04.2019; https://www.bild.de/bild-plus/politik/inland/politik-inland/gruenen-chef-robert-habeck-im-interview-was-ihn-zum-weinen-bringt-61521826,view=conversionToLogin.bild.html

441 Gespräche über den Staat, herausgegeben von Utz Schliesky, München 2017, S. 73f.; vgl. Habeck, Wer wagt, beginnt, a.a.O., S. 51

442 ebd., S. 99

443 siehe Main-Echo, 04.09.2019; https://www.main-echo.de/sonderthemen/heimat/Warum-das-Heimatgefuehl-wiederkehrt;art507361,6798191

444 Spiegel-Gespräch: Heimat heute …, a.a.O.

445 Renaissance der ›Heimat‹. Über den wiederentdeckten Patriotismus in Deutschland. 09.07.2018; https://www.bapp-bonn.de/neuigkeiten/2214-renaissance-der-heimat-9-juli-2021; auf youtube aufgerufen am 03.01.2020

446 Habeck, Wer wir sein könnten, a.a.O., 11f.

447 Gespräch mit Hans-Christian Ströbele, 24.10.2019

448 Robert Habeck im Gespräch mit Joschka Fischer, 40 Jahre Die Grünen, Internationales Literaturfestival Berlin, 16.09.2019; https://www.youtube.com/watch?v=DeKFx1JSB9g; aufgerufen am 12.06.2020

449 Bernhard Torsch, Aller Liebster, Der derzeit beliebteste deutsche Politiker ist ein Grüner. How come? In: Konkret, 06/2019

450 Thomas Ebermann, Linke Heimatliebe. Eine Entwurzelung, Hamburg 2019

451 Robert Habeck, »Reden oder Schweigen«, Max-Planck-Institut Berlin, 12.06.2019; vgl. SWR-Feature, a.a.O.

452 Süddeutsche Zeitung, 05.11.2019; https://www.sueddeutsche.de/politik/habeck-drohungen-faschismus-1.4666851?reduced=true

453 Keynote von Robert Habeck auf dem Jüdischen Gemeindetag, Mitschnitt vom 20.12.2019

454 Süddeutsche Zeitung, 30.12.2019; siehe auch https://www.rbb24.de/studiocottbus/politik/2019/01/brandenburg-afd-politiker-im-visier-des-verfassungsschutzes-kalbitz-hohm.html

455 Passauer Neue Presse, 22.02.2020; https://www.pnp.de/nachrichten/politik/Gruenen-Chef-Habeck-AfD-ist-Fall-fuer-den-Verfassungsschutz-3613848.html

456 »Anne Will« vom 23.02.2020; https://www.ardmediathek.de/daserste/player/Y3JpZDovL25kci5kZS85ZGZiNTFmMi04Yzk4LTQ0NDMtYTQyNC0zODRkMD-JmMzVhMDU/wahlen-in-gefaehrdeten-zeiten-wie-fest-steht-die-mitte; aufgerufen am 24.02.2020

457 Bild, 26.02.2020; https://www.bild.de/politik/inland/politik-inland/politischer-aschermittwoch-soeder-attacke-am-wichtigsten-stammtisch-der-welt-69042388.bild.html

458 Welt, 26.02.2020; https://www.welt.de/politik/deutschland/article206150285/Rechtsextremismus-Gruppe-S-soll-Anschlaege-auf-Habeck-und-Hofreiter-geplant-haben.html

459 Prof. Dr. Jörg Meuthen, Facebook, 15.10.2020; https://www.facebook.com/Prof.Dr.Joerg.Meuthen/photos/a.554885501326826/1775089235973107/?type=3

460 Florian Hahn: Warum die Grünen nicht bürgerlich sind, auch wenn sie sich so geben, S. 61, in: Michael Wedell, Georg Milde (Hg.): Avantgarde oder angepasst? Die Grünen – Eine Bestandsaufnahme. Berlin 2021

461 Hatice Akyün: Wie viel Heimat in den Grünen steckt, S. 265, in: ebd.

462 »Markus Lanz«, 13.01.2021; https://www.zdf.de/gesellschaft/markus-lanz/markus-lanz-vom-13-januar-2021-100.html; abgerufen am 04.02.2021

463 taz, 14.01.2021; https://taz.de/Gruene-und-Patriotismus/!5739298/

464 vgl. Habeck, Wer wir sein könnten, a.a.O.

465 vgl. RBB Kultur, 24.01.2019, podcast, Mitschnitt

466 Gespräch mit Robert Habeck, geführt am 04.02.2019 für das SWR-Feature, a.a.O.

467 ebd.

468 ebd.

469 Robert Habeck, Wer wagt, beginnt, S. 175

470 Robert Habeck, Heinrich-Böll-Stiftung, 11.02.2009; https://www.boell.de/de/navigation/europa-nordamerika-6127.html

471 Paluch, nichts ist alltäglich, a.a.O., S. 186

472 Johan Schloemann, ›I have a dream‹. Die Kunst der freien Rede. Von Cicero bis Barack Obama. München 2019, S. 181

473 Kurt Tucholsky, Gesammelte Werke in 10 Bänden, herausgegeben von Mary Gerold-Tucholsky und Fritz J. Raddatz, Reinbek 1975, Band 9, S. 292

474 Die Zeit, 13.10.2017; https://www.zeit.de/2017/42/robert-habeck-die-gruene-pruefung

475 Vgl. Habeck, Wer wagt, beginnt, a.a.O., S. 32; siehe auch Robert Habeck, Die zehn Bücher, die mich prägten, in: Die Welt, 12.05.2017; https://www.welt.de/kultur/literarischewelt/article164475856/Die-zehn-Buecher-die-mich-praegten.html

476 Welt am Sonntag, 28.11.2004; vgl. einen Ausschnitt aus Habecks Bewerbungsrede zum Landesvorsitzenden der Grünen von Schleswig-Holstein, 28.03.2009; https://www.youtube.com/watch?v=bXT63JpR_cQ; aufgerufen am 14.05.2020; https://www.youtube.com/watch?v=qcAt67yUOLo

477 Habeck, Wer wagt, beginnt, a.a.O., S. 141

478 Interview mit Bärbel Höhn, 03.04.2019

479 Spitz bleibt bis 2013 Beisitzer im Bundesvorstand der Grünen, ist Mitglied im Parteirat und hat es zum Experten für Netzpolitik gebracht. Ein gemeinsamer Aufsatz führt ihn Ende 2019 wieder mit Habeck zusammen. Darin skizzieren die beiden eine Alternative zu Facebook, die sich aus Rundfunkgebühren finanzieren soll. Ein Vorschlag, der kontrovers diskutiert wird. Siehe: Robert Habeck und Malte Spitz, Grüne fordern Facebook-Alternative aus Rundfunkgebühren, Gastbeitrag in t-online, 08.11.2019; https://www.focus.de/politik/deutschland/robert-habeck-im-portraet-ein-draussenminister-fuer-die-gruenen_id_8359039.html

480 Kieler Nachrichten, 04.12.2006

481 Habeck, Wer wagt, beginnt, a.a.O., S. 141

482 ebd., S. 32

483 Robert Habeck zur Regierungserklärung von Ministerpräsident Carstensen, 02.12.2009, Offener Kanal; https://www.youtube.com/watch?v=BjSAlldcdzY; aufgerufen am 06.02.2020

484 Gespräch mit Robert Habeck, geführt am 04.02.2019 für das SWR-Feature, a.a.O.

485 Habeck, Rede auf der Bundesdelegiertenkonferenz, 27.01.2018; https://www.youtube.com/watch?v=aGI1IhChSiA; aufgerufen am 06.02.2020

486 Kieler Nachrichten, 14.07.2015; https://www.kn-online.de/Mehr/Meinungen/Kommentar-von-Ulf-B.-Christen-zum-Kompromiss-bei-den-Muscheln

487 Kieler Nachrichten, 05.09.2013

488 Kieler Nachrichten, 14.06.2012

489 E-Mail vom 27.02.2020

490 Interview mit Arfst Wagner, 27.05.2019

491 E-Mail vom 06.03.2020; im MDR-Faktencheck vom Dezember 2019 wird allerdings festgestellt, dass der Netzausbau in Habecks Ministerjahren vorangetrieben worden sei. Dadurch mussten die Anlagen nicht so häufig abgestellt werden, weil die Netze mehr Energie aufnehmen konnten. siehe MDR Aktuell, 13.12.2019; ttps://www.mdr.de/nachrichten/politik/gesellschaft/umwelt/faktencheck-wind-raeder-wohnhaeuser-mindestabstand-habeck100.html

492 taz, 09.01.2013; https://taz.de/Minister-Robert-Habeck/!5075810/

493 Telefonat mit Kristian Dittmann, 07.02.2020

494 Süddeutsche Zeitung, 26./27.01.2019; https://www.sueddeutsche.de/politik/robert-habeck-gruene-1.4303690?reduced=true

495 Gespräch mit Anke Erdmann, 10.12.2019

496 Interview mit Ulf Kämpfer, 10.12.2019

497 Hamburger Abendblatt, 16./17.03.2013; https://www.abendblatt.de/region/article114496095/Robert-Habeck-Regieren-ist-leichter-als-gedacht.html

498 Interview mit Arfst Wagner, 27.05.2019

499 RBB-Perspektiven, Demokratie-Salon in der Urania, Jürgen Wiebicke im Gespräch mit Robert Habeck, 16.01.2019, Mitschnitt

500 Focus, 25.01.2018; https://www.focus.de/politik/deutschland/robert-habeck-im-portraet-ein-draussenminister-fuer-die-gruenen_id_8359039.html

501 Interview mit Ulf Kämpfer, 10.12.2019; vgl. aber beispielsweise den kurzen Ausschnitt einer erhitzten Debatte auf dem Landwirtschaftstag in Neumünster, 04.02.2015; https://www.youtube.com/watch?v=2Z6LfDJyvcA; auf YouTube aufgerufen am 14.05.2020

502 Kieler Nachrichten, 20.07.2013

503 Frankfurter Allgemeine Sonntagszeitung, 06.10.2013; https://www.faz.net/aktuell/politik/inland/schwarz-gruen-nichts-ist-schlecht-an-bullerbue-12605070-p2.html

504 Kieler Nachrichten, 23.12.2014; https://www.kn-online.de/Nachrichten/Politik/Umweltminister-Robert-Habeck-im-Interview

505 siehe DAS!, Fernsehtalk mit Bettina Tietjen, 14.11.2016, a.a.O.

506 vgl. Habeck, Wer wagt, beginnt …, a.a.O., S. 180f.

507 Kieler Nachrichten, 23.12.2014; https://www.kn-online.de/Nachrichten/Politik/Umweltminister-Robert-Habeck-im-Interview

508 Nordkurier, 16.07.2019; https://www.nordkurier.de/mecklenburg-vorpommern/robert-habeck-ist-der-groesste-schauspieler-1636132807.html

509 Lübecker Nachrichten Online, 12.02.2018

510 Gespräch mit Christopher Vogt, 09.12.2019

511 Stern, 29.05.2019, S. 29

512 Ulrich Schulte: Die Grüne Macht. Wie die Ökopartei das Land verändern will. Hamburg 2021, S. 42

513 Leinemann, Höhenrausch, a.a.O., S. 68

514 ebd., S. 63; 338; 342

515 ebd., S. 341

516 ebd.

517 ebd., S. 342

518 ebd., S. 337

519 Die Zeit, 13.10.2017; https://www.zeit.de/2017/42/robert-habeck-die-gruene-pruefung

520 Rolling Stone, November 2016; https://www.rollingstone.de/rolling-stone-november-2016-r-e-m-losing-my-religion-1146071/

521 SWR-Feature, a.a.O.

522 Habeck, Wer wagt, beginnt, a.a.O., S. 188; vgl. Schliesky, Gespräche über den Staat, a.a.O., S. 97

523 Gespräch mit Robert Habeck für den SWR-Hörfunk, 27.06.2019

524 Utz Schliesky, Gespräche über den Staat, a.a.O., S. 96f.; vgl. Kapitel »Der Gläubige«

525 Habeck, Wer wagt, beginnt, a.a.O., S. 161

526 vgl. Wikipedia, aufgerufen am 10.02.2020; https://de.wikipedia.org/wiki/Blumfeld; vgl. Frankfurter Allgemeine Zeitung, 29.08.2003; https://www.faz.net/aktuell/feuilleton/pop/blumfeld-wenn-du-noch-einmal-generation-zu-mir-sagst-passiert-was-1112409.html

527 Rolling Stone, November 2016; https://www.rollingstone.de/rolling-stone-november-2016-r-e-m-losing-my-religion-1146071/

528 https://www.songtexte.com/songtext/blumfeld/letat-et-moi-mein-vorgehen-in-4-5-satzen-3bd04834.html

529 Habeck, Wer wagt, beginnt, a.a.O., S. 194; siehe auch ND, 25.05.2019; https://www.neues-deutschland.de/artikel/1119475.hassliebe-alle-fragen-machen-weiter.html

530 Rolling Stone, November 2016, a.a.O.

531 Interview für das SWR-Feature, 27.06.2019, a.a.O.; vgl. Kapitel »Der Provokateur«

532 Die Welt, 09.04.2010; https://www.welt.de/kultur/literarischewelt/article7099471/Gruener-verlangt-Patriotismus-ohne-Deutschland.html

533 Habeck, Patriotismus, a.a.O., S. 38

534 ebd., S. 40f.

535 ebd., S. 41

536 ebd., S. 42

537 ebd., S. 50

538 ebd., S. 72

539 FAS, 06.10.2013; https://www.faz.net/aktuell/politik/inland/schwarz-gruen-nichts-ist-schlecht-an-bullerbue-12605070-p2.html

540 Utz Schliesky, Gespräche über den Staat, a.a.O., S. 66ff.

541 Habeck, Wer wagt, beginnt, a.a.O., S. 177

542 Robert Habeck in der Berliner Mittwochsgesellschaft des Handels, 12.12.2018; https://www.youtube.com/watch?v=k0KgscLhrvE; auf youtube aufgerufen am 16.05.2020

543 vgl. RBB Kultur, 24.01.2019, Podcast, Mitschnitt

544 Die Zeit, 06.09.2019; https://www.gruene.de/artikel/uns-allen-ist-klar-dass-eine-grosse-verantwortung-auf-uns-zukommt

545 FAZ-Kongress, 26.09.2019; https://www.youtube.com/watch?v=kBEvif_yjdM&t=1479s; aufgerufen am 12.06.2020

546 Habeck, Wer wagt, beginnt, a.a.O., S. 170f.

547 Robert Habeck auf dem 44. Bundesparteitag der Grünen in Bielefeld, 15.11.2019; https://www.youtube.com/watch?v=dB_lY6YZVGg; aufgerufen am 12.06.2020

548 »Der Spiegel fragt«, Robert Habeck im Live-Interview, 22.04.2020; https://www.spiegel.de/politik/coronavirus-robert-habeck-im-gespraech-mit-markus-feldenkichen-a-9bb73f69-8c1e-4545-9db4-ace0dd6b5558

549 Habeck, Wer wagt, beginnt, a.a.O.; S. 43; S. 289

550 Gespräch mit Robert Habeck, geführt am 04.02.2019 für das SWR-Feature, a.a.O.; vgl. Kapitel »Der Philosoph«

551 SWR-Feature, a.a.O.

552 Gespräch mit Harald Welzer, 28.03.2019

553 SWR-Feature, a.a.O.; vgl. Info3 Verlag, Mai 2019; https://info3-verlag.de/mai-2019/robert-habeck-politik-soll-nicht-menschen-umerziehen/

554 Habeck in der Berliner Urania, 16.01.2019, a.a.O.; vgl. Habeck, Wer wir sein könnten, a.a.O., S. 21

555 Havel, Briefe an Olga, a.a.O., S. 177ff.

556 Jung&Naiv, Folge 281; https://www.youtube.com/watch?v=WkwFvKe2zbk

557 Leinemann, Höhenrausch, a.a.O., S. 32; vgl. Kapitel »Der Machtpolitiker«

558 DAS! NDR-Talk, 14.11.2016

559 »Neo Magazin Royale«, 07.12.2017; https://www.youtube.com/watch?v=gNvWNhvhHyU; aufgerufen am 19.03.2020

560 Müntefering, Unterwegs, a.a.O., 132f.

561 Interview mit Franz Müntefering, 26.02.2020

562 Müntefering, Unterwegs, a.a.O., S. 221; vgl. Kapitel »Exkurs«

563 Interview mit Hartmut Tödt, 11.12.2019; vgl. Kapitel »Der Philosoph«

564 Interview mit Arfst Wagner, 27.05.2019

565 SWR-Feature, a.a.O.

566 Havel, Briefe an Olga, a.a.O., S. 179

567 vgl. Hans-Joachim Maaz, Die narzisstische Gesellschaft: Ein Psychogramm, München 2012, S. 189

568 ebd., S. 26

569 ebd., S. 52

570 ebd.

571 Telefonat mit Hans-Joachim Maaz, 17.03.2020

572 Interview mit Bärbel Höhn, 03.04.2019

573 Interview mit Krista Sager, 12.06.2019

574 Interview mit Hans-Christian Ströbele, 24.10.2019

575 Tagesspiegel vom 23.09.2013; https://www.tagesspiegel.de/berlin/gruenen-direkt-kandidat-stroebele-zieht-zum-vierten-mal-in-den-bundestag-ein/8829936.html

576 Interview mit Konstantin von Notz, 29.11.2019

577 Habeck, Wer wagt, beginnt, a.a.O., S. 112

578 ebd., S. 280

579 ebd., S. 281

580 hr-Info, 22.01.2021; https://www.hr-inforadio.de/programm/das-interview/robert-habeck-gruene-die-politik-muss-besser-werden,das-interview-robert-habeck-100.html

581 Habeck, Wer wir sein könnten, a.a.O., S. 127

582 Naomi Klein, Warum nur ein Green New Deal unseren Planeten retten kann, a.a.O., S. 329f.

583 siehe Tagesspiegel vom 15.02.2020; https://www.tagesspiegel.de/politik/ich-kann-die-katastrophe-nicht-verhindern-wenn-die-angst-vor-dem-klimawandel-nicht-mehr-weggeht/25486848.html

584 vgl. Habeck, Wer wir sein könnten, a.a.O., S. 113ff.

585 Christ und Welt, 19.06.2019; https://www.zeit.de/2019/26/robert-habeck-gruene-klimawandel-protestantismus-schuld

586 Habeck, Wer wagt, beginnt ..., a.a.O., S. 214

587 ebd., S. 294

588 Telefonat mit Tobias Tunkel, 18.02.2020

589 Interview mit Anke Erdmann, 10.12.2019

590 E-Mail von Arfst Wagner, 20.01.2020

591 Deutsche Welle, Interview, 04.03.2017, https://www.youtube.com/watch?v=MiivNboYFvg, auf YouTube aufgerufen am 23.02.2020

592 Václav Havel, Briefe an Olga, a.a.O., 302f.; vgl. Kapitel »Der Philosoph«

593 SWR-Feature, a.a.O.

594 Habeck, Wer wagt, beginnt, S. 281; vgl. Grüner Adventskalender, Tür 13, a.a.O.; https://www.youtube.com/watch?v=6VO9pzBrkf8

595 Siehe »DAS!«, Fernsehtalk mit Bettina Tietjen, 14.11.2016, a.a.O.

596 Habeck, Wer wagt, beginnt, a.a.O., S. 284

597 FAZ vom 24.09.2019; https://www.faz.net/aktuell/politik/inland/habeck-in-eigenem-blog-der-glueckskeks-der-politik-16396607.html

598 vgl. RBB Kultur, 24.01.2019, podcast, a.a.O.

599 Bundespressekonferenz vom 27.05.2019; https://www.youtube.com/watch?v=V_QfO1OpR5k&t=1385s

600 Bundespressekonferenz, Wahlnachlese Thüringen, 28.10.2019; https://www.youtube.com/watch?v=InUx7scpaPY; auf YouTube aufgerufen am 23.02.2020

601 Interview mit Robert Habeck am 27.06.2019 für das SWR-Feature, a.a.O.

602 Habeck, Wer wagt, beginnt, a.a.O., S. 314

603 Habeck zeigt »Adams Äpfel«, 29.10.2019; siehe https://www.youtube.com/watch?v=4n_Kyym1Mc8; aufgerufen am 04.03.2021

604 Vorwort von Robert Habeck, in: Katharina Schulze, mit Alex Burger, Mut geben, statt Angst machen. Politik für eine neue Zeit, München 2020, S. 9f.

605 Habeck, Patriotismus. Ein linkes Plädoyer, a.a.O., S. 23

606 »Anne Will« vom 23.02.2020; https://www.ardmediathek.de/daserste/player/Y3JpZDovL25kci5kZS85ZGZiNTFmMi04Yzk4LTQ0NDMtYTQyNC0zODRkMDJmMzVhMDU/wahlen-in-gefaehrdeten-zeiten-wie-fest-steht-die-mitte; aufgerufen am 24.02.2020

607 Die Zeit, 23. April 2020; https://www.zeit.de/2020/18/robert-habeck-buendnis-90-die-gruenen-kapitalismus-coronavirus-krise

608 Der Spiegel, 09.05.2020; https://www.spiegel.de/politik/deutschland/annalena-baerbock-und-robert-habeck-fuerchten-gesellschaftlichen-rollback-durch-corona-a-00000000-0002-0001-0000-000170816291

609 taz, 09.05.2015; https://taz.de/Cem-Oezdemir-ueber-Spitzenkandidaten/!5009018/

610 Der Spiegel, 30.12.2016; https://www.spiegel.de/spiegel/print/d-148786994.html

611 taz vom 09.01.2013; https://taz.de/Minister-Robert-Habeck/!5075810/

612 LN online, 26.08.2017; https://www.ln-online.de/Nachrichten/Norddeutschland/Ein-Geschichtenerzaehler-im-Strandkorb-Robert-Habeck-im-Interview

613 Robert Habeck: Wahrheit ist eine Mehrheitsfrage, in: taz Futur Zwei, 10.09.2019, https://taz.de/Robert-Habeck-ueber-Klimatotalitarismus/!169596/; höre auch RBB Kultur Perspektiven, 24.01.2019, a.a.O., podcast

614 vgl. Habeck, Wer wagt, beginnt …, a.a.O., S. 116

615 Habeck, Patriotismus, a.a.O., S. 11f.

616 SWR-Feature, a.a.O.

617 »Die Grünen und die Macht«, ARD-Dokumentation, 13.01.2020; https://www.ardmediathek.de/daserste/player/Y3JpZDovL2Rhc2Vyc3RlLm-RlL3JlcG9ydGFnZSBfIGRva3VtZW50YXRpb24gaW0gZXJzdGVuL-zY1NDczN2I4LTc3NDctNDE0Yi1hMDA4LTExOWI2YWQ4Yzc3ZA/die-story-im-ersten-die-gruenen-und-die-macht; Video verfügbar bis 13.01.2021

618 Mitteilung von Arfst Wagner, 13.02.2020

619 vgl. Georg Ismar: »So oft änderte Angela Merkel ihre Klimapolitik«, Tagesspiegel vom 19.09.2019; https://www.tagesspiegel.de/themen/reportage/zwischen-1995-und-2019-so-oft-aenderte-angela-merkel-ihre-klimapolitik/25029632.html. Dazu passen Worte von 1997: »Die Umweltpolitik ist eine unheimlich spannende Angelegenheit. Wo die Menschen oft sagen: ›Ach, heute noch nicht. Wir fühlen zwar, dass vieles nicht in Ordnung ist, aber bitte heute dafür noch kein Preis dafür, noch keine Aufgabe dafür, noch keine Last dafür übernehmen.‹ Und da die Überzeugung zu machen und zu sagen: ›Passt auf! Wenn ihr es heute nicht macht, wird es für eure Kinder und Enkelkinder doppelt oder dreifach teurer.‹ Das finde ich schon eine sehr lohnende Aufgabe. (…) Das Problem ist, dass die Umwelt ja nicht fragt, ob wir Hoch- oder Tiefkonjunktur haben. Das Ozonloch fragt nicht danach, ob es gerade passt, dass wir die FCKW's aus dem Verkehr ziehen. Das heißt also: Wir müssen an vielen Stellen handeln. Und das Spannende ist: Oft handeln wir gegen riesige Widerstände und merken erst zwei, drei, fünf Jahre später, dass es sich eigentlich viel mehr gelohnt hat. Und dass die Risiken gar nicht so groß waren, wie man gedacht hat. Und das immer wieder nahezubringen, wo jeder erst mal guckt: Was passiert mit mir dieses Jahr, jetzt gerade, wo wir so große Arbeitslosigkeit haben? Wo viele Menschen

sagen: ›Für mich ist erst mal der Arbeitsplatz wichtig‹, ist ja auch richtig. Da eben zu sagen: ›Passt auf, Leute! Wenn wir heute nicht handeln, dann haben wir Hunger und Dürre.‹ Wir haben ja über die Welthungerhilfe gesprochen. Und dann haben wir auch ganz andere Probleme natürlich. Dass Flüchtlingsbewegungen einsetzen und so weiter. Diese Zusammenhänge darzustellen, das halte ich für wichtig. Und deshalb ist Umweltpolitik nichts nur für gute Zeiten.« (zitiert nach einem Ausschnitt in: Robert Habeck im Literaturhaus Berlin, 10.02.2021; https://www.youtube.com/watch?v=1fBvxcSMKiQ; aufgerufen am 15.02.2021) Worte von Angela Merkel von 1997, gesprochen in der NDR-Talkshow. Da ist Merkel 43 Jahre alt, seit drei Jahren Bundesumweltministerin. Acht Jahre später wird sie Bundeskanzlerin und regiert danach sechzehn Jahre lang. Alle Möglichkeiten zum Wandel in der Klimapolitik waren gegeben.

620 vgl. taz vom 20.02.1991; https://taz.de/!1731499/; vgl. Avi Primor im Gespräch in RBB InfoRadio, 25.01.2020: Kritik an der Besatzungspolitik Israels und der Unterdrückung der Palästinenser sei nicht mit Antisemitismus zu bezeichnen und zu verwechseln, sagt der ehemalige Botschafter Israels in Deutschland (1993-1999); https://www.inforadio.de/programm/schema/sendungen/zwoelfzweiundzwanzig/202001/25/interview-avi-primor-holocaust-gedenken.html

621 Interview mit Hans-Christian Ströbele, 24.10.2019

622 vgl. Habeck, Wer wagt, beginnt, S. 181

623 zitiert nach Leinemann, Höhenrausch, a.a.O., S. 410

624 Telefonat am 07.02.2020

625 Interview mit Arfst Wagner, 27.05.2019

626 3nach9, 05.04.2019; https://www.youtube.com/watch?v=rfEJ15Qs9ck

627 Podcast »Alles gesagt?«, mit Grünen-Chef Robert Habeck, 17.04.2018; https://www.zeit.de/video/2018-04/5771923176001/die-lange-nacht-der-zeit-live-aufzeichnung-podcast-alles-gesagt-mit-gruenen-chef-robert-habeck; aufgerufen am 06.06.2020

628 ZEIT Matinee, Robert Habeck im Gespräch, 26.11.2018; https://www.zeit.de/video/2018-11/5971503177001/zeit-matinee-robert-habeck-im-gespraech; aufgerufen am 06.06.2020

629 Oliver Georgi, Und täglich grüßt das Phrasenschwein: Warum Politiker keinen Klartext reden – und wieso das auch an uns liegt, Berlin 2019

630 Mainpost, 04.04.2019; https://www.mainpost.de/ueberregional/politik/zeitgeschehen/Es-gibt-eine-grosse-Sehnsucht-nach-unbequemen-Politikern;art16698,10212849,B::pic16714,8682674?wt_ref=https%3A%2F%2Fwww.google.com%2F&wt_t=1582126673828

631 Mitteilung von Rainer Petermann am 15.02.2020

632 Gespräch mit Rainer Petermann, 09.12.2019

633 Gespräch mit Norbert Sieverding, 09.12.2019

634 Reinhold Beckmann trifft … Robert Habeck und Stefan Kretzschmar, 30.07.2018; https://programm.ard.de/TV/ndrfernsehen/reinhold-beckmann-trifft----/eid_28226794632657

635 DAS!, NDR-Fernsehtalk mit Bettina Tietjen, 14.11.2016

636 Gespräch mit Hartmut Tödt, 11.12.2019

637 DAS!, NDR-Fernsehtalk mit Bettina Tietjen, 14.11.2016

638 siehe auch SWR-Feature, a.a.O.

639 https://www.tagesschau.de/inland/landtagswahlen-reaktionen-105.html

640 Der Spiegel, 16.11.2019, S. 37; https://www.spiegel.de/politik/robert-habeck-der-quasi-kanzler-a-00000000-0002-0001-0000-000166979768

641 FAZ-Kongress mit Robert Habeck, 26.09.2019; https://www.youtube.com/watch?v=kBEvif_yjdM&t=1519shttps://www.youtube.com/watch?v=kBEvif_yjdM&t=1519s; vgl. Kapitel »Der Gipfelstürmer«

642 Habeck in der Pressekonferenz vom 28.10.2019; https://www.youtube.com/watch?v=InUx7scpaPY; auf YouTube aufgerufen am 16.02.2020

643 Habeck, Wer wagt, beginnt, a.a.O., S. 181

644 taz, 10.01.2020; https://taz.de/Gruenen-Chefs-ueber-Macht/!5651653/

645 Zeit Online, 18.06.2019; https://www.zeit.de/2019/26/politik-verantwortung-sofortismus-demontage

646 Vgl. Habeck, Patriotismus, a.a.O., S. 13ff.

647 Leinemann, Höhenrausch, a.a.O., S. 441

648 ebd., S. 445

649 Habeck, Wer wagt, beginnt, a.a.O., S. 294f.; vgl. S.183

650 Robert Habeck, Andrea Paluch, Zwei Wege in den Sommer, a.a.O., S. 13

651 RBB Kulturtermin, a.a.O.

652 Habeck in der Podiumsveranstaltung des Max-Planck-Instituts Berlin, »Reden oder Schweigen«, 12.06.2019; Mitschnitt; vgl. SWR-Feature, a.a.O.

653 Interview mit Ulf Kämpfer, 10.12.2019

654 Habeck, Wer wagt, beginnt, a.a.O., S. 50

655 Interview mit Robert Habeck für das SWR-Feature, a.a.O., 04.02.2019; vgl. Kapitel »Der glückliche Politiker«

656 Robert Habeck, Heinrich-Böll-Stiftung, 05.05.2015; https://www.boell.de/de/2015/04/10/wir-brauchen-ein-neues-republikanisches-bewusstsein

657 FAZ, 09.06.2015; https://www.faz.net/aktuell/politik/inland/robert-habeck-will-gruene-in-die-regierung-fuehren-13620531-p3.html

658 Jung & Naiv, Folge 281; 18.09.2016; https://www.youtube.comwatch?v=WkwFvKe2zbk; aufgerufen am 22.02.2020

659 shz 08.09.2016; https://www.shz.de/14782981

660 Habeck, Wer wagt, beginnt …, a.a.O., S. 142

661 ebd., S. 48

662 SZ, 09.05.2015; https://www.sueddeutsche.de/politik/gruenen-parteitag-in-schleswig-holstein-habeck-verteidigt-spitzenkandidatur-1.2472550

663 Habeck, Wer wagt, beginnt, a.a.O., S. 49

664 Jürgen Leinemann, Höhenrausch, a.a.O., S. 10f.; vgl. Habeck, Wer wagt, beginnt …, a.a.O., S. 49f. Die Journalisten Peter Dausend und Horand Knaup haben im Herbst 2020 so etwas wie einen Nachfolgeband von Leinemanns Klassiker vorgelegt, der Titel: »Alleiner kannst du gar nicht sein«. Unsere Volksvertreter zwischen Macht, Sucht und Angst, München 2020

665 Habeck, Wer wagt, beginnt, a.a.O., S. 142f.

666 Habeck lehnt sich auf, Folge zehn: Tünkram, 01.05.2017; https://www.youtube.com/watch?v=5zU6puUZZUc

667 Habeck lehnt sich auf, Folge 13: Kein Tabu, 16.06.2017; https://www.youtube.com/watch?v=QB6HRzlwaMM

668 Heilbronner Stimme, 04.09.2017; https://www.stimme.de/themen/wahlen/btw17/texte/Habeck-Wahlkampf-merkelt-so-vor-sich-hin;art140673,3906481

669 taz, 30.09.2017; https://taz.de/Gruener-Robert-Habeck-im-taz-Interview/!5448682/

670 Habeck, Wer wir sein könnten, a.a.O., S. 29f.

671 Habeck beim wirtschaftspolitischen Frühstück in der Industrie- und Handelskammer Berlin, 27.06.2019; Mitschnitt, vgl. SWR-Feature, a.a.O.

672 Habeck auf dem FAZ-Kongress, 26.09.2019; https://www.youtube.com/watch?v=kBEvif_yjdM&t=233s

673 Focus Online, 15.11.2019; https://www.focus.de/politik/deutschland/parteitag-in-bielefeld-parteichef-habeck-macht-klar-wer-nach-merkel-ins-kanzleramt-will-die-gruenen_id_11355817.html

674 taz, 07.04.2010; https://taz.de/!454854/

675 Habeck, Patriotismus, a.a.O., S. 114f.

676 taz, 05.02.2009; https://taz.de/!731951/

677 ZDF-Morgenmagazin, 17.06.2019; https://www.zdf.de/nachrichten/zdf-morgen-magazin/robert-habeck-im-topthema-100.html; Video verfügbar bis 17.06.2020

678 taz, 10.01.2020; https://taz.de/Gruenen-Chefs-ueber-Macht/!5651653/

679 Rede von Frank-Walter Steinmeier, 10.01.2020; https://www.bundespraesident.de/SharedDocs/Reden/DE/Frank-Walter-Steinmeier/Reden/2020/01/200110-Gruenes-Jubilaeum.html

680 Bild vom 13.01.2020; https://www.bild.de/bild-plus/politik/inland/politik-inland/habeck-und-baerbock-was-erklaert-den-hype-um-das-gruenen-duo-67180452,view=conversionToLogin.bild.html

681 Die Grünen und die Macht, Karriere einer Partei. Ein Film von Annette Zinkant, ARD, 13.01.2020; https://www.youtube.com/watch?v=-D9t9Kl1bOI; aufgerufen am 14.02.2021

682 Vgl. https://www.faz.net/aktuell/politik/gruene-trittin-warnt-vor-demonstrationen-gegen-castor-114524.html; vgl. auch https://www.welt.de/print-welt/article431119/Die-gruene-Basis-versteht-Trittins-Welt-nicht-mehr.html

683 Die Grünen und die Macht, a.a.O.

684 Habeck in der Podiumsveranstaltung des Max-Planck-Instituts Berlin, »Reden oder Schweigen«, 12.06.2019; Mitschnitt

685 Habeck, Wer wir sein könnten, a.a.O., S. 93f.

686 ebd., S. 99

687 Interview mit Robert Habeck, 04.02.2019, für das SWR-Feature, a.a.O.

688 Interview mit Franz Müntefering, 26.02.2020

689 Robert Habeck & Gerhard Schick im Gespräch, Instagram, 09.12.2020; https://www.instagram.com/p/CIlbBUECQ9V/?hl=de

690 Die Zeit, 26.03.2020; https://www.zeit.de/2020/14/gerhard-schick-finanzexperte-abgeordneter-bundestag-buergerbewegung

691 ebd.

692 ebd.

693 vgl. https://www.spiegel.de/politik/deutschland/norbert-lammert-verabschiedet-sich-hier-schlaegt-das-herz-der-demokratie-a-1166143.html

694 Interview mit Franz Müntefering, 26.02.2020; vgl. auch Franz Müntefering, Tissy Bruns: Macht Politik! Freiburg 2008; vgl. auch Zeit Online, 18.06.2019; https://www.zeit.de/2019/26/politik-verantwortung-sofortismus-demontage

695 Gespräch mit Robert Habeck für den ARD-Hörfunk, 02.01.2021

696 Süddeutsche Zeitung, 26./27.01.2019; https://www.sueddeutsche.de/politik/robert-habeck-gruene-1.4303690?reduced=true

697 Telefonat am 07.02.2020

698 SWR-Feature, a.a.O.

699 Habeck, Blog, 15.06.2018; https://www.robert-habeck.de/texte/blog/wenn-wir-kaempfen-muessen-wir-bereit-sein-alles-zu-verlieren-nur-so-werden-wir-gewinnen/

700 Habeck, Wer wagt, beginnt, a.a.O., S. 123

701 Robert Habeck, der Jamaika-Verhandler (Die Grünen) – Jung & Naiv: Folge 334; https://www.youtube.com/watch?v=HAVE5Wjjflg; aufgerufen am 14.02.2021

702 Habeck, Patriotismus, a.a.O., S. 186f.

703 ebd., S. 189

704 Utz Schliesky, Gespräche über den Staat, a.a.O., S. 73

705 ebd., S. 79

706 ebd., S. 97

707 Interview mit Anke Erdmann, 10.12.2019; vgl. https://www.youtube.com/watch?v=zfYgKKMsF2U

708 Interview mit Robert Habeck für den SWR, 27.06.2019, a.a.O.

709 Mark Cliffe, Wie zählt man, was wirklich zählt?, in: Tagesspiegel vom 02.01.2020; https://www.tagesspiegel.de/politik/politik-und-wirtschaft-wie-zaehlt-man-was-wirklich-zaehlt/25381126.html

710 Tagesspiegel, 20.02.2020; https://interaktiv.tagesspiegel.de/lab/was-ist-eigentlich-wohlstand/

711 Habeck, Patriotismus, a.a.O., S. 48f.

712 DLF, 03.06.2011; https://www.deutschlandfunk.de/im-hintergrund-ist-eine-werte-frage.694.de.html?dram:article_id=70144

713 taz, 06.06.2011; https://taz.de/Der-Gruene-Robert-Habeck-ueber-Wohl-stand/!5119247/

714 Habeck, Wer wagt, beginnt, a.a.O., S. 143ff.; vgl. S. 249; S. 253ff.

715 Robert Habeck, Blog, 09.10.2020; https://www.robert-habeck.de/texte/blog/bewer-bung-fuer-den-listenplatz-2-landesliste-schleswig-holstein/

716 Habeck, Wer wagt, beginnt, a.a.O., S. 129f.; vgl. Kapitel »Der Teamplayer«

717 SWR-Feature, a.a.O.

718 Gespräch mit Robert Habeck, geführt am 27.06.2019 für das SWR-Feature, a.a.O.

719 Habeck, Verwirrte Väter, a.a.O., S. 172ff.

720 Habeck, Patriotismus, a.a.O., S. 101ff.

721 ebd., S. 127ff.

722 Habeck, Wer wagt, beginnt, a.a.O., S. 89

723 Mein Grundeinkommen, 14.06.2018; https://www.mein-grundeinkommen.de/magazin/lasst-uns-doch-einfach-mal-was-ausprobieren; aufgerufen am 14.02.2021

724 ZEIT Online, 14.11.2018; https://www.zeit.de/politik/deutschland/2018-11/die-gruenen-robert-habeck-abschaffung-hartz-iv

725 Das bedingungslose Grundeinkommen. Zukunftskonzept oder Ende des Sozialstaats? Heinrich-Böll-Stiftung Sachsen, Livestream, 20.11.2018;

https://www.youtube.com/watch?v=ltvHlf4wOtg; aufgerufen am 14.02.2021; vgl. Habeck, Blog, 24.11.2018; https://www.robert-habeck.de/texte/blog/eine-neue-soziale-logik/; vgl. auch Habeck, Blog, 15.12.2018; https://www.robert-habeck.de/texte/blog/karnickel-und-schlange/; siehe auch »maybrit illner«, 29.11.2018

726 shz, 25.06.2017; https://www.shz.de/regionales/schleswig-holstein/1000-euro-jamaika-koalition-will-grundeinkommen-fuer-alle-testen-id17146886.html

727 Kieler Nachrichten, 24.10.2017; https://www.kn-online.de/Nachrichten/Politik/Bedingungsloses-Einkommen-Neuer-Zuendstoff-fuer-Jamaika

728 Flensburger Tageblatt, 13.01.2018; https://www.shz.de/lokales/flensburger-tageblatt/feldversuch-1000-euro-fuer-jeden-flensburger-id18797261.html

729 Flensburger Tageblatt, 30.04.2019; https://www.shz.de/lokales/flensburger-tageblatt/absage-der-landesregierung-zukunftslabor-statt-feldversuch-id23379192.html

730 E-Mails vom 20.01.2020 und 06.03.2020; vgl. Kieler Nachrichten, 14.05.2018; https://www.kn-online.de/Nachrichten/Schleswig-Holstein/Parteiaustritt-Ex-Landeschef-Wagner-verlaesst-die-Gruenen; siehe auch: Ich glaube an die Kraft der Ideen. Interview mit Arfst Wagner, S. 115-154, in: Vertrauen. Vom Urvertrauen des Kindes bis zum bedingungslosen Grundeinkommen, Flensburger Heft 137, Winter 2017; vgl. auch Michael Opielka (Hrsg.), Zukunftslabor Schleswig-Holstein: Demographie und Digitalisierung, 2019

731 shz, 27.10.2020

732 shz, 27.10.2020

733 shz, 03.11.2020; auf der Website des ISÖ sind die Differenzen genauer dokumentiert, vgl. www.zlabsh.de; dazu passt, dass Thomas Losse-Müller im Spätsommer 2020 aus der Partei der Grünen austrat und zur SPD wechselte. (https://www.kn-online.de/Nachrichten/Schleswig-Holstein/Ein-Gruener-will-jetzt-lieber-in-der-SPD-mitmischen) Losse-Müller war Staatssekretär unter Habeck und Heinold, er leitete die Staatskanzlei unter Ministerpräsident Torsten Albig bis 2017. »Die SPD ist die politische Kraft, die die Gegensätze in der Gesellschaft am ehesten überwinden kann«, sagt Losse-Müller im Februar 2021. »Wir müssen als SPD klar machen, dass Klimaschutz nicht nur eine Lifestyle-, sondern eine knallharte soziale und industriepolitische Frage ist. Die Grenzen unseres Planeten sind sehr hart. Wir müssen das Klima schützen und dabei die Gesellschaft zusammenhalten.« Dafür will Losse-Müller nun in der »Denkfabrik« der SPD an der Seite von Kiels Oberbürgermeister Ulf Kämpfer werben und gegen die soziale Spaltung im Land wirken. (Schleswig-Holsteinische Landeszeitung, shz, vom 11.02.2021)

734 Michael Opielka, E-Mail vom 09.02.2021; vgl. auch Michael Opielka: Grüne Grundsätze ohne Grundeinkommen? Die Lehren aus dem Zukunftslabor,

07.07.2020; https://www.isoe.org/aktuelles/blog/gruene-grundsaetze-ohne-grund-einkommen-die-lehren-aus-dem-zukunftslabor/

735 Focus Online, 22.11.2020; https://www.focus.de/politik/deutschland/parteitag-wird-zum-gradmesser-die-gruenen-wollen-an-die-macht-zwischen-revolution-und-bausparvertrag_id_12690993.html

736 taz, 19.11.2020; https://taz.de/Parteitag-der-Gruenen/!5725627/

737 Tagesschau, 22.11.2020; https://www.tagesschau.de/inland/gruenen-parteitag-141.html

738 Habeck, Wer wagt, beginnt, a.a.O., S. 130f.

739 shz, 12.02.2020; https://www.shz.de/nachrichten/meldungen/junge-gruene-mischen-die-partei-auf-id27350962.html

740 vgl. taz, 15.01.2017; https://taz.de/Kolumne-Die-eine-Frage/!5371361/

741 https://www.youtube.com/watch?v=hNP4zqIv-ng; aufgerufen am 14.02.2021

742 vgl. SWR-Feature, a.a.O.

743 Stern, 03.02.2021; https://www.stern.de/lifestyle/leute/robert-habeck--twitter rueckzug-war-eine-meiner-weisesten-entscheidungen-30362316.html

744 https://sz-magazin.sueddeutsche.de/instakram/merkel-loescht-sich-86747; vgl. Tagesspiegel, 08.02.2020; https://www.tagesspiegel.de/wirtschaft/ehemaliger-google-entwickler-warnt-wir-sind-auf-dem-direkten-weg-ins-digitale-mittelalter/25523798.html

745 siehe Kapitel »Exkurs: Der Leser«

746 vgl. Havel, Briefe an Olga, ebd., S. 245; 256; 264; 267; 291; 302

747 Habeck, Die Lieblingsbücher, Vortrag, a.a.O.; diese Gedanken zur Familie, zur »Beziehung zwischen Vater, Kind und Mutter als Aufgabe«, zum Kind (und Partner) als Fremdem und zur besonderen Verantwortung in dieser Konstellation entwickelt Habeck bereits in seinem Buch »Verwirrte Väter« von 2008. Manche Sätze klingen darin so ähnlich wie in seinem Vortrag in der Berliner Buchhandlung elf Jahre später; vgl. Habeck, Verwirrte Väter, a.a.O., S. 130; vgl. auch taz, 25.10.2008; https://taz.de/!810502/; vgl. Kapitel »Der Vater«

748 https://www.gruene.de/grundsatzprogrammprozess

749 Gespräch mit Robert Habeck, geführt am 27.06.2019 für das SWR-Feature, a.a.O.; vgl. Habeck, Patriotismus, a.a.O., S. 133ff; 139f.

750 Schliesky, Gespräche über den Staat, a.a.O., S. 88

751 SWR-Feature, a.a.O.

752 Die Welt, 10.04.2019; https://www.welt.de/politik/deutschland/article191644465/Enteignungen-Christian-Lindner-rechnet-mit-Habeck-und-den-Gruenen-ab.html

753 Die Welt, 11.05.2019; https://www.welt.de/politik/deutschland/article193317953/Joerg-Meuthen-Bei-Kanzler-Habeck-wuerde-er-ueber-Auswanderung-nachdenken.html

754 SWR-Feature, a.a.O.

755 Die Welt, 18.06.2019; https://www.welt.de/politik/deutschland/article195454879/Robert-Habeck-Wer-uns-waehlt-weiss-dass-sich-damit-Gravierendes-aendert.html

756 moz, 18.06.2019; https://www.moz.de/artikel-ansicht/dg/0/1/1735407/

757 heute-show vom 02.11.2018; https://www.youtube.com/watch?v=3SJGCbv3gbY; aufgerufen am 27.05.2020

758 »Das Grüne ist die neue Normalität«. Ein Gespräch mit Robert Habeck am 28. Dezember 2018, von Peter Felixberger und Armin Nassehi, S. 40, in: Kursbuch 197, Das Grün, herausgegeben von Armin Nassehi und Peter Felixberger, Hamburg März 2019

759 Die Zeit, 27.06.2019; https://www.zeit.de/2019/27/die-gruenen-widersprueche-armin-nassehi-systemtheorie; vgl. taz, 15.06.2019; https://taz.de/Soziologe-ueber-Klimawandel/!5600327/

760 Kursbuch 197, a.a.O., S. 33, 36

761 ebd., S. 37f.

762 Die Zeit, 27.06.2019; https://www.zeit.de/2019/27/die-gruenen-widersprueche-armin-nassehi-systemtheorie; vgl. Kursbuch 197, a.a.O.

763 taz, 15.06.2019; https://taz.de/Soziologe-ueber-Klimawandel/!5600327/

764 SWR-Feature, a.a.O.

765 Habeck, Patriotismus, a.a.O., S. 189

766 Christ und Welt, 19.06.2019

767 DAS!, NDR-Talk vom 14.11.2016

768 Bild am Sonntag, 27.04.2019; https://www.bild.de/bild-plus/politik/inland/politik-inland/gruenen-chef-robert-habeck-im-interview-was-ihn-zum-weinen-bringt-61521826,view=conversionToLogin.bild.html

769 Christ und Welt, 19.06.2019

770 Schliesky, Gespräche über den Staat, a.a.O., S. 80

771 ebd., S. 81f.

772 Habeck, Wer wir sein könnten, a.a.O., S. 83ff.; vgl. Kapitel »Exkurs«

773 Interview mit Kristian Dittmann, 01.03.2020

774 Habeck, Patriotismus, a.a.O., S. 116

775 Interview mit Kristian Dittmann, 01.03.2020

776 Havel, Briefe an Olga, a.a.O., S. 89

777 ebd., S. 302

778 Habeck, Wer wir sein könnten, a.a.O., S. 127

779 Havel, Briefe an Olga, a.a.O., S. 303

780 ebd.

781 vgl. Kapitel »Der Hoffnungsträger«

782 Christ und Welt, 19.06.2019

783 Havel, Briefe an Olga, a.a.O., S. 295

784 Christ und Welt, 19.06.2019

785 Grüner Adventskalender 2011, Tür 17 und 18; aufgerufen auf YouTube am 06.01.2020

786 Habeck, Blog, 05.02.2017; https://www.robert-habeck.de/texte/blog/

787 Gespräch für das SWR-Feature, a.a.O.

788 Interview mit Konstantin von Notz, 29.11.2019

789 FAZ, 24.09.2019; https://www.faz.net/aktuell/politik/inland/habeck-in-eigenem-blog-der-glueckskeks-der-politik-16396607.html

790 Interview mit Konstantin von Notz, 29.11.2019

791 »Kann. Muss. Läuft.« Siehe View, Oktober 2019

792 Interview mit Anke Erdmann, 10.12.2019

793 Ulrich Schulte, Die grüne Macht, a.a.O., S.43

794 Interview mit Ulf Kämpfer, 10.12.2019

795 Habeck beim Wirtschaftspolitischen Frühstück der Industrie- und Handelskammer Berlin, 27.06.2019; Mitschnitt

796 Habeck, Blog, 28.01.2020; https://www.robert-habeck.de/texte/blog/

797 Habeck, Blog, 15.03.2020; https://www.robert-habeck.de/texte/blog/nach-corona-was-wir-vermisst-haben-werden/?link_id=1&can_id=82ff5cd183bed-33b5eccd180c055b73c&source=email-die-usa-sind-mehr-als-donald-trump&email_referrer=email_749550&email_subject=nach-corona

798 vgl. Kapitel »Der Schriftsteller«

799 Andrea Paluch, Robert Habeck, Hauke Haiens Tod, a.a.O., S.101

800 SWR-Feature, a.a.O.

801 Heilbronner Stimme 04.09.2017; https://www.stimme.de/themen/wahlen/btw17/texte/Habeck-Wahlkampf-merkelt-so-vor-sich-hin;art140673,3906481

802 DAS!, NDR-Talk vom 14.11.2016

803 Info3 Verlag, Mai 2019; https://info3-verlag.de/mai-2019/robert-habeck-politik-soll-nicht-menschen-umerziehen/

804 Interview für den Hörfunk, 28.02.2019; vgl. SWR-Feature, a.a.O.

805 Webmoritz, 01.07.2019; https://webmoritz.de/2019/07/01/gruene-politik-in-mv-besprechen-ein-interview-mit-robert-habeck-und-ulrike-berger/

806 https://orwohaus.de/

807 https://www.gruene.de/artikel/anreiz-statt-sanktionen-bedarfsgerecht-und-bedingungslos; vgl. ZEIT Online, 14.11.2018; https://www.zeit.de/politik/deutschland/2018-11/die-gruenen-robert-habeck-abschaffung-hartz-iv; vgl. auch Kapitel »Der Ideengeber«

808 https://www.die-hellersdorfer.berlin/2019/02/12/gr%C3%BCnen-chef-habeck-beim-talk-in-marzahn/

809 Tagesspiegel vom 11. April 2019; https://www.tagesspiegel.de/berlin/razzia-bei-rechtsextremen-so-gefaehrlich-ist-das-braune-netz-von-cottbus/24201834.html

810 https://www.n-tv.de/politik/Wie-die-Gruenen-in-Brandenburg-punkten-article21190408.html

811 https://www.niederlausitz-aktuell.de/cottbus/78867/lausitzer-buendnisgruene-sehen-sich-nach-habeck-besuch-in-cottbus-gestaerkt.html

812 ebd.

813 Robert Habeck diskutiert im Rahmen einer Townhall-Veranstaltung mit Bürgerinnen und Bürgern, Cottbus, 05.08.2019, Mitschnitt

814 ebd.

815 ebd.

816 Habeck, Wer wagt, beginnt, a.a.O., S. 315

817 taz, 10.03.2017; https://taz.de/Robert-Habeck-ueber-die-Gruenen/!5387698/

818 Markus Feldenkirchen, Die Schulz-Story. Ein Jahr zwischen Höhenflug und Absturz, München 2018

819 https://www.youtube.com/watch?v=7ekM4abyKY4, aufgerufen am 22.03.2020

820 taz, 23.09.2005; https://taz.de/!541437/

821 Berliner Morgenpost, 30.10.2018; https://www.morgenpost.de/politik/article215681175/Wollen-Sie-jetzt-Kanzler-werden-Robert-Habeck.html; vgl. Finanz Nachrichten, 30.10.2018; https://www.finanznachrichten.de/nachrichten-2018-10/45133385-habeck-rechtfertigt-stagediving-an-wahlabend-003.htm

822 3nach9, 05.04.2019; https://www.youtube.com/watch?v=rfEJ15Qs9ck; aufgerufen am 09.04.2020

823 Interview mit Ulf Kämpfer, 10.12.2019

824 Interview mit Kristian Dittmann, 01.03.2020

825 FAZ, 27.04.2012; https://www.faz.net/aktuell/politik/wahl-in-schleswig-holstein/gruene-in-schleswig-holstein-trotzig-gegen-die-fluessige-demokratie-11733060-p2.html; vgl. taz, 15.04.2012; https://taz.de/Wahlkampf-in-Schleswig-Holstein/!5096136/

826 FAZ, 23.05.2017; https://www.faz.net/aktuell/politik/wahl-in-schleswig-holstein/nach-wahl-in-schleswig-holstein-jamaika-koalition-moeglich-15025617.html

827 Der Spiegel, 30.12.2016; https://www.spiegel.de/spiegel/print/d-148786994.html

828 Stern, 20.01.2018; https://www.stern.de/politik/deutschland/robert-habeck--umweltminister-in-schleswig-holstein--im-interview-77514.html

829 Paluch, nichts ist alltäglich, a.a.O., S. 160

830 Andrea Paluch, Robert Habeck, Der Tag, an dem ich meinen toten Mann traf, a.a.O., S. 159f.; vgl. Kapitel »Der Schriftsteller«

831 moz, 18.06.2019; https://www.moz.de/artikel-ansicht/dg/0/1/1735407/

832 Leinemann, Höhenrausch, a.a.O., S. 7

833 ebd., S. 390

834 Interview mit Bärbel Höhn, 03.04.2019

835 Kieler Nachrichten, 23.12.2014; https://www.kn-online.de/Nachrichten/Politik/Umweltminister-Robert-Habeck-im-Interview

836 LN Online, 07.09.2013; https://www.ln-online.de/Nachrichten/Norddeutschland/Habeck-im-Gegenwind-Dem-Sonnyboy-ist-das-Lachen-vergangen

837 Rolling Stone, November 2016; https://www.rollingstone.de/rolling-stone-november-2016-r-e-m-losing-my-religion-1146071/

838 Rolling Stone, Mai 2018; https://www.rollingstone.de/rolling-stone-im-mai-2018-titelthema-neil-young-1968-special-1490011/

839 https://www.maz-online.de/Nachrichten/Politik/Im-Video-Best-of-Berliner-Salon-mit-Robert-Habeck; aufgerufen am 14.02.2021

840 taz, 10.01.2020; https://taz.de/Gruenen-Chefs-ueber-Macht/!5651653/

841 Bild, 13.01.2020; https://www.bild.de/regional/duesseldorf/duesseldorf-regional-politik-und-wirtschaft/gruenen-chef-robert-habeck-beim-ihk-neujahrsempfang-67302012.bild.html

842 vgl. Kapitel »Der Coverboy«

843 Habeck Blog, 28.01.2020; https://www.robert-habeck.de/texte/blog/die-usa-sind-mehr-als-donald-trump/

844 Zeit Online, 18.06.2019; https://www.zeit.de/2019/26/politik-verantwortung-sofortismus-demontage

845 3nach9, 05.04.2019; https://www.youtube.com/watch?v=rfEJ15Qs9ck; aufgerufen am 10.04.2020

846 SWR-Feature, a.a.O.

847 Stern, 29.05.2019, S. 31

848 Interview mit Anke Erdmann, 10.12.2019; vgl. Kapitel »Der Minister«

849 Interview mit Kristian Dittmann, 01.03.2020; vgl. zu diesem Komplex auch das Kapitel »Der Redliche«

850 Habeck, Wer wagt, beginnt, a.a.O., S. 122

851 https://sz-magazin.sueddeutsche.de/ein-interview-ohne-worte/sagen-sie-jetzt-nichts-robert-habeck-84368

852 Kieler Nachrichten, 04.12.2006; vgl. Kapitel »Der Redner«

853 Darüber berichtet er erstmals in seiner politischen Autobiographie von 2016. Pünktlich zum Erscheinen des Buchs weist der »Schleswig-Holsteinische Zeitungsverlag« darauf hin, siehe shz, 08.09.2016; https://www.shz.de/regionales/schleswig-holstein/warum-robert-habeck-spitzenkandidat-der-gruenen-werden-will-id14782981.html

854 Habeck, Wer wagt, beginnt, a.a.O., S. 149

855 ebd., S. 150

856 ebd., S. 151; vgl. Kapitel »Der Teamplayer«

857 vgl. »Habecks Scheißtag«, taz, 15.04.2012; https://taz.de/Wahlkampf-in-Schleswig-Holstein/!5096136/

858 Habeck, Wer wagt, beginnt, a.a.O., S. 152

859 ebd.

860 ebd., S. 155

861 FAZ, 27.04.2012; https://www.faz.net/aktuell/politik/wahl-in-schleswig-holstein/gruene-in-schleswig-holstein-trotzig-gegen-die-fluessige-demokratie-11733060-p2.html

862 Habeck, Wer wagt, beginnt, a.a.O., S. 156

863 Reinhold Beckmann trifft …, 30.07.2018; https://www.fernsehserien.de/reinhold-beckmann-trifft/episodenguide/staffel-1/40840; siehe auch https://www.zeit.de/video/2018-04/5771923176001/die-lange-nacht-der-zeit-live-aufzeichnung-podcast-alles-gesagt-mit-gruenen-chef-robert-habeck

864 https://www.youtube.com/watch?v=oMAY5BVnfEw; aufgerufen am 25.05.2020

865 fl-arena, 30.08.2018; https://www.fl-arena.de/artikel/wenn-du-keine-angst-hast-zu-verlieren-gewinnst-du-am-ende-alles/

866 Interview mit Kristian Dittmann, 01.03.2020

867 SWR-Feature, a.a.O.

868 Interview mit Arfst Wagner am 27.05.2019

869 ebd.

870 Interview mit Krista Sager, 12.06.2019

871 taz zeo2, 3/2014, S.5; https://taz.de/Umweltschutz-und-Beziehungen/!155061/

872 Brigitte Woman, 10/14; eins ihrer Jugendbücher spielt auf Santorin, vgl. Robert Habeck, Andrea Paluch, Bevor du mit dem Teufel tanzt, Düsseldorf 2009; vgl. auch Paluch, nichts ist alltäglich, a.a.O., S. 86f.; 122f.

873 Stern, 15.10.2015

874 Telefonat mit Kristian Dittmann, 07.02.2020

875 Habeck, Wer wagt, beginnt, a.a.O., S. 127

876 ebd., S. 126

877 ebd., S. 127

878 3nach9, 05.04.2019; https://www.youtube.com/watch?v=rfEJ15Qs9ck

879 Utz Schliesky, Gespräche über den Staat, a.a.O., S. 87

880 Telefonat mit Kristian Dittmann, 07.02.2020

881 Stern, 20.01.2018; https://www.stern.de/politik/deutschland/robert-habeck--umweltminister-in-schleswig-holstein--im-interview-7827514.html

882 https://www.youtube.com/watch?v=4gGGJ9gHo00; aufgerufen am 18.04.2020

883 Podcast »Alles gesagt?« mit Grünen-Chef Robert Habeck, 17.04.2018; https://www.zeit.de/video/2018-04/5771923176001/die-lange-nacht-der-zeit-live-aufzeichnung-podcast-alles-gesagt-mit-gruenen-chef-robert-habeck

884 Talk aus Berlin, RBB-Fernsehen, 06.11.2018

885 Robert Habeck im Brigitte-Live-Talk, 25.04.2019, a.a.O.

886 Interview mit Habeck für das SWR-Feature, 27.06.2019, a.a.O.

887 https://www.maz-online.de/Nachrichten/Politik/Im-Video-Best-of-Berliner-Salon-mit-Robert-Habeck

888 Tagesspiegel, 16.11.2019; https://www.tagesspiegel.de/politik/hoehenflug-von-habeck-und-baerbock-die-gruenen-muessen-jetzt-ihre-kuschelphase-beenden/25236662.html

889 SZ, 16.11.2019; https://www.sueddeutsche.de/politik/gruene-baerbock-habeck-1.4684782

890 Stern, 29.05.2019, S. 32

891 https://sz-magazin.sueddeutsche.de/ein-interview-ohne-worte/sagen-sie-jetzt-nichts-robert-habeck-84368; vgl. Kapitel »Der Gipfelstürmer«

892 Bild, 23.12.2017; https://www.bild.de/regional/hamburg/die-gruenen/wird-habeck-zum-oeko-macron-der-gruenen-54283926.bild.html

893 Bild, 02.01.2018; https://www.bild.de/politik/inland/dr-robert-habeck/wirft-spd-und-fdp-angst-vor-waehlern-vor-54343860.bild.html

894 Bild, 26.01.2018; https://www.bild.de/politik/inland/dr-robert-habeck/portraet-robert-habeck-54589218.bild.html

895 FAZ, 27.01.2018; https://www.faz.net/aktuell/politik/baerbock-und-habeck-das-erste-gruene-prinzenpaar-15420128.html

896 »Anne Will«, 04.02.2018; https://www.youtube.com/watch?v=sdinyWihgnA; aufgerufen am 23.03.2020

897 vgl. FAZ, 09.02.2018; https://www.faz.net/aktuell/feuilleton/medien/tv-kritik-markus-lanz-mitleid-mit-schulz-15439907.html

898 3nach9, 02.03.2018; https://www.youtube.com/watch?v=YusUul_5WoQ&t=84s

899 Hart aber fair, 12.03.2018; https://www.youtube.com/watch?v=M16lCR2-UtE

900 maybrit illner, 31.05.2018; https://www.youtube.com/watch?v=ex3fuzNohxc

901 taz hamburg, 04.12.1997; vgl. Roger McGough: Tigerträume. Gedichte – Zweisprachig, Heidelberg 1997

902 vgl. Ansgar Graw, Die Grünen an der Macht. Eine kritische Bilanz, München 2020, S. 76

903 https://www.playboy.de/ausgabe/playboy-2011-01

904 vgl. shz, 18.01.2011; https://www.shz.de/regionales/schleswig-holstein/politik/der-gruene-prinz-im-playboy-id545656.html

905 DAS!, NDR-Fernsehtalk mit Bettina Tietjen, 14.11.2016

906 FAZ, 17.10.2016; https://www.faz.net/aktuell/politik/politische-buecher/robert-habeck-gruener-nordwind-14474922.html

907 Vahland, Zeno, a.a.O., S. 177

908 Interview mit Christopher Vogt, 09.12.2019; vgl. Kapitel »Der Minister«

909 3nach9, 05.04.2019; https://www.youtube.com/watch?v=rfEJ15Qs9ck&t=14s; aufgerufen am 14.02.2021

910 Tagesspiegel, 05.01.2012; https://www.tagesspiegel.de/meinung/gastkommentar-wer-mit-der-bild-im-aufzug-nach-oben-faehrt-faehrt-mit-ihr-auch-wieder-nach-unten-/6023974-2.html

911 https://www.youtube.com/watch?v=7ekM4abyKY4, aufgerufen am 22.03.2020; vgl. Markus Feldenkirchen, Die Schulz-Story, a.a.O.; vgl. Habeck, Wer wagt, beginnt, a.a.O., S. 298f.

912 https://www.youtube.com/watch?v=7ekM4abyKY4, aufgerufen am 22.03.2020

913 Interview mit Bärbel Höhn, 03.04.2019

914 Juan Moreno: Tausend Zeilen Lüge. Das System Relotius und der deutsche Journalismus. Berlin 2019, S. 274

915 Habeck, Wer wagt, beginnt, a.a.O., S. 112

916 Bernhard Pörksen, Die große Gereiztheit. Wege aus der kollektiven Erregung, München 2018, S. 19

917 NZZ, 29.01.2018; https://www.nzz.ch/international/die-gruene-versuchung-ld.1352000

918 Rolling Stone, Mai 2018; https://forum.rollingstone.de/foren/topic/rolling-stone-im-mai-2018-2/

919 Stuttgarter Zeitung, 26.11.2018; https://www.stuttgarter-zeitung.de/inhalt.robert-habeck-und-die-gruenen-kein-katastrophenbewusst-sein.2f966335-8404-47fd-93a1-93d180b8da4c.html

920 Der Spiegel, 12.01.2019

921 SZ, 10.01.2019; https://www.sueddeutsche.de/digital/gastbeitrag-poerksen-habeck-twitter-social-media-1.4282730

922 Süddeutsche Zeitung, 26./27.01.2019; https://www.sueddeutsche.de/politik/robert-habeck-gruene-1.4303690?reduced=true

923 vgl. Einleitung; Kapitel »Der Leser«

924 Der Spiegel, 16.11.2019; https://www.spiegel.de/politik/robert-habeck-der-quasi-kanzler-a-00000000-0002-0001-0000-000166979768

925 ARD, Was Deutschland bewegt: Die Notregierung, 02.12.2019; https://www.daserste.de/information/reportage-dokumentation/die-notregierung/sendung/index.html; Video verfügbar bis 02.12.2020

926 Zeit Online, 18.06.2019; https://www.zeit.de/2019/26/politik-verantwortung-sofortismus-demontage

927 Wie kann Regieren in Zukunft gelingen? Ein Streitgespräch: Robert Habeck & Thomas de Maizière, 28.10.2020; https://www.youtube.com/watch?v=G4F4A4im0Fc; aufgerufen am 11.02.2021; zum »heiklen Verhältnis zwischen Abgeordneten und Medien«, vgl. auch: Peter Dausend, Horand Knaup, »Alleiner kannst du gar nicht sein«, a.a.O., S.276-296

928 Philosophie Magazin, Nr. 3, April/Mai 2019; https://issuu.com/philomagde/docs/pmdetab45_pages_u1__u4__u5__u20__u2

929 taz, 10.04.2019; https://taz.de/Kommentar-Gruene-Rhetorik-und-Realitaet/!5586571/

930 Welt, 16.05.2019; https://www.welt.de/debatte/kommentare/plus193488071/Die-Gruenen-Charismatische-Blender.html; vgl. http://schmid.welt.de/tag/robert-habeck/

931 Stern, 29.05.2019

932 moz, 18.06.2019; https://www.moz.de/artikel-ansicht/dg/0/1/1735407/

933 Der Spiegel, 15.06.2019

934 Konkret 7/2019; https://www.konkret-magazin.de/hefte/2019/427-7-2019; vgl. »Der Realpolitiker«

935 taz, 15.06.2019; https://taz.de/Soziologe-ueber-Klimawandel/!5600327/

936 Zentrum Liberale Moderne, 17.06.2019; https://libmod.de/buendnis-90-die-gruenen-warum-ist-die-partei-so-beliebt/

937 taz, FuturZwei, 10.09.2019; https://taz.de/Journalismuskritik/!169520/; vgl. Kapitel »Der Ideengeber«

938 Cicero, 08.04.2019; https://www.cicero.de/innenpolitik/robert-habeck-gruene-umwelt-politik-klimawandel-greta-thunberg-migration/plus

939 Cicero, 23.12.2019; https://www.cicero.de/innenpolitik/robert-habeck-fluechtlinge-griechenland-kinder-asylpolitik/plus

940 Cicero, 28.02.2020; https://www.cicero.de/innenpolitik/habeck-landshut-ascher-mittwoch-gruene/plus

941 Pörksen, Die große Gereiztheit, a.a.O., S. 95

942 Die Welt, 28.02.2019; https://www.welt.de/politik/deutschland/article189372601/Robert-Habeck-Wie-er-zum-Risikofaktor-fuer-die-Gruenen-wird.html

943 Die Welt, 13.07.2019; https://www.welt.de/politik/deutschland/plus196715377/Robert-Habeck-Was-hinter-der-Natuerlichkeit-des-Gruenen-steckt.html

944 Die Welt, 16.02.2020; https://www.welt.de/debatte/kommentare/plus205770207/Robert-Habeck-Seine-Chancen-fuer-die-Kanzlerschaft-wachsen.html

945 Die Welt, 18.03.2020; https://www.welt.de/politik/deutschland/plus206574063/Robert-Habeck-Sorgfaeltig-kaschierter-Wille-zur-Macht.html

946 Welt, 31.01.2021; https://www.welt.de/debatte/kommentare/article225390667/Gruene-Zukunftstraeume-Robert-Habeck-der-Regierungsprinz.html

947 Die Welt, 28.02.2019; https://www.welt.de/politik/deutschland/article189372601/Robert-Habeck-Wie-er-zum-Risikofaktor-fuer-die-Gruenen-wird.html

948 Die Welt, 13.07.2019; https://www.welt.de/politik/deutschland/plus196715377/Robert-Habeck-Was-hinter-der-Natuerlichkeit-des-Gruenen-steckt.html

949 Die Welt, 17.02.2020; https://www.welt.de/debatte/kommentare/plus205770207/Robert-Habeck-Seine-Chancen-fuer-die-Kanzlerschaft-wachsen.html

950 Die Welt, 18.03.2020; https://www.welt.de/politik/deutschland/plus206574063/Robert-Habeck-Sorgfaeltig-kaschierter-Wille-zur-Macht.html

951 Welt, 31.01.2021; https://www.welt.de/debatte/kommentare/article225390667/Gruene-Zukunftstraeume-Robert-Habeck-der-Regierungsprinz.html

952 Bild, 09.09.2019; https://www.bild.de/bild-plus/politik/inland/politik-inland/bild-wahlcheck-das-wars-jetzt-mit-dem-habeck-hype-64524020,view=conversionToLogin.bild.html

953 Die Welt, 22.01.2020; https://www.welt.de/debatte/kommentare/article205259279/Trump-als-Gegner-Habecks-lose-Zunge-wird-langsam-zum-Problem.html

954 View, Oktober 2019

955 Stern, 22.01.2020; https://www.stern.de/politik/deutschland/berlin-hoch-drei/berlin%C2%B3--robert-habeck--der-gruene-amateur---ein-kommentar-9101186.html

956 vgl. https://www.spiegel.de/kultur/gesellschaft/torsten-albig-und-das-bunte-interview-eitelkeit-allererster-guete-a-1146697.html; vgl. auch https://www.welt.de/

politik/deutschland/article164614036/Was-hinter-Torsten-Albigs-Ruecktritts erklaerung-steckt.html

957 Peter Dausend, Horand Knaup, »Alleiner kannst du gar nicht sein«, a.a.O., S.256

958 vgl. Bunte-Menschen, Podcast, 04.02.2020; https://buntemenschen.podigee.io/; aufgerufen am 05.02.2020

959 Presseinformation Robert Habeck und Familie; 20.02.2020; https://www.presseportal.de/pm/62754/4525881

960 SZ, 22.03.2020; https://www.sueddeutsche.de/muenchen/landkreismuenchen/kommunalwahl-im-landkreis-muenchen-habecks-wahl-1.4854085

961 SZ, 28.03.2020; https://www.sueddeutsche.de/politik/gruene-habeck-coronavirus-klima-1.4860366

962 The European, 27.03.2020; https://www.theeuropean.de/ansgar-graw/gruene-verlieren-in-umfragen/

963 Die Welt, 27.03.2020; https://www.welt.de/politik/article206839903/Corona-Krise-Union-gewinnt-sieben-Punkte-hinzu-AfD-buesst-deutlich-ein.html

964 Welt am Sonntag, 29.03.2020; https://www.welt.de/politik/deutschland/plus206861493/Gruenen-Chef-Habeck-Ich-plaediere-fuer-Corona-Bonds.html

965 taz, 21.03.2020; https://taz.de/Jenseits-der-Normalitaet/!5669143/

966 Die Zeit, 05.03.2020; https://www.zeit.de/2020/11/annalena-baerbock-aufstieg-gruene-parteivorsitzende

967 Juan Moreno: Tausend Zeilen Lüge, a.a.O., S. 274

968 Die Zeit, 08.04.2020; https://www.zeit.de/2020/16/peter-sloterdijk-corona-krise-gesundheitspolitik

969 Die Zeit, 23.04.2020; https://www.zeit.de/2020/18/robert-habeck-buendnis-90-die-gruenen-kapitalismus-coronavirus-krise

970 Salon im Café Luitpold, 09.03.2020; https://www.youtube.com/watch?v=ugM7Y-o0BmtY; aufgerufen am 13.06.2020

971 »Der Spiegel fragt«, Robert Habeck im Live-Interview, 22.04.2020; https://www.spiegel.de/politik/coronavirus-robert-habeck-im-gespraech-mit-markus-feldenkichen-a-9bb73f69-8c1e-4545-9db4-ace0dd6b5558; aufgerufen am 14.02.2021

972 Robert Habeck, Von hier an anders. Eine politische Skizze, Köln 2021, S. 11

973 The European, 27.03.2020; https://www.theeuropean.de/ansgar-graw/gruene-verlieren-in-umfragen/

974 Die Welt, 28.04.2020; https://www.welt.de/politik/deutschland/plus207538039/Robert-Habeck-in-der-Krise-Der-Ex-Kanzlerkandidat.html

975 siehe den Kommentar von Klara Geywitz auf twitter zum Auftritt von Habeck in der ARD-Sendung »Bericht aus Berlin« vom 30.03.2020; https://twitter.com/

klara_geywitz/status/1244724681225232386; siehe auch ein Statement von Habeck, in: Phoenix, 27.04.2020; https://www.phoenix.de/corona-statements-der-parteien-a-1626360.html; aufgerufen am 14.02.2021

976 Ulrich Schulte: Die grüne Macht. Wie die Ökopartei das Land verändern möchte, Hamburg 2021, S. 199

977 »Markus Lanz«, 12.05.2020; https://www.youtube.com/watch?v=3cNRwcBRfEk; aufgerufen am 04.06.2020

978 FAZ, 09.06.2015; https://www.faz.net/aktuell/politik/inland/robert-habeck-will-gruene-in-die-regierung-fuehren-13620531-p3.html;
vgl. Kapitel »Der Machtpolitiker«

979 Zeit Online, 12.12.2017; https://www.zeit.de/politik/deutschland/2017-12/robert-habeck-wundermann-mit-hindernissen-protraet

980 Kieler Nachrichten, 23.12.2014; https://www.kn-online.de/Nachrichten/Politik/Umweltminister-Robert-Habeck-im-Interview

981 Der Spiegel, 09.05.2020; https://www.spiegel.de/politik/deutschland/annalena-baerbock-und-robert-habeck-fuerchten-gesellschaftlichen-rollback-durch-corona-a-00000000-0002-0001-0000-000170816291

982 Der Spiegel, 06.04.2020; https://www.spiegel.de/politik/deutschland/robert-habeck-die-ablehnung-von-corona-bonds-schadet-deutschlands-interessen-a-4e393eb2-b8e5-4822-8289-2a4ef3767ca6

983 Der Spiegel, 08.05.2020; https://www.spiegel.de/politik/deutschland/annalena-baerbock-und-robert-habeck-fuerchten-gesellschaftlichen-rollback-durch-corona-a-00000000-0002-0001-0000-000170816291

984 FAS, 26.04.2020; https://www.gruene.de/artikel/ein-neues-sicherheitsversprechen

985 zitiert nach Leinemann, Höhenrausch, a.a.O., S. 361

986 Der Spiegel, 08.05.2020; https://www.spiegel.de/politik/deutschland/annalena-baerbock-und-robert-habeck-fuerchten-gesellschaftlichen-rollback-durch-corona-a-00000000-0002-0001-0000-000170816291

987 Welt am Sonntag, 25.10.2020

988 Die Welt, 18.06.2020; https://www.welt.de/regionales/hamburg/article209816049/Habeck-Platz-2-der-Landesliste-zur-Bundestagswahl-erwartet.html; ZEIT Online, 18.06.2020; https://www.zeit.de/politik/2020-06/bundestagskandidatur-robert-habeck-gruenen-chef-2021; FAZ, 18.06.2020; https://www.faz.net/2.1652/gruenen-chef-robert-habeck-will-in-den-bundestag-16821216.html; Spiegel, 18.06.2020; https://www.spiegel.de/politik/deutschland/robert-habeck-will-2021-fuer-den-bundestag-kandidieren-a-f66b6572-5655-4d3a-a0f1-a17d0dc671a6

989 t-online.de, 06.07.2020; https://www.t-online.de/nachrichten/deutschland/bundestagswahl/id_88181046/bundestagswahl-2021-gruenen-chef-habeck-tritt-als-direktkandidat-an.html

990 Die Welt, 30.10.2020; https://www.welt.de/politik/deutschland/article218951358/Robert-Habeck-Die-Union-hat-kein-Abo-aufs-Kanzleramt.html

991 Robert Habeck, Blog, 09.10.2020; https://www.robert-habeck.de/texte/blog/bewerbung-fuer-den-listenplatz-2-landesliste-schleswig-holstein/

992 FAZ, 26.06.2020; https://www.faz.net/aktuell/politik/inland/glueckwuensche-der-gruenen-liebe-cdu-alles-gute-zum-geburtstag-16832217.html

993 t-online.de, 31.07.2020; https://www.t-online.de/nachrichten/deutschland/parteien/id_88309500/gruenen-chef-robert-habeck-das-ist-eine-kampfansage-.html

994 Tagesspiegel, 27.06.2020; https://www.tagesspiegel.de/politik/corona-erfordert-mitmachbuerger-es-reicht-nicht-mehr-sich-verwalten-zu-lassen/25954370.html

995 Christoph Hickmann, Martin Knobbe, Veit Medick (Hg.): Lockdown. Wie Deutschland in der Coronakrise knapp der Katastrophe entkam, München 2020, S. 298

996 FAZ, 08.10.2020; https://www.faz.net/aktuell/politik/inland/bundestagswahl-habeck-traut-sich-die-kanzlerschaft-zu-16991739.html; vgl. auch Stern, 08.10.2020; https://www.stern.de/news/habeck-traut-sich-grundsaetzlich-die-kanzlerschaft-zu-9444466.html; Bild, 08.10.2020; https://www.bild.de/bild-plus/politik/inland/politik-inland/maischberger-robert-habeck-ueber-seinen-kanzler-plan-73303194,view=conversionToLogin.bild.html

997 https://www.ardmediathek.de/daserste/video/maischberger/maischberger-die-woche/das-erste/Y3JpZDovL2Rhc2Vyc3RlLmRlL21lbnNjaGVuIGJlaSBtY WlzY2hiZXJnZXIvYmNkNDgxNWEtNThmOS00MTlhLTkwODUtZTM1NGQ1Y zA4M2Iz/; aufgerufen am 12.10.2020

998 https://www.deutschlandfunkkultur.de/der-tag-mit-robert-habeck-wie-laesst-sich-die.2950.de.html?dram:article_id=485439

999 ZEIT Online, 17.10.2020; https://www.zeit.de/politik/deutschland/2020-10/bundestagswahl-2021-gruene-kanzler-robert-habeck-annalena-baerbock-nominierung

1000 Robert Habeck im Gespräch mit Armin Nassehi: Über Veränderung und Bündnispolitik, in: Heinrich-Böll-Stiftung, 30.10.2020; https://www.youtube.com/watch?v=GViaUctjZyo; aufgerufen am 31.10.2020

1001 Christoph Hickmann, Martin Knobbe, Veit Medick (Hg.): Lockdown, a.a.O., S. 296

1002 https://www.spiegel.de/wissenschaft/natur/pandemien-und-ihre-ursachen-so-zuechtet-der-mensch-ungewollt-neue-seuchen-a-00000000-0002-0001-0000-000170323296

1003 Christoph Hickmann, Martin Knobbe, Veit Medick (Hg.): Lockdown, a.a.O., S. 296

1004 siehe auch Robert Habeck im Gespräch mit Armin Nassehi: Über Veränderung und Bündnispolitik, in: Heinrich-Böll-Stiftung, 30.10.2020; https://www.youtube.com/watch?v=GViaUctjZyo; aufgerufen am 31.10.2020

1005 https://www.boell.de/de/navigation/europa-nordamerika-6075.html; https://taz.de/!731951/

1006 Habeck, Patriotismus, a.a.O., S. 24; 114; 202f.

1007 Welt am Sonntag, 25. 10. 2020

1008 Habeck, Patriotismus, a.a.O., S. 203

1009 Robert Habeck, Von hier an anders. Eine politische Skizze. Köln 2021, S. 29

1010 ebd. S. 31

1011 ebd.

1012 ebd., S. 329

1013 ebd.

1014 ebd., S. 330

1015 ebd., S. 335

1016 vgl. https://www.sueddeutsche.de/politik/joschka-fischer-szenen-einer-ehe-wenn-der-kellner-vom-koch-erzaehlt-1.788643; https://www.stern.de/politik/deutschland/berlin-vertraulich--die-wahrheit-des-kellners-3264454.html

1017 Robert Habeck, Von hier an anders, a.a.O., S. 335

1018 ebd., S. 336

1019 ebd., S. 337

1020 ebd.

1021 ebd., S. 338

1022 ebd., S. 340

1023 ebd., S. 341f.; siehe auch Welt am Sonntag, 25.10.2020

1024 ebd., S. 343

1025 siehe auch Tagesspiegel, 27.10.2020; https://plus.tagesspiegel.de/gegen-die-entfremdung-von-volk-und-parlament-wie-wolfgang-schaeuble-mit-einem-buergerrat-die-demokratie-retten-will-60380.html

1026 Robert Habeck, Von hier an anders, a.a.O., S. 372

1027 ebd., S. 371

1028 vgl. ebd., S. 371f.

1029 ebd., S. 273

1030 ebd., S. 157

1031 ebd., S. 159

1032 ebd., S. 162

1033 ebd., S. 166

1034 ebd., S. 169

1035 ebd., S. 57

1036 ebd., S. 115

1037 ebd., S. 277

1038 taz, 06.07.2018; https://taz.de/Gruenen-Chef-Habeck-ueber-Koalitionen/!5516387/

1039 Habeck, Von hier an anders, a.a.O., S. 288

1040 SZ, 07.10.2018; https://www.sueddeutsche.de/kultur/gruenen-chef-robert-habeck-auf-hass-zu-setzen-ist-leicht-1.4159579?reduced=true

1041 Habeck, Von hier an anders, a.a.O., S. 315

1042 ebd., S. 323

1043 taz, 12.11.2020; https://taz.de/Gruene-und-Investitionen/!5728000/

1044 Die Welt, 14.11.2020; https://www.welt.de/politik/deutschland/plus220075830/2021-Die-Gruenen-wollen-einen-Innenminister-stellen.html

1045 Tagesspiegel, 08.12.2020

1046 https://www.rbb-online.de/talkausberlin/archiv/julius-van-de-laar-wahlkampf-experte-rbb-talk-aus-berlin.html; aufgerufen am 14.02.2021

1047 Robert Habeck, Politische Rede auf dem digitalen Parteitag, in: Habeck Blog, 21.11.2020; https://www.robert-habeck.de/texte/blog/rede-vom-digitalen-parteitag-am-21-11-20/?link_id=0&can_id=82ff5cd183bed-33b5eccd180c055b73c&source=email-fur-eine-politik-der-vorsorge&email_referrer=email_935857&email_subject=roberts-rede-auf-dem-digitalen-parteitag

1048 https://cms.gruene.de/uploads/documents/20201218_Grundsatzprogramm_2020.pdf

1049 Habeck Blog, 21.11.2020, a.a.O.

1050 ebd.; vgl. FAZ, 21.11.2020; https://www.faz.net/aktuell/politik/inland/habeck-beim-parteitag-die-gruenen-wollen-das-land-regieren-17063821.html

1051 Baerbock und Habeck – Kurs aufs Kanzleramt, NDR, 23.11.2020; https://www.ndr.de/fernsehen/sendungen/45_min/Baerbock-und-Habeck-Kurs-aufs-Kanzleramt,sendung1096762.html; aufgerufen am 05.12.2020

1052 ZDF heute-show, 27.11.2020; https://www.youtube.com/watch?v=sU2NtHst3Q4; aufgerufen am 05.12.2020

1053 vgl. Hier spricht Berlin, Talk am Dienstag, 10.11.2020; https://www.ardmediathek.de/daserste/video/talk-am-dienstag/hier-spricht-berlin-oder-sendung-vom-10-november-2020/das-erste/Y3JpZDovL2Rhc2Vyc3RlLmRlL3RhbGstYW0tZGllbnN0YWcvYzdkMDdiOTQtMzVlZS00NDliLTkwMDItM2MzNjdhOWNhOWI1/; aufgerufen am 05.12.2020

1054 Bild am Sonntag, 20.12.2020; https://www.bild.de/politik/inland/politik-inland/gruenen-co-chefin-im-interview-kommt-deutschland-2021-noch-an-den-gruenen-vorbei-74537764.bild.html

1055 Markus Lanz, 24.11.2020; https://www.zdf.de/gesellschaft/markus-lanz; aufgerufen am 25.11.2020

1056 Interview mit Robert Habeck für den ARD-Hörfunk, 02.01.2021; Audiodatei beim Autor

1057 ebd.

1058 https://www.spiegel.de/politik/deutschland/markus-soeder-csu-und-robert-habeck-gruene-im-doppel-interview-a-ff5512db-d342-4fe3-8e51-cb04a7cd8f27

1059 Welt, 11.12.2020; https://www.welt.de/politik/article222260316/Soeder-plaediert-fuer-schwarz-gruene-Koalition-Habeck-lobt-CSU-Chef.html

1060 https://www.youtube.com/watch?v=ugM7Yo0BmtY; aufgerufen am 25.11.2020

1061 https://www.zdf.de/gesellschaft/markus-lanz/markus-lanz-vom-24-november-2020-100.html; aufgerufen am 23.12.2020

1062 Tagesspiegel, 11.12.2020; https://www.tagesspiegel.de/politik/ein-gespraech-mit-nachhall-soeder-und-habeck-bereiten-schwarz-gruen-im-bund-vor/26710794.html

1063 https://www.youtube.com/watch?v=PRpImGVJtMo; aufgerufen am 19.12.2020

1064 »Sternstunde Philosophie«, Robert Habeck und sein Prinzip Verantwortung, SRF, 13.12.2020; https://www.srf.ch/play/tv/sternstunde-philosophie/video/robert-habeck-und-sein-prinzip-verantwortung?urn=urn:srf:video:52b3de9f-eb96-47a0-9e7e-211d3e19ada6; aufgerufen am 19.12.2020

1065 Zeit Online, 18.01.2021; https://www.zeit.de/politik/deutschland/2021-01/buendnis-90-die-gruenen-annalena-baerbock-robert-habeck-kanzlerkandidat-feminismus

1066 Die Zeit, 21.01.2021; https://www.zeit.de/2021/04/kanzlerkandidaten-armin-laschet-annalena-baerbock-olaf-scholz-charisma

1067 Robert Habeck im Literaturhaus Berlin, 10.02.2021; https://www.youtube.com/watch?v=1fBvxcSMKiQ; aufgerufen am 15.02.2021

1068 SWR-Feature, a.a.O.